KÖLNER STUDIEN ZUM STAATS- UND WIRTSCHAFTSLEBEN

HERAUSGEGEBEN VON
P. ABERER, CHR. ECKERT, J. FLECHTHEIM,
K. JUL. FRIEDRICH, ED. GAMMERSBACH, H. GEFFCKEN,
K. HASSERT, J. HIRSCH, B. KUSKE, PAUL MOLDENHAUER,
F. STIER - SOMLO, ADOLF WEBER, K. WIEDENFELD,
A. WIERUSZOWSKI, W. WYGODZINSKI
Schriftleitung: BRUNO KUSKE

Heft 1:

Die Filialbetriebe im Detailhandel

(Unter hauptsächlicher Berücksichtigung der kapitalistischen Massenfilialbetriebe in Deutschland und Belgien.)

Von

Privatdozent Dr. Julius Hirsch

Bonn 1913
A. MARCUS UND E. WEBERS VERLAG
(Dr. jur. ALBERT AHN)

Die
Filialbetriebe im Detailhandel

(Unter hauptsächlicher Berücksichtigung der kapitalistischen Massenfilialbetriebe in Deutschland und Belgien.)

Von

Privatdozent Dr. JULIUS HIRSCH

Bonn 1913
A. MARCUS UND E. WEBERS VERLAG
(Dr. jur. ALBERT AHN)

Zur Einleitung in die Sammlung

„Kölner Studien zum Staats- und Wirtschaftsleben"

Unter diesem Namen wird eine Sammlung veröffentlicht, die von den unterzeichneten Dozenten der Handels- und der Verwaltungshochschule zu Köln bei dem mitunterzeichneten Verlag herausgegeben wird.

Sie hat die Aufgabe, wissenschaftliche Untersuchungen der Herausgeber und besonders auch die Arbeiten der in den Hochschulseminaren tätigen Studierenden der Öffentlichkeit zu übermitteln. Die Herausgeber wurden zu ihrem Vorgehen namentlich dadurch veranlaßt, daß zahlreiche Studierende der beiden Hochschulen Leistungen hervorbringen, die auf besonderer wissenschaftlicher und beruflicher Sachkenntnis beruhen, und die daher geeignet sind, die wissenschaftliche Erkenntnis zu fördern und zu bereichern.

Die **„Kölner Studien"** sollen Stoffe aus den für die genannten Hochschulen charakteristischen Wissenschaften enthalten, das sind: Nationalökonomie, Wirtschaftsgeschichte, Rechts- und Versicherungswissenschaften, Genossenschaftslehre und Geographie. Von der Berücksichtigung der Privatwirtschaftslehre („Handelstechnik"), die ein anderes wesentliches Arbeitsgebiet des akademischen Unterrichts beider Anstalten umfaßt, kann dabei abgesehen werden; denn diese besitzt bereits in der von Prof. Schmalenbach herausgegebenen „Zeitschrift für handelswissenschaftliche Forschung" ein Organ, das namentlich für die Kölner Handelshochschule Aufgaben löst, die zum Teil mit denen der „Studien" parallel laufen.

Die „**Kölner Studien**" sollen in zwangloser Folge in einzelnen Heften erscheinen, die in der Regel eine Einzeldarstellung enthalten. Gelegentlich ist jedoch auch die Zusammenfassung mehrerer kleiner Arbeiten in einem Heft vorgesehen.

P. ABERER. CHR. ECKERT.
J. FLECHTHEIM. JUL. FRIEDRICH. ED. GAMMERSBACH.
H. GEFFCKEN. K. HASSERT. J. HIRSCH. B. KUSKE.
PAUL MOLDENHAUER. F. STIER-SOMLO.
ADOLF WEBER. K. WIEDENFELD.
A. WIERUSZOWSKI. W. WYGODZINSKI.

A. MARCUS UND E. WEBERS VERLAG
(Dr. jur. ALBERT AHN.)

Inhaltsangabe.

Seite

Quellen:

Juristische Literatur:

Denzler, Die Stellung der Filiale im internen und internationalen Recht, Zürich 1902.

Heymann, Die Zweigniederlassung im Deutschen Handelsrecht, Leipzig 1907.

Volkswirtschaftliche und finanzwissenschaftliche Schriften:

Außer den bei **Wernicke**, Kapitalismus und Mittelstandspolitik. Jena 1907, zusammengestellten Materialien

Dehn, Die Großbazare und Massenzweiggeschäfte, Berlin 1899.

Brunhuber, Neue Kommunal-Gewerbesteuern, Jena 1907.

Faucherre, Die Händler-Rabattsparvereine, Jena 1912.

Jantzen, Die Geschichte der Sondersteuer auf Kleinhandelsgroßbetriebe in Sachsen, Leipzig 1910.

Kramer, Kleinhandel und Konsumvereine, besonders in Württemberg, Reutlingen 1912.

Schade und **Füllgrabe**, Die hessische Filialsteuer, Frankfurt a. M. 1908.

Schär, Handelsbetriebslehre I, Berlin 1911.

Völkner, Kolonialwarenkleinhandel, Einkaufsvereine, Berlin 1911.

Gemahling, La concentration commerciale sans grands magasins, Revue d'économie politique, 1912.

Lavergne, Les maisons à succursales multiples et les coopératives de consommation, in der „Union coopérative" 1912, Nr. 18—22.

Hobson, The disappearance of the little man, Daily Mail Yearbook 1907.

Macrosty, Das Trustwesen in der britischen Industrie. Übers. Felic. Leo, Berlin 1910.

Verhandlungen des Hessischen Handelstages, Mainz 1908/09.

„ der 2. hessischen Kammer, 1910.

„ des preußischen Abgeordnetenhauses, 1909.

Statistische Literatur, angegeben im Abschnitt „Tatsächliche Ermittlungen" S. 211 ff.

Über die besonders behandelten Branchen:

Schönfeld, Der Kaffee-Engroshandel Hamburgs, Heidelberger Dissertation, 1903.

Jöhlinger, Die Technik des deutschen Kaffeehandels, Zeitschrift für Handelswissenschaft und Handelspraxis, Jahrg. 2.

Kaisers Kaffeegeschäft G. m. b. H., Jubiläumsschrift bei Eröffnung der 1000. Filiale.

Delhaize Frères & Co., Memorandum zur Pariser Weltausstellung 1900 und mehrere Prospekte.

Bormann, Die deutsche Zigarettenindustrie, Tübingen 1910.

Jacobstein, The Tobacco Industry in the United States, Dissertation der Columbia-Universität, 1907.

Behr, Die volkswirtschaftliche Bedeutung der technischen Entwicklung in der Schuhindustrie, Leipzig 1910.

Rehe, Die deutsche Schuh-Großindustrie, Jena 1908.

Tack & Co., Jubiläumsschrift bei Eröffnung der 100. Filiale.

Über die Warenhäuser zu vergl. die Quellenangabe in meiner Schrift „Das Warenhaus in Westdeutschland", Leipzig 1910, sowie

Lux, Studien über die Entwicklung der Warenhäuser in Deutschland, Jena 1910.

An unveröffentlichten fremden Materialien wurden benutzt:

Eine Enquête der Handelskammer Darmstadt über das Einkommen der Kolonialwarenhändler und der Filialgeschäfte 1898—1906.

Eine Enquête der Stadt Dresden 1901/02 über Filialgeschäfte.

" " " " Brandenburg a./H. 1909 über Filialgeschäfte.

Eine Eingabe von J. Schloßmacher an das Preuß. Ministerium des Innern vom 20. 12. 1909.

Materialien von H. Meuskens über die „Westdeutsche Handelsgesellschaft A.-G."

Preisnotizen von **Kiel,** Der Binnenhandel mit Kaffee, Kölner Diplomarbeit 1912.

An Fachschriften wurden besonders durchgesehen:

Kolonialwarenzeitung, Leipzig, zitiert als **K. W. Z.**

Konsumgenossenschaftliche Rundschau.

Vereinigte Tabakzeitungen, Berlin, zitiert als **V. T. Z.**

Süddeutsche Tabakzeitung, Mannheim.

Offizielle Zeitung des Verbandes der Zigarrenladeninhaber, Hamburg.

„Der Schuhmarkt", Frankfurt a. M.
„Schuh und Leder", Berlin.
Confectionair, Berlin; Deutsche Konfektion, Berlin; Zeitschrift für Waren- und Kaufhäuser, Berlin; außerdem
Deutsche Rabattsparvereinszeitung,
Deutsche Handels-Rundschau und die
Mittelstandszeitschriften: Der Mittelstand, Westdeutsche Mittelstandszeitung, Mitteilungen des Bundes der Handels- und Gewerbetreibenden, Handels- und Gewerbeschutz und viele andere, dazu die Spezialliteratur, die bei den einzelnen Abschnitten angegeben ist.

Erst während des Druckes dieser Arbeit kam mir die Arbeit von **Rothschild,** Kartelle, Gewerkschaften und Genossenschaften, Berlin 1912, zur Kenntnis. Obwohl R. die hier geschilderte Entwicklung offenbar nicht näher kennt, gibt er aus eigener Beobachtung heraus eine Theorie der Konkurrenz im Detailhandel, die sich mit einzelnen meiner theoretischen Ausführungen (S. 235 ff.) eng berührt; irgendwelche gegenseitige Beeinflussung ist ausgeschlossen. Es sei auch an dieser Stelle auf die gedankenreiche Arbeit dieses Autors besonders hingewiesen.

Geleitwort.

Das weite Gebiet des Binnenhandels und seiner Kämpfe ist in der Wissenschaft bisher recht stiefmütterlich behandelt worden. Während in kleineren Teilgebieten der Volkswirtschaft, z. B. beim Bankwesen, jede Neubildung, selbst jede technische Veränderung, in der neueren wissenschaftlichen Literatur ihren Niederschlag findet, sucht man, außer zur Warenhausfrage, vergebens nach Spezialstudien über die weittragenden Neugestaltungen im Handel.

Auf das hier behandelte Problem stieß ich zuerst bei meiner Dissertation über das westdeutsche Warenhaus. Die nun vorliegende Arbeit zeigt das Filialsystem als eine Organisationsform, die weite Gebiete des Handels umzuwälzen begonnen hat, eine Fülle neuer Erscheinungen in ihm erzeugt und weiter hervorbringen wird.

Die Arbeit war im Hauptteile bereits Anfang 1911 fertiggestellt, hat dann aber wegen intensiver Lehrtätigkeit über 1½ Jahre geruht; in der Zwischenzeit kamen die Materialien aus Belgien und Frankreich hinzu, die deutschen Angaben wurden ebenfalls nach Möglichkeit auf den neuesten Stand gebracht, — allerdings waren nun die Schwierigkeiten wegen der inzwischen stärker gewordenen Bekämpfungsbestrebungen größer geworden als vorher.

Die angegebenen deutschen literarischen Quellen behandeln durchweg allgemeine Detailhandelsverhältnisse und enthalten höchstens kurze Hinweise auf Filialsysteme. Umsomehr bin ich denjenigen Herrn verbunden, die durch tatsächliche Angaben meine Arbeit so freundlich gefördert haben. Mit besonderem Danke stelle ich fest, daß gerade die größten deutschen Unternehmungen mich durch offene Mitteilungen weitgehend unterstützt haben.

Vor allem bin ich verpflichtet den Herren Kommerzienrat J. Kaiser und Rechtsanwalt A. Boß-Viersen, Generaldirektor Moeller-Brüssel, Dr. Lavergne-Paris, Hallgarten-Frankfurt a. M., G. Engelhardt-Cassel, E. Lippmann-Cöln, Kommerzienrat Emil Krüger-, Adolf Krüger-, Regierungsrat Sommerguth-, W. Krojanker-, Dr. Wernicke- und Dr. Biller-Berlin, Dr. A. Müller-Hamburg; nicht minder auch der Handelskammer Darmstadt, Herrn Stadtrat Uhlmann-Dresden, A. Vogel-Breslau, den Redaktionen der K. W. Z., V. T. Z., des „Schuhmarkt" und „Schuh und Leder" und zahlreichen anderen, die — meist dem eigenen Wunsche entsprechend — hier nicht genannt werden.

In der theoretischen Grundauffassung wird der Kenner leicht den bestimmenden Einfluß der neueren Arbeiten von Sombart, Alfred Weber, Vogelstein u. a. m. erkennen. Nachdem nun meine Studien über die neuen Detailhandels-Großbetriebe zu einem vorläufigen Abschluß gelangt sind, fühle ich mich verpflichtet, auch an dieser Stelle denjenigen Herren herzlich zu danken, denen ich die wissenschaftlichen Anregungen in erster Linie schulde: Herrn Prof. Schumacher-Bonn, der mich schon bei der unter seiner Leitung erfolgten Bearbeitung meiner Warenhaus-Schrift auf die Bedeutung des Filialsystems hinwies, Herrn Geheimrat Prof. Dietzel-Bonn, der mich die theoretische Betrachtung der praktischen Erscheinungen lehrte, last not least Herrn Prof. Kähler-Aachen, der mich schon, als ich von praktisch-kaufmännischer Tätigkeit zur Wissenschaft überging, auf die Handelsfragen als dankbares Arbeitsgebiet hingewiesen hat und mir bis heute ein gütiger Berater war.

Cöln, im Juni 1913. Jul. Hirsch.

I. Einleitender Teil.

Erster Abschnitt.

Vorbemerkung.

Das Problem der Filialbetriebe ist von der Wissenschaft bisher fast gänzlich unbeachtet geblieben; erst das Eingreifen staatlicher und kommunaler Körperschaften hat den Blick einiger Beobachter auf die steuertechnische Seite der neuen Erscheinung, die sich ganz besonders im Detailhandel bemerkbar machte, gelenkt.

Die praktische Bearbeitung der Materie in Land- und Stadtparlamenten zeigt aber die Mängel, die jede einseitige, ungenügend vorbereitete gesetzgeberische Maßnahme in der Regel hat, wenn sie nur den augenblicklichen Interessen der zunächst Betroffenen entspringt: Unter Filialwesen verstand fast jeder Gesetzgeber etwas anderes; der eine wollte die als Filialen betriebenen warenhausartigen Großbetriebe besonders heranziehen; der zweite will gerade diejenigen Filialen gehemmt wissen, die als Kleinstbetriebe („von nur einer Person bedient") von großen Zentralen aus geleitet werden; wieder andere wollen den Spezialgeschäftscharakter eines Teiles dieser Betriebe einer gesetzgeberischen Hemmung unterziehen, während einige sich endlich nur gegen gewisse Auswüchse des Filialwesens, besonders den „Filialwucher", wenden. Die einzige Schrift eines deutschen volkswirtschaftlichen Autors über die Filial**steuer**, diejenige von Brunhuber, behandelt fast nur die damals (1907) aktuelle Frage der Warenhaus-Filialbesteuerung.

Fast ganz übersehen wurde es aber bisher, daß sich in der Form des Filialbetriebes in einer Anzahl von Geschäftszweigen eine neuartige Form des Warenabsatzes herausgebildet hat, die von den bisher bekannten eine Reihe charakteristischer Unterschiede aufweist, und vermittels deren bereits ungemein große Warenmengen umgesetzt werden; allein in der Nahrungsmittelbranche dürfte der Warenabsatz durch die neuartigen Betriebe im Deutschen Reiche jährlich 100 Millionen Mk. weit übersteigen.

Diese neue Form des Warenabsatzes in ihren wichtigsten Gestaltungen darzustellen und ihre Bedeutung im Gesamtbilde der Volkswirtschaft, ihre Entwicklungsmöglichkeiten, Vorteile und Schattenseiten zu erfassen, ist die Aufgabe der vorliegenden Schrift.

Bei ihrer Ausarbeitung zeigte sich eine besondere Schwierigkeit: Die Bedeutung der neuen Betriebsformen kann nur auf dem Hintergrunde der bisherigen Verhältnisse eines Geschäftszweiges richtig erfaßt werden. Nun gilt aber noch immer, was Mataja im Jahre 1891 in der Einleitung seiner Schrift über die Warenhäuser [1]) sagte: Über die Verhältnisse in den einzelnen Zweigen des Detailhandels fehlt es — mit wenigen Ausnahmen — noch heute wie damals an irgendwie eindringenden Bearbeitungen. So ergab sich die Notwendigkeit, in den drei hier besonders behandelten Detailhandelszweigen (Nahrungsmittel-, Tabak-, sowie Schuhwarenhandel) jeweils eine kurze Übersicht über die Gesamtlage der betreffenden Branche zu geben, um auf diese Weise Bedeutung und Wirkungskreis der Filialen in ihr kennzeichnen zu können.

Bei dem vollkommenen Mangel an Vorarbeiten, angesichts der Vielgestaltigkeit der behandelten Verhältnisse und der großen Zahl der Betriebe — im Jahre 1907 wurden im Deutschen Reiche 14 453 Betriebe ermittelt, die Filialen unterhielten; die Gesamtzahl der einzelnen ermittelten Filial-Läden im Detailhandel erreichte 31 799 — kann die vorliegende Schrift als erste Bearbeitung des Problems keinen Anspruch auf Vollständigkeit erheben.

Wenn sie einerseits die Anregung zu weiteren gründlichen Einzeluntersuchungen der Verhältnisse in den ein-

1) Mataja, Großmagazine und Kleinhandel. Leipzig 1891.

zelnen Branchen geben, andererseits die wissenschaftliche Erörterung der immer mehr hervortretenden prinzipiellen Fragen des Filialwesens fördern sollte, so wird die Schrift trotzdem für alle an der Frage Interessierten, sowohl für die Wissenschaft, wie für die praktische Politik und die zunächst beteiligten kaufmännischen und gewerblichen Kreise nicht ohne Nutzen sein.

Definition.

Schon auf die erste Vorfrage: Was ist eine Filiale oder ein Filialbetrieb? ist es nicht leicht, eine zutreffende Antwort zu finden, obwohl Rechtswissenschaft, Steuergesetzgebung und Statistik die verschiedensten Versuche zu einer Beantwortung gemacht haben.

Die ersten Spuren einer rechtlichen Festlegung des Begriffes der Filiale im allgemeinen finden sich im alten Handelsgesetzbuche [1]; in der juristischen Literatur wird das Problem zum erstenmale im Jahre 1863 erörtert [2]. Eine eingehendere Behandlung und Aufstellung unzweifelhafter Normen für den Filialbegriff brachte das neue Handelsgesetzbuch; den Begriff, der sich daraus für die wirtschaftliche Natur der Filialen ergibt, legt Heymann [3]) wie folgt zutreffend fest:

„Die Zweigniederlassung ist eine von mehreren Han- „delsniederlassungen eines Handelsgeschäftes, deren In- „haber ein kaufmännisches Rechtssubjekt (Vollkaufmann) „ist, und welche durch die von ihr ausgehende Handels- „tätigkeit der Erfüllung des Gesamtgeschäftszweckes „dient."

Zur Erläuterung fügt Heymann noch hinzu:

„Es müssen mehrere Vermögenskomplexe eines Voll- „kaufmannes vorhanden sein, vermittels deren er von „räumlich getrennten Stellen aus, als Handelsnieder-

---

1) Zuerst eingeführt im Jahre 1861 in Preußen, 1869 im norddeutschen Bunde.

2) Agricola in Siebenhaars Archiv für Wechsel- und Handelsrecht 12, 279—314.

3) Vgl. hierüber bes. Heymann, Die Zweigniederlassung im deutsch. Handelsrecht. Leipzig 1907.

„lassungen, dauernd Handel treibt, und zwar so, daß die „mehreren Handelsniederlassungen ein Geschäft dar„stellen und, einander rechtlich koordiniert, der Erfüllung „des Gesamtgeschäftszweckes dienen."

Mit der Entwicklung des Filialwesens zeigte sich aber bald die Unzulänglichkeit dieser juristischen Normen gegenüber der Vielgestaltigkeit des modernen gewerblichen Lebens. Die überwiegende Mehrzahl der Filialen, gerade diejenigen, die wir weiterhin als „Vollfilialen" bezeichnen werden, fällt nach einer Kammergerichtsentscheidung überhaupt nicht unter diesen Begriff, weil sie keine vollständigen Handelsniederlassungen, sondern nur „Verkaufsstellen" sind [1]). So haben denn die ersten behördlichen Maßnahmen nach anderen Festlegungen des Filialbegriffes suchen müssen. Es unterwirft die Remscheider Filialsteuer-Verordnung [2]) einer Sondersteuer „Gewerbetreibende, welche im Gemeindebezirk Remscheid, ohne in demselben ihren Wohnsitz zu haben, offene Verkaufs- oder Annahmestellen unterhalten."

Durch eine solche Begriffsbestimmung werden zunächst alle diejenigen Filialen nicht erfaßt, deren Eigentümer am Orte wohnen; solcher Betriebe gibt es aber z. B. in Berlin sehr zahlreiche. Andererseits würden durch diese Bestimmung Betriebe umschlossen, die nicht mehr unter den üblichen Begriff der Filiale fallen, nämlich Agenturen von Versicherungsgesellschaften, Niederlagen von Bierhandlungen, Annahmestellen der Färbereien und selbst Annahmestellen von Verlegern hausindustrieller Erzeugnisse. Die Betriebszählung von 1907, die zum erstenmal die Anzahl der Filialen zu ermitteln versucht hat, zeigt verschiedene Definitionsversuche; der vollständigste [3]) bezeichnet als Filialbetriebe

---

1) O.L.G.-Rspr. (Kammergericht 1900) Staub, Kommentar zum Handelsgesetzbuch ad § 13 Nr. 5.

2) Remscheider Gewerbesteuerordnung vom 7. Febr. 1905; vgl. hierzu auch Brunhuber, Neue Kommunal-Gewerbesteuern. Jena 1907, S. 15.

3) Statistik des Deutschen Reiches. Bd. 213 II Vorbemerkungen zu Tabelle 7 (Hauptgeschäfte und Zweiggeschäfte). Eine andere Defi-

„Unternehmungen durch Unterhaltung von örtlich ge„trennt gelegenen, selbständig geleiteten (wenn auch in „gewissem Zusammenhange mit dem Hauptbetriebe ver„bleibenden) Unternehmen, in denen entweder die glei„chen Gegenstände hergestellt werden wie im Haupt„betrieb, oder in denen für dieselbe Art eigener Erzeug„nisse Absatz gesucht, bzw. Handel mit den gleichen „Waren wie im Hauptgeschäfte getrieben wird".

Ohne auf die Kritik dieser stellenweise recht unsicheren Definition [1]) einzugehen, wollen wir sie im Folgenden teilweise annehmen. Da wir aber das Thema auf die Filialbetriebe im Detailhandel [2]) eingeschränkt haben, vereinfacht sich die Definition auf die folgende Bestimmung:

Ein Detailhandels-Filialbetrieb ist ein solcher, der den Absatz von Waren an letzte Konsumenten in mehreren oder vielen, von einander räumlich getrennten, gleichartigen, ständigen Verkaufsstätten betreibt.

Die Filiale selbst ist ein Teil des oben definierten Betriebes. Eine Unterscheidung nach Hauptgeschäft und Zweiggeschäft, wie sie noch von der Betriebszählung festgehalten wird, ist nicht nur rechtlich belanglos [3]), sondern

---

nition in Bd. 217 ist ganz unzulänglich, da hier die Handelsbetriebe vollständig vergessen sind.

1) Was heißt z. B. „selbständig geleitet, wenn auch in gewissem Zusammenhang verbleibend"?

2) Unter Detailhandel wird hier stets der Warenabsatz an letzte Konsumenten verstanden, unter Großhandel der Handel, der sich einschiebt zwischen Produzent und Detailhändler. Das mit Detailhandel früher gleich gesetzte Wort Kleinhandel wird im folgenden vermieden, da sich mit ihm zu leicht der Begriff des Kleinbetriebes verbindet. Die ganze folgende Darstellung zeigt aber gerade das Auftreten neuer Formen des Großbetriebes im Detailhandel.

3) Alle Geschäfte eines Filialbetriebes sind rechtlich vollkommen gleich, da ihr Inhaber identisch ist. Ein Unterschied besteht nur bei der Eintragung in das Handelsregister; hier muß ein Geschäft als Stammgeschäft zuerst eingetragen sein, damit andere als seine Filialen registriert werden können. Vgl. § 13 H.G.B. u. Heymann a. a. O. 38. „Der „innere Grund für die Schaffung des Begriffes „Hauptniederlassung" ist ein „rein registerlicher. In sich sind die verschiedenen Geschäfte eines „Filialbetriebes rechtlich koordiniert."

verliert mit der Entwicklung des Filialwesens auch wirtschaftlich ihre Bedeutung. Denn bei den größeren Filialbetrieben erhebt sich über allen Verkaufsfilialen eine „Zentrale", die nicht gleichartige Funktionen mit den ihr untergeordneten Verkaufsgeschäften hat, sondern eine grundsätzlich davon verschiedene Verwaltungsorganisation ist.

Im übrigen dürfte die oben gegebene Definition der Detailhandelsfilialen richtig kennzeichnen

1. ihren Zweck: Warenabsatz an letzte Konsumenten;
2. ihre Unterschiede
   a) gegenüber dem selbständigen Einzelgeschäfte; sie unterstehen unmittelbar der Leitung eines übergeordneten, räumlich von ihnen getrennten Betriebes;
   b) gegenüber dem Kommanditgeschäfte: außer dem Merkmale ganz oder teilweise fremder Leitung die nach außen hin gleiche Firma (doch verwischen sich hier die Grenzen);
   c) gegenüber der Agentur: neben den oben angegebenen Merkmalen noch die Tatsache, daß die Filiale die zu verkaufenden Waren in offener Verkaufsstelle feilhält.

Arten der Filialen.

Ein kurzer Einblick in die Literatur zeigt, daß die bisherigen Bearbeiter der Frage vielfach ganz verschiedene Arten von Filialbetrieben bei ihren Erörterungen im Auge hatten. Die erste größere Aktion, die Remscheider Filialsteuer, richtet sich augenscheinlich vor allem gegen die Großgeschäfte, die zufällig noch überdies als Filialen verbunden sind. Während nämlich die Steuer dort ganz minimal blieb, sofern nur 1—2 Personen in der Filiale beschäftigt wurden, und die Miete gering war, stieg sie zu immer höheren Sätzen (bis zu 70 Mk. pro Kopf des in Remscheid beschäftigten Personals) bei großen Betriebsstätten und erhöhte ihre Steuersätze noch um je 1% mit je 1000 Mk. Zuwachs an Miete oder Mietwert.

Gegen eine ganz andere Art von Filialen richten sich

dagegen die Ausführungen Fleusters im Preußischen Abgeordnetenhause [1]), wenn er sagt:

„Die Filiale bedarf keiner großen Räume, sondern sie „läßt sich die Waren vom Hauptgeschäfte zum Verkauf „herüberbringen. Sie kann auch sehr leicht bedient wer- „den und braucht unter Umständen nur eine Person „im Laden. Diesen Momenten gegenüber kommt der an- „sässige Gewerbetreibende ins Hintertreffen."

Um eine Einsicht in Wesen und Bedeutung des Filialbetriebes zu erhalten, wird man deshalb zunächst die verschiedenen Filial-Arten auseinander halten müssen [2]).

Nach drei verschiedenen Gesichtspunkten lassen sich diese Betriebe, soweit sie in größerer Zahl auftreten, unterscheiden:

I. Nach Art des Zusammenhanges der Zweiggeschäfte mit dem Zentralhause in:

a) Vollfilialen: Hier ist Firmenbezeichnung, Betriebskapital, Wareneigentum und -Bezug, sowie kaufmännische Oberleitung in weitestem Umfange gemeinsam.

b) Halbfilialen. Hier ist nur mehr Firma, Betriebskapital und zumeist auch teilweise der Einkauf gemeinsam; kaufmännische Leitung aber nur mehr, soweit und solange dies zur Kontrolle der Kapitalverwertung und -Verwaltung erforderlich erscheint, Wareneigentum nur in beschränktem Umfange. Diese Filialen gehen dann später häufig über in die dritte Form,

c) der Scheinfilialen, bei denen nur mehr die Firma gemeinsam, alles übrige aber vom Zentralbetriebe losgelöst ist oder aber doch die Tendenz hat, sich abzulösen.

Ferner lassen sich die Filialen unterscheiden:

II. Nach Art des Betriebes der einzelnen Filialen, und zwar in

---

1) Stenogr. Berichte der 21. Leg.-Per. II. Session 1908/09 Sp. 3394.

2) Dies betonte auch in der Kommission des Preuß. Abgeordnetenhauses der Berichterstatter Marx, ohne daß in der Verhandlung hierauf weiter Rücksicht genommen wurde (Drucks. d. Abg.-H. 1908/09 Nr. 571).

a) Kleinbetriebe, zumeist als Massenfilialen auftretend; als Typus dieser Art kann die Kaffee- und Schokoladenbranche betrachtet werden, zum Teil auch die Zigarrenbranche. Diese bildet jedoch bereits den Übergang zu

b) den Mittelbetrieben, die vielfach auch in größerer Zahl (mehreren Dutzend), jedoch in der einzelnen Stadt seltener auftreten (1—3 Filialen). Als Typus dieser Art können die Betriebe der Schuhwarenbranche gelten. Fast nur in der Einzahl erscheinen dann jeweils in Mittel- und Großstädten

c) die Großbetriebe. Als Typus kommen hier die Warenhäuser in Betracht, ferner auch besonders die Großbetriebe der Bekleidungsbranche.

Ein dritter Gesichtspunkt, der in der Kontroverse über die Besteuerung eine größere Rolle gespielt hat, ist

III. die Einteilung nach der räumlichen Verteilung. Danach unterschied Fleuster [1]), und diese Unterscheidung ist auch in die Bearbeitung der Betriebszählung übergegangen,

a) Ortsfilialen, deren Zentrale am gleichen Orte liegt,

b) Forensalfilialen, d. h. Filialen, deren Hauptbetrieb in einer anderen Steuergemeinde liegt.

Für die privat- und volkswirtschaftliche Wertung kommt dieser letztere Gesichtspunkt nicht in Betracht, da sowohl in den betriebstechnischen Grundzügen, wie in der volkswirtschaftlichen Bedeutung ein wesentlicher Unterschied zwischen Orts- und Forensalfilialen nicht besteht.

Im übrigen vereinfacht sich die Behandlung des obigen Einteilungsschemas dadurch sehr, daß in der Regel Ia mit IIa übereinstimmt, d. h. massenhaft auftretende Kleinbetriebe (Massenfilialen) sind in aller Regel Vollfilialen; ebenso gilt vielfach Ib = IIb, d. h. die Mittelbetriebe sind vielfach Halbfilialen, werden häufig zu Scheinfilialen. Weiter kann man allerdings nicht gehen, denn Ic (Scheinfiliale) und IIc (Großbetrieb) trifft nicht zusammen. Die Groß-

1) Verhandlungen des Pr. Abg.-Hauses a. a. O. Sp. 3395.

betriebe bleiben, soweit sie Warenhäuser sind, zumeist Halbfilialen; große Spezialgeschäfte tendieren dagegen, sobald sie länger bestehen, oft zur Scheinfiliale.

Damit sind aber die Formen, unter denen der Filialbetrieb auftritt, noch nichts weniger als erschöpft; außer dem offenen Filialbetriebe, dessen äußeres Merkmal die allenthalben gleiche Firma ist, entwickelt sich neuerdings ein verhüllter Filialbetrieb, und zwischen diesen beiden Möglichkeiten gibt es noch zahlreiche Grenzformen. Das Gegenstück zum offenen Vollfilialbetriebe bilden solche Unternehmungen [1]), deren Geschäften zwar das Merkmal der gemeinsamen Firma fehlt, und die deshalb nach außen hin vollkommen selbständig erscheinen, in der inneren Abhängigkeit von anderen, übergeordneten Betrieben aber den höchstentwickelten Formen des Filialwesens vollkommen gleich sind. Diese Geschäfte bezeichnen wir als „scheinselbständige". Die folgende Darstellung wird zeigen, daß zwischen diesen beiden äußersten Möglichkeiten, den Scheinselbständigen und den Vollfilialen, sich praktisch eine kaum zu erfassende Fülle von Abstufungen und Nuancierungen herausgebildet hat.

Zweiter Abschnitt.

Die Entwicklungstendenzen im Handel als Vorbedingungen für das Filialwesen.

I. Die historischen Voraussetzungen.

Unterm 30. April 1648 findet sich in der Zunftrolle der Aachener Krämerzunft die folgende Eintragung:

„. . . Vors anders solle keinem Meister wie es wolle „gestattet werden, Einige winckel außerhalb seinem

---

1) Dem neueren wissenschaftlichen Sprachgebrauche hätte es besser entsprochen, wenn wir von „Filial-Unternehmungen" berichtet hätten: denn es handelt sich um Zusammenfassungen nicht nur vieler Einzelbetriebe, sondern auch ganz verschiedener Betriebsarten in einer Hand. Aber nach den verschiedenen Steuerdebatten und nach der Gründung des „Verbandes deutscher Filialbetriebe" stand die Prägung dieses neuen, logisch richtigeren Ausdrucks nicht mehr frei.

„Hauss zu halten oder auch arbeiten zu lassen, es seye „denn bei einem Meister der diess Handwerk habe."

Solche Verbote zünftlerischer Stadtverwaltungen bedeuten stets, daß Anlässe zu ihnen bereits vorgekommen waren. Es hatte sich also schon zu jener Zeit im engen Handel der einzelnen Stadt die Tendenz geltend gemacht, durch Betreiben von mehr als einer Verkaufsstelle den Gewinn eines Krämers zu erhöhen.

Ein solches Bestreben widersprach aber der ganzen Wirtschaftsauffassung der Zunftperiode. Nach ihren Grundsätzen sollte jeder gewerbliche Betrieb nur „seinen Mann nähren", und „wovon zweie leben können, das sollte nicht einer tun" [1]).

Erst nachdem in der wirtschaftlichen Grundauffassung der völlige Umschwung durch den Sieg des liberalen Wirtschaftssystems eingetreten war; nachdem insbesondere mit dem Prinzip der Gewerbefreiheit zugleich die Freiheit der Betriebs form und der Betriebs größe gewährleistet worden war, konnten jene ersten frühen Bestrebungen sich in größerem Maßstabe durchsetzen [2]).

---

1) Vgl. besonders Sombart, Modern. Kapitalismus, Bd. 1 S. 86 ff. Über ein direktes Verbot für Fabrikanten, Detailgeschäfte zu unterhalten, berichtet auch schon Ad. Smith, Wealth of nations, Loewenthals Übersetzung Bd. II S. 32. Wie zähe man gerade im deutschen Detailhandel an diesem „Nahrungsprinzip" noch zu Beginn des 19. Jahrhunderts festgehalten hat, zeigt eine charakteristische Reminiszenz, die Ad. Wagner auf dem christlich-sozialen Kongreß 1896 (S. 97 des Berichtes) erzählt hat:

„In Baireuth . . . war ein Buchhändler etabliert; er sollte kein „zweites Geschäft in dem Orte haben, ja selbst ein solches Geschäft „nicht in einem anderen Orte betreiben dürfen . . . In früheren „Zünften gab es die Bestimmung, daß keiner allein die bevorzugten Verkaufsstellen haben sollte, daß ein Turnus platzgreifen sollte." Wagner erklärt: „Wenn man kurzweg einwendet, das sind „zünftlerische" Bestimmungen, so ist das wieder nur ein Schlagwort. Was waren und bedeuteten denn diese zünftlerischen Bestimmungen? Sie beruhten auf einem gesunden sozialen Gesichtspunkt, nämlich dem, die Möglichkeit der Gewerbsgewinne einigermaßen unter mehrere zu verteilen."

2) In der Produktion und im Großhandel, vor allem auch im Geldhandel, hat die Ausweitung des Verkehrs schon sehr viel früher zu filialähnlichen Erscheinungen geführt. Für den ersten Exporthandel

Zugleich mit diesem rechtlichen Umschwung ging auch die Umwandlung in den subjektiven Grundtendenzen vor sich, die vor allem die neue Wirtschaftsperiode als kapitalistisch kennzeichnet: Das wirtschaftliche Streben des Krämers und Kaufmanns beschränkte sich nicht mehr darauf, sich „mit Gelden (Einkaufen) und Verkauffen zu Erneren und zu behelffen", wie die Aachener Krämerzunft es in ihrem Statut ausdrücklich festgelegt hatte; sondern das Gewinnstreben des einzelnen wird unbegrenzt. Er will, wie einer der ersten Kapitalisten es ausdrückt, „gewinnen, solange er kann" [1]. Demzufolge wird der Betrieb nach innen durch Verwendung billiger Arbeit und Arbeitsteilung so ertragreich wie möglich gestaltet, nach außen hin so weit wie irgend tunlich ausgedehnt.

Damit diese Tendenzen sich im Detailhandel geltend machen konnten, mußten aber

II. Die wirtschaftlichen Möglichkeiten

für sie gegeben sein.

Die ersten Jahrzehnte unserer kapitalistischen Entwicklung waren einem solchen Konzentrationsstreben im Handel aber nicht günstig. Wohl schuf die Umwandlung in Verkehrswesen und Produktion und die daraus folgende Umgestaltung der Siedlungsweise den Massen b e d a r f auf der

---

waren vielfach solche Organisationsformen, meist aufgrund verwandtschaftlicher Beziehungen, geradezu eine Vorbedingung. Über solche berichtet z. B. Kohler schon aus dem Altertum; in großem Maßstabe erscheint diese Geschäftsform schon zu Ausgang des Mittelalters (Sombart, Die Juden und das Wirtschaftsleben, S. 199). Im Detailhandel hat sich das Filialverbot als Ausfluß der Zunftgesinnung dagegen nahezu allenthalben durchgesetzt, worüber z. B. zu vergleichen: Leipziger Kramerordnung von 1672 (Ludovici, Kaufmannslexikon, Leipzig 1767, S. 1082); über sehr interessante Umgehungsversuche und -möglichkeiten des Verbots zu vergl. Art. 9 derselben Ordnung (a. a. O. S. 1078); ebenso Moltke, Die Leipziger Kramerinnung im 15. und 16. Jahrhundert, Leipzig 1901, S. 21.

1) Sombart, Der moderne Kapitalismus, Motto des 2. Buches.

einen, die Massenproduktion auf der andern Seite. Wohl wuchsen, wie wir es früher ausführlicher geschildert haben [1]), bei den neu entstehenden städtischen Bevölkerungsmassen die Kaufnotwendigkeit, die Kaufkraft, und es veränderten sich die Kaufgewohnheiten. Wohl entstanden auf der anderen Seite, bei der Produktion, dank der neuen Technik und des immer weiteren Vordringens der Maschine, immer neue Warenmassen-, -arten und -qualitäten, und wegen der wachsenden örtlichen Konzentration der Produktion wurden Erzeuger der Waren und letzte Verbraucher immer weiter voneinander getrennt. Aber bei der Vermittlung zwischen beiden Enden, zwischen Produktion und Konsum, da versagte die Maschine, die bei Herstellung und Versendung der neuen Warenmassen die entscheidende Rolle gespielt hatte. Den Absatz der Waren mußte nach wie vor der Handel vermitteln, und er tat das zunächst in den althergebrachten Formen des Ladengeschäftes.

1. Die starke Ausweitung des Handelsgebietes.

So setzte denn um die Mitte des vorigen Jahrhunderts eine rapide

a) Vermehrung der Handelsgeschäfte und der in ihnen tätigen Personen ein.

Auf je 10 000 Preußen zählte man Erwerbstätige im Handel im Jahre

1845	97
1882	192
1895	240
1907	320

Unter „Handelsgewerbe" zählte man im Deutschen Reiche Hauptbetriebe

1882	452 725	
1895	635 209	Zunahme seit 1882 also 40,3%
1907	846 433	„ „ 1895 „ 32,25%

Aber auch diese Zahlen zeigen, wie wir später nachweisen [2]), noch nicht die volle Vermehrung der Handels-

1) Warenhaus in Westdeutschland S. 7 ff.
2) Vgl. unten Abschnitt „Statistik".

geschäfte. Die Zahl der „Betriebe mit offenen Verkaufsstellen" erreichte 1907 schon 1 022 468, und wenn man die hier nicht hergehörenden „offenen Verkaufsstellen" der Gastwirtschaften abrechnet, immer noch 887 623. Darin fehlen noch die Großhandlungen. Man ersieht daraus nämlich noch nicht, daß sich innerhalb des Handels die Arbeitsteilung durchgesetzt hatte, und zwar in denselben beiden Richtungen, wie sie anfangs in der Industrie auftrat, als

b) Spezialisation und Stufenteilung.

Unten schildern wir eingehender, wie sich die Spezialisation im Handel immer weiter durchsetzte, wie die wenigen alten Branchen sich gleichsam der Länge nach spalteten in immer neue Spezialbranchen, wie ein Artikel nach dem andern zur Grundlage eines besonderen Geschäftszweiges wurde, und wie eben daraus die Massenfilialbetriebe emporwachsen konnten.

Aber auch innerhalb der einzelnen Branchen erweiterte sich eine schon früher begonnene Arbeitszerlegung,

die Stufenteilung,

durch die der Verkauf an letzte Konsumenten getrennt wurde vom Einkauf und Vertrieb der großen Warenmassen der Produktion und des Welthandels. Es ist hier nicht unsere Aufgabe, alle die Zwischenglieder zu verfolgen, die sich zwischen Produktion und Detailhandel einschoben und im großen Warenverteilungsprozeß Teilaufgaben in selbständigen Betrieben übernahmen. Bezeichnen wir alle diese Stufen, wie üblich, als Groß- oder Zwischenhandel, so zeigt sich womöglich noch eine stärkere Entwicklung als im Detailhandel. Nach Schmoller [1]) können wir nämlich in den alten preußischen Provinzen die Zahl der Warengroßhändler annehmen

für 1837 auf etwa 4 000
„ 1861 „ „ 15 000
„ 1895 „ „ 80 000,

für das Deutsche Reich schätzen wir sie für 1907 aber auf rund 200 000.

1) Grundriß, Bd. 2 (1904) S. 492.

Bis heute sind beide Bewegungen, Spezialisation und Stufenteilung, noch in vollstem Gange. Aber seit 30 Jahren hat doch auch im deutschen Handel die doppelte Gegenbewegung begonnen, die wir in der Industrie als Zug zum Großbetriebe und zur Kombination (oder besser Integration, d. h. Vereinigung bisher getrennter Stufen derselben Branche in Produktion und Handel) bezeichnen, und die uns nach Alfred Weber [1]) immer klarer zeigt, daß die „fortgesetzte Ausgliederung immer neuer „Stücke des Produk-„tions-" (und Handels-) „Prozesses zu wirtschaftlicher Selb-„ständigkeit nur eine Übergangserscheinung" war, die im Begriffe steht, in ihr Gegenteil umzuschlagen. Und zwar nach drei Seiten hin: 1. Der Tendenz zur Vermehrung der Betriebe folgt die Gegentendenz zur Zusammenziehung des Absatzes vieler Verkaufsstellen in wenigen Händen. 2. Der Tendenz zur Spezialisation im Handel folgt die Gegentendenz zur Konzentration vieler Branchen in einem Betriebe (Gruppierung der Waren nach dem Bedarf, Bedarfsartikelgeschäft, Warenhaus, Kaufhaus, Abzahlungsgeschäft). 3. Der Tendenz zur Aussonderung immer neuer selbständiger Stufen der Produktions- und Handelstätigkeit folgt eine Gegentendenz zur Verschmelzung (Integration) der verschiedenen Stufen, und auch diese wird die vorliegende Schrift vor allem zu zeigen haben.

Die Umwandlung im Handel, die hier angedeutet wird, hat Sombart schon früh [2]) zu kennzeichnen versucht als

a) Tendenz zur Ausschaltung des Detailhandels und
b) Tendenz zur Umgestaltung innerhalb des Detailhandels.

Man wird sie aber heute einfach auf die eine Formel

2. Konzentrations- und Verschmelzungsprozeß im Gebiete des Handels

bringen können. Und in diesem Prozeß spielt das Filialsystem im Detailhandel stets eine große, in weiten Gebieten aber die entscheidende Rolle.

---

1) Standort der Industrien I, Tübingen 1909 S. 182/83.

2) Zuerst im Verein für Sozialpolitik 1899 (Schriften d. V. Bd. 88); ausführlicher im Mod. Kapitalismus, Bd. 2 S. 371 ff.

Es ist wohl nicht mehr zweckmäßig, von Tendenzen zur Ausschaltung des Handels zu sprechen. Gewiß wird der selbständige Handel von zwei Seiten her bedroht, von den Produzenten sowohl, wie von den Konsumenten. Aber die Absatzorganisation, die der Produzent an die Stelle des selbständigen Handels setzt, ist doch schließlich ebenso kaufmännisch organisierter Warenvertrieb, also Handelstätigkeit, wie die Organisation, die sich die Konsumenten schaffen. Die Umwandlung trifft nicht so sehr die Handelstätigkeit, wie die Betriebsgröße und -selbständigkeit und damit zugleich den Selbständigkeitsgrad ihrer Leiter.

Der Zug zur Konzentration und Verschmelzung (und damit zur Ersetzung der selbständigen Kleinbetriebe) hat aber im Handel fast gleichzeitig von vier Seiten her eingesetzt: Von den Konsumenten, den Produzenten, aus der Mitte des Handels selbst heraus und auch von dritter, unbeteiligter Seite. Als Mittel dieser Konzentration im Detailhandel sehen wir ausnahmslos bei allen vier Bewegungen das Filialsystem auftreten.

a) Zuerst ging diese Tendenz zur Ersetzung des selbständigen Handels in der modernen Zeit aus von den Konsumenten. Diese versuchten im

Konsumverein

den selbständigen Händler in der Weise zu ersetzen, daß sie selbst die Verteilung der Waren in Verkaufsstellen organisierten. Dann gingen sie über zur Ersetzung des selbständigen Großhandels, und schließlich führen sie diese Verschmelzung durch bis zur Produktion. Diese Vereine, die als genossenschaftliche Form des Warenbezuges eine eigene Darstellung erfordern und bereits mehrfach gefunden haben [1]), sollen hier im allgemeinen nicht behandelt werden. Ihr rapides Anwachsen im letzten Jahrzehnt mögen nur die folgenden Umsatzziffern beleuchten:

---

1) Staudinger, Die Konsumgenossenschaft, Leipzig 1908; Göhre, Die deutschen Arbeiterkonsumvereine, Berlin 1910; Schär im Archiv für Sozialwissenschaft, Bd. 31 S. 325 ff; der letztere Aufsatz gewährt einen Einblick in die Rechnungsführung und Verwaltung eines großen Konsumverein-Filialbetriebes. Sehr ausführlich: Die Jahrbücher des Zentralverbandes deutscher Konsumvereine, seit 1903 jährlich erscheinend.

Jahr	Angeschloss. Vereine	Berichtende Vereine	Mitglieder-zahl rund	Gesamt-umsatz rund
Ende 1900	628	568	522 000	126 900 000
„ 1905	1094	1047	954 000	310 130 000
„ 1910	1399	1374	1 442 000	481 927 000
„ 1911	—	—	2 000 000	566 096 000[1])

Immerhin darf hier wohl noch angedeutet werden, daß auch bei dieser hochbedeutsamen Umgestaltungsbewegung im Handel das Filialsystem eine große und dauernd wachsende Bedeutung hat. Beim Zentralverbande deutscher Konsumvereine betrug die Durchschnittszahl der Verkaufsstellen pro Verein im Jahre 1903 2,56
1907 2,73
1911 3,50

Einzelne Vereine gehen weit darüber hinaus. So hatten u. a.

die Hamburger „Produktion" Anfang 1912 125 Verkaufsstellen[2]),
die Essener „Eintracht" Ende Juni 1912 86 Verkaufsstellen (im September schon 93),
die „Hoffnung" Köln Mitte 1912 68 Verkaufsstellen (davon 14 aus 1911/12)
die „Allgemeine K. V." Düsseldorf Anfang 1912 33 Verkaufsstellen.

Das System der Massenfilialen wird auch bei den Konsumvereinen zweifellos dauernd zunehmen, je weiter die Konzentration dieser Vereine durch Aufsaugung kleinerer und Bildung von Bezirkskonsumvereinen fortschreitet, und handelstechnisch ergeben sich ja auch dort vielfach die gleichen Vorteile wie bei den hier hauptsächlich behandelten privatkapitalistischen Unternehmungen[3]). Trotzdem ist die Bedeutung der Filialorganisation für ihre Existenz nicht so entscheidend, wie für die privaten Betriebe; bei einer Bedrohung z. B. durch Filialsteuern könnten sie mit Leichtigkeit sich wieder in kleinere Vereine zerlegen, ohne daß ihre

1) Nach dem Jahrbuche des Zentralverbandes deutscher Konsumvereine 1912 S. 376 ff.

2) Ende 1912 bereits 172.

3) Vgl. hierzu Rupprecht, Die Konzentration der deutschen Konsumvereine, Hamburg 1912.

durch höheren Instanzen (Revisionsverband, Zentralverband, Großeinkaufsgesellschaft) gesicherte Zentralisation dadurch stark beeinträchtigt werden würde [1]).

b) Umfassender noch als bei den Konsumenten hat die große Konzentrationsbewegung eingesetzt bei den Produzenten, und auch von hier aus geht die Tendenz zur Angliederung der Handelsfunktionen an den Produktionsbetrieb, d. h. zur Ausschaltung des selbständigen Handelsbetriebes, immer weiter [2]). Sie erfolgt hier auf zwei Wegen: Einmal wird sie klar und bewußt zur Beherrschung des Marktes durchgeführt von den großen Organisationen der Produzenten, von Kartell und Trust; dann aber erwächst sie gleichsam organisch und mehr instinktiv aus dem Expansionsstreben des einzelnen Unternehmens.

Kartell und Trust wenden sich zwar in erster Linie gegen den Großhandel, indem sie diesen entweder auszuschalten, ihn sich zu unterwerfen oder sich mit ihm zu verschmelzen tendieren [3]). Aber je stärker sie werden, umso weiter greifen sie auch in den Detailhandel hinein, und eines der von ihnen zur Beherrschung des Detailmarktes angewandten Mittel ist das Filialwesen (vgl. „Filialwesen und Trust".

Mannigfaltiger sind die Formen, unter denen der einzelne Fabrikationsbetrieb in seinem Integrationsstreben die Ausschaltung des selbständigen Handels erreicht. Zunächst versuchte man durch direkten Versand mit dem Publikum in unmittelbare Beziehung zu treten. Wenn wir mit

---

1) Recht anschaulich schildert die praktische Wirkungslosigkeit solcher Hemmungsversuche Jantzen a. a. O., besonders S. 54 und 63 ff.

2) Es ist nicht leicht zu entscheiden, ob der Produktionsbetrieb öfter sich den Handel angegliedert oder umgekehrt der Handelsbetrieb die Produktion. Bisher war jedenfalls das letztere der weit häufigere Fall; die Kommerzialisierung der Industrie bedeutete in der jüngeren Vergangenheit die Eroberung der Industrie durch den Kaufmann. Wie es aber auch vor sich geht, das Endresultat, die Verschmelzung von Produktions- und Handelsfunktionen, ist in beiden Fällen das gleiche.

3) Die optimistische Meinung Bonikowskys, der keine allgemeine Verschlechterung der Stellung des Handels anerkennen will, wird zutreffend korrigiert in der Schrift von Kestner, Der Organisationszwang, Berlin 1912 S. 109 ff.

Sombart[1]) annehmen wollen, daß der größere Teil der Nachnahmesendungen den *Versandgeschäften* seinen Ursprung verdankt, so beleuchten die folgenden Zahlen ihre starke Expansion: Es betrug die Anzahl der mit Nachnahme belasteten Sendungen im Deutschen Reiche

1880	3,9	Mill. Stück, der Nachnahmebetrag	57,1	Mill. Mk.
1900	30,9	„ „ „ „	540,1	„ „
1910	61,8	„ „ „ „	1182,4	„ „ [2])

Noch größere Bedeutung erlangte in weiten Gebieten des Handels die zweite Möglichkeit, die Übernahme des Detailverkaufs durch den Produzenten in seinen eigenen Läden. Wie ursprünglich der Handwerker in seinem eigenen Hause den Kunden bediente oder bedienen ließ, so tritt nun auf höherer Wirtschaftsstufe der Fabrikant in seinen eigenen Läden durch seine Angestellten mit einem weit zahlreicheren Publikum in direkten Verkehr.

Diese Form des Absatzes ist aber, wie noch zu zeigen sein wird, ursprünglich nur selten vom Fabrikanten[3]) ausgegangen; entstanden ist sie vielmehr aus der dritten großen Konzentrationsbewegung im Gebiete des Handels,

c) *der Konzentration innerhalb des Detailhandels selbst.*

Diese Konzentration konnte offenbar aus zwei Möglichkeiten erwachsen: Entweder indem man innerhalb eines Handelszweiges immer weitere Gebiete des Absatzes an sich zu ziehen suchte. Da aber die Verkaufsmöglichkeit einer Warenart an einer einzelnen Stelle beschränkt ist, so mußte dann der Vertrieb dieser einen Warenart oder -gruppe an mehreren und immer mehr Stellen zugleich organisiert wer-

1) *Sombart*, Die deutsche Volkswirtschaft im 19. Jahrhundert, Berlin 1903, S. 267. In Amerika erzielen Versandhäuser einen außerordentlich großen Umsatz. *Mataja* berichtet von dem Chicagoer Hause Sears Roebuck & Cie., daß es 1906 einen Umschlag von 51,8 Millionen Dollar hatte („Die Reklame", Leipzig 1910, S. 400).

2) Von den Sendungen wurden 1910 für 442,6 Millionen, also fast 40% des Wertes, *nicht* eingelöst.

3) Übrigens entstehen auch die Versandgeschäfte häufiger aus dem Handel als aus der Produktion. Mit Recht betont dies bei dieser noch viel zu wenig erforschten Betriebsform *Philippovich*, Grundriß, 5. Aufl. 2. Bd. S. 129.

den. So entsteht der Massenfilialbetrieb, dem diese Untersuchungen hauptsächlich gelten.

Oder aber: Man blieb beim Verkaufe an einer besonders bevorzugten Stelle. Dann konnte doch eine Ausweitung des Betriebes erfolgen, indem in einem Hause mehrere und immer mehr verschiedene Handelszweige zu einem Betriebe zusammengezogen wurden. So entsteht das Warenhaus, der zentralisierte Großbetrieb im Detailhandel, der aber auch schon bald nach seiner Entstehung zu seiner immer stärkeren Ausgestaltung zum Filialsystem greift.

Die wirtschaftlichen Gründe, die diese letzte Konzentrationsform im Handel hervorriefen und begünstigen, sind in meiner früheren Schrift über das Warenhausproblem [1]) dargelegt; soweit die Filialorganisation in Frage kommt, werden deren Ergebnisse unten wiederholt.

Die Entstehung und Ausbreitung der reinen Filialbetriebe im Detailhandel scheint mir durch vier hauptsächliche Ursachenreihen hervorgerufen und begünstigt worden zu sein: An äußeren 1. die Änderung der Kaufgewohnheiten und 2. die allgemeine Spezialisierungsbewegung; an inneren 3. der steigende Kapitalbedarf der Detailhandelsbetriebe und 4. nach Entstehen der ersten Filialen die spezifischen Vorteile des Filialbetriebes.

1. War in früherer Zeit der Kunde auf wenige Zunftkrämer angewiesen, so hatten diese auch nicht freie Hand den Käufern gegenüber. Einmal konnte man die Qualität der wenigen, damals gehandelten Waren zumeist leicht beurteilen; dann aber schützten auch noch behördliche Taxen und strenge Zunftvorschriften vor Übervorteilung.

Dieser Schutz ging mit dem Fall des Zunftwesens verloren. Zugleich trat aber eine Fülle neuer Warenarten und Qualitäten auf den Markt, und damit schwand auch immer mehr die Möglichkeit der Beurteilung der Ware für den Kunden, der aber einen immer größeren Teil seines Bedarfs durch Kauf erwerben mußte. Gleichzeitig wuchs die Menge der Surrogate und die Möglichkeit der Qualitätsverschleierung, und die persönlichen Beziehungen zwischen Händler und Kundschaft schwanden mit der Mobilisierung der Bevölkerung und ihrer Zusammenziehung in großen Städten.

So wuchs besonders bei seltener gekauften Waren die Gefahr, beim Einkaufe übervorteilt zu werden oder doch den gewünschten Artikel nicht zu erhalten.

Dagegen gab es zwei Möglichkeiten der Abhilfe: entweder wurde die Ware als solche äußerlich durch Marke und Zeichen kenntlich gemacht und durch Reklame immer wieder auf sie hingewiesen; so entstanden die sogenannten „Markenartikel" (Odol, Iavol, Manolizigaretten, Chasallastiefel [1]). Oder aber es gelang einem bestimmten Geschäfte, sich einen besonderen Ruf zu erringen; der Käufer, der dann die gleiche Firma in anderen Stadtteilen oder Städten wiederfindet, wird sie, deren Waren ihm bekannt sind, bevorzugen.

2. Hand in Hand damit ging die allgemeine Spezialisierungsbewegung. Hatte es früher außer dem allgemeinen Kram- (Gemischtwaren-) Laden, der alle Artikel des Bedarfes führte, selbst in größeren Städten nur 3—4 Arten von Spezialgeschäften gegeben [2]), so wurden jetzt immer mehr Warenarten aus dieser alten Gruppierung losgelöst und in besonderen Läden vertrieben. Auch dies begünstigte wiederum das Entstehen von Filialen [3]); denn für die hun-

---

1) Über die — bisher zu wenig gewürdigte — Bedeutung des Markenwesens vgl. M a t a j a, Die Reklame, Leipzig 1910, S. 415 ff. Der von ihm zitierte R i e c k (Deutsche Kaiser und deutsches Volksvermögen, Leipzig 1897, S. 42) sagt darüber treffend: „An die Stelle der W a r e n kenntnis ist die M a r k e n kenntnis getreten, und die verschafft sich jedes Kind in wenigen Stunden . . . Margarine, Kaffee, Kakao, Thee . . . und hundert andere Artikel werden von den Kaufleuten nicht nach Prüfung ihrer Güte, sondern einfach nach der Marke eingekauft und verkauft."

2) S o m b a r t stellte fest, daß es in Breslau im Jahre 1840 vier Arten von Spezialgeschäften gab: Das Schnitt- und Modewarengeschäft, das Galanteriewarengeschäft, das Glas-, Porzellan- und Steingutwarengeschäft und das Eisenwarengeschäft (vgl. mod. Kapitalismus Bd. 2 S. 368 ff.). Für Aachen habe ich im Rats- und Staatskalender von 1794 ermittelt (vgl. „Warenhaus in Westdeutschland" S. 6):

Handelsleute in Tüchern und Hüten	3
„ „ Seide, Samt, Gold und Silber nebst Borden	2
„ „ Stahl- und Eisenwaren	4
Materialisten und Spezereihändler	6

3) Auf den Zusammenhang zwischen Spezialisierungsbewegung

derte von Artikeln der Kolonialwarengeschäfte wird es schwieriger sein, sich einen besonderen Ruf zu erwerben, als für einen einzelnen, früher dort gehandelten Verkaufsgegenstand, z. B. Kaffee, Tabak, Zigarren und dergl.; oder bei Haus- und Küchengerätschaften: für feine Metallwaren werden einzelne Firmen ein besonderes Renommé erwerben, andere für Schreibstubenmöbel usw.

Das Kaffee- und Schokoladen-Spezialgeschäft ist anfangs überhaupt nur als Filialbetrieb aufgetreten [1]; das Zigarrenspezialgeschäft geht ebenfalls zu einem erheblichen Teile darauf zurück [2].

Zu diesen äußeren Ursachen, die den Boden für das Filialwesen vorbereiteten, traten dann noch privatwirtschaftliche Momente, nämlich

3. der steigende Kapitalbedarf vieler Detailhandelszweige, den kein entsprechendes Steigen der Aufschlagsquote begleitete, und der deshalb ein relatives Sinken des Kapitalertrages der Geschäfte zur Folge hatte. Wenn Heymann [3] und mit ihm viele befragte Praktiker der Ansicht sind, daß der Ertrag der Einzelgeschäfte absolut gesunken [4] und nur deshalb der einzelne Geschäftsmann gezwungen sei, mehrere Geschäfte zu eröffnen, so beweist die unten (S. 105 ff.) mitgeteilte Erhebung der Handelskammer Darmstadt zur Evidenz das Gegenteil. Für die Kolonialwarenbranche wird dort nämlich, trotz gleichzeitigen Eindringens der Großbetriebe, ein allgemeines Steigen des Einkommens der Kolonialwarenhändler von 1897—1906

---

und Filialwesen weist auch Göhre (Das Warenhaus, Frankfurt a. M. 1907, S. 107) hin.

1) Vgl. K. W. Z. vom 29. 12. 1896 auch Schönfeld S. 77.

2) Vgl. unten S. 122 ff.

3) Heymann a. a. O. S. 1, 4.

4) So die hessischen Detaillistenvereine in einer Eingabe an die zweite hessische Kammer vom 10. Iuni 1910; auch Schade u. Füllgrabe, Die hessische Filialsteuer, S. 4. Daß nach Entstehen der Großfilialbetriebe der Preisdruck und der Einfluß ihrer gegenseitigen Konkurrenz manchmal so groß wird, daß der Besitzer eines einzelnen Geschäftes daraus allein sein Auskommen nicht mehr finden kann, soll damit nicht bestritten werden (vgl. hierzu unten die Angaben für England).

in den Städten des Großherzogtums Hessen um 55,4% im ganzen Großherzogtum um 21,8% nachgewiesen.

Aber andererseits ergibt sich doch aus den folgenden Untersuchungen, daß in vielen Branchen der Betrag des für Ladenausstattung und Warenlager benötigten Kapitals um das Vielfache gestiegen ist, während der Ertrag nicht in gleichem Maße emporging; infolgedessen wird für den Besitzer eines kleinen Kapitals das mit der Eröffnung eines erstklassigen Geschäftes verbundene Risiko zu groß. Für den größeren Kapitalisten, der dieses Risiko durch Beteiligung an vielen solcher Geschäfte ausgleichen kann, bleibt dagegen immer noch ein hinreichender Gewinn. Zur näheren Erläuterung des hier Gesagten muß auf die folgende Darstellung verwiesen werden, besonders klar dürfte es sich aus den für die Tabakbranche gemachten Mitteilungen (S. 139 ff.) ergeben.

Ist aber auf Grund aller erwähnten Momente erst einmal mit der Filialgründung begonnen worden, so tragen

4. die spezifischen Vorzüge des Filialbetriebes gleichsam von selbst zu dessen immer weiterer Ausbreitung bei: Je größer der Gesamtabsatz, um so vorteilhafter kann der Einkauf geschehen, um so bedeutender wird also zunächst die Gewinnchance. Im folgenden werden wir sehen, wie gewichtig dieses Moment sich bei der Kalkulation der Betriebe in den einzelnen Branchen geltend macht. Dazu kommt, daß infolge der Eigenart seiner Verwaltung der größere Filialbetrieb auf unbedingte Barzahlung halten muß und dadurch, falls er sonst ausreichende Betriebsmittel besitzt, prompt regulieren und bedeutende Skontoabzüge machen kann. Zu diesen allgemeinen Vorzügen jedes Detailhandelsgroßbetriebes kommen noch zwei besondere des Filialsystems: Jede Filiale, die neu eröffnet wird, hat nicht nur die Reklamewirkung, die in der Existenz der früher eröffneten liegt, für sich, sondern sie wirkt zugleich als Reklame für alle anderen. Jeder in einer Filiale neu erworbene Kunde ist zugleich für alle anderen gewonnen. Endlich wird die Basis des Gesamtgeschäftes um so sicherer, über je weitere Gebiete es ausgebreitet werden kann. Ein Streik in einer Industriestadt, schlechte Ernten

in einer von der Landwirtschaft im wesentlichen abhängigen Gegend können dem Einzelgeschäfte gefährlich oder gar verderblich werden; der Filialbetrieb, der sich über weite Gebiete erstreckt, hat damit immer eine gewisse Sicherung gegenüber Konjunkturschwankungen.

Mit der weiteren Ausbreitung des Filialbetriebes kommen ihm dann in wachsendem Maße die Möglichkeiten der Arbeitsteilung und damit der Arbeitsersparnis zugute; freilich vergrößern sich zugleich auch die Nachteile des Filialbetriebes, die wir später im einzelnen zu betrachten haben werden.

Alle diese anfänglichen Vorteile wirkten aber nicht nur zugunsten solcher Betriebe, die sich aus dem Detailhandel selbst entwickelten und dann, wie bald zu zeigen, zur Ausdehnung ins Gebiet des Großhandels und der Produktion schritten, sondern umgekehrt auch zugunsten solcher Großhändler und Produzenten, die sich veranlaßt sahen, in das Gebiet des Detailhandels hinüberzugreifen. Ein solcher Anlaß entstand aber in immer wachsendem Maße durch die ungünstigen Verhältnisse im überfüllten Detailhandel.

Die große Zahl der mit der Umwandlung der Technik auftretenden Warenarten und Qualitäten stieß beim Absatz je länger je mehr auf Hindernisse bei den kapitalschwachen kleinen Detaillisten. Diese wurden wegen ihrer wachsenden Kreditabhängigkeit immer vorsichtiger gegenüber neuen Artikeln. So wurden denn die Fabrikanten vielfach gezwungen, die Propaganda für ihre Waren selbst in die Hand zu nehmen. Mußten sie das aber einmal, und mußten sie überdies — wie das noch heute in vielen Branchen üblich ist — durch ungemein langfristigen Kredit den Detailhändlern das mangelnde Kapital ersetzen, so lag es nahe, nun auch den ganzen Vorteil selbst für sich in Anspruch zu nehmen, also die Lieferung an den Kunden direkt zu machen. Der Weg dazu — neben dem direkten Versande — ist aber die Eröffnung eigener Läden.

Denselben Weg mußte auch die letzte große Bewegung wählen, welche die Umwandlung im Gebiete des Handels beschleunigt,

d) Die Umgestaltung des Handels von dritter unbeteiligter Seite.

1. Die Arbeitgeber.

Die Industriellen sind nicht nur innerhalb ihres eigenen Gewerbezweiges (als Warenproduzenten) zur Ersetzung des selbständigen Handels geschritten, sondern auch auf andern Gebieten als Arbeitgeber. Sie haben ein Interesse daran, die Kaufkraft der von ihnen gezahlten Löhne so hoch wie möglich zu steigern, und aus diesem Motiv heraus — das ja auch in erster Linie ihre hervorragende Wirksamkeit auf dem Gebiete des Arbeiterwohnungswesens erklärt — sind sie schon sehr früh [1]) dazu übergegangen, durch Masseneinkauf von Lebensmitteln und andern wichtigen Bedarfsartikeln zuerst den Detail- und den Großhandel zu ersetzen und schließlich an die so entstandenen Werkskonsumanstalten besondere Produktionsbetriebe anzugliedern. Auch diese Anstalten können sich nur voll ausdehnen aufgrund eines ausgebreiteten Filialsystems; das charakteristische Beispiel, die Kruppsche Konsumanstalt in Essen, war ursprünglich in der Darstellung enthalten, mußte jedoch schließlich unberücksichtigt bleiben.

2. Öffentliche Körperschaften.

Die letzte Bewegung zur Ersetzung des selbständigen Handels hat eingesetzt von Staat und Gemeinden her. Wie immer man auch über das „Gesetz der wachsenden Ausdehnung des öffentlichen Betriebes" denken mag, gewiß ist, daß zu einem alten Motiv zur Übernahme des Handels durch den Staat ein neues in wachsendem Maße tritt. — Zu dem finanzpolitischen, das in Frankreich z. B. zur Organisation des Tabakhandels als staatlichen Massenfilialbetriebes geführt hat, kommt neuerdings immer öfter das sozialpolitische Motiv.

Die Lebensmittelteuerung der letzten Jahre und die infolgedessen entstandene Gegenbewegung der Konsumenten hat immer öfter dazu geführt, daß die öffentlichen Körperschaften, vor allem die Kommunen, die Versorgung der

1) Schon zu Beginn des 19. Jahrhunderts hatte Rob. Owen, der Vater des Konsumvereinswesens, eine solche Einrichtung geschaffen (vgl. H. Simon, Rob. Owen, Jena 1905 S. 57).

unteren Volksschichten mit wichtigen Lebensmitteln durch Masseneinkauf im großen unter Umgehung jeden Handels selbst in die Hand nahmen [1]. Soweit das im Gegensatze zu einem widerstrebenden Detailhandel geschah, mußte es ebenfalls durch Eröffnung mehrerer eigener Verkaufsstellen erfolgen. War diese Maßnahme auch anfangs nur zur Beseitigung eines augenblicklichen Notstandes gedacht, so scheint sich doch die schon früher ausgesprochene Erwartung, daß sich daraus ein dauerndes System entwickeln würde [2], schnell zu erfüllen. Die Stadt Budapest hat die Gründung einer gemischt-wirtschaftlichen Unternehmung ins Auge gefaßt, die u. a. auch durch systematische Errichtung von Detailhandelsfilialen in Ungarn eine dauernde Tiefhaltung der Detailhandels-Aufschläge erreichen will [3].

Schließlich sei noch darauf hingewiesen, daß der beginnende Kampf mit den Trusts eine weitere Übernahme der Handelsfunktionen durch öffentliche und halböffentliche Körperschaften zur Folge haben wird (Reichs-Petroleummonopol) und daß man, soweit eine Gegenwirkung gegen die Kartellierungs- und Vertrustungstendenz im Handel sich als notwendig erweisen sollte, hier ebenso zum Filialsystem wird greifen müssen.

Diese Anlässe und Antriebe zur Filialgründung sind nicht überall gleichmäßig in die Erscheinung getreten. Es zeigen sich allenthalben deutlich gewisse Detailhandelszweige, die teils infolge der Natur ihrer Waren, teils auch infolge der besonderen Lage der zugehörigen Industrien weit mehr als die anderen zur Herausbildung von Filialbetrieben neigen.

Die Betriebsstatistik zeigt, daß es sich in Deutschland besonders um drei Einzelgruppen handelt, nämlich die Nahrungsmittelbranche (und hierin wieder gewisse besondere

---

1) Schriften des Vereins für Sozialpolitik Bd. 129/30; besonders vollständig zusammengestellt in dem von Lindemann und Südekum seit 1908 jährlich herausgegebenen „Kommunalen Jahrbuch". Zusammenstellung neuerdings von Silbergleit, Statistische Beiträge zur Frage der Lebensmittelversorgung in deutschen Großstädten, Berlin 1912.

2) In meinem Beitrag „Binnenhandel" zu v. Wieses Sammelwerk „Wirtschaft und Recht der Gegenwart", Tübingen 1912, Bd. I S. 339.

3) Vgl. Richter, Die volkswirtschaftlichen Ursachen der Lebensmittelteuerung, Wien 1912, S. 68.

Teile), die Tabakbranche und neuerdings in wachsendem Maße der Schuhwarenhandel. Außerdem kommt noch als Sammelgruppe diejenige der Warenhäuser und der warenhausähnlichen Großdetailgeschäfte hinzu, die meist der Textilbranche angehören. Die größten, in ihrer Organisation am weitesten ausgebildeten deutschen Filialbetriebe haben sich in einem Teile des Nahrungsmittelhandels, nämlich der Kaffeebranche, entwickelt. Die Organisation dieser bedeutendsten und für das ganze Filialsystem besonders charakteristischen Betriebe wird zunächst eingehend geschildert. Bei diesen und bei den größten Betrieben der Tabak- und Schuhwarenbranche werden wir ferner die besonderen Anlässe ihres Entstehens, ihre Kalkulation und die Lage ihres Personals festzustellen haben, außerdem ihre Einwirkung innerhalb der einzelnen Branchen zu ermitteln suchen.

Im letzten Teile wird dann die Bedeutung der sämtlichen Filialbetriebe innerhalb der gesamten Volkswirtschaft erörtert. Die Spezialfrage der Filialbesteuerung bleibt einer besonderen Bearbeitung an anderer Stelle vorbehalten.

II. Teil.

Darstellung der Großfilialbetriebe innerhalb ihrer Branchen.

A. Die Nahrungsmittelbranche.

Erster Abschnitt.

Die Kaffee- und Schokoladenbranche.

I. Entstehung und Ausbreitung.

Die Kaffeebranche ist als Spezialgeschäft von den Filialbetrieben eigentlich erst geschaffen worden, und die Filialen haben in ihr eine überragende Bedeutung.

Als spezielle Gründe, die auf die Loslösung des einen Artikels Kaffee aus den allgemeinen Kolonialwarengeschäften hinwiesen, gibt ein Prospekt der Firma Kaisers Kaffee-Geschäft G. m. b. H. drei Momente an:

1. Das Vordringen des gerösteten Kaffees. Der Rohkaffee, der von den Konsumenten vor dem Gebrauch geröstet wurde, konnte lange gelagert werden. Je mehr der „Zug zum gebrauchsfertigen Produkt" sich durchsetzte, umsomehr wurde direkt der geröstete Kaffee verlangt. Dieser ist aber eine äußerst empfindliche Ware, die schnell abgesetzt werden muß, wenn sie nicht an Aroma einbüßen soll [1]) und die überdies vorsichtige Lagerung und spezielle Behandlung erfordert [2]). Der erwähnte Prospekt gibt ferner als Grund für die Entstehung der Kaffeespezialgeschäfte

1) Vgl. die Schrift des Kaiserl. Gesundheitsamtes „Der Kaffee", Berlin 1903, S. 89.

2) Das erwähnte Kaiser'sche Schriftchen (Prospekt, herausgegeben anläßlich der Eröffnung der 1000. Filiale) drückt dies mit den Worten aus: „Eine so empfindliche Ware, wie es gerösteter Kaffee ist, darf nicht mit Heringen, Seife und ähnlichen Artikeln in demselben Raume aufbewahrt werden, ohne in seiner Güte, d. h. der Feinheit des Aromas, ganz erhebliche Einbuße zu erleiden". Vergl. auch Schönfeld a. a. O. S. 79. Dieser nennt als treibende Kräfte für Entstehung der Filialbetriebe (S. 77): Die behördlichen Beschränkungen des Röstens in den Großstädten, die den Detaillisten das Rösten unmöglich gemacht und so den Grossisten zur Übernahme desselben gezwungen hätten. Dieser habe infolge der Fortschritte der Röstereitechnik Großröstereien anlegen müssen, habe das Aroma verbessern gelernt, aber nun für die schnell verderbende Ware absolut sicheren Absatz haben müssen. Diesen bieten aber nur eigene Läden.

2. die hohen Preiszuschläge an, die der Zwischenhandel früher gerade auf diesen Artikel genommen habe. Wir werden an anderer Stelle (S. 82 ff.) sehen, inwieweit dies zutreffend war. Dazu wird als eigentlicher Anstoß zur Filialgründung bezeichnet

3. die Verdrängung des bis Ende der 80er Jahre in Deutschland vorwiegend konsumierten Javakaffees durch den billigeren Brasil- (Santos-) Kaffee. Die Filialbetriebe betonen, daß gerade sie die Einführung der amerikanischen Provenienzen bei den minder bemittelten Bevölkerungskreisen zu einem erheblichen Teile durchgeführt hätten, und auch ihre Gegner erklären, daß sie diese billigeren Qualitäten in besonders starkem Maße eingeführt haben [1]).

Beim Spezialgeschäft für den einen Artikel Kaffee, diesem höchsten Vertreter der Spezialisation im Handel, machte sich aber alsbald wieder der entgegengesetzte Zug zur Wiedervereinigung (Integration) der getrennten Warenarten in neuer Form geltend. Die „Warengruppierung nach dem Bedarf der Kundschaft", welche die Wiederaufhebung der beruflichen Spezialisation im Handel eingeleitet hat[3]), setzte auch hier sofort wieder ein. Es kamen die beim Verbrauch von Kaffee besonders naheliegenden Waren hinzu: Zucker, Schokolade, Tee und Kaffeegebäck etc. in kleinem Umfange, auch zugehöriges Porzellan (Kaffeekannen, -tassen etc.).

Auf Grund aller dieser Momente haben die Filialbetriebe dieser Branche eine ganz außerordentliche Bedeutung gewonnen. Mitte 1910 wurde von einer Großfirma zum Zwecke der Gründung eines Filialbetriebsverbandes der Versuch gemacht, die in Frage kommenden Firmen festzustellen; ferner soweit möglich die Anzahl der Orte, an denen die einzelnen Firmen Filialen unterhielten. Soweit sie die Kaffee- und Schokoladenbranche betrifft, wird im folgenden das Ergebnis der Umfrage wiedergegeben; die Anzahl der Filialen ist bei denjenigen Firmen, bei denen sie in Erfahrung gebracht werden konnte [2]), hinzugefügt:

---

1) Vgl. K.W.Z. vom 25. 11. 1902.

2) Die Zahlen wurden teils durch direkte Befragung gewonnen, teils aus der Präsenzliste der Gründungsversammlung des Verbandes deutscher Filialbetriebe entnommen.

3) Diese Tendenz mündet in der höchsten Konzentration aller Branchen in einem Betriebe, im Warenhause. (Vgl. Sombart, Mod. Kapitalismus II, 2.

Kaffee- und Schokolade pp. Firma	Sitz der Centrale	Ungefähre Anzahl der Filialen	Filialen wurden ermittelt in Gemeinden
J. Brandenbusch	Altenessen		31
Buchthals Kaffeemagazin	Dortmund	500	34
Emmericher Warenexpedition	Emmerich		25
C. Güldenpfennig	Berlin	23	3
Hamburger Importhaus	Hamburg		11
Herkules-Kaffeegeschäft Kauert	Krefeld		19
Kaisers Kaffeegeschäft G. m. b. H.	Viersen	1250	574
Gebr. Kayser G. m. b. H.	Düsseldorf	65	32
Koux Kaffeegeschäft	M.-Gladbach		5
Joh. Mescher	Duisburg	100	23
C. Retelsdorf	Hamburg		20
E. Schmidt	Wickrathberg	40	27
Rich. Selbmann	Dresden		81
Emil Tengelmann	Mülheim/Ruhr	400	78
Arthur Weigl	Hamburg		6
A. Zuntz sel. Witwe	Bonn	23	—
Gesamtzahl der angegebenen Filialen		2401	—

Hauptsächlich Schokolade und Konfitüren:

W. Faßbender	Berlin	—	7
Hartwig & Vogel	Dresden	—	19
G. Cyliax	Berlin	65	—
Reichardt & Co., G. m. b. H.	Hamburg-Wandsbeck	90	48
A. Möbius	Cöln	19	—
Nordd. Schokoladenhaus G. m. b. H.	Magdeburg	56	—
Gesamtzahl der hier angegebenen Filialen		230	—
Im Jahre 1911 hinzugekommen Abels Schokoladenwerke mit (Mitte 1911)		66	—
	zusammen	299	—

An sonstigen größeren Betrieben werden in Fachkreisen noch 13 angeführt, die sämtlich der ersten Gruppe (Kaffee- und Schokoladengeschäfte) angehören [1]).

Es konnten also an größeren Betrieben der Kaffee- und Schokoladenbranche insgesamt 35 ermittelt werden. Von diesen unterhielten, soweit auf Grund der Angaben festgestellt werden konnte, 13 insgesamt 2700 Filialen. Bei denjenigen, die keine direkten Angaben machten, wurden Filialen in 217 Gemeinden ermittelt. Nähere Feststellungen konnten bei 13 Firmen nicht gemacht werden, jedoch wird in Fachkreisen erklärt, daß auch diese sämtlich Filialnetze, teilweise mit mehreren Dutzend Filialen, unterhalten. Demnach wird man die Zahl der Filialen der größeren Betriebe, welche Kaffee, Schokolade etc. führen, mit 3000, derjenigen, die nur Schokolade, Konfitüren etc. führen, mit 5—600 keinesfalls zu hoch veranschlagen.

Die bedeutendste deutsche Großfilialfirma ist zweifellos Kaisers Kaffeegeschäft. Sie ist aus einem kleinen Detailreisegeschäft hervorgegangen, auf das sich die Familie Kaiser Anfang der 80er Jahre verlegte, als der Niedergang der Handweberei ihre alte Erwerbsquelle versiegen ließ. Diese vertrieb neben manchen anderen Artikeln auch Kaffee, der in einem Handröster geröstet wurde. Der Kaiser'sche Kaffee fand besonders guten Absatz in dem niederrheinischen Industrierevier, wohin Herr Josef Kaiser häufig kam. Da die Absatzgelegenheit dort besonders günstig war, überdies die Güte gerade des Kaiser'schen Kaffees dort besonders geschätzt wurde, entschloß dieser sich, eine ständige Verkaufsstelle lediglich für Kaffee in Duisburg, Beeckstraße zu eröffnen. Da diese sich gut rentierte, folgten schnell weitere Gründungen; zunächst in dem bisher bereisten Bezirke, in Essen, Bochum und Dortmund. Das eigene Kapital der Familie, das zu Anfang minimal gewesen war, wuchs, und der Ertrag wurde

---

1) Es sind dies: Gerling & Rockstroh, Dresden-A; Friedr. Gartz, Krefeld; Heinr. Hill, Hattingen; Klein & Weber, Bonn; P. Nachtigall, Danzig; E. Rudloff & Co., Parchim; Joh. Schreiber, Mannheim; Weiner, Pößneck; Alb. Ebner, Königsberg; Wilh. Ebner, Danzig; Herm. Wolff, Insterburg; Hamburger Kaffeelager Thams & Garfs, Hamburg; van Delden, Leer.

stets zur Neugründung von Filialen verwandt, außerdem kam schon bald Bankkredit zu Hilfe; auch ist es eine bekannte Tatsache, daß eines der größten Kaffee-Importhäuser sich mit dem Betriebe eng liierte[1]. So zeigt denn die Entwickelung ein ständig ansteigendes Bild. Es betrug:

Ende	1896 die Anzahl der Filialen	75
„	1897 „ „ „ „	142
„	1898 „ „ „ „	327
„	1899 „ „ „ „	513
„	1900 „ „ „ „	667
„	1905 „ „ „ „	1122
„	1909 „ „ „ „	1243
„	1912 „ „ „ „	1402

Mit dieser Ausbreitung der Filialen ging die Entwicklung des Produktionsbetriebes Hand in Hand. Die Firma Kaisers Kaffeegeschäft besitzt heute den größten Kaffeeröstereibetrieb Europas. Neun getrennte große Betriebe arbeiten dauernd für die Filialen, nämlich die Röstereien zu Viersen, Spandau, Breslau, Heilbronn, Basel, dazu eine Schokoladenfabrik, sowie ein Bäckereibetrieb in Viersen, eine Malzkaffeefabrik in Dülken und eine nominell unter fremder Firma errichtete lithographische Anstalt. Seit 1898 ist die Firma Hermann Kaiser in die G. m. b. H. Kaisers Kaffeegeschäft umgewandelt worden; das Kapital betrug zuerst 3 200 000 Mk., wurde dann 1906 auf das Doppelte erhöht.

II. Die Organisation des Großfilialbetriebes.

Daß der Umsatz der großen Massen-Filialbetriebe heute demjenigen der Warenhäuser nicht mehr viel nachstehe, ist in den Filialsteuer-Verhandlungen des Preußischen Landtages[2] besonders hervorgehoben worden. Wenn trotzdem diese Betriebe sich der Beachtung der Politiker bis vor wenigen Jahren, der Beobachtung der Wissenschaft noch fast ganz entzogen haben — während die Warenhäuser bereits Gegenstand scharfer Kontroversen und Maßnahmen waren, als sie jährlich kaum 150 Millionen Mk. Gesamt-

1) Vgl. K. W. Z. vom 11. 7. 1902.

2) Verhandlung des Preuß. Abgeordnetenhauses vom 3. 5. 1909, Drucksachen der 19. Leg.-Per. Sp. 3394.

umsatz in Deutschland hatten — so liegt dies zweifellos daran, daß die Filiale sich im Äußeren nur sehr wenig von den übrigen Kleinbetrieben ihrer Branche unterscheidet.

Umso größer ist der innere, organisatorische Unterschied. Das selbständige Detailgeschäft ist eine abgeschlossene, wirtschaftliche Einheit für sich; die Filiale ist nur eine von zahlreichen Zellen in einem reich gegliederten Organismus, in dem das Prinzip der Arbeitsteilung in immer steigendem Maße zur Durchführung gelangt ist.

1. Die Filiale selbst.

Das Geschäft des selbständigen Detaillisten ist zugleich Einkaufs- und Verkaufsstelle, Verwaltungs-, Kontroll- und Reklameinstanz und leider häufig genug auch Kreditinstitut. Die Filiale hat von allen diesen Funktionen in der Hauptsache nur mehr eine: den Verkauf. Aber auch diesen erledigt sie nicht so selbständig wie ein Einzeldetaillist. Vielmehr untersteht sie unbedingt der Leitung der Zentrale

a) bei der Auswahl des Lokals.

Die Filiale wird fast nirgendwo im eigenen Hause errichtet; in aller Regel handelt es sich um gemietete Räume, wie denn überhaupt ein immer wieder hervortretender Grundsatz dieser Filialbetriebe die höchstmögliche Liquidität und Beweglichkeit der Filialen ist. Hier zeigt sich der erste große Vorzug des Filialbetriebes: Der selbständige Kaufmann ist vielfach an ein bestimmtes Haus gebunden, das ihm gerade gehört. Aber auch wenn dies nicht der Fall ist, wird er in der Regel nur eine mäßige Erfahrung in der Auswahl eines Geschäftslokales, der Beurteilung der Angemessenheit des Mietpreises, der Entwicklungsmöglichkeiten besitzen. Der Filialbetrieb dagegen, in dem seit Jahrzehnten die Erfahrungen bei der Mietung hunderter, ja tausender von Läden zusammenströmen, kann eine ganze Fülle von Beobachtungen in Betracht ziehen. Überdies aber bilden sich unter den „Revisoren" und „Oberrevisoren" der Betriebe bald Spezialisten heraus: Die einen sind zur Betriebskontrolle besser geeignet; die anderen entwickeln besondere Fähigkeiten in der Auswahl und Verwendung des Personals, wieder andere erweisen sich als ganz besonders befähigt zum Aufsuchen guter Geschäftslagen und -Lokale, zumeist verbunden mit großer Geschicklichkeit im Abfassen von Mietverträgen, die für den Gesamtbetrieb günstig sind.

Solche kristallisierte Erfahrungen sind z. B. diese:

1. Jede Straße hat eine „Laufseite", meist ist es die Schattenseite; deshalb möglichst kein Lokal auf der Sonnenseite.

2. Das Haus darf nicht gegenüber einem Konkurrenzgeschäfte liegen, eher neben einem solchen.

3. Für die Kaffee-, Schokoladen- und Konfitürenbranche empfiehlt es sich, in kleineren und mittleren Städten die beste Lage zu wählen; in Großstädten dagegen sind wegen der wachsenden Entvölkerung der City die besten Plätze der Innenstadt nicht geeignet; als die besten Verkaufslokale erweisen sich dort diejenigen an den Ausgangsstraßen der inneren Stadt [1]).

1) Zur Standortslehre des Detailhandels: Bei der örtlichen Verteilung der Geschäfte, insbesondere in größeren Städten, zeigt sich ein wesentlicher Unterschied zwischen Geschäften für Artikel, die häufig gebraucht werden, und die wir Artikel für den „täglichen Bedarf" nennen wollen, und solchen für Artikel des nur in längeren Perioden wiederkehrenden Bedarfes. (Vgl. hierzu auch Warenhaus in Westdeutschland S. 15). Zu den Geschäften der ersten Art gehören z. B. die Kolonialwaren-, Gemüse-, Backwarenhandlungen, Fleischereien etc. Diesen täglichen Bedarf wünscht der Käufer möglichst in der Nähe seiner Wohnung zu decken, und sind so diese Geschäfte in der modernen Mittel- und Großstadt ziemlich gleichmäßig verteilt und dienen regelmäßig dem Bedarf ihrer näheren Umgebung. Aus diesem Grunde bleiben die Umsätze innerhalb dieser Geschäftsstellen auch durchweg klein; Großbetriebe, oder auch nur Betriebe mit mehreren Dutzend Angestellten, haben sich hier bisher, abgesehen von wenigen Ausnahmen (Potin, Paris), noch nicht herausbilden können.

Anders bei dem in größeren Perioden wiederkehrenden Bedarf. Diesen, zumal soweit er der Mode unterworfen ist, pflegt der Käufer nicht sofort und in der Nähe zu decken. Er wünscht vielmehr eine Reihe von solchen Gegenständen (Bekleidung, Hüte, Wäsche, Schuhe usw.) zu sehen, zu prüfen und zu vergleichen, um dann auszuwählen.

b) Mietvertrag und Mietpreis.

Ist ein geeignet erscheinendes Lokal ausgewählt, so folgt als zweite wichtige Tätigkeit die Festlegung von Mietpreis und Mietvertrag. Hier wird zunächst darauf geachtet, daß Zimmer für die Verkäuferinnen im gleichen Hause mitgemietet werden.

Der Mietpreis ist sehr verschieden. In kleineren und mittleren Städten werden geeignete Geschäftsräume nebst Zimmer durchweg für 720—840 Mk. jährlich in recht guten Lagen gemietet. Der Durchschnittspreis betrug 1911 etwa 1200—1400 Mk.; in sehr großen Städten werden 2400—3000 Mark Miete in dieser Branche erreicht; darüber hinaus geht man aber nur in ganz wenigen, vereinzelten Fällen, da der Umsatz meist nicht den höheren Mieten entsprechend steigt[1]).

Beim Mietvertrage geht das Bestreben des Filialbetriebes vor allem dahin, möglichst große Bewegungsfreiheit zu behalten. Auch hier liegt meist eine Überlegenheit des Großbetriebes vor. Oft gelingt es der größeren

---

Andererseits werden solche Geschäfte nur auf einen seltenen Besuch ihrer nächsten Umgebung zu rechnen haben. Sie werden sich deshalb nach solchen Stellen ziehen, wo ein möglichst lebhafter Verkehr herrscht; wo der breite Strom des Publikums vorüberflutet, da werden sie die meisten Kunden zu erhoffen haben. So entsteht die moderne „Geschäftsstraße", der eigentliche Markt für Artikel des periodisch wiederkehrenden Bedarfs. In diesen Artikeln, bei denen sich auf die angegebene Art der Absatz gleichsam von selbst konzentriert, ergeben sich zuerst die Bedingungen für eine weitere Konzentration des Bedarfes in den Einzel-Großbetrieben (Waren- und Kaufhäusern).

Die oben behandelten Geschäfte der Kaffee- und Schokoladenbranche gehören offenbar zur ersten Art. Daß sie die Ausgangsstraßen der City bevorzugen, zeigt aber, daß sie nicht lediglich auf die Kundschaft ihrer Umgebung, sondern in größerem Maßstabe auf das passierende, aus der eigentlichen Geschäftsstadt heimkehrende Publikum rechnen.

1) Man könnte bis zu einem gewissen Grade von einer „Verkaufskapizität" der Ladengeschäfte sprechen, d. h. auf einem bestimmten Raume ist unter normalen Umständen nur eine beschränkte Anzahl von Verkäufen möglich. Je teurer nun der Raum wird (und die Personalkosten pflegen in ähnlicher Weise in solchen Betrieben mitzusteigen), um so höherwertig muß ceteris paribus die verkaufte Ware sein, wenn die gleiche Rentabilität erzielt werden soll.

Geschäftsgewandtheit der Revisoren und Oberrevisoren, die Kündigungsmöglichkeit des Vermieters sehr zu beschränken; stellenweise wird erreicht, daß der Filialbetrieb stets halbjährlich kündigen kann, der Vermieter dagegen erst nach 5 Jahren. Die Gefahr einer Steigerung nach Ablauf der Vertragsfrist ist hier auch nicht annähernd so groß, wie sie sich später bei den Zigarrenfilialen zeigen wird, weil der Betrieb nicht so sehr an ein bestimmtes Lokal, vor allem nicht an einen Eckladen gebunden ist.

c) Einrichtung und Betrieb der Filiale.

Einrichtung und Warenversorgung der Filialen erfolgt ungemein schnell. Einer der größten Betriebe hat stets Ladeneinrichtungen in drei verschiedenen Größen vorrätig, von denen fast allenthalben eine anwendbar ist. Alle Einrichtungsgegenstände sind genau den Waren dieser Firma angepaßt, und es bestehen selbst detaillierte gedruckte Vorschriften über Anbringung der Firmen- und Reklameschilder; photographische Vorbilder und Musterausstellungen zeigen genau, welche Schaufensterdekorationen und welche Aufstellungen der Waren auf den Ladentischen den Verkauf erfahrungsgemäß am meisten begünstigen. Jede neue Erfahrung in dieser wie in jeder anderen Hinsicht wird den Filialleiterinnen sofort durch Rundschreiben bekannt gegeben. Für ihre Anpassung an lokale Besonderheiten sorgt der Revisor.

Der Warenvorrat der Filiale wird zwar qualitativ sehr vielseitig, aber quantitativ absichtlich klein bemessen. Der Vorrat geht nur in besonders großen Geschäften wesentlich über den (auch auf Seite 50 ermittelten) Lagerbestand von etwa 2500 Mk. hinaus. Bei Kaffee wird die Menge besonders klein gehalten, damit das Aroma dieser Ware nicht durch längeres Lagern leidet. Es werden also hier die Kosten häufigen, meist täglichen Versandes lieber in Kauf genommen, als daß die Qualität der Waren unter längerem Lagern leiden dürfte. Außerdem hat die Filiale die Möglichkeit, sich im Bedarfsfalle sofort mit kleineren Quantitäten aus einer benachbarten Filiale der gleichen Firma versehen zu können[1]. Waren, die sich nicht als gangbar erweisen oder zu lange lagern, sind nach einer bestimmten Frist zurückzusenden. Sie werden dann durch andere Geschäftsstellen, die Absatz für solche Waren haben, vertrieben; wiederum eine Möglichkeit, die für den selbständigen Kleinbetrieb in der Regel ausgeschlossen ist.

Die Geschäftsführung wird durch die Filialleiterin — in der Mehrzahl der Fälle hat die Filiale überhaupt nur eine Verkäuferin — erledigt; jedoch bestehen hier für alle Eventualitäten detaillierte Vorschriften. Die „Dienstanweisung" für die Filialleiterin eines großen Betriebes umfaßt lediglich an allgemeinen Vorschriften 40 eng bedruckte Seiten; Gegenstand der Vorschrift sind die folgenden Abschnitte:

I. Allgemeine Vorschriften über das Verhalten.
II. Arbeitszeit.
III. Verhalten im Geschäftsverkehr.
IV. Reinigung der Filialen.
V. Bestellung der Waren.
VI. Empfang der Waren.
VII. Behandlung der Waren.
VIII. Ausstellung der Waren.
IX. Retouren.
X. Buchführung.
XI. Wochenbericht.
XII. Sparbücher und Rabattmarken.

Dann folgen in 42 Artikeln kurz gefaßte Anweisungen über die Waren und die wichtigsten Bestimmungen über die Sozialversicherung.

Ob der Absatz voran geht, hängt zwar zu einem beträchtlichen Teile von der Verkäuferin ab. Immerhin könnte man dieses Erfordernis gleichsam als negativ bezeichnen; nämlich der Umsatz leidet oder entwickelt sich nicht normal, wenn es die Verkäuferin an Aufmerksamkeit oder Entgegenkommen gegenüber der Kundschaft fehlen läßt. Die Hauptursachen für ein günstiges oder ungünstiges Arbeiten der Filiale liegen in den äußeren

1) Auch aus Anlage 2 ersichtlich.

Momenten: Lage des Geschäftes, Verkehr in der Straße, Dichtigkeit der Bewohnung der umliegenden Straßen, Zahl und Art der benachbarten Konkurrenzgeschäfte wirken entscheidend ein.

Von der Verwaltung des Geschäftes bleibt der Verkäuferin nur wenig; der wichtigere Teil der Verwaltungsarbeiten ist aus dem Ladengeschäfte herausgenommen und in den höheren Instanzen der Zentrale konzentriert. Die Verkäuferin hat im wesentlichen 3 Bücher zu führen:

1. das Kassabuch. In dieses wird die tägliche Einnahme, festgestellt nach dem Kassenbestande, eingetragen. Diese wandert dann bis auf einen kleinen Wechselgeldbetrag in die „Filialhauptkasse". Auch aus dieser werden nur die laufenden Zahlungen für kleine Ausgaben (Gasrechnungen, Frachten, Porti etc.) geleistet; im übrigen wird sie, abgesehen von direkten Einsendungen, dem Revisor abgeliefert, dem alle größeren Zahlungen, wie Miete, Gehälter und Löhne, vorbehalten bleiben. Sämtliche Eintragungen werden durchgepaust und diese Kopien gehen von Zeit zu Zeit an die Zentrale, die so eine genaue Durchschrift des Kassabuches zusammenstellt. Außer diesem Buch führt die Verkäuferin

2. das Haupt- oder Kontrollbuch. Hierbei handelt es sich nicht um ein Hauptbuch im üblichen Sinne. Ein solches kann die Filiale, da Debitoren in der Regel fast gar nicht vorkommen, als Kreditor nur die eigene Zentrale denkbar ist, überhaupt nicht führen. Vielmehr stellt dieses Buch mit 22 Spalten eine allgemeine Übersicht über Warenbestand, Zugänge und Abgänge dar.

Die neu eingehenden Waren werden zum vollen Verkaufswerte eingesetzt; dem steht dann auf der anderen Seite die Ausgabe des Kassabuches einschließlich der verrechneten Spesen gegenüber, ferner die zurückgegangenen Sendungen. Es ist klar, daß auf diese Weise stets durch Aufnahme des Lagerbestandes sofort ermittelt werden kann, ob korrekt verfahren worden ist. Der betreffende Teil des Kontrollbuches wird als Anlage beigegeben.

(Vgl. Anlage 2.)

In besonderen getrennten Verzeichnissen enthält dieses Buch dann noch das Inventar; ferner den Wert der Schaufensterdekorationsstücke und -Auslagen, sowie ein Verzeichnis der in dieser Filiale erfahrungsgemäß nicht gangbaren Waren.

3. Das Minimum- oder Rabattbuch. Hier werden Rabatte, die gewissen Großabnehmern (Anstalten, Krankenhäusern etc.) gewährt werden, eingetragen, ferner nach Zustimmung des Revisors ein etwa entstandener Minderwert an Waren.

Außerdem wird noch eine Rabattsparliste geführt, in der sowohl die ausgegebenen Rabattsparbücher (vgl. S. 52), wie die erfolgten Einlösungen dieser Bücher eingetragen werden. Am Ende jeder Woche sendet die Filialleiterin noch einen ganz kurzen Wochenbericht über Kasse, Konkurrenzmaßnahmen, Ursachen etwaigen Rückganges.

Endlich wird noch eine Kontrolliste geführt, aus der sich der Bezug an den einzelnen Warengattungen ergibt.

d) Warenkreis, Kundschaft, Geschäftsprinzipien.

Als Grund, weshalb zum Artikel Kaffee andere Waren hereingenommen würden, nennt Schönfeld den Preissturz für Rohkaffee nach 1896; dieser habe den Gewinn verringert, und so habe man „alles Mögliche dem alten Geschäft eingegliedert". Die Argumentation ist wenig überzeugend [1]. Die Großbetriebe selbst erklären, auf Verlangen der Kundschaft dazu übergegangen zu sein; wohl mag der Wunsch einer Sicherung gegenüber den starken Preisschwankungen des Kaffees mitgewirkt haben, entscheidend war aber der Bedarf der Konsumenten, die ganz bestimmte Artikel gleichzeitig einzukaufen pflegen. Welch bedeutenden Anteil am Gesamtgeschäfte diese ursprünglichen Nebenartikel heute schon erreicht haben, zeigt die folgende Zusammenstellung. Von der Gesamtsumme des Absatzes entfielen in einem Großbetriebe im Jahre 1909 auf:

Kaffee	46½%
Tee	2½%
Kaffeezusätze	6½%
Kakao, Schokolade, Schokoladen- u. Zuckerwaren u. ähnliches	19½%
Zucker	17 %
Biskuits	4½%
Diverse Artikel, hauptsächlich Honig, Oel, Margarine u. dgl.	3½%
	100 %

Mit dieser Erweiterung der Warengruppen ging auch eine Ausdehnung des Kreises der wichtigsten Kundschaft parallel. War im Anfang die Arbeiterschaft die Hauptstütze der Filialen, so suchten mit der größeren Ausdehnung des Filialsystems auch immer mehr die Beamtenkreise die Läden der ihnen bekannten Großbetriebe, die sie bei jeder Versetzung immer wieder vorfanden, auf, außerdem z. B. am Niederrhein besonders die Schifferbevölkerung; für Schoko-

---

1) Schönfeld a. a. O. S. 79. S. weist aber selber auf S. 75 darauf hin, daß das herkömmlich Feststehende der Verkaufspreis ist, für den Detaillisten niedrige Einkaufspreise also günstig sind (vgl. auch unsere Tabelle der Gewinne am Kaffee vor und nach der Reichsfinanzreform unten S. 90). Weshalb sollte also wohl 1896 ein niedrigerer Kaffeepreis zur Gewinnverminderung geführt haben?

laden und ähnliche Waren immer mehr auch das Reisendenpublikum. Mit der Ausdehnung des Filialsystems auch auf kleinere Orte[1]) kam in wachsendem Maße die Landbevölkerung hinzu.

Für die ortsfremden Käufer war es besonders wichtig, daß bei den Filialen von vornherein an Stelle der sonst üblichen Geheimzeichen die Preise aller Waren sowohl im Schaufenster wie auch im Laden und auf allen Behältern in großer Aufschrift sichtbar angebracht waren, sodaß eine unterschiedliche Behandlung der Kundschaft („Fremdenpreise") unmöglich wurde.

Ebenso wenig erlaubt die ganze Organisation des Filialbetriebes das gerade im Nahrungsmittelhandel früher und stellenweise noch jetzt so sehr beliebte Borgsystem. Der Verkauf erfolgt grundsätzlich nur gegen Barzahlung. Die Einführung des Borgens ist bei der Eigenart des Massenfilialbetriebes nahezu ausgeschlossen, denn dadurch würde die unbedingt notwendige scharfe Kontrolle über Warenabgabe und Geldeinnahme der Filialleiterinnen unmöglich gemacht werden.

Nun konkurrierte aber die Filiale mit den Konsumvereinen, und obwohl der Unterschied zwischen den Warenverteilungskosten der Vereine und der Filialen kaum bedeutend ist (vgl. S. 95), hatte der Konsumverein doch in den Augen der Arbeiterschaft einen wichtigen Vorzug: die Ersparnis, die im Konsumverein u. a. auch durch die Barzahlung gemacht wird, kommt angesammelt in der Dividende in die Erscheinung. Da diese auf einige Mark angesammelten Pfennigbeträge von der Arbeiterschaft außerordentlich hochgeschätzt werden, mußte sich in den mit den Konsumvereinen konkurrierenden Betrieben das Bestreben geltend machen, den barzahlenden Kunden einen Ersatz für diese Dividende zu gewähren. Diesen Ersatz bot die Rabattsparbewegung, in der die selbständigen Detailhand-

---

1) Unter den 574 Steuergemeinden, in denen einer der auf Seite 24 aufgeführten Großbetriebe arbeitet, war ein erheblicher Teil Landgemeinden.

lungen zweifellos eine wertvolle Unterstützung ihrer Konkurrenz gegen die Konsumvereine gefunden haben [1]).

Der Filialbetrieb konnte sich von dieser Bewegung nicht ausschließen. Der Anschluß an die örtlichen Rabattsparvereine ist zwar stellenweise noch möglich — durchweg sucht man heute die Großbetriebs-Filialen davon auszuschließen [2]) — aber bei der Verschiedenheit der Rabattsätze und -methoden bedeutet er eine Erschwerung der Kontrolle. Deshalb gibt der größte Betrieb dieser Branche grundsätzlich den sogen. „Eigenrabatt". Auf die Preise werden 5% in Rabattmarken gewährt, die aber nur bei der eigenen Firma eingelöst oder in Zahlung gegeben werden können, sobald für 1 Mk. Marken gesammelt sind. Die Vorteile, die der Filialbetrieb damit erreicht, sind evident: Die Kundschaft, die einmal ein solches Rabattbuch besitzt, wird den Geschäften dieser Firma möglichst viel entnehmen, um es recht bald zur Einlösung präsentieren zu können; in der Zwischenzeit verstärken aber die noch nicht ausgezahlten Rabattbeträge, die recht beträchtliche Summen darstellen, das Betriebskapital.

Daß auch im übrigen die Betriebsmittel aufs intensivste ausgenutzt werden, haben wir oben schon gezeigt. Der Warenbestand, der durchweg 2500—3000 Mk. nicht übersteigt, wird in aller Regel zehnmal, stellenweise sogar zwölfmal im Jahre umgeschlagen [3]).

Entwickelt sich trotz der zahlreichen, oben aufgeführten Förderungsmittel und trotz der später zu besprechenden Reklame eine Filiale nicht günstig oder zeigt sich ein Rück-

---

1) Vgl. Faucherre, Händler-Rabattsparvereine, S. 229 ff. Wenn F. die zweifellos übertriebenen Behauptungen von Beythien (Jahrb. des Verbandes der Rabattsparvereine 1908/9) bezüglich der „Vernichtung" von Konsumvereinen zurückweist, so ist doch aus seinen eigenen Angaben (z. B. S. 236) ein teilweiser Erfolg ersichtlich (vgl. hierzu auch unten „Bedeutung des Filialsystems im Detailhandel").

Eine dem Rabatt feindliche Ansicht vertritt geschickt Möhring, Das Rabattunwesen. Leipzig 1910.

2) Vgl. unten „Bedeutung des Filialsystems im Detailhandel".

3) Selbstverständlich nicht das im Betriebe arbeitetende Kapital, das seinerseits wieder das Nominalkapital weit übersteigt; das Gesamtkapital wird etwa 3 mal im Jahre umgeschlagen.

gang, so wird alsbald durch Revisionen die Ursache zu ermitteln versucht. Vielfach bringt in solchen Fällen eine Versetzung von Verkäuferinnen Erfolg. Bleibt dagegen der Rückgang dauernd, und sinkt der Umsatz unter die Grenze der Rentabilität, so wird die Filiale möglichst bald aufgehoben. Die unverkauften Warenbestände werden zurückgenommen, die Einrichtung wird mit relativ geringen Unkosten wieder bei einer Neugründung verwandt, das Personal in eine andere Stadt oder Stadtgegend oder „zur Reserve" übernommen (vgl. S. 42).

Diese große Liquidität der Kaffeefilialen bedeutet wiederum einen großen Vorzug gegenüber dem Einzelkaufmann: hier sind bei schlechtem Geschäftsgange die objektiven Bedingungen, Lage des Geschäftes etc., sehr schwer durch Verlegung zu verändern; die subjektiven Bedingungen, besonders Gewandtheit und Befähigung des Inhabers, sind überhaupt unveränderlich.

Dem steht ein großer Nachteil des Filialbetriebes gegenüber: Der Inhaber eines selbständigen Geschäftes hat ein lebhaftes Eigeninteresse am Gedeihen des Betriebes. Das eigene Interesse der Verkäuferin ist nicht sehr groß, vielmehr besteht hier die Gefahr der Veruntreuungen stets, und trotz aller Gegenmaßregeln kommen sie immer wieder vor.

Diese Nachteile zu verringern, die Vorteile des Filialbetriebes zugleich nach Möglichkeit zu verstärken, ist eine Aufgabe der Revisionsinstanzen und der Zentrale.

II. Der Revisionsbezirk.

Je 20—30 Filialen werden zu einem „Revier" zusammengefaßt; dieses untersteht einem Revisor, der im Mittelpunkt des Bezirks seinen Wohnsitz hat. Seine Aufgaben sind denen der Rayonchefs in großen Warenhäusern sehr ähnlich: Er ist in jeder Hinsicht sowohl für den persönlichen wie den kommerziellen Erfolg seines Reviers verantwortlich. Auch er wird durch ausführliche, gedruckte Instruktionen in allen Einzelheiten unterwiesen, und Rundschreiben wie Einzelanweisungen der Zentrale ergänzen fortgesetzt diese Informationen. Seine Aufgabe ist es, die Errichtung neuer Filialen in seinem Revier zu beantragen, die betreffenden Unterhandlungen zu führen und die Neueinrichtung einer Filiale in allen Einzelheiten zu überwachen. Die Einstellung, Unterweisung, Kontrolle und Entlassung des Personals fällt ihm in erster Linie zu.

Der Revisor soll jede der ihm unterstellten Filialen wöchentlich mindestens einmal besuchen, möglichst zu verschiedenen Tageszeiten und unregelmäßig. Ebenso soll er wenigstens alle 3 Monate in jeder Filiale einmal eine Bilanzaufnahme vornehmen, die ja, wie wir zeigten, relativ einfach ist.

In jedem Revier wird dafür gesorgt, daß mehrere sog. Reserveverkäuferinnen vorhanden sind. Wird die Erkrankung einer Verkäuferin gemeldet, oder ist aus anderen Gründen sofortiger Ersatz notwendig, so tritt sofort die mit dem Geschäftsgange genau vertraute Ersatzverkäuferin an deren Stelle. Offenbar liegt hierin wiederum ein wesentlicher Vorteil des Filialbetriebes gegenüber dem selbständigen Einzelbetriebe: Wird dort eine Hilfsperson plötzlich abgängig, so entstehen daraus oft große Schwierigkeiten; wird der Inhaber und Leiter längere Zeit krank, so kann dies dem Bestande des Geschäftes geradezu gefährlich werden. Im Filialbetriebe veranlaßt in solchem Falle der Revisor sofortigen Ersatz, und der Betrieb geht weiter, ohne daß für die Gesamtfirma oder auch nur für die einzelne Filiale ein größerer Nachteil entsteht.

Eine der wichtigsten Aufgaben des Revisors ist die Kassenabrechnung. In welcher Weise diese vor sich geht, zeigen die beiden nachstehenden Abschriften.

I. Abrechnung einer Filiale.

(Siehe Tabelle Seite 43.)

(Einnahmenseite.)

Filiale { Stadt Xdorf
Straße: Hochstraße 22
Rösterei: B.

Datum	Einnahme	ℳ	₰
22. 3. 08	An Kassenbestand der Vorwoche . . .	50	—
	„ Vortrag seit Montag . . . 365.— ℳ		
23. 3. 08	„ Mittwoch	152	—
24. 3. 08	„ Donnerstag	140	—
	„ Einnahme von der Irrenanstalt . . .	500	—
25. 3. 08	„ Freitag	143	—
26. 3. 08	„ Samstag	175	—
	„ Gesamteinnahme der Woche 1475.— ℳ		
27. 3. 08	„ Sonntag	13	—
28. 3. 08	„ Montag	140	—
29. 3. 08	„ Dienstag	156	—
30. 3. 08	„ Mittwoch	149	—
31. 3. 08	„ Donnerstag	150	—
1. 4. 08	„ Freitag (Feiertag)	57	—
	„ Kleine Unkosten aus der Tageskasse .	3	90
		1828	90

Gutschrift des Revisors:

Am 29. 2. 08 à Conto . .	ℳ	800.—
„ 2. 4. 08 in Bar . .	„	946.—
Unkosten	„	32.90
minimum	„	16.50
Rabatt	„	2.40
	ℳ	1797.70

(Ausgabenseite.)

Vor- und Zunamen der Verkäuferinnen: 1. Helene Müller
2. Maria Schuhmacher.

Vor- und Zuname des Revisors: Herm. Schulz.

Datum	Ausgaben	ℳ	₰
23. 3. 08	Rollgeld für 50 kg. Kaffee	—	20
23. 3. 08	Porto für Kassenbericht u. Reklameplakat	—	15
24. 3. 08	2 Glühstrümpfchen	—	60
25. 3. 08	1 Satz Gewichte	4	50
26. 3. 08	Porto für Bestellkarte	—	05
27. 3. 08	Porto für Wochenbericht	—	10
28. 3. 08	à Conto Zahlung . . . . . . ℳ 800.—		
	Rollgeld für 75 kg. Kaffee	—	40
30. 3. 08	Gasrechnung (beiliegend)	18	05
1. 4. 08	Porto für Bestellkarte	—	05
1. 4. 08	Anstreicherrechnung (beiliegend)	7	—
1. 4. 08	Krankenkasse (2 Personen)	—	80
	Invalidenversicherung (2 Personen) . . .	1	—
		32	90

Ans Hauptgeschäft gesandt	dem Revisor abgeliefert:	zusammen
27. 3. 08 . . . ℳ 700.—	. . . . ℳ 100.—	ℳ 800.—
2. 4. 08 . . . „ 850.—	. . . . „ 96.—	„ 946.—
		ℳ 1746.—
	Kassenbestand als Vortrag	„ 50.—
		ℳ 1828.90

II. Abrechnung des Revisors.

Revier Nr. 26.

Am 5. April 1908 überwies ich Ihnen per Reichsbank in Mainz M. 4017.—; nachstehend folgt die Verrechnung hierüber.

Wann Kasse gemacht	Stadt (Filiale)	bar	Unkosten	Minimum	Rabatt	Summe
29. 2.	Bingen	157.—	9.50	0.15	—	166.65
1. 3.	Koblenz I	596.—	3.10	0.85	0.50	600.45
1. 3.	„ II	809.—	21.37	—	2.38	832.75
2. 3.	„ III	428.—	2.50	0.70	—	431.20
2. 3.	Mainz I	295.—	4.50	0.50	5.—	305.—
2. 3.	„ II	345.—	5.—	0.38	1.03	351.41
3. 3.	„ III	403.—	11.50	0.85	2.—	417.35
4. 3.	Frankfurt a. M. I	438.—	10.25	0.73	1.50	450.48
4. 3.	„ II	627.—	12.—	0.45	3.—	642.45
4. 3.	„ III	337.—	1.90	0.20	1.25	340.35
4. 3.	„ IV	427.—	9.20	—	—	436.20
5. 3.	Mainz IV	430.—	6.—	—	2.—	438.—
		5292.—	96.82	4.81	18.66	5412.29

abzüglich Einlage
Neuerrichtung Höchst II 200.—
5092.—

Von diesem Nettobetrage		von M. 5092.— gehen ab
an Miete lt. Quittungen	M. 409.—	
Gehalt der Verkäuferinnen lt. Quittungen	„ 600.—	
Reisevergütung der Verkäuferin Müller III Koblenz-Köln	„ 6.—	
Meine Spesenabrechnung	„ 60.—	M. 1075.—
per Reichsbank überwiesen		M. 4017.—

In Boppard, Alzey und Frankfurt a./M. V konnte diesmal keine Kasse gemacht werden, weil Filiale Höchst II errichtet wurde.

Zu den Aufgaben des Revisors gehört auch die Reklame.

I. Eine ständige Zeitungsreklame machen die eingeführten, alten Firmen dieser Branche nicht, da sie mit Recht ihre zahlreichen Verkaufsstellen mit den überall gleichmäßigen, auffallenden Aufschriften als die beste Reklame betrachten. Von den übrigen Reklamemitteln wird nur Gebrauch gemacht

1. wenn ein Geschäft neu errichtet wird,
2. wenn ein Artikel neu eingeführt werden soll [1]),
3. wenn die Konkurrenz ein neues Geschäft in der Nähe der eigenen Geschäftsstellen eröffnet und durch Reklame zu wirken versucht; endlich auch wohl
4. wenn der Umsatz einer Filiale zurückgeht.

Schließlich bleiben die Filialbetriebe zu den allgemeinen Reklamezeiten vor Weihnachten, Ostern usw., wo der ganze Detailhandel lebhafter Propaganda macht, ebenfalls nicht zurück. Über Fassung, Größe und Art der Zeitungsreklame hat sich der Revisor mit dem Reklamebüro der Zentrale zu verständigen, ebenso über

II. die Reklame durch Flugblätter und Adreßkarten. Diese pflegt an kleineren Plätzen besonders wirksam zu sein. Daß auch hierfür fertige Formulare beim Hauptbetriebe in Massen hergestellt werden, verbilligt diese Reklame wieder erheblich.

Weit wichtiger ist

III. die Reklame durch „Zugaben", vielfach noch durch Zeitungsanzeigen unterstützt. Solche Zugaben werden besonders als Weihnachtsgeschenke gegeben, und Kaisers Kaffeegeschäft will z. B. in einem einzigen Jahre für solche „Weihnachtsgeschenke" 26 Eisenbahn-Güterwagen gebraucht haben [2]). In den letzten Jahren haben diese Gratisverteilungen erheblich nachgelassen. Die Gesamtkosten dieser Reklame überschreiten heute $^3/_4$% des Umsatzes nicht mehr.

Ein direkter Vorwurf wird jedoch mehreren großen Filialbetrieben von gegnerischer Seite [3]) aus einer anderen Art Reklame gemacht nämlich

---

1) In Verkennung dieses Umstandes heißt es in der Kolonialwarenzeitung vom 9. 2. 1902: „Im übrigen haben wir aber die Erfahrung gemacht, daß die Erfolge der Filialen den Kollegen an vielen Plätzen nicht merkbar geworden sind. Mit diesen Umsatzverhältnissen scheint es zusammenzuhängen, daß die Firma K. selber offenbar das Vertrauen zu dem Artikel Kaffee etwas verloren hat; denn seit 2 Jahren forciert sie auch Malzkaffee, und in neuester Zeit stellt sie diesen Artikel sogar in den Vordergrund, indem sie dem Publikum versichert, Malzkaffee sei das beste Getränk."

2) S. 15 der Jubiläumsbroschüre.

3) Vgl. Eingabe der „Münchener Handels- und Gewerbekammer"

IV. Verkauf eines Lockartikels. Als solcher wird noch heute der Zucker bezeichnet. Diese Ware, bei der wegen der geringen qualitativen Unterschiede der Vergleich sehr leicht ist, soll in den Filialen vielleicht unter Einkaufspreis, sicher aber ohne Gewinn verkauft werden. Unsere Ermittelungen (S. 90 ff.) haben in der Tat ergeben, daß ein Gewinn an diesem Artikel wohl in der Regel niemals erzielt wird, wenn auch der Aufschlag die Selbstkosten deckt. Dieses Konkurrenzmittel wird man auch dann noch als bedenklich bezeichnen müssen, wenn von der Seite der Filialbetriebe darauf hingewiesen wird, daß jedes Kolonialwarengeschäft Artikel führe, an denen nichts verdient wird, und daß gerade die Erhebungen van der Borght's gezeigt haben, wie dies auch schon vor Entstehung der Filialbetriebe selbst in den bestgeleiteten Geschäften geschah[1]).

Zu den Aufgaben des Revisors gehört es nach einer erhaltenen Mitteilung in der Tat, dafür zu sorgen, daß der Umsatz in Zucker in mäßigen Grenzen bleibt.

In allen diesen Richtungen wird auch die Tätigkeit des Revisors scharf kontrolliert, und zwar durch die

Oberrevisoren.

Ihnen unterstehen wiederum 10—12 Reviere, die von Zeit zu Zeit unvermutet zu kontrollieren sind. Damit sie in beständiger Berührung mit der Praxis bleiben, sind den Oberrevisoren stets auch einige Filialen direkt unterstellt.

Im übrigen sind sie die Vertrauenspersonen der Zentrale, die in allen schwierigen Fällen an Ort und Stelle entsandt werden, zumal wenn eine Filiale dauernd zurückgeht oder gar ein ganzes Revier leidet. Von Zeit zu Zeit haben sie über die Gesamtlage der einzelnen ihnen unterstellten Reviere Berichte zu erstatten, Buch- und Kassenführung der Revisoren zu kontrollieren und über deren Person und Leistungen schriftliche Gutachten abzugeben.

---

von 1902, abgedruckt in K.-W.-Z. v. 11. 7. 1902. (20. Jahrgang Nr. 52).

1) Schriften des Vereins für Sozialpolitik. Bd. 36. Hier wird als Durchschnitts-Spesensatz der beiden untersuchten großen Firmen 11 bezw. 13% ermittelt, bei einer Reihe von Artikeln bleibt der Aufschlag wesentlich dahinter zurück. So besonders auch bei Kaffee, vgl. unten S. 83/84.

Die Durchschriften der Filialbücher, die Berichte und Abrechnungen der Revisoren und die Kontrollberichte der Oberrevisoren bilden dann gemeinsam die Unterlagen für die Maßnahmen der

III. Zentral-Verwaltung.

Die Funktionen dieser Zentrale sind ungemein mannigfaltig; sie erfüllt zugleich diejenige des Grossisten, des Fabrikanten, teilweise auch des Importeurs und eine neue, in anderer Form noch nicht bestehende, nämlich Gründung und Überwachung eigener Detailhandlungen. Wir betrachten sie

1. als Produktions- und Einkaufszentrale.

Bei dem ungemein großen Bedarf der großen Filialbetriebe an Kaffee und Kakao versteht es sich von selbst, daß der Großhandel, von dem der selbständige Detaillist heute noch durchweg bezieht [1]), hier ausgeschaltet wird. Der Einkauf erfolgt direkt an den großen Börsen. Schon 1896 wußte aber die Kolonialwarenzeitung zu berichten [2]), daß eine Großfirma an Plantagengesellschaften beteiligt sei, und in der Tat liegen einzelne Lieferungsabkommen mit solchen Gesellschaften vor. Auf die Gesamtmasse des Einkaufs haben sie jedoch keinen Einfluß; das Normale bleibt der Börseneinkauf.

Vom Hafen aus wird die Ware sofort auf die verschiedenen

Produktionsstätten

verteilt. Da besonders bei geröstetem Kaffee längerer Transport der Güte und dem Geschmack der Ware ebenso schädlich ist wie langes Lagern, haben die größeren Betriebe für die verschiedenen Teile ihres Versorgungsgebietes

1) Der deutsche Binnenhandel mit Kaffee geht in folgenden getrennten Stufen vor sich: Importeur — Vertreter (od. Reisender) — Binnenlandsgroßist — Vertreter — oft noch „Demigroßist" — Detailist. (Nach Schönfeld und Jöhlinger.)

2) Nummer vom 29. 11. 1896.

je einen besonderen Röstereibetrieb angelegt; andere Produktionsabteilungen kamen dann hinzu.

Wie sich bei der G. m. b. H. Kaisers Kaffeegeschäft die Röstereien und sonstigen Produktionsabteilungen verteilten, zeigt nachstehende Tabelle; in dieser ist die Zahl der beschäftigten Arbeiter für Ende November 1912, sowie diejenige der zugehörigen Filialen angegeben.

Rösterei in	Arbeiter			An Filialen gehörten zu der Rösterei	
	männl.	weibl.	insgesamt	Mai 1910	Ende 1912
Viersen	130	90	220	329	379
Spandau	79	65	144	481	524
Breslau	25	31	56	204	220
Heilbronn . . .	21	23	44	188	229
Basel	10	16	26	45	50
Zusammen in den Röstereien .	265	225	490	1247	1402
Schokoladenfabrik Viersen (einschließlich Bäckerei) . . .	316	405	721		
Malzkaffeefabrik Dülken .	28	—	28		
Papierwarenfabrik Viesen .	145	149	294		
Arbeiterzahl insgesamt . . .	754	779	1533		

Die Firma Tengelmann hat drei Röstereien, auch ist sie nach unverbindlichen Angaben an einer Schokoladenfabrik beteiligt; die übrigen oben genannten Großfirmen haben je eine Rösterei.

Neben dieser Eigenproduktion werden, wie aus der früher (S. 38) gegebenen Tabelle ersichtlich, noch große Mengen von Waren — es handelt sich im einzelnen Artikel fast stets noch um Millionenumsätze — von anderen Fabrikanten direkt abgenommen und meist von den Fabriken aus sofort in die Verkaufsstellen dirigiert.

Neben diesen Produktionsabteilungen steht die eigentliche

2. Zentralbuchhaltung.

Diese besteht aus zwei Schichten, den „Röstereibüros" und der „Hauptbuchhaltung". Um nämlich stets die Wirkungen der Vorgänge innerhalb der zahlreichen Filialen in ihrer Gesamtheit erfassen zu können, zugleich aber auch der leichteren Übersicht halber, werden die Filialen zu Verwaltungsbezirken, „Rösterei" genannt, zusammengefaßt. Diese „Rösterei" ist aber nur eine Rechengröße; sie stimmt nicht unbedingt mit dem Versorgungsgebiete der wirklichen Röstereibetriebe überein, auch ist ihr Büro nicht etwa am Sitze der wirklichen Rösterei (in Spandau, Heilbronn etc.), sondern im Zentralhause. Und während von der wirklichen Rösterei lediglich der Kaffee an die Filialen geht, wird hier die „Röstereiabeilung Heilbronn" zum Beispiel auch für alle anderen Waren belastet, die an irgend eine ihrer Filialen geht.

So hat die Zentralbuchhaltung nur mit ganz wenigen Debitoren zu tun, nämlich den „Röstereien", außerdem mit einer Abteilung „Niederlagen", die für sämtliche Lieferungen an die selbständigen Niederlageninhaber (vgl. unten S. 56) belastet wird.

Innerhalb ihrer Röstereiabteilung hat wieder jede Filiale ihr eigenes Konto; hier wird sie als Kunde behandelt, und zwar wird sie mit dem vollen Verkaufspreise der Waren belastet und für die Eingänge erkannt.

Daneben erfolgt aber eine weitere Buchung. Die Produktionsabteilungen (Kaffee, Schokoladefabrik usw.) ermitteln für ihre Produkte jeweils die ungefähren Selbstkosten; diese werden, ebenso wie die Fakturenpreise der von fremden Lieferanten bezogenen Waren, den Röstereiabteilungen in gewissen größeren Perioden mitgeteilt. Diese Selbstkosten werden den Filialen als Einkaufspreise gleichmäßig zu Lasten geschrieben. Mit diesen Einkaufspreisen und den vorgeschriebenen bzw. erzielten Verkaufspreisen wird dann das Konto der Filialen belastet und der daraus erzielte Gewinn nach dem folgenden Beispiele festgestellt.

Es möge dabei bemerkt werden, daß es sich um einen (mit veränderten Namen) der Praxis entnommenen Fall handelt; der Umsatz ist höher als im Durchschnitt, im übrigen ist ein möglichst typisches Beispiel gewählt.

Filialverrechnung:

Revisor Aug. Schmitz. Filiale . . . . dorf
Verkäuferin I. K. Schulze. Eisenbahnstraße 7.
Verkäuferin II. E. Schwarz.

Bilanz vom 4. 3. 1912 bis 9. 9. 1912 — für 185 Tage.

Warenvorrat: M. 2389.84.

Artikel	Durchschnittl. Wochen-Umschlag	Gesamt-Umschlag		Gewinn
		Verkauf	Einkauf	
Kaffee geröstet	717.71	18 968.92	16 199.46	2 769.46
Kaffee roh	1.47	38.–	30.40	7.60
Tee	7.98	210.84	134.41	76.43
Kaffee-Zusätze	53.20	1 407.14	871.99	535.25
Schokoladen	107.03	2 828.57	1 979.99	848.58
Biskuits	29.89	790.66	573.71	216.95
. . . .	. . . .	. . . .	. . . .	. . . .
. . . .	. . . .	. . . .	. . . .	. . . .
Summa	1 055.25	27 890.66	22 707.59	5 183.07
			Plus [1]	377.45
			Brutto-Gewinn	5 560.52

1) Infolge der hygroskopischen Natur des Kaffees nimmt derselbe bei Lagern an Gewicht etwa 2 % zu; hieraus erklärt sich das oben angeführte und bei ordnungsmäßiger Führung des Geschäftes sich stets ergebende Plus. (Vgl. „Der Kaffee" a. a. O. S. 93.) In Belgien ist eine Grenze des zulässigen Wassergehaltes gerösteten Kaffees festgesetzt worden und zwar auf 5 % (vgl. S. 93 der zitierten Schritt).

Unkosten.		Brutto-Überschuß M. 5 560.52
Miete (pro Jahr M. 2800 u. 80.– Heizung)	M. 1480.—	
Gehälter, die auf die Filiale entfallen . .	„ 893.59	
Bedienungspersonal	„ 85.85	
Frachten	„ 95.03	
Rollgeld	„ 10.95	
Brand (M. 40.06 in Miete enth.)	„ —	
Licht	„ 101.69	
Steuer, in der Filiale selbst bez.	„ 89.80	
Papierwaren	„ 266.04	
Rabatt und Minimum	„ 44.74	
Sparbücher (eingelöste Rabattbücher) . .	„ 899.—	
Sonstiges	„ 158.14	
Unkostensumme		M. 4 127,78
Nettogewinn:		M. 1 432.74

Erste Einrichtung steht noch zu Buch mit M. 48.77.

Hierbei sind die Unkosten genau berechnet [1]), dagegen bieten die Ziffern „Bruttoüberschuß" und infolgedessen auch „Nettoüberschuß" nur annähernd richtige Zahlen, hauptsächlich weil die zur Herstellung der Hauptartikel: Kaffee, Tee, Malzkaffe, Kakao verwendete Rohware fast von Tag zu Tag sich im Preise ändert; hier werden Durchschnittszahlen angenommen, die nur bei sehr erheblichem, dauerndem Steigen oder Fallen der Preise für Rohware geändert werden. Die Summe der für die einzelnen Filialen errechneten Nettogewinne unterscheidet sich daher regelmäßig von dem Gesamtgeschäftsgewinn, der auf die übliche kaufmännische Weise in der Zentrale ermittelt wird. Dieser letztere Gewinnbetrag wird der Steuererklärung zugrunde gelegt und bildet auch gemäß § 47 preuß. Komm. Abg. Gesetzes den Gegenstand der Besteuerung in den einzelnen Filialstädten. Der „Nettogewinn" der einzelnen Filiale bietet vornehmlich einen Anhalt dafür, ob eine Filiale einen Überschuß erbringt oder mit Verlust arbeitet und ob sie gegenüber früher vor- oder zurückgeht.

Man hat den Filialbetrieben vielfach vorgeworfen, daß sie ihren auswärtigen Filialen den Einkaufspreis absichtlich sehr hoch in Rechnung stellten, um den Gewinn und damit die Steuer herabzudrücken. So heißt es in einer solchen Ausführung [2]):

---

1) Jedoch pflegt sich das beim Kaffee gemachte Plus durch Verluste an andern Waren, sowie sonstige Mankos wieder aufzuheben.

2) Vgl. „Rheinische Volksstimme" vom 23. 3. 1907, ganz ähnlich auch „Kolonialwarenzeitung" vom 16. 4. 1907; auch bei den Kommis-

„Der Kaffeehändler X. liefert einer seiner Filialen in N. einen „Kaffee, der mit M. 1,80 pro Pfund detailliert werden soll, und den „er ihr mit M. 1,75 berechnet. Wenn nun im Geschäfte die Ver„käuferin täglich 100 Pfund Kaffee verkauft, so verdient diese Filiale „an sich nur M. 5,— täglich, ein Betrag, der vielleicht kaum die Miete „und das Gehalt der Verkäuferin deckt. Da aber der Kaffee Herrn „X. einschließlich Fracht nur M. 1,60 zu stehen kommt, verdient er „an dem Filialgeschäft doch M. 15,— täglich und bei jährlich 350 Ver„kaufstagen M. 4250,—."

Nun besteht allerdings theoretisch die Möglichkeit, bei der Fabrikation einen hohen rechnungsmäßigen Gewinn zu erzielen, den Filialen die Waren zu hohen Preisen in Rechnung zu stellen und so den Reinertrag der einzelnen Filiale auf ein Minimum herabzudrücken. Aber dann wird am Hauptsitze der Reinertrag entsprechend größer und muß dort demgemäß versteuert werden. Ist nun der Gemeindezuschlag zur Staatssteuer am Stammsitze des Betriebes niedriger als durchweg anderwärts, so würde es allerdings in seinem Interesse liegen, so zu verfahren. In Wirklichkeit liegt es aber von Ort zu Ort verschieden und es müßte, wenn diese Verrechnungsmöglichkeit ausgenützt werden sollte, der einen Filiale ein hoher, der andern ein niedriger Einkaufspreis angerechnet werden.

Ein solches Verfahren würde einerseits gesetzlich unzulässig sein [1]). Wenn man sich aber auch darüber hinwegsetzen wollte, so würde zunächst eine ständige Kontrolle der Steuersätze der einzelnen Städte und Ortschaften, die obendrein noch unsicher wäre [2]), erforderlich sein;

---

sionsverhandlungen des preuß. Abgeordnetenhauses (Nr. 571 der Drucksachen S. 3, Leg. Per. 1908/09) und an zahlreichen anderen Stellen.

1) Eine ordnungsmäßige Buchführung gemäß H. G. B. würde niemals eine solche sein, die ganz gleichartige Betriebsstellen nach verschiedenen Grundsätzen behandelt. Daß eine solche Buchungsweise für die Steuerveranlagung ebenfalls vollkommen belanglos wäre, betonte mit Recht Strutz im Preuß. Abgeordnetenhause am 5. 3. 1910 (Sp. 3388 der Verhandlungen).

2) Bekanntlich erfolgt zuerst die Ermittlung des Reinertrages, Betriebskapitales etc.; erst erheblich später die Festsetzung der Umlageprozente.

andererseits die Kontrolle über den Fort- oder Rückschritt der Filiale unmöglich werden [1]).

Deshalb ist die oben geschilderte Methode die für einen geordneten Großfilialbetrieb fast allein mögliche.

Gelten die einzelnen Filialen als Debitoren des Zentralbetriebes, so zählen die eigenen Produktionsabteilungen genau wie fremde Lieferanten für die Zentralbuchhaltung als Kreditoren.

Statistik und Kontrolle.

a) Abteilung „Reklame".

Gesondert von der eigentlichen Buchführung führt der Filialgroßbetrieb eine statistische Abteilung. Hier werden die Verkaufssummen der einzelnen Filialen nach Wochen zusammengestellt und mit den gleichen Perioden der früheren Jahre aufs genaueste verglichen. Es wird festgestellt, wie sich der Gewinnprozentsatz in diesen Jahren entwickelt hat, welche Mieten gezahlt wurden etc. Charakteristisch ist, daß diese Erfolgstatistik im größten Betriebe in der Abteilung „Reklame" geführt wird; dort, wo man zuerst die Wirkungen der einzelnen Arten von Reklame zu erfassen versuchte, hat sich diese Art der Kontrolle erst herausgebildet. Der Grund, weshalb der Zusammenhang so eng geblieben ist, liegt darin, daß sich an Hand der Umsatzziffern auch jetzt noch gleichsam experimentell feststellen läßt, welchen Erfolg die Reklame im einzelnen hat, und welche Art derselben an bestimmten Plätzen auf das in Frage kommende Publikum die größte Wirkung ausübt. Daneben wird über die eigentliche Zeitungsreklame, ihre Kosten und ihren Erfolg noch besonders Buch geführt.

Bildet hier die sachliche Einheit, die Filiale, den Gegenstand der Beobachtung, so untersteht die persönliche Seite des Betriebes, das Personal, in weitestem Umfang der Überwachung durch die

b) Abteilung Kontrolle.

Hier erfolgt einerseits eine nochmalige Überwachung der Rechnungsführung der Filialen, Aufstellung der Kon-

---

1) Dies hebt auch Rehm (Bilanzen der Aktiengesellschaften und Gesellschaften m. b. H. usw., München 1903. S. 828) zutreffend hervor.

trollbücher und der Gewinn- und Verlustrechnungen. Daneben wird aber die persönliche Kontrolle des Personals in charakteristischer Weise durchgeführt: Wie amtliche Verwaltungen, so hat auch der Filialgroßbetrieb seine Personalakten. Über jeden Angestellten wird ein Dossier geführt; in diesem findet man z. B. über Verkäuferinnen nicht nur die formalen Angaben über Alter, Gehaltshöhe, Zahl und Dauer von Krankheiten, Beurlaubungen usw., sondern auch Berichte der Revisoren über ihr persönliches Verhalten, ihre Fähigkeiten in der Behandlung der Kundschaft, Feststellungen über Mängel während der Geschäftsführung usw.; besonders die Oberrevisoren pflegen hierüber eingehend zu berichten. Endlich untersteht dieser Abteilung noch die Unterweisung der neu eintretenden Revisoren.

Die Eigenart des Filialbetriebes macht noch einige

c) besondere Abteilungen

notwendig, die man in anderen Betrieben nicht kennt. Dahin gehört z. B. die Abteilung Miete. Diese kontrolliert die Mietverträge der Filialen, legt die einzelnen Bedingungen tabellarisch fest und ermittelt den jeweiligen Prozentsatz der Miete an den Gesamtunkosten der Filiale. Neben ihr steht die Abteilung Einrichtung. Sie sorgt für die gesamte Inneneinrichtung der Betriebe, für die Reklameschilder, die sehr zahlreichen Atrappen für Fensterdekorationen, Erneuerungen und Umänderungen aller Teile der Filialausstattung. Einen ungewöhnlichen Umfang erreicht hier auch die Abteilung Materialverwaltung. Sie beschafft alle kleineren Utensilien, besonders aber die großen Mengen von Packmaterialien; welche Massen hierbei zu bewältigen sind, ergibt sich daraus, daß nach Stollwerck [1]) bei Schokoladen ungefähr halb so viel Gewicht an Verpackung verbraucht, wie an Ware verschickt wird. Sehr einfach ist dagegen das Arbeiten der Abteilung Zentralkasse. Der Bargeldverkehr ist gering. Zwischen Fili-

1) Stollwerck a. a. O. S. 67.

alen, Revier und Zentrale vollzieht sich nahezu der ganze Geldverkehr durch Reichsbank oder Postscheckkonto. Nur für die Lohnzahlungen der Produktionsabteilungen — worüber diese in der üblichen Weise gesondert Buch führen — und für die Gehalts- und Unkostenzahlungen innerhalb der Zentrale selbst ist Barverkehr erforderlich; alles andere geschieht durch Überweisung und passiert deshalh nur die Zentralbuchführung, die Kasse überhaupt nicht mehr. Ein besonders charakteristisches Ressort ist endlich die Abteilung Steuer, in der mehrere Personen während des ganzen Jahres damit beschäftigt sind, die Veranlagungen der Filialen zu prüfen, Verkehr und Streitverfahren mit den Steuerbehörden sämtlicher deutschen Staaten zu erledigen, die Steuerbelastung statistisch zu kontrollieren und regelmäßige Begleichung der Steuerraten durch die Filialen zu veranlassen. —

An der Spitze des gesamten Organismus des größten deutschen Filialbetriebe stehen drei Geschäftsführer, sowie fünf Prokuristen, die je eine Spezialabteilung vertreten. Das gesamte kaufmännische Verwaltungspersonal belief sich Anfang Mai 1910 auf 234 Personen, von denen etwa 170 allein im Gebäude der Zentralverwaltung beschäftigt waren.

4. Die Niederlagen.

Um die hiermit beendete Schilderung des höchstentwickelten Vollfilialbetriebes nicht zu unterbrechen, ist es bisher unterlassen worden, darauf hinzuweisen, daß fast sämtliche Großfilialbetriebe neben ihren eigentlichen Verkaufsstellen auch „Niederlagen" in selbständigen Geschäften errichten. Die Inhaber dieser Geschäfte bleiben im übrigen mehr oder weniger selbständig, werden aber verpflichtet, in dem Spezialartikel lediglich die Waren des Filialbetriebes zu führen; dieser richtet dafür die besonderen Einrichtungen her und kennzeichnet die Niederlagen nach außen hin mit den bekannten Plakaten der Großfirma, unterstützt sie auch ganz in der gleichen Weise bei der Reklame wie die eigenen Geschäfte. Obwohl der größte deutsche Filialbetrieb etwa 400 solcher Niederlagen unterhält, geht deren Bedeutung doch gegenüber den Filialen zurück; ihr Anteil am Gesamtumsatz beträgt dort nur etwa 10%. Ähnlich liegt es bei den anderen Kaffee-Spezialgeschäften, von denen einzelne ebenfalls mehrere hundert Niederlagen unterhalten.

Dagegen nimmt bei den Schokoladen- und Konfitürengeschäften die Form der Niederlage anscheinend noch erheblich zu. Die Aktiengesellschaft Stollwerck, die früher eine Reihe eigener Filialen unterhielt [1]), hatte Mitte 1910 nur mehr vier in eigener Regie. Wohl aber finden sich in allen größeren Städten Spezialgeschäfte, die lediglich die Waren dieser Fabrik vertreiben, nach außen hin aufs deutlichste als Stollwerck'sche Niederlagen gekennzeichnet sind und von der Mehrzahl der Käufer zweifellos auch für direkte Vertriebsstellen gehalten werden [2]). Der Grund, weshalb von vielen dieser Firmen der Weg der Niederlage gewählt wird, liegt zweifellos zu einem großen Teil in der später zu besprechenden wirtschaftlichen Abwehrbewegung der Detailisten gegen die eigentlichen Filialbetriebe. Welche Bedeutung diese Form der Niederlagen gegenüber den Kampfbestrebungen gegen das Filialwesen überhaupt gewinnen kann, wird im allgemeinen Teil am Schlusse dieser Arbeit erörtert.

III. Das Personal der Kaffeefilialbetriebe.

1. Seine Gruppierung.

Welche verschiedenen Gruppen von Personal für den Betrieb erforderlich sind, ist in der vorhergehenden Darstellung bereits gezeigt worden. In welchem zahlenmäßigen Verhältnisse die einzelnen Chargen zueinander stehen, zeigt

---

1) Das Handbuch deutscher Aktiengesellschaften für 1910 zählt (S. 1689) noch Filialen dieser Firma aus 6 verschiedenen Städten auf.

2) Über ein ähnliches Vorgehen sächsischer Schokoladenfabrikanten wird schon im Jahre 1902 in der Denkscrift der sächsischen Regierung über die Besteuerung der Großbetriebe ein Kleinhandel berichtet (zitiert bei Wernicke, Kapitalismus und Mittelstandspolitik, Jena 1907. S. 246). Auf grund des Gesetzes über den unlauteren Wettbewerb versucht man neuerdings, eine allzu weitgehende Verschleierung des Charakters der bloßen Niederlage zu verhindern. (Vgl. Urteil d. O. L. Ger. Düsseldorf im „Rheinischen Archiv" Jahrg. 1912 S. 253.

die folgende Zusammenstellung des größten deutschen Filialbetriebes; darin waren

	Mitte Mai 1910	Ende 1912
1. Verkäuferinnen (zugleich Filialleiterinnen)	1244	1402
2. „	578	674
Revisoren	49	60
Oberrevisoren	6	6
Handlungsgehilfen, die im eigentlichen kaufmännischen Betriebe tätig waren	234	236
Reisende (für Errichtung und Versorgung von „Niederlagen" tätig	13	13
Gesamtsumme des Verkaufs- u. Verwaltungspersonals	2124	2391

Hierzu kommen noch in den Filialen stundenweise beschäftigte Personen (Ausläufer und Aufwartefrauen). Lehrmädchen, die früher öfter eingestellt wurden, werden in den letzten Jahren überhaupt nicht mehr angenommen.

2. Wirtschaftliche Lage der einzelnen Gruppen.

I. Verkäuferinnen.

Über die Herkunft der Verkäuferinnen wurde in vier Revieren eine Statistik aufgenommen. Neben den ermittelten Prozentzahlen wurden die Resultate einer früheren Erhebung des „Kaufmännischen Verbandes für weibliche Angestellte" über die diesem Verbande angehörigen Verkäuferinnen für 1905 angegeben [1]). Die Eltern waren in % der Filiale beim

		Filialbetrieb	Verband
Beamte		10,8 %	7.1
Kaufleute	selbständige .	36, „	20,0
	angestellte . .	2,7 „	3,1
Werkmeister und Unterbeamte		11,7 „	11,3
Selbständige Handwerker .		22,5 „	22,0
Gastwirte		2,7 „	
Landwirte		4,5 „	
Arbeiter		8,2 „	33,6
Witwen		27,0 „	—
Sonstige		6,3 „	2,9
		100,0 %	100,0

1) Vergl. Schriften des Verbandes Deutscher Handlungsgehilfen Nr. 16 S. 18

Männliche Verkäufer gibt es in diesen Filialbetrieben fast gar nicht mehr.

Die soziale Schichtung gravitiert also etwas mehr nach unten hin, als beim „Verbande"; aber dabei erscheint wohl nur die von Sittel[1]) richtig betonte allgemeine Tendenz zum Aufsteigen der unteren weiblichen Volksschichten ins Handelsgewerbe. Die Aufnahme der weniger gelernten Schichten wird offenbar durch die ganze Technik des Filialbetriebes sehr erleichtert. Trotzdem war es entschieden zu viel behauptet, daß „bei einem bekannten Kaffeegeschäfte mit über 1000 Filialen die Geschäfte durchgehends von ganz ungeschultem Personal geleitet werden" [2]). Eine in diesem Betriebe aufgenommene Statistik ergab, daß von den Verkäuferinnen vorgebildet waren

in Kolonialwaren-Handlungen . . .	14,4 %
„ gleichartigen Filialbetrieben . .	8,2 „
„ anderen kaufmännischen Geschäften	32,4 „
ohne kaufmännische Vorbildung . .	45,0 „
	100,0 %

Weshalb die Aufnahme der letzten, nicht vorgebildeten Gruppe immerhin in solchem Umfang möglich ist, zeigte unsere Darstellung bereits: Ein Mindestmaß an kaufmännischer Verwaltungstätigkeit, die überdies noch durch leichtverständliche Formulare erleichtert wird; ein geringes Maß direkter Warenkenntnis lediglich zur Behandlung, nicht auch zur Auswahl und Bestellung; dazu noch die stetige Aufsicht und Hilfe des Revisors erleichtern in größeren Filialen sehr die probeweise Einstellung und schnelle Ausbildung der Ungelernten.

Grundsätzlich werden nur alleinstehende Personen beschäftigt, Witwen mit Kindern nur dann, wenn die Kinder anderweitig untergebracht werden; dies weniger deshalb, weil durch Kinder leicht Veruntreuungen von Waren vorkommen, als vielmehr aus dem Grunde, weil die Verkäuferin

---

1) Sittel, Die Frauenarbeit im Handelsgewerbe, Leipzig 1911, S. 38.

2) Kommissionsbericht des Preuß. Abgeordnetenhauses, 21. Leg.-Per. 1908/9. Drucks. Nr. 571. S. 8.

ihre ganze Tätigkeit und Aufmerksamkeit der Führung des Geschäftes zuwenden muß, wenn dieses nicht leiden soll.

Das Einkommen stellt sich heute wie folgt:

Gelernte Verkäuferinnen erhalten

a) ein festes Gehalt. Dieses beginnt regelmäßig mit 65 Mk. monatlich; es steigt, sobald die Leitung einer Filiale oder in größeren Filialen die Stellung der 2. Verkäuferin übertragen wird, auf 75 Mk. Während der beiden folgenden Jahre erhöht sich das Monatsgehalt um je 5 Mk. bis zu 100 Mk., später tritt eine Erhöhung von 5 Mk. monatlich alle 2 Jahre ein. Bei besonderer Tüchtigkeit erfolgt das Vorrücken schneller, auch werden höhere Anfangsgehälter bewilligt. Zu diesem festen Gehalt tritt regelmäßig hinzu

b) freie Wohnung oder, wo dies nicht angeht, entsprechende Mietbeihilfe, die je nach den Verhältnissen mit 10—15 Mk. monatlich bemessen wird; ferner werden gewährt

c) Naturalien. Die Verkäuferin darf nämlich den für Frühstück und Abendbrot erforderlichen Kaffee, Tee oder Kakao unentgeltlich den Vorräten der Filiale entnehmen. Der Steuerbehörde gegenüber wird diese Vergünstigung auf monatlich 3 Mk. eingeschätzt. Endlich tritt hinzu

d) die Weihnachtsgratifikation. Sie erreicht je nach der Dienstdauer bis zu 30 Mk., in der Regel 20—25 Mk., und gilt als Entschädigung für die Mehrheit während der Zeit vor Weihnachten.

Vergleicht man diese Bezahlung mit den anderweitig bekannt gewordenen Einkommen von Verkäuferinnen, so ist sie recht günstig.

Das Bareinkommen der Filialverkäuferin beläuft sich

im Durchschnitt auf rund	75 Mk.
der Mietwert der freien Wohnung auf etwa	12 „
die Naturalleistung	3 „
das durchschnittliche Gesamteinkommen beträgt also monatlich	90 Mk. [1]

1) Verkaufsprovisionen werden vorerst noch nicht gewährt, da der Betrieb stets über die Verkäuferinnen verfügen will und sie laut Vertrag beliebig versetzen kann; dies würde durch solche Provisionen sehr erschwert werden.

Dagegen erhielten von den Verkäuferinnen, welche die Stellenvermittlung des „Kaufmännischen Verbandes für weibliche Angestellte" passierten [1]), im Jahre 1909 ein Monatsgehalt

bis 70 Mk.	43,1 %
70—80 „	22,2 %
80—100 „	22,4 %
über 100 „	12,3 %
	100,0 %

Auch in den deutschen Warenhäusern war die durchschnittliche Entlohnung der Verkäuferinnen mit Mk. 86 im Jahre 1908 [2]) wesentlich geringer, als in den Filialbetrieben.

Früher waren freilich auch hier die Gehälter weit niedriger. Der Inhaber eines solchen Großbetriebes berichtete, daß er an barem Gehalt für Verkäuferinnen zu zahlen pflegte

im Jahre	1895	durchschnittlich etwa	45—50 Mk.
„ „	1900	„ „	50—55 „
„ „	1905	„ „	65 „

Diese Gehaltssteigerung wird auf die inzwischen erfolgte Steigerung der Kosten der Lebenshaltung zurückgeführt; daneben spricht aber offenkundig das Bestreben mit, besser geeignetes, vor allem zuverlässigeres Personal als früher heranzuziehen. Die Tendenz zur Höherentwicklung, die wir bereits bei den Warenqualitäten und der herangezogenen Kundschaft fanden, prägt sich deutlich auch beim Verkaufspersonal aus.

2. Revisoren und Oberrevisoren.

In der ersten Entwicklungsperiode des Filialbetriebes wurden die Revisoren nur dem Personal des Zentralbetriebes entnommen, das man als zuverlässig kannte; damals also meist technische Betriebsbeamte und Werkmeister. Heute werden dagegen ausnahmslos fachlich vorgebildete Angestellte dafür angestellt; meist Verkäufer der Kolonialwarenbranche [3]); die Revisoren erhalten für ihre eigen-

1) Vergl. Sittel, a. o. O. S. 85.

2) Jahresbericht des Verbandes Deutscher Waren- und Kaufhäuser 1907/8 S. 122.

3) Da in Mittel- und Westdeutschland männliche Verkäufer in den Kolonialwarengeschäften immer seltener werden, entstammen sie meist dem Osten Deutschlands.

artige Tätigkeit zunächst etwa 3 Monate lang in der Zentrale eine spezielle Ausbildung.

Das Einkommen der Revisoren besteht ebenfalls aus festem Gehalt, bei den verheirateten außerdem aus einer Mietbeihilfe, sowie aus Spesenvergütung. Das Anfangsgehalt für unverheiratete Revisoren beträgt 160 Mk., für Verheiratete 175 Mk.; sie stehen sich also von vornherein wesentlich besser als in ihrer früheren Stellung als Kolonialwarenverkäufer. Von diesen erhielten im Jahre 1908 nach einer Erhebung des Deutsch-nationalen Handlungsgehilfen-Verbandes [1]) an Gehalt.

bis zu 1200 Mk.	57,95 %
1200—1500 „	20,59 %
1501—2000 „	14,26 %
mehr als 2000 „	7,20 %
	100,00 %

Auch hier besteht eine steigende Skala. Das Gehalt der Revisoren steigt jährlich durchschnittlich um 120 Mk. und erreicht 3000 Mk. und darüber. Die Mietbeihilfe der verheirateten Revisoren beträgt 300 Mk. und darüber jährlich. Außerdem werden ihnen auf Revisionsreisen sämtliche Auslagen einschließlich Verpflegung vergütet.

Die Oberrevisoren gehen aus den Reihen der Revisoren hervor. Sie beginnen durchweg mit einem Gehalt von 3000 M., kommen heute aber bereits weit darüber; außerdem sind bei ihnen Mietsentschädigungen, Spesenvergütung usw. entsprechend höher.

3. Kaufmännisches Verwaltungspersonal.

Die Lage des eigentlichen Büropersonals zeigt zwar prinzipiell wenig Unterschiede gegenüber demjenigen des kaufmännischen Personals anderer Fabrikbetriebe. Trotzdem mögen in dieser Hinsicht die Verhältnisse des größten Betriebes dieser Branche geschildert werden, zumal sie nach der eigenen Angabe der Angestellten als ganz außerordentlich günstig zu betrachten sind.

1) Die wirtschaftliche Lage der deutschen Handlungsgehilfen, Hamburg 1910, S. 118.

Für die männlichen Lehrlinge, die im Betriebe der Centrale eingestellt werden, gilt die folgende Entschädigungsskala: Im ersten Jahre erhalten sie 10 Mk., im zweiten Lehrjahre 20, im dritten Jahre 30 Mk. monatlich. Nach beendeter Lehrzeit gehen sie ohne weiteres zum Verwaltungspersonal über, beginnen mit 70 Mk. monatlich und steigen jährlich um je 10—15 Mk. Sie erreichen regelmäßig 150 Mk., bei längerer Dienstzeit 200 Mk.; befähigtere Handlungsgehilfen, die sich für spezielle Tätigkeiten eignen, erreichen 250 Mk. Weit darüber hinaus gelangen die Abteilungsvorsteher; ihr Einkommen erreicht heute das Mehrfache der höchsten Handlungsgehilfengehälter.

Anders als bei den männlichen Lehrlingen liegen die Verhältnisse bei den weiblichen. Sie treten regelmäßig mit 14 Jahren ein und werden sofort für ganz spezielle Tätigkeiten vorgebildet. Neben den für weibliche Angestellte bereits allgemein üblichen Bürotätigkeiten erledigen sie hier fast ausschließlich die Registratur und die sämtlichen Hilfsarbeiten der Kontrolle. Sie erhalten bereits während des ersten Halbjahres 15 Mk., während des zweiten Halbjahres 20 Mk., im zweiten Jahre 30 Mk., im dritten Jahre 40 Mk. und steigen dann durchweg um 10 Mk. jährlich an Monatsgehalt, besonders tüchtige wesentlich schneller.

4. Sonstige Arbeitsverhältnisse.

In den Produktionsbetrieben der größten Firmen beträgt die effektive Arbeitszeit für Angestellte 7—$7^1/_2$ Stunden mit $1^1/_2$stündiger Mittagspause, sonst jedoch ohne Pausen. Die Arbeiter haben durchweg 9stündige Arbeitszeit[1]). Das eigentliche Verkaufspersonal hat dagegen eine erheblich

1) Ein Großbetrieb sendet mir die folgende Zusammenstellung der Arbeitszeit seiner Arbeiter:

In der Zentralrösterei 9 Stunden, Mittagspause 1½ Std., je eine Viertelstunde Frühstücks- und Vesperpause. In den auswärtigen Röstereien 9 Stunden Arbeitszeit, 2 Std. mittags, je eine ½ Std. Frühstücks- und Vesperpause. In dei Schokoladenfabrik 9½ Std., mittags 1½ Std., Frühstück und Vesper ½ Std. Im Druckereibetrieb 8—9 Std., mittags 1½ Std., Frühst. und Vesper ¼ Std.

längere Arbeitsbereitschaft. Die Filiale ist laut Vorschrift vormittags zwischen 7 und $7^1/_2$ Uhr zu öffnen und wird um 8 oder 9 Uhr, je nach dem am Orte vorgeschriebenen Ladenschluß, wieder geschlossen. Ist nur eine Verkäuferin darin tätig, so muß diese während der ganzen Zeit dienstbereit sein. Sind zwei oder mehr Verkäuferinnen in einer Filiale, so wechseln sie in der Weise ab, daß die eine 1 Stunde später beginnt, die andere das Geschäft 1 Stunde vor Schluß verläßt. An Sonn- und Feiertagen muß während der zugelassenen Verkaufszeiten gearbeitet werden[1]), doch wird an den höchsten Feiertagen vielfach gestattet, an beiden Festtagen geschlossen zu halten.

Urlaub wird den Angestellten der größeren Betriebe allenthalben gewährt. Im Produktionsbetriebe und in der Centralverwaltung wird er gleichmäßig bestimmt; Lehrlinge und jüngere Angestellte erhalten eine Woche, Maschinenschreiberinnen und ältere Angestellte 2 Wochen, Abteilungsvorsteher und Prokuristen 3 Wochen. Die Verkäuferinnen erhalten ebenfalls jährlich ihren Urlaub und werden während dieser Zeit durch Reserveverkäuferinnen ihres Reviers vertreten. Der Urlaub dauert durchweg 14 Tage. Wenn aber die Verkäuferin infolge besonders anstrengender Tätigkeit sehr erholungsbedürftig ist, so wird der Urlaub auf 4—6 Wochen, unter Umständen auch auf 3 Monate verlängert. Das Gehalt läuft während dieser Zeit weiter.

Konkurrenzklauseln waren bisher bei den Verkäuferinnen, Revisoren und einigen technischen Angestellten üblich. Als „Konkurrenz" gelten aber nur die gleichartigen Filialbetriebe, die übrigen Kolonialwarengeschäfte im allgemeinen nicht. — Der größte Betrieb dieser Branche ist auch vorbildlich in einer Reihe von

Wohlfahrtseinrichtungen.

Die wichtigste ist

1. die Altersversorgungskasse, die neben der Privatbeamtenversicherung weiterbesteht. In ihr wird für jeden Angestellten, der 10 Jahre lang im Dienst war, jährlich ohne eigene Beitrags-

---

1) Besonders auch zur Fertigstellung des Sonntags abgehenden Wochenberichtes.

leistung ein Monatsgehalt gutgeschrieben und mit 5% verzinst. Nach 20 Jahren wird das gesammelte Kapital fällig, im Invaliditätsfalle vorher sofort; im Todesfalle besteht zwar kein Rechtsanspruch, tatsächlich wird aber Kapital oder meist Rente gezahlt. Das Kapital der seit 1906 bestehenden Kasse betrug Ende 1912 für 250 Berechtigte schon 429 958 M.

2. Die Unterstützungskasse, ebenfalls lediglich von der Firma getragen. Das Verfügungsrecht hat ein Angestellten-Ausschuß. Ihr Kapital betrug Ende 1912 rund 92500 M., die Auszahlungssumme 1912 rund 19000 M.

3. Die Sparkasse; verzinst Einlagen mit 5% und zählte Mitte 1912 schon 277 Sparer mit über 284 000 M. Einlagen (darunter 28 mit über 3000, zwei mit über 10 000 M.).

Im Zentralbetriebe kommt außerdem noch eine Bibliothek mit 2000 Bänden hinzu, Badeeinrichtungen etc. etc.

Das Personal dieser Betriebe steht also wirtschaftlich weit günstiger, als man es bisher in der Kolonialwarenbranche beobachten konnte. Freilich gibt es für Filialleiterinnen und Revisoren im andern Detailhandel keinen Vergleichsmaßstab; diese Stellungen werden ja durch die Eigenart des Filialbetriebes neu geschaffen.

Unverkennbar ist auch die Tendenz zur beamtenartigen Gestaltung des Arbeitsverhältnisses. Im Detailhandel entsteht ein Chargensystem, in dem man aufrücken kann; es wird auch versucht, das Einkommen gleichmäßig zu gestalten, nach feststehenden Sätzen, mit Aufrücken nach dem Dienstalter, ebenso bei der Urlaubsdauer und selbst bei der Invalidenfürsorge.

Diese Entwicklung zum wirklichen „Privatbeamtentum" wird aber doch schon da durchkreuzt, wo es sich um wirklich werbende Arbeit handelt. In viel stärkerem Maße beobachten wir aber diese Umkehr zum Prinzip der Bezahlung nach der Leistung bei den älteren Betrieben, zumal des Auslandes, zu deren Betrachtung wir nunmehr übergehen.

II. Abschnitt.

Die allgemeinen Kolonialwaren-Betriebe.

Greifen die Kaffee- und Schokoladen-Betriebe einzelne Artikel aus dem Warenkreise des Kolonialwarengeschäftes heraus, um darauf ihre Filialsysteme zu errichten, so haben sich überall auch solche Filialbetriebe ausgebreitet, die den ganzen Umkreis der Kolonialwaren beibehalten. Teilweise haben sie sich aus Konsumvereinen entwickelt wie z. B. der Görlitzer Wareneinkaufverein[1]) — auch die Werkskonsumanstalten, die ursprünglich mitbehandelt werden sollten, gehen ja auf diesen Ursprung zurück[2]) —, meist aber sind sie selbständig auf konsumvereinsfreien Gebieten entstanden; neuerdings wachsen sie auch in Gegenden, die von Konsumvereinen stark durchsetzt sind.

1. Allgemeine Entstehungsgründe.

In erster Linie gelten hier für Entstehung und Ausbreitung die allgemeinen Gründe, die wir in der Einleitung darlegten. Außerdem haben bei ihnen aber aller Wahrscheinlichkeit nach dieselben Mißstände gewirkt, die in England zur Erfindung der Konsumvereine trieben: Übermäßig viele Zwischenglieder, zu hohe Preisaufschläge im eigentlichen Detailhandel, systematisch unterstützt durch Borgsystem[3]). Auch van der Borght, der im übrigen für den deutschen Detailhandel 1886 sehr günstig urteilte, meinte am Ende seiner Untersuchung[4]) doch, daß

„durch das Heer der kleinen und kleinsten Geschäfte eine weitere „Verteuerung eintritt . . . Sollte die Verteuerung eine unangemessene „sein, so wäre dem vielleicht dadurch entgegenzutreten, daß die „größeren Geschäfte an verschiedenen Punkten der Stadt Filialen „anlegten, die zu denselben Preisen verkauften wie das Hauptgeschäft. „Denn es ist in größeren Städten unmöglich, den Handel mit Gegen- „ständen des täglichen Konsums auf einige wenige Punkte zu kon- „zentrieren. Die ärmere Bevölkerung, die keine Hilfskräfte hat, ist „genötigt, sich an ein naheliegendes Geschäft zu halten."

---

1) 1861—89 Konsumverein; seitdem Aktiengesellschaft mit 55 Mk.-Anteilen (3000 Stück); besaß 1910 in Görlitz 21 Verkaufsstellen, in Frankfurt a. O. 8, in Dresden 16, in Cottbus 1; außerdem 3 Versandstellen Gesamtumsatz 1909/10 6 342 352 Mk., durchweg 11% Dividende.

2) Über Krupp zu vergl. Warenhaus in Westdeutschland S. 47/48 sowie unten S. 226.

3) Wenigstens hat der erste belgische Filialgründer Delhaize diese Momente in den Vordergrund gerückt, wie auf S. 20 des „Memorandums" hervorgehoben wird.

4) Schriften des V. f. Sozialpolitik Bd. 36 S. 266.

2. Ein belgischer Großbetrieb (Delhaize Frères & Co. „Le Lion").

Van der Borght wußte also wohl noch nicht, daß die von ihm gewünschte Entwicklung gar nicht weit von seinem damaligen (Aachener) Wohnorte, nämlich in Brüssel, längst im Gange war. Schon 1867 war hier ein Filialsystem begonnen worden, und seltsamer Weise ist es nicht, wie fast alle andern, aus der Praxis heraus gewachsen, sondern ein Theoretiker hat es lange propagiert und dann in die Wirklichkeit umgesetzt. Jules Delhaize, Professor der Handelstechnik am Gymnasium zu Brüssel, hat damals ganz systematisch die „Beseitigung der unnützen Zwischenglieder" [1]) begonnen und, wenn das Memorandum seiner Nachfolger recht berichtet, auch von vornherein die Angliederung der Produktion beabsichtigt. In Charleroi eröffnete er den ersten Kolonialwarenladen, assoziierte sich dann mit Brüdern und Schwägern zur Firma „Delhaize Frères & Co." und gründete sofort mehrere Geschäfte in Brüssel und in der Provinz. 1872 schied einer der Brüder aus und gründete das ganz gleichartige Konkurrenzunternehmen Ad. Delhaize & Co. Darauf nahm das ältere Haus die auf allen Geschäften sichtbare Marke (Löwe) an und blieb bis heute das bedeutendere; diese Linie hat weitgehend Aufschlüsse erteilt. Seit 1907 Aktiengesellschaft [2]), hat das Unternehmen nach außen wie nach innen eine außerordentliche Ausdehnung gewonnen; es gibt längst keinen größeren Platz des Königreichs Belgien mehr, in dem nicht mindestens ein solcher Laden eröffnet wäre. Umsätze und Filialenzahl seit 1874 beim „Lion" zeigt die folgende Tabelle: (Siehe Seite 67.)

Vielleicht noch rapider als diese extensive Entwicklung, die in ihrem ununterbrochenen Vordringen wohl ihresgleichen sucht — zumal wenn man bedenkt, daß die andere Linie des Hauses, heute eine Konkurrenzfirma, genau die gleiche Ausdehnungskraft zeigt —, war die innere Höherentwicklung in die Produktion hinein. Außer einer großen Bürstenfirma bei Brügge, in der 1912 rund

1) Nach einem zur Pariser Weltausstellung 1900 als Manuskript gedruckten „Memorandum für die Jury" S. 22.

2) Familien-A. G. mit heute 7,7 Mill. Frs. Nominalkapital.

Jahr	Absatz in Millionen Frs.	erzielt in Vollfilialen	erzielt in Halb- oder Scheinfilialen	Zusammen
1874	1,644	24	—	?
1880	4,902	76	—	76
1885	5,484	84	—	84
1890	10,216	94	—	94
1895	13,711	161	162	363
1900	21,738	187	238	425
1905	27,511	248	332	580
1910	31,338	271	387	658
1911	37,315	285	429	714

400 Personen beschäftigt wurden, und die auch für den Export arbeitete, hatte sich in Brüssel-Molenbeck ein Lager- und Fabrikkonglomerat herausgebildet, das auf 50 000 Quadratmetern 20 verschiedene Produktions- und Verarbeitungsanlagen und noch viele Reparaturwerkstätten in sich vereinigte.

Auf den Umfang der einzelnen Fabrik - Abteilungen kann nur andeutend [1]) eingegangen werden. Späterer

---

1) Bei Delhaize „Lion" sah ich folgende Produktionsanlagen:
1. die Bürstenfabrik,
2. die Kaffeerösterei; wöchentliche Leistung etwa 40 000 kg; moderner Großbetrieb,
3. Schokoladenfabrik, mittlerer Betrieb, Arbeiterzahl schätze ich auf 60, modernste maschinelle Einrichtung; dazu eine besondere Werkstätte für Pralinen und Schokoladenfiguren.
4. Bonbonfabrik, ebenfalls Mittelbetrieb,
5. Biskuitfabrik, maschinell gut ausgerüstet, Mittelbetrieb,
6. Lebkuchenbäckerei, Kleinbetrieb,
7. Destillerie für Liköre,
8. Essigfabrik, ziemlich große Abteilung,
9. Seifenfabrik, Mittelbetrieb,
10. Sodafabrik, Kleinbetrieb,
11. Parfumeriefabrik, ebenso,
12. Wichse-Fabrikation, neuerdings auch Herstellung von Metallputzmitteln,
13. Schinken-Zurichtung und -Rauchkammer (von großem Umfang, verarbeitet massenweise amerikanische Schinken, die etwa zum halben Preise der einheimischen verkauft werden).
14. Senffabrikation; daneben Pfeffermühle,
15. Herstellung von Tapiocas (Suppeneinlagen), (Fortsetz. S. 68.)

Untersuchung muß es vorbehalten bleiben, zu zeigen, wie die räumliche Zusammenziehung auch in der technischen Organisation Vorteile hervorbringt[1]), die den Nachteil der Kleinbetriebs-Produktion aufzuheben vermocht haben.

An Angestellten und Arbeitern beschäftigte das Unternehmen

	1899	1912
Personal in der Zentrale und ihren Lägern	375	1150
In den Fabriken zu Brüssel	471	
In der Bürstenfabrik bei Brügge . .	300	400
In den eigenen Filialen	534	884
In den Halbfilialen	716	968
	2396	3402

Die Verkaufsorganisation war bis 1893 reiner Vollfilialbetrieb, wie wir ihn vorher schilderten. Seitdem ist aber eine Wandlung eingetreten, welche die ganze Filialentwicklung in Belgien und Frankreich entscheidend bestimmt hat: Man ging über zum „Kommissionssystem", einer Zwischen-

16. Tabak- und Zigarrenfabrikation, Mittelbetrieb,
17. Schwamm-Zurichterei,
18. Druckerei und Lithographische Anstalt recht großen Umfangs: für Packungen, Reklameplakate, Preislisten, innere Anweisungen, auch Druck von Prospekten und gelegentlich von Büchern.
19. Schreinerei und Kistenfabrik, auch Herstellung von Ladeneinrichtungen,
20. Faßfabrik; zahlreiche Reparaturwerkstätten, Schlosserei, Stallungen für 80 Pferde, Lastautomobile etc. etc. Inzwischen ist noch
21. eine Farbenfabrik hinzugekommen.

1) Gemeinsame Kraft durch eine elektrische Zentrale, gemeinsamer Bezug von Rohmaterialien; außerdem, sozialpolitisch interessant, Ausgleich der Beschäftigungsschwankungen in den einzelnen Gewerben. Memorandum S. 113: Die Schokoladen- und Konfiturenarbeiter konnten in der „toten Saison" im Sommer bei der Flaschenabfüllung gut verwendet werden; die Zinkarbeiter aus der Blechschachtelabteilung ebenso bei Bauarbeiten. Daselbst auch die Arbeiter der Sodafabrik, die nur im Winter arbeitet. Die Anstreicher und Dekorateure, die sonst im Winter feiern, gaben in den Filialen selbst angenehmes Aushilfspersonal. Im Sommer wandert Personal aus den Großstadt-Filialen mit der Kundschaft in die Badeorte zur Verwendung in den dortigen Filialen.

stufe zwischen Halb- und Scheinfiliale, und auch mit den Vollfilialen wird heute nach dieser Methode verrechnet.

Die 429 Geschäfte, die 1911 als „Kommissionshäuser" unter der Firma Delhaize „Lion" bestanden, sind an sich Eigentum der nominellen Geschäftsführer (gérants). Sie zahlen der Firma für Ladeneinrichtung und Waren einige 1000 Frcs. Aber sie werden kontraktlich verpflichtet, nur Waren der Firma Delhaize zu vertreiben, müssen unbedingt die von der Zentrale festgesetzten Verkaufspreise innehalten, die Revisoren des Zentralbetriebes zulassen und sich ihren Anordnungen in allem unterwerfen; tun sie es nicht, so verlieren sie das Recht, die Firma zu führen und zu Filialpreisen zu beziehen. Die Gefahr, daß einer dieser nominellen Filialinhaber Konkurs macht, wird schon durch die Tatsache beseitigt, daß die Firma Delhaize der einzige Warengläubiger ist, von vornherein beträchtliche Sicherheit besitzt und die Geschäfte regelmäßig genau kontrolliert. [1])

Der Warenkreis ist der übliche des Kolonialwarengeschäftes, dazu kamen Wein und Likör, auch Delikatessen; einige Hauptartikel konnten nach dem „Memorandum" zusammengestellt werden:

Artikel	Absatz von Delhaize Lion 1899	Konsum in Belgien 1899	Absatz von Delhaize Lion 1911	Konsum in Belgien 1911 [2])
Zucker (weiß) .	1,859 000 kg	18—20 Mill. kg	5 253 000 kg	65,5 Mill. kg
Kaffee	1,847 000 „	32,60 „ „	2 000 000 „	29,5 „ „
Gruyère-Käse .	40 000 „	114000 „	75 000 „	641 000 „
Franz. Speiseöle	156 000 Ltr.	2,095 000 kg	215 000 Ltr.	965 000 kg
Weinessig . .	65 000 „	694000 Ltr.	105 000 „	206 000 hl
Tafelwein . .	133 877 „	—	420 000 „	278 000 „

Im übrigen aber handelt es sich um viele hunderte von Artikeln, und dennoch sind die Schwankungen in der Kalkulation der einzelnen Waren weit geringer als bei uns. Die leicht vergleichbaren Waren sind auch hier am meisten gedrückt (Zucker wird mit etwa 10% kalkuliert), aber über

[1]) Das „Memorandum" sagt (S. 43), die Einrichtung sei auf Wunsch der „unabhängiger gerichteten Naturen unter den Geschäftsführern" getroffen worden. Die großen Vorteile, welche die Firma selbst daraus zieht, sind jedenfalls offensichtlich.

[2]) Nach freundl. Angabe des „Instituts Solvay".

25% des Verkaufs geht nach der Mitteilung der Direktion die Kalkulation bei keinem Artikel — allerdings wird hier auch ein Fabrikationsgewinn bei den selbstproduzierten Artikeln für sich berechnet. Für eine Reihe von Geschäftsjahren konnte ich die Bruttoaufschläge der eigenen Filialen berechnen; es ergab sich in % des Verkaufs für

Geschäftsjahr	1897/98	17,79%	Geschäftsjahr	1900/01	17,89%
"	1906/07	17,76%	"	1908/09	16,74%
"	1910/11	17,76%	"	1911/12	16,71%

Dieselbe überraschende Gleichmäßigkeit zeigte sich auch beim Vergleiche der einzelnen Monate; die Schwankungen hängen hauptsächlich mit dem Zuckerkonsum zusammen [1]. Und selbst die so verschiedenartigen Gegenden des belgischen Landes wiesen 1911/12 kaum Schwankungen auf: einzelne Filialen erzielten 15½% und nur eine rund 19%. Demnach wird man wohl die Ansicht der Direktion für richtig halten dürfen, daß die Firma Delhaize Frères im wesentlichen in ihrer Preisstellung autonom vorgehen kann [2]) und daß die übrigen Geschäfte im Lande sich danach richten.

Nicht so gleichmäßig waren freilich die Gewinne der einzelnen Jahre und erst recht der Geschäfte. Hier zeigten sich 1911/12 bei Neugründungen Gewinne von nur rund ½% des Umsatzes, während alte Geschäfte an Reingewinn etwa 7½% abwarfen, eines rund 8% des Umsatzes. Die andern variierten durchweg um 4 und 6% herum; der genaue Gewinn sämtlicher eigener Filialen konnte für dieses Jahr auf 4,21% des Verkaufs berechnet werden; der Satz von 4—5% wird in den eigenen Geschäften durchweg erzielt. Noch einfacher liegt es bei den Halbfilialen: ihnen wird auf die Einkaufspreise 3% aufgeschlagen.

1) 1898 z. B.: April 17,87%, Mai 17,87%, Juni 17,39%, Juli 15,84%, August 17,03%.

2) „Memorandum" S. 58: Nur beim Kaffee wurde starker Konkurrenzdruck in den letzten Jahren verspürt.

Wie sich die einzelnen Spesenposten hier verteilen, konnte nicht allgemein berechnet werden. Seitdem die Firma das „Kommissionssystem" hat, rechnet sie auch mit ihren eigenen Filialen durchweg wie mit den Halbfilialen ab. Bei einem Umsatz von nicht ganz 50000 Frs. pro Filiale rechnet man im Durchschnitt nur mit einer Miete von etwa 900 Frs. jährlich, also kaum 2% des Umsatzes, und die gesamten Personalkosten veranschlagt man auf etwa 6%. Kosten für Zeitungsreklame kommen kaum mehr in Betracht, dagegen hat man gegenüber Konsumvereinen doch an einigen Stellen das Rabattsystem eingeführt, dessen Kosten auf 1—2% veranschlagt werden; in den meisten andern gibt man Weihnachtsgeschenke, deren Wert 1¼% nicht übersteigt.

Bei den eigenen Filialen wird der Filialleiter neben kleinem festem Gehalt ebenfalls am Umsatz beteiligt, aber meist in Form eines mit der Dienstzeit steigenden Anteils am Ertrage der Filiale, der mit 5% beginnt und mit dem Reinertrag ihrer Filiale emporgeht.

In Fabriken, Zentrale und Kontrollbetrieb hat die Firma ein eigentümliches System der Gewinnbeteiligung durchgeführt: Die Arbeiter ihrer Fabriken gewinnt die Firma aus dem Nachwuchs der bisherigen Arbeiterschaft, nach einem Unterricht in eigenen Schulen. Nach 5 Jahren Dienstzeit erhalten sie festes Einkommen in 5 Klassen 1200 bis 1800 Frs. steigend und außerdem Beteiligung am Reingewinn ihrer Abteilung. Beim kaufmännischen Betriebe dasselbe System; nur hat man hier, da ein direkter Reingewinn im Verwaltungsbetriebe nicht erzielt wird, die Beteiligung am Gesamtgewinn nach den tatsächlichen Leistungen durchgeführt, bei den über 100 Rechnungsschreibern z. B. nach der Zahl der gerechneten „Posten"; außerdem erfolgt Abstufung nach dem Dienstalter. Bei den Revisoren gilt dasselbe, hier nach dem Reinertrage der Reviere; bei einem festen Gehalte von 2400 Frs. erreichen sie heute infolgedessen schon das Mehrfache dieses Grundbetrages.

Außerdem geht eine etwa gleich große Gesamtsumme an die Wohlfahrtseinrichtungen des Betriebes. Bei der Pensions- und Altersversicherungskasse betrugen die Einzahlungen 1909 rund 300 000 Mk., an denen sich die Firma mit 140 000, Staat und Provinz mit über 70 000 Frs. beteiligten; dazu kommt freie Krankenpflege (eigenes Fabrikhospital), Fabrikschulen, Hilfskassen usw.

Den Gesamtanteil ihres Absatzes im belgischen Kolonialwarenhandel schätzte Delhaize „Lion" schon 1900 auf $^1/_{10}$ und kam schon damals in einzelnen Artikeln weit darüber. Heute, bei fast dem doppelten Umsatze, ist dieser Anteil wohl schon überschritten. Diese Firma ist aber nicht die einzige geblieben; neben Delhaize Frères & Co. „Le

Lion" bestanden mit Anfang 1913 schon etwa 830 Geschäfte und Adolphe Delhaize & Co., Brüssel mit etwa 750 Geschäfte, ferner in Antwerpen die Compagnie Coloniale et Vinicole („Le Lynx") mit mehreren Dutzend Filialen, in Lüttich die „Vierge noire", zu denen sicher noch viele kleinere kommen, die mir nicht bekannt geworden sind.

Ihre Wirkungen sieht die Firma selbst vor allem in einer starken Herabdrückung des Preisniveaus. Sie selbst glaubte diese 1900 auf 30% gegenüber den früheren Preisen schätzen zu dürfen. Wenn das auch übertrieben sein mag, so wird ein starker Preisdruck in allen Lebensmitteln doch von niemand bestritten. Am wenigsten von den Konsumvereinen, die ja bisher in diesem sonst vom genossenschaftlichen Gedanken so stark durchsetzten Lande keine rechte Ausdehnung gewinnen konnten. In weit stärkerem Maße haben aber diese Betriebe nach Frankreich hinübergewirkt.

Die „allgemeinen" Betriebe in Frankreich.

In der deutschen Literatur findet man mehrfach die Betriebe von Potin, Damoy und Couté erwähnt, die seit den 80er Jahren sich in Paris entwickelt haben, und die man eigentlich als „Nahrungsmittel-Warenhäuser" bezeichnen müßte. Sie haben es vermocht, in großen Warenhäusern zu Paris den Nahrungsmittel-Handel zu zentralisieren und in einzelnen Häusern Millionenumsätze zu erzielen. Potin erreichte 1911 in 7 Pariser Häusern über 40 Millionen Frs., und diese Firmen errichten auch in der Provinz Scheinfilialen, die aber weit unabhängiger sind als diejenigen von Delhaize. Auch wurden sie nicht mit der Energie des belgischen Unternehmens ausgebreitet — Potin hat heute etwa 150 solcher Scheinfilialen — und von den Konkurrenten kaum empfunden [1]).

---

1) Gemahling und Lavergne, deren plastischen Schilderungen ich hier folge, nennen die Scheinfilialen nur ganz nebenher, offenbar weil sie ihnen unbeachtlich erscheinen. Potin hat übrigens die Eigenproduktion in noch stärkerem Maße entwickelt als Delhaize.

Weit älter sind aber nach Gemahling[1]) die ersten Ansätze der wirklichen Massenfilialbetriebe, deren rapides, unwiderstehliches Vordringen in den letzten Jahren gleichermaßen Detaillisten wie Konsumvereine in Schrecken setzt.

Um 1860 sollte in Reims aus Arbeiter-Hilfskassen eine Konsumgenossenschaft gegründet werden. Die Kassen konnten aber von den notwendigen 40 000 Frs. nur 2000 aufbringen. So wurden denn 1866 die Etablissements économiques mit privatem Kapital, aber von genossenschaftlich gerichteten Teilnehmern gegründet; eigentlicher Unternehmergewinn sollte nicht erzielt werden, und so blieb „als Rest des philanthropischen Charakters . . . das Prinzip des Verkaufs zum denkbar niedrigsten Preise" [2]). Außer dem Kolonialwarenhandel begann man sofort mit Bäckerei, Destillerie und Fleischerei, und das ungünstige Arbeiten der letzteren zwang zur Hereinnahme neuen Kapitals. 1868 hatte die Gesellschaft 8 Filialen in Reims mit 570 000 Frs. Umsatz, 1878 ihrer 17 mit 1,2 Millionen, 1888 bereits 30 mit 4,3 Millionen Umsatz.

Dem starken Preisdruck erlagen viele Reimser Detaillisten, und so vereinigten sich die dadurch bedrohten Grossisten in Reims, um den Gegner mit eigenen Waffen zu schlagen, zur Gründung eines eigenen Massenfilialbetriebes, der Docks rémois. Diese arbeiteten anfangs ungünstig; sie gewannen dann einen Delhaize aus Belgien als Geschäftsführer, und nun begann, unter Verschärfung der Brüsseler Prinzipien, eine Entwicklung der „allgemeinen" Filialbetriebe, die ihresgleichen nicht hat. Aus den eigenen Angaben dieser Betriebe [3]) geht hervor, daß Anfang 1912 „in Frankreich 12 000 solcher Filialen bestanden, die „mehr als 90 000 Angestellte und Arbeiter beschäftigen und an Löhnen und Gehältern 125 Millionen Frs. im Jahr bezahlen." Nach den von Konsumvereinen im ganzen Lande erhaltenen Schätzungen glaubt Lavergne den Umsatz der Filiale auf durchschnittlich 100 000 Frs. veranschlagen zu können [4]) und schätzt von zwei verschiedenen Grundlagen aus den Jahres-

1) Ausführliche Schilderung bei Gemahling, La concentration commerciale sans grands magasins, in der Revue d'Economie politique Märznummer 1912 S. 170 ff.

2) Gemahling a. a. O. S. 173.

3) Eingabe von Loévi gegen eine Filial-Sondersteuer, zit. von Lavergne, Union coopérative 1912 Nr. 18.

4) Die Richtigkeit wird mir von einem französischen Großbetriebe bestätigt.

umsatz dieser Filialbetriebe auf rund 1200 Millionen Frs. im Jahre [1]).

Über 40 solcher Massenfilial-Gesellschaften zählt Gemahling auf, über 80 kennt schon Lavergne, ihre Rentabilität muß geradezu glänzend sein [2]), und noch ist kein Ende ihrer Expansion abzusehen:

„Eine neue Industrie ist entstanden, fast ausschließlich für Reimser: Die Gründung von Gesellschaften für Nahrungsmittel-Massenfilialbetrieb. Mindestens 10 Gesellschaften entstehen jährlich an den verschiedensten Punkten Frankreichs; aus Reims stammen die Gründer, aus Reims die Kapitalien . . . In Reims allein setzen sie fast 100 Millionen um" [3]).

In Reims gibt es, wie wir uns durch Augenschein überzeugten, fast keinen wirklich selbständigen Kolonialwarenhändler mehr, und von den Konsumvereinen hat nur einer die Ausbreitung dieser Gegner überlebt, aber auch er ist zur Stagnation verurteilt [4]).

Die Hauptgründe für diese beispiellosen Erfolge sind nach den französischen Gewährsmännern zu finden

1. im Verkauf auch kleinster Mengen, vor allem aber
2. im Verkauf in fertigen Packungen, wo immer nur denkbar (große Vorliebe für Markenartikel); das bedeutet große Erleichterung der Lagerung, Kontrolle, Zeitersparnis im Verkaufe, immer weiteren Verzicht auf Sachkenntnis beim Verkäufer; dazu kommt

---

1) Beim ältesten Unternehmen, den „Etablissements économiques" in Reims, weist Gemahling (S. 175) für 1898 sogar einen durchschnittlichen Umsatz von rund 159 000 Frs. pro Filiale nach (Gesamtumsatz damals 6,18 Mill. Frs., erzielt in 39 Filialen).

2) Die Großfirmen sind sämtlich Aktiengesellschaften; die Aktien werden in Reims börsenmäßig gehandelt. Es zahlten nach Lavergne 1911 an Dividende

Mielle & Co., Châlons 20%	Epiciers réunis, Nancy 10%
Docks rémois, Reims 62,5%	Etabl. économiques, Reims 50%
Grands Magasins d. Casino, St. Etienne 15%	L'Epargne, Toulouse 10%
Goulet Turpin, Reims 15%	Etabl. économiques, Troyes 24%

3) Gemahling a. a. O. S. 177.

4) Lavergne, Union coop. 1912 Nr. 18: „Der einzige überlebende Konsumverein hat niemals 200 000 Frs. Umsatz erreicht". Über die Erhaltungsform des Detailhandels zu vergl. unten S. 255 ff.

3. Barzahlungszwang, der von den Filialleitern freilich umgangen wird;

4. ein Rabattsystem von 5⁰/₀, aber nicht Bar-, sondern Warenrabatt; zur Einlösung der „Bons" haben die Großbetriebe zu Reims warenhausartige Läger, meist von Luxusgegenständen.

Der sicherste Grund ihrer Überlegenheit liegt aber doch wohl

5. im Vertrage mit den Filialleitern.

Von dieser Vertragsform sprechen, heißt zugleich den wichtigsten Teil der Organisation und der Personalverhältnisse dieser Betriebe besprechen. Der von Gemahling wörtlich wiedergegebene Vertrag ist in seiner Art ein Meisterstück; der Kassationshof hat es abgelehnt, zu entscheiden, ob es ein Arbeits-, Miet-, oder Gesellschaftsvertrag ist.

Vorab werden 3—4000 Frs. Kaution gegeben. Das Vertragsformular lautet auf „Eheleute"; diese verpflichten sich, alle Waren als anvertrautes Gut zu betrachten, das Geschäftslokal in gutem Zustand zu erhalten und sich jeder Revision zu unterwerfen; außerdem aber verpflichten sie sich

„§ 3 . . . auf eigene Kosten die Waren zurückzusenden, die etwa zuviel in der Filiale sind; die etwa eingetretene Entwertung selber zu tragen, unverkäuflich Gewordenes zurückzunehmen" (und zwar laut § 5 auf eigene Kosten zu verrechnen).

„§ 10. Zu jeder beliebigen Zeit ein Inventar aufnehmen zu lassen und das sich ergebende Defizit binnen 4 Tagen zu zahlen . . ."

„§ 11. Aus den Einnahmen alle Kosten zu zahlen (auch Miete, Licht und Steuern), die Postaufträge zu zahlen, die uns am Monatsende vorgezeigt werden . . ."

„§ 17. Die Magazine zu reinigen, zu heizen, denn da die Gesellschaft die Waren fehlerfrei liefert, erkennt sie keine Reklamation, z. B. über Feuchtigkeit der Läger, an . . ."

Bei alledem verpflichten sich die Eheleute

„§ 12: Wohnung und Geschäftsführung ohne Entschädigung binnen der uns angegebenen Frist zu verlassen, falls binnen 3 Monaten nach unserem Eintritt die Gesellschaft uns für ungeeignet halten sollte . . ." (Hernach stets auf Kündigung binnen 14 Tagen.)

Und das alles, samt einer scharfen Konkurrenzklausel für 5 Jahre, für die folgende Entschädigung:

§ 15: „7% auf Flüssigkeiten, Schnittwaren und Spielzeug,
6% „ Artikel, die mit Bons verkauft werden,
5% „ alle andern Artikel, mit Ausnahme von Zucker, auf den keine Provision gewährt wird."

Gemäß den Verkäufen wird alle 5 Tage auf das Filialleiterpaar eine Tratte gezogen, den Rest sendet der Geschäftsführer am Monatsende unter Abzug seiner Provision ein, die nach Gemahling etwa 5% durchschnittlich erreicht, und von der er das etwa notwendige weitere Personal selber zu zahlen hat.

Juristisch konstruieren die Gesellschaften das Verhältnis dahin, daß der Geschäftsführer selbständiger Kaufmann sei, „dem sie das Lager vermieten und die Waren verkaufen", der aber im übrigen frei verfügt, selbständig verrechnet und Personal beliebig anstellt. Damit ist es ihnen tatsächlich gelungen, diese „gérants" von den sozialen Schutzvorschriften (Ruhetag), die eben nur für Angestellte gelten, zu „befreien". In Wirklichkeit liegt natürlich nichts anderes als ein Anstellungsverhältnis vor, in dem in äußerst geschickter Weise das Eigeninteresse zugleich zum Antrieb und zum Kontrolleur der Angestellten gemacht worden ist.

Trotz alledem erhalten die Gesellschaften Filialleiter in beliebiger Zahl; denn unzweifehaft ist ihre Konkurrenzfähigkeit dem übrigen Detailhandel weit überlegen. Ihre tatsächlichen Unkosten im Detailverkauf schätzt Lavergne auf 10—11% des Absatzes; ihre Vorteile im Einkauf glaubt er gar gegenüber dem selbständigen Detailhandel auf 28% schätzen zu können, und selbst gegenüber den Konsumvereinen gibt Lavergne einen Einkaufsvorteil von 3% zu; von diesem durch die Organisation erzielten Gewinn behalten die Gesellschaften nur den kleineren Teil; sie scheinen wirklich nach dem Grundsatz „großer Umschlag, kleiner Nutzen" zu handeln [1]).

Diese Differenz streben sie zu vergrößern durch Eigenproduktion. Gemahling glaubt zwar, daß die Gesellschaften — im Gegensatz zu den Nahrungsmittel-Waren-

1) Lavergne schreibt im Konsumvereins-Organ: „Die Filial-Gesellschaften denken, daß es notwendig sei, den Erfolg um jeden Preis zu kaufen, und so begnügen sie sich mit einem Minimum an Verdienst beim einzelnen Artikel."

häusern — die Selbstproduktion nicht wünschen, sondern den Vertrieb bekannter Marken vorziehen. Aber nach seinen eigenen Angaben gehört doch zu jeder größeren Gesellschaft „eine Schuhfabrik, Destillerie, Metzgerei, Schreineratelier für Ladeneinrichtungen und Druckerei", dazu viele Vorrichtungen zum Herstellen der „verkaufsfertigen Pakete". Und in den übrigen Artikeln sind sie nach Gemahlings eigenen Worten „nicht mehr die Vermittler der Produzenten, sondern ihre Beherrscher".

Schon daraus geht hervor, daß der Warenkreis über das Kolonialwarengeschäft unserer Kenntnis weit hinausgewachsen ist. Immer mehr haben sich die Läden — und das hat auch ihr Vordringen aufs platte Land so sehr begünstigt — in „gemischte Warenhandlungen" zurückverwandelt; den Grundstock bilden Kolonialwaren, Delikatessen, aber auch frische Lebensmittel, und darüber hinaus führen sie Schnittwaren und Mützen, Schuhe, Bürsten, Spielzeug und selbst Kohlen.

Bei alledem soll das Kapital möglichst schnell umgeschlagen werden, und deshalb drängen die Gesellschaften auf möglichste Kleinhaltung der Läger; dazu treibt aber auch den „Geschäftsführer", der ja für jeden Verderb oder Verlust aufzukommen hat, sein eigenstes Interesse. Die Warenläger sollen aber doch bis zu 25 000 Frs. Wert gestiegen sein[1]. Mit der weiteren Ausdehnung ihrer Filialnetze sind Reimser Firmen dazu übergegangen, ganz wie unsere Konsumvereine in den verschiedenen Bezirken „Zentralläger" anzulegen.

Trotzdem brauchen die Gesellschaften heute bedeutende Kapitalmengen; bei den größeren variiert das Aktienkapital nach Gemahling zwischen 2 und 10 Millionen, und die Kautionen der Geschäftsführer bedeuten noch eine weitere, oft gleich große Verstärkung[2].

Die Wirkungen dieser Organisationen und Prinzipien auf den französischen Nahrungsmittelhandel und auf die Konsumvereine waren so scharf, wie sie nirgendwo sonst

1) Als Durchschnitt wird mit 12 000 Frs. gerechnet.

2) Gemahling berichtet aus einer Bilanz über folgende Betriebsmittel: Aktienkapital 2 Mill. Frs., Obligationenkapital 1 Mill. Frs., Kautionen 1½ Mill. Frs.

beobachtet worden sind. Weil über den Rahmen der Nahrungsmittelbranche weit hinausgehend und von grundsätzlicher allgemeiner Bedeutung werden sie in den letzten Teil dieser Arbeit (S. 255 ff.) verwiesen.

4. Die deutschen „allgemeinen" Betriebe.

Im Deutschen Reiche ist diese Entwicklung auch nicht annähernd so weit gediehen, wie in Belgien oder gar in Frankreich. Zuerst und am stärksten haben die Betriebe sich anscheinend in Südwestdeutschland ausgebreitet. Es konnten ermittelt werden:

Firma	Hauptsitz	Filialenzahl Anfang 1911	Ende 1912	Hauptverbreitungsgebiet
Schade & Füllgrabe . . .	Frankfurt a. M.	64	71	beide Hessen u. Bayern
J. Latscha	"	65	nicht festgestellt	beide Hessen
K. Fröhling	"	33	nicht festgestellt	Hessen-Nassau
C. Hock	"	7	nicht festgestellt	"
Pasquay & Lindner . . .	St. Johann	115	nicht festgestellt	Saarkohlenrev.
L. Gottlieb	Sablon-Metz	—	120	Lothringen u. Saar
Rhein. Kaufhaus Lippmann .	—	30	56	Rheinland
" " Stüßgen .	—	40	75	"
Bertha Hennes, G. m. b. H. .	Düsseldorf	40	—	Düsseldorf
" " " " " " .	Aachen	10	13	Aachen
C. F. Beck	Goch	—	42	Niederrhein
Cölner Konsumgesch. Brücken	Hagen i. Westf.	—	36	Westfalen
Ackermann & Co.	Cöln	—	23	Cöln
Wareinkaufsverein G. m. b. H.	Magdeburg	—	56	Magdeburg und Umgebung
" " " " "	Hannover	—	27	Hannover und Umgebung

Die Frankfurter Filialbetriebe hatten sämtlich eigene Röstereien, einzelne Marmeladen- und Selterswasserfabriken, neuerdings zwei gemeinsam eine Brotfabrik.

Die Entstehung der älteren deutschen Betriebe war sicher, wie Schade & Füllgrabe gegenüber hessischen Regierungsäußerungen richtig betonten[1]), nicht „kapitalistisch" im üblichen Sinne. Man darf dieser Firma glauben, daß diese Geschäfte

„sich nach und nach aus allerkleinsten Anfängen entwickelten, ohne „Rückhalt an Banken oder sonstigen Kapitalisten. Sie haben ledig-„lich das im Kleinbetrieb allmählich erworbene Vermögen wieder im „Kleinhandel angelegt und sind so schrittweise zu ihrer Ausdehnung „gekommen. Wir selbst haben bereits 1891 Geschäfte in Offenbach „a. M. und Isenburg gegründet, dann 1892 in Vilbel, 1894 in Langen, „1896 in Mühlheim."

Der Warenkreis kombiniert auch hier das Kolonialwaren- mit einem Delikatessengeschäft; ein Frankfurter Großbetrieb umschreibt ihn so:

1. Kolonialwaren, Landesprodukte, Konserven, Delikatessen, Südfrüchte; weniger bedeutend, aber von allen Frankfurter Betrieben geführt,

2. Zigarren und Tabak, im Winter Seefische, ausländische Kartoffeln, frisches Obst (Trauben, Orangen, Äpfel).

Der Kundenkreis setzt sich in Hessen aus allen Bevölkerungsschichten zusammen; seit Gründung der Konsumvereine hat man aber doch ein Abwandern der Arbeiterschaft zu diesen bemerkt. Damit mag es wohl zusammenhängen, daß in Frankfurt eine langsame Bewegung nach oben in der Warenqualität festgestellt wurde [2]).

Die Organisation bei den älteren Betrieben ist noch diejenige des reinen Vollfilialbetriebes: Die Filialleiter — in Süddeutschland gibt es fast nur männliche — haben nur ein Kassabuch zu führen, sich im übrigen ganz auf den Verkauf zu beschränken. Alles andere fällt der Zentrale zu: Einkauf, Kalkulation, Personalangelegenheiten, Buchführung und Bilanz. Sie hat in der Mitte des Versorgungsgebietes ihre Zentralläger.

Der Einkauf geschieht durch eigene Häuser und Agenturen an den Hafenplätzen, teilweise auch im Produktionslande; bei inländischen Fabrikaten beim Produzenten selbst. Reklame macht allein die Zentrale, indem sie regelmäßig die Preise wichtiger Artikel publiziert.

---

1) Schade & Füllgrabe, Die hessische Filialsteuer, Frankfurt a. M. S. 10.

2) Ein kleiner rheinischer Betrieb wollte das Gegenteil bemerkt haben.

Auch diese Betriebe bestreiten aufs entschiedenste die vorgeworfene rechnerische Verschiebung zwischen Zentrale und Filiale [1]. Den Filialen werden die Waren zum Verkaufspreise berechnet. Der Gesamtertrag wird in der Zentrale festgestellt und auf die Filialen nach dem Umsatz verteilt.

Das Personal eines der größten süddeutschen Betriebe zeigt folgende Zusammensetzung: Im Oktober 1910 waren tätig

in Filialen und Lägern	
männliche Filialleiter	61
Verkäufer	75
Magaziniers	7
Kontoristen	22
Kontoristinnen	2
Lehrlinge	15
in der Zentrale	
leitendes Personal	3
Büropersonal	24
Dienstpersonal	4
Eigentlich kaufm. Personal insgesamt	213

In den Produktionsanlagen dieser Firma waren zu gleicher Zeit 81 Arbeiter und 7 Arbeiterinnen tätig.

Die Filialleiter (hier „Verwalter" genannt) haben durchweg in Kolonialwarengeschäften gelernt und sind zuerst Verkäufer. Umsatzprovisionen erhalten sie in älteren deutschen Betrieben nicht; den Unverheirateten zahlen die Frankfurter Firmen durchschnittlich rund 1800 Mk., den Verheirateten über 25 Jahre rund 2000 Mk. durchschnittlich im Jahre. Die Arbeitsbedingungen in den Filialen richten sich nach den ortsüblichen Verhältnissen, doch erhalten alle Filialangestellten, auch die Verwalter, Ferien je nach der Dienstdauer von 5—14 Tagen. Die Frankfurter Betriebe besitzen Stiftungen für Pensionierung älterer Angestellter und Unterstützung der Hinterbliebenen.

Angesichts dessen bestreiten diese Firmen aufs entschiedenste den ihnen in Hessen mehrfach gemachten Vorwurf, daß sie ihre älter gewordenen Angestellten gerne entließen; gegen diese Behauptung sprechen nicht nur die rela-

1) Schade & Füllgrabe S. 4.

tiv langen Dienstzeiten[1]), sondern weit stärker noch ihre eigenen Interessen. Denn sie hätten dann, wie Schloßmacher[2]) betont, zu befürchten, daß ein solcher älterer, mit der Kundschaft vertrauter Angestellter alsbald ein Konkurrenzgeschäft eröffnen und ihnen damit empfindliche Schädigungen zufügen würde[3]).

Den großen belgisch-französischen Beispielen scheinen sich dagegen die neuesten Betriebe in Deutschland zu nähern, die man in der Fachpresse noch „Warenvereine nach Magdeburger Art" nennt.

Nach den vorliegenden Materialien[4]) wurde das erste Unternehmen dieser Art in Magdeburg von 3 Inhabern 1907 mit 25 000 Mk. Kapital gegründet, das bis 1912 auf 500 000 Mk. erhöht wurde. Nach 4 Jahren betrug die Filialenzahl 57 und hatte Mitte 1912 die 60 überschritten. Warenkreis und Geschäftsmethoden nähern sich den französischen sehr: Außer Kolonialwaren werden auch frische Lebensmittel geführt, die Gesellschaft besitzt außer Rösterei auch Bäckerei und große Fleischerei. Ganz gleichartige Vereine sind auch in Hannover entstanden. Dort bestanden Anfang 1913 schon 26 Filialen, während Sandqvist Anfang 1912 nur von 15 zu berichten wußte; ähnliche Gründungen werden aus Braunschweig und 1912 aus Schöneberg und Neukölln gemeldet.

Das Hauptanziehungsmittel ist offenbar ein Rabattsystem von 10% Barrabatt, außerdem arbeiten sie mit besonderen Reklametagen und Gratiszugaben, und bei alledem drücken sie, wie das wohl einwandfreie Urteil Beythiens[5]) beweist, noch die Preise.

1) Einer der größten Betriebe gibt an, daß von den 183 Personen, die in seinen Filialen tätig waren, im Geschäfte waren

im ersten Jahre	63 Personen,
im zweiten Jahre	46 „
„ 3—5 Jahre	46 „
„ 6—10 Jahre	22 „
mehr als 10 Jahre	6 „
	183 Personen.

2) Eingabe vom 20. 12. 1909.

3) Vergl. auch die Äußerungen eines solchen Großbetriebes unten S. 115.

4) Berichte von Sandqvist in der Deutsch. Rabattsparvereins-Ztg. 1912 S. 2 und S. 134, auch K. W. Z. vom 5. 7. 1912.

5) Rabattsparvereins-Zeitung 1912 S. 3. Herr Beythien ist Generalsekretär des Verbandes der Rabattsparvereine, der heute wohl einflußreichsten wirtschaftlichen Interessenvertretung des Detailhandels.

Die Überlegenheit, die ihnen der Großbetrieb an sich gibt, verstärken auch sie durch stärkere Interessierung der Filialleiter am Geschäfte. Diese müssen je 2000 Mk. Kaution stellen, die ausdrücklich laut Vertrag im Geschäfte mitarbeiten sollen — in Magdeburg ergab sich also eine Verstärkung der Betriebsmittel um rund 120 000 Mk. —, und neben einem garantierten festen Einkommen werden die Filialleiter vor allem auf Umsatzprovisionen angewiesen [1].

Diese Gesellschaften haben offenbar weit schärfere Konkurrenz ausgelöst als die älteren Betriebe, auch sind hier Konsumvereine direkt geschädigt worden, und sie haben viel entschiedenere Gegenmaßnahmen der Detaillisten ausgelöst, als sie im deutschen Detailhandel bisher bekannt waren. Auch diese Maßnahmen, die vielleicht ein Zukunftsbild darstellen, werden in den dritten, allgemeinen Teil (S. 252 ff.) verwiesen.

Über Kalkulation und Gewinne war ein sicherer Aufschluß nicht zu erlangen; im nächsten Abschnitt werden also außer den Kaffeefilialen nur die älteren süddeutschen allgemeinen Betriebe mit herangezogen werden.

Dritter Abschnitt.

Kalkulation und Gewinne der Nahrungsmittel-Filialbetriebe.

Die Kosten von Produktion, Kontrolle und Verkauf samt allen Risiken und einem Unternehmergewinn soll der Aufschlag auf den Warenpreis decken. Wie hoch ist er absolut, wie verhält er sich gegenüber den Preisen kleinerer Geschäfte?

1. Frühere Ermittlungen.

Unmittelbar vor der Entstehungszeit der großen deutschen Filialbetriebe, in den Jahren 1886/88, hat der Verein für Sozialpolitik die Aufschläge im Detailhandel untersuchen lassen, und bis heute sind diese Untersuchungen das gründlichste,

1) In Hannover erhalten die Filialleiter 60 M. Monatsgehalt, freie Wohnung und 2 % vom Umsatz (außer von Zucker); Personal müssen sie für eigene Rechnung anstellen, Warenverluste selbst tragen (Konsumgen. Rundschau 1912 S. 662).

was überhaupt über die Preisgestaltung im Nahrungsmittelhandel vorliegt. Über die für unser Problem wichtigste Ware, den Kaffee, sind wohl nur die Angaben Bayerdörffers über die Magdeburger Preise von Belang. Aus seinen weitläufigen Notierungen läßt sich folgendes berechnen:

In Magdeburg bezahlte man für 1 kg Kaffee [1]) in Pfg.

Im Jahre	Java		Campinas		Domingo	
	en gros	detail	en gros	detail	en gros	detail
1880	100—131	220	89—97	—	93—99	160
81	91—128	220	79—87	120	80—88	160
82	80—127	220	66—80	120	73—80	140
83	81—128	220	68—79	120	73—82	140
84	79—126	220	68—76	100	70—78	140
85	71—120	220	62—69	100	67—73	140
86	77—123	220	68—74	100	71—79	—
87	110—131	220	—	—	109—111	—

Nun hat ja ein großer Teil der untersuchten Geschäfte nicht aus erster Hand bezogen, also auch nicht den ganzen hier berechneten Aufschlag verdient. Aber wenn wir, um einen Ausgleich zu schaffen, der Aufschlagsberechnung stets die höchsten Großhandelspreise zu Grunde legen, so haben die Magdeburger Detaillisten jährlich durchschnittlich, 1880—87, in % des Detailverkaufspreises aufgeschlagen

bei Java 41,0% nach Abzug des Einbrandes [2]) 32,8%
„ Campinas 29,2% „ „ „ „ 24,4%
„ Domingo 43,5% „ „ „ „ 34,8%

Das ergäbe also als Durchschnitt nach Abzug des Röstereiverlustes 30,8% des Verkaufs- oder 44,6% des Einkaufspreises. Da aber sicher niemals dauernd die höchsten Jahrespreise gezahlt wurden, so muß der Aufschlag bei den vom ersten Grossisten beziehenden Detaillisten noch wesentlich höher gewesen sein.

Die von van der Borght herangezogene Aachener Firma X. hat beim Kaffee offenbar hauptsächlich Engros-Verkäufe in unge-

1) Schriften des Vereins für Sozialpolitik, Bd. 37, Heft 2; berechnet nach den Tabellen S. 62 ff. Der Großhandelspreis gilt franko Bahnhof, der Detailhandelspreis ab Laden.

2) Nach der amtlichen Schrift ist bei Kaffee ein Einbrandverlust für Rösten von 15—20% des Einkaufswertes abzurechnen; es sind hier 20% abgezogen, um auch den Röstlohn mitzudecken.

brannter Ware gemacht; nur so ist der durchschnittliche Aufschlag von 6,15% des Einkaufspreises (von 1878—86) erklärlich bei Firmen, die an Generalunkosten selbst 11—13% des Umsatzes berechnen [1]).

Für T e e berechnet van der Borght für die gleiche Zeit einen Durchschnittsaufschlag von 31,45% des Einkaufspreises.

Für Zucker ergibt sich im Durchschnitt der Jahre 1876—86 in % des Einkaufspreises

bei van der Borght (Firma X. in Aachen) [2])	17,43%
„ Bayerdörffer (Magdeburg) [3])	23,00%

Zur gleichen Zeit (1886) nahm der Breslauer Konsumverein, wie Lexis [4]) berichtet, auf die Großhandelspreise 9—25% Aufschlag. In den für uns wichtigsten Waren betrug er bei

Java ungebrannt	9,1%	Zucker [Melis]	9,1%
„ gebrannt	11,1 „	„ [Farin]	9,9 „
Domingo „	11,7 „	Tee	16,9—20%
Ceylon „	13,9 „		

Schokoladen:	Verkaufspreis 70 Pf. das Pfund	14,3%
	135 „ „ „	15,6%
	170 „ „ „	14,1%
	194 „ „ „	13,4%

Als Gesamtbild der Untersuchungen glaubte Conrad [5]) angeben zu können, daß durchschnittlich 20—25 % des Einkaufspreises aufgeschlagen würden. Der Korreferent Crüger [6]) hielt den Satz für zu niedrig und bestritt besonders den von van der Borght bei zwei großen Aachener Geschäften gefundenenResultaten den typischen Charakter ab, denn „das Gros der Kleinhändler wird von Detaillisten ge„bildet, die aus dritter oder vierter Hand kaufen . . ., im „günstigsten Falle erst von solchen Firmen wie die

1) Schriften des Vereins für Sozialpolitik Bd. 36 S. 264; auf die Tatsache des Engros-Verkaufes bei diesem Hause weist van der Borght selbst mehrfach hin. Die von ihm mitgeteilten amtlichen Ladenpreis-Notierungen würden, mit den Großhandelspreisen verglichen, dem Resultate Bayerdörffers sehr nahekommen, waren aber zu summarisch.

2) Schriften Bd. 36 S. 156.

3) „ „ 37 „ 96 (berechnet).

4) „ „ 38 „ 99.

5) „ „ 38 (auch von van der Borght bestätigt in seiner Handelspolitik, 2. Aufl., S. 202).

6) Schriften Bd. 38 S. 57.

„Aachener beziehen und auf jene Zuschläge noch weitere „Zuschläge machen“ [1]).

2. Vor- und Nachteile des Filialbetriebes.

I. Bei den Kaffeefilialen.

Versuchen wir zunächst, deduktiv die Vor- und Nachteile der Filialbetriebe gegenüber den Einzelgeschäften abzuwägen. Offenbar ist der wichtigste Vorzug des Großbetriebes

1. der billigere Einkauf. Hier fallen ja die Zwischenhandelsspesen ganz weg. Diese betrugen nach den eigenen Angaben der Grossisten beim „besseren Detaillisten“ im Jahre 1902 zwischen 3 und 10 % des Einkaufs [2]); für 1912 berechnet Kiel [3]) nach den Angaben eines Großisten 9,9 % des Einkaufspreises, gibt aber an, daß die Aufschläge bei größeren Abnehmern noch etwas niedriger sind. Wird aber nicht direkt vom Grossisten gekauft, sondern vielleicht vom „Demigrossisten“, so kommt noch ein entsprechender Aufschlag hinzu.

Jedenfalls wird man also den beim Filialbetrieb ersparten Zwischengewinn mit 6—8 % des Einkaufs nicht zu hoch ansetzen. Dazu kommt weiter der ersparte Röstereigewinn, dazu vor allem auch die Ersparnis an Frachtkosten; denn die Ware geht ja stets den nächsten Weg von der zuständigen Rösterei zum Laden, durchweg noch mit andern Artikeln zu größerer Sendung vereinigt.

Viel höher als beim Kaffee ist die Ersparnis bei den andern Waren dieser Betriebe. Conrad teilte z. B. 1888

---

1) Auf diese Tatsache hatte übrigens van der Borght selber schon hingewiesen (Bd. 36 S. 261).

2) In der K. W. Z. vom 14. 2. 1902 erklären die Grossisten, daß der „bessere Detaillist“ von seinem Lieferanten bei Santoskaffee mit einem Nutzen von 1—3 Pf. pro Pfund, bei besseren Qualitäten mit 2—5 Pf. pro Pfund bedient werde; allerdings nur der sofort zahlungsfähige Grossist. In der K. W. Z. vom 25. 2. 1902 wird (in einer Polemik gegen Tengelmann) der Preis für Brasilkaffees auf 30—40 Pf. roh unverzollt angegeben; gebrannt auf 62—65 Pf. „je nach der mehr oder weniger geringen Qualität“. Die obige Berechnung ist damit ohne weiteres gegeben.

3) Kiel, Der Binnenhandel mit Kaffee, Kölner Diplomarbeit 1912.

mit [1]), daß eine Schokoladen- und Zuckerwarenfabrik schon mit durchweg 30% Aufschlag arbeitete. Dazu kommen

2. die Vorteile durch sofortige Barzahlung. Diese bedeutet eine außerordentliche Ersparnis an Betriebskapital. Während im Verkehr zwischen Groß- und Detailhandel heute noch ein Ziel von drei Monaten üblich ist, und dasselbe Ziel auch noch vielfach zwischen Grossist und Import beansprucht wird, erneuert der Filialbetrieb sein Warenlager in den Filialen 10—12 mal im Jahre. Nach jedem solchen Umschlage — dessen Schnelligkeit wieder nur erklärlich ist dank der durch Spezialisation möglichen Kleinhaltung der Lagerbestände — ist ja das Warenlagerkapital der Filialen samt Gewinn wieder zurückgeflossen. Infolgedessen setzen die größten Betriebe ihr gesamtes Kapital, obwohl es Einkauf, Produktion, Transport und Verkaufsapparat zu decken hat, jährlich 3—4 mal um [2]). Dazu bedeutet die sofortige Zahlung die Vermeidung jedes Borgrisikos.

Eine weitere, bedeutsame Ersparnis erwächst diesen Filialbetrieben

3. bei den Personalkosten. An die Stelle des männlichen Ladeninhabers tritt hier die weibliche Arbeitskraft, und damit fällt, wie die folgende Rechnung zeigt, die Differenz zwischen der ungleichen Entlohnung von Männer- und Frauenarbeit dem Filialbetriebe zu [3]).

Als durchschnittlicher Wochenumsatz einer Verkäuferin wird rund 500 M. angegeben; jährlich also nach Abzug von Ferien- und

---

1) Schriften des Vereins für Sozialpolitik Bd. 38.

2) Also noch wesentlich schneller als die Warenhäuser. Bei diesen wird der Warenvorrat jährlich 4—6 mal, das Gesamtkapital nur etwa 2 mal umgeschlagen.

3) Die Zusammenhänge, die Alice Salomon aufgedeckt hat (Die Ursachen der ungleichen Entlohnung von Männer- und Frauenarbeit, Leipzig 1907), gelten offenbar nicht nur für Arbeiter und Angestellte, sondern genau so auch auf dem „Arbeitsmarkte" der selbständigen Kaufleute, d. h. die Gesetze kommen bei gegebenem Betriebsumfang in der Preisstellung der Waren zum Ausdruck. Daß das Existenzminimum der Detailhändler die Preisbildung mitbestimmt, betont auch zutreffend Wirminghaus in den Preuß. Jahrbüchern (Juli 1910, S. 39/40). Hier wird nun an die Stelle des männlichen Existenzminimums das niedrigere weibliche gesetzt.

Krankheitszeit 24—25 000 M. Die Gesamtkosten für eine Verkäuferin schwanken also (Gehalt, Naturalien, Versicherung etc.) zwischen	1100—1200 M.
Der Revisor kostet an Gehalt und Spesen jährlich 6000 M.; auf etwa 30 Filialen verteilt ergibt dies pro Filiale	200 „
bei der Mehrzahl der Filialen also an direkten Personalkosten	1400 M.

Die Umsätze in den nur vom Inhaber bedienten Kolonialwarengeschäften dürften durchweg nicht größer sein, wie diejenigen der Filialen[1]). Aber mit 1000 M. jährlich findet der männliche Inhaber sein Auskommen nicht. Es betrug vielmehr das Durchschnittseinkommen der Kolonialwarenhändler 1906 im ganzen Großh. Hessen[2]) 2250 M.
in dessen städtischen Bezirken 2693 „
Auf dieses Einkommen des männlichen Inhabers, das einen Familienbedarf zu decken hat, ist nun aber bewußt und öfter noch unbewußt-gewohnheitsmäßig die ganze Preisbildung eingestellt. Soweit der Filialbetrieb an die Stelle des Mannes mit Familienbedarf die Verkäuferin setzt, die nur ihren Individualbedarf — und noch dazu den geringeren Bedarf der Frau — zu decken hat, lukriert er die daraus entstehende Differenz. Diese beträgt in den hessischen Städten aber z. B. 1000—1200 M. pro Filiale, d. h. rund $4\,^0/_0$ des Umsatzes.

Weitere bedeutende Vorteile erwachsen dann

4. aus der Arbeitsteilung des Filialbetriebes selbst.

Wenn jeder Händler die für ihn passenden Lieferanten heraussuchen, ihre Offerten entgegennehmen, die Qualitäten prüfen muß[3]); wenn er jede Rechnung kontrolliert, verbucht, bezahlt, dann erfordert das ja schon an sich weit mehr Arbeitskraft, als beim Filialbetriebe, der all dies durch

---

1) Faucherre (a. a. O. S. 130) schätzt den Durchschnittsumsatz im Detailhandel auf 25—30 000 M. jährlich. Für die Kolonialwarenbranche erscheint dies noch ziemlich hoch.

2) Vergl. im Folgenden S. 105/6.

3) In den Schriften des V. f. Sozialpolitik (Bd. 38) berichtet Rocke, daß in größeren Kolonialwarengeschäften von Zeit zu Zeit „Kaffeeproben" nach dem Geschmack stattfinden, an denen sich alle Angestellten beteiligen müssen. Bei Großfilialbetrieben geschieht diese wichtige Probe nur einmal, aber durch Spezialisten.

geschulte Arbeitskräfte allein erledigt. Dazu kommt aber die weit größere Fachkenntnis, die an sich schon bei solchen Spezialarbeitern sich entwickelt, dazu die „Multiplikation der Erfahrungen", die aus hunderten solcher Geschäfte bei der Zentrale einströmen usw.

Die wesentlichsten Nachteile des Filialbetriebes gegenüber dem selbständigen Einzelgeschäfte sind wohl diese:

1. Das Interesse von Geschäftsinhaber und -leiter, sonst durch Personalunion identisch, fällt hier auseinander. Der Eigentümer wird aber doch an der Ausbreitung des Geschäftes ein viel intensiveres Interesse, auch dazu viel weitergehende Möglichkeiten [1]) haben, als die für festes Gehalt angestellte 1. Verkäuferin. Im Gegenteil entsteht hier immer wieder die Gefahr von Veruntreuungen durch die Geschäftsleiterin selbst. Ein Inhaber erklärte, daß diese Ausfälle „fast immer ausgeglichen würden durch das rechnungsmäßige Plus von 2%", das sich aus der hygroskopischen Natur des lagernden Kaffees ergibt. Diese Schäden entstehen trotz der scharfen Kontrolle; deren Notwendigkeit bildet aber kalkulatorisch einen

2. Nachteil des Filialbetriebes gegenüber dem Einzelgeschäfte: Für diese allein sahen wir ja drei übereinandergeordnete Instanzen dauernd tätig, Revisor, Oberrevisor und Kontrollabteilung der Zentrale. Nicht nur alle diese Kosten müssen gedeckt werden, sondern es muß sich, abweichend vom Einzelgeschäfte,

3. ein Gewinn ergeben für die über allen Geschäften und Abteilungen stehende Zentrale, und ein letzter charakteristischer Nachteil vermindert gegenüber jeder andern Geschäftsform den Ertrag des gutgehenden Geschäftes, nämlich

4. die Notwendigkeit, schlecht rentierende Filialen zu halten. Die Betriebe der Kaffeebranche haben diesen Nachteil durch die geschilderte „Liquidität" so sehr vermindert, daß er hier kaum mehr wesentlich in Betracht kommt; in

---

1) Bei der Ausdehnung des Warenkatalogs bei augenblicklicher örtlicher Gewinnchance: durch gesellschaftliche Beziehungen etc. Hier tritt die Bürokratisierung im Massenfilialbetriebe hindernd entgegen.

der Tabak- und Schuhwarenbranche werden wir ihn in ganz andern Dimensionen auftreten sehen. Immerhin mußte auch dieser Umstand — Beeinflussung des Ertrages im einen Laden durch die Ergebnisse vieler anderer — schon hier erwähnt werden, da er beim selbständigen Einzelgeschäft nicht vorkommt[1]).

Dagegen wird man die stellenweise als Nachteil der Filialbetriebe hervorgehobenen Reklamekosten als besondere Belastung nicht ansehen können. Sie erreichen, wie auch auf S. 94 ersichtlich, durchweg 1% des Umsatzes nicht; soweit ein kleineres Geschäft überhaupt Reklame macht, wird es mit weniger (z. B. für Zugaben, Geschenke etc.) wohl auch nicht auskommen.

Dieselben Momente gelten auch für

II. die allgemeinen Kolonialwaren-Filialbetriebe.

Bei den süddeutschen Geschäften dieser Branche [2]) fällt allerdings der Vorteil weg, den wir durch die Verwendung weiblicher Filialleiter entstehen sahen. Während die gleichartigen rheinischen Betriebe mit weiblicher Geschäftsleitung sehr wohl auskommen, findet man dort bisher nur männliche [3]). Als seine wichtigsten Vorteile nannte ein süddeutscher Großbetrieb: 1. die Konzentration großer Bedarfsmengen in allen wichtigen Artikeln und die daraus folgenden Ersparnisse durch fast vollständige Ausschaltung des Zwischenhandels; 2. die Ersparnisse durch prompte

---

1) Die Einzelgeschäfte stehen isoliert: die Filialen sind gleichsam durch eine kommunizierende Röhre verbunden. Für die Steuerbehörde ergibt sich daraus ein Nachteil: die Verluste eines Einzelgeschäftes haben höchstens zur Folge, daß von diesem die Steuer ausfällt; auf die andern, isolierten Geschäfte hat das keinen Einfluß. Beim Filialbetriebe verringern aber die Ausfälle aus schlechtgehenden Läden auch die Gewinne aus gutgehenden.

2) Obwohl der Warenkatalog gleichartig ist, scheinen mir doch in den süddeutschen Geschäften die Artikel des täglichen Massenkonsums eine größere Rolle zu spielen, als in den rheinischen. Die süddeutschen — ebenso wie die belgischen — Geschäfte entwickelten sich anscheinend mehr anstatt der Konsumvereine (als Ersatz), die rheinischen, die schon ein schon einen besser entwickelten Konsumverein vorfanden, mehr über diesen (als Ergänzung).

3) Neuerdings ist aber mit dem Steigen der Gehälter der weiblichen Angestellten auch bei den rheinischen Geschäften der männliche Filialleiter wieder im Vordringen, besonders gern stellt man Ehepaare an.

eigene Zahlung, die nur möglich werden durch das Prinzip absoluter Barzahlung in den Filialen, vor allem aber 3. die Ersparnisse, die durch die neuartige Organisation selbst erzielt werden: Kleinhaltung der Lagerbestände, die jederzeit schnellstens von der Zentrale aus ergänzt werden, daher weit geringere Verluste durch Verderb, als bei ebensoviel Einzelgeschäften; vor allem auch die Wahrnehmung jeden Marktvorteils durch eine eigene Einkaufsstelle, deren Umsatz denjenigen mittlerer Grossisten weit überschreitet.

3. Die heutige tatsächliche Kalkulation.

I. Aufschläge.

Daß die Bilanz der Vor- und Nachteile zwischen Filialbetrieb und Einzelgeschäft in der Praxis einen recht bedeutenden Vorsprung des Großbetriebes ergeben muß, das zeigt sicherer als alle theoretische Erwägung das ununterbrochene, rapide Vordringen der Massenfilialen. Anders kann doch schließlich dieses unausgesetzte Anwachsen der Filialsysteme nicht erklärt werden bei Artikeln des Massenverbrauchs, bei deren Einkauf mit dem Pfennig gerechnet wird, und in denen ein dauerndes Geschäft nur mit ständiger Kundschaft erzielt werden kann.

Aus dem vorher (S. 51) gegebenen Buchauszuge und einem gleichartigen für 1909/10 stelle ich für einen Großbetrieb in % des Verkaufspreises die folgenden Aufschläge zusammen:

	1909/10	1912
Gerösteter Kaffee	18,9	14,6
Biskuits	25,2	27,5
Kaffeezusätze	26,3	38,2
Schokolade und Schokoladenwaren .	27,6	20,9
Sonstige Nebenartikel	25,9	20,5
im Gesamtdurchschnitt	19,0	20,1

Der Zuckerpreis wird nicht angegeben; es ließ sich aber mehrfach ziemlich sicher feststellen, daß der Aufschlag 1910 nicht viel mehr als 10—11% des Gestehungspreises betragen haben kann. Der Gesamtdurchschnitt, der von einem großen deutschen „allgemeinen" Betriebe als Aufschlag angegeben wird, schwankt für mehrere Jahre zwischen 18 und 20%; bei einem kleineren Betriebe ergab die Berechnung für 1909 rund 17%.

Da seit den alten Untersuchungen des Vereins für Sozialpolitik keine exakten Erhebungen über die tatsächlichen Aufschläge mehr bekannt geworden sind, habe ich versucht, in rheinischen großstädtischen Kolonialwarengeschäften den Aufschlag zu ermitteln, der 1910 auf Kaffee, Zucker etc. genommen wurde. Nur 3 Geschäfte gaben sichere Resultate; nach Beseitigung der Ungleichheiten [1]) ergab sich als Durchschnitt in % des Verkaufspreises

	Filiale	I. Mittleres Geschäft in verkehrreicher Straße	II. Kleineres Geschäft unmittelbar neben Filiale	III. Größeres Geschäft
Kaffee gangbarste Sorte	18,9	16,7	billigste Sorte 12,1 nächsthöhere Sorte 14,1	19,9
Zucker . . .	ca. 11	5,0	10,0	—
Kochschokolade	27,6	22,0	23,8	28,0
Tee	38,0	25,0	—	33,3[2])

Kiel[3]) fand für 1910 bei seinen Untersuchungen über den Kölner Kaffeehandel bei den amtlichen Notierungen für Rohkaffee zwischen Großhandels- und Kleinhandelspreis eine Differenz von 14,3% durchschnittlich, und er ermittelte bei einem mittleren Kölner Detaillisten für 1910 folgende Aufschläge für gerösteten Kaffee:

1. Sorte Verkauf pro ½ kg 2.— Aufschlag in % des Verkaufs 15,0%
2. " " " " " 1.80 " " " " " 13,9%
3. " " " " " 1.60 " " " " " 12,5%
4. " " " " " 1.50 " " " " " 8,0%

Als Durchschnitt ergab sich also rund 12,4%

1) Beim 1. Geschäft gab man den gleichen Rabatt wie in der Filiale, bei den beiden andern keinen. Da nach der Kalkulation sowohl bei der Filiale, wie beim 1. Geschäft, der Rabatt 3% des Umsatzes betrug, wurde dieser Satz auch bei den andern aufgeschlagen.

2) Bei besseren Qualitäten erheblich höher.

3) In seiner Kölner Diplomarbeit 1912 (Der Binnenhandel mit Kaffee).

Ein größeres Geschäft mit eigenem Fuhrwerksbetrieb erzielte jedoch gleichzeitig in Köln

bei Verkaufspreis pro ½ kg von M	1.70	einen Bruttoaufschlag v.	18,4%
" " " " " " "	1.35	" " "	15,6%
		im Durchschnitt also	17,0%

Zur gleichen Zeit nahm der Kölner Konsumverein „Hoffnung" (bei einer Rückvergütung von 8%) einen Bruttoaufschlag von 19%, und der Kölner Beamten-Konsumverein bezifferte seinen Aufschlag auf Kaffee mit rund 25% (bei einer Rückvergütung von 14%).

Bei dem oben unter II angeführten Geschäfte ist beim Kaffeepreise der Einfluß der benachbarten Filiale deutlich; im übrigen ist doch das Gesamtbild ziemlich gleichbleibend: Bei den größeren Geschäften ist der Bruttoaufschlag demjenigen der Filialen annähernd gleich, bei den kleineren bleibt er dahinter zurück.

Mehrere befragte Grossisten erklären übereinstimmend, daß heute der Aufschlag auf Kaffee in den meistgehenden billigen Sorten nicht höher als 20 Pfg. pro $^1/_2$ kg sei, und daß auch der Zuckerpreis durch die Massenfilialen ständig niedrig gehalten werde.

Im übrigen schätzen sie den durchschnittlichen Aufschlag mittlerer Kolonialwarengeschäfte auf 20—25% des Einkaufspreises [1]), und diese Schätzung wird auch neuerdings durch Kramer [2]) für Württemberg bestätigt. Es hat sich also anscheinend seit 1880/86 der Gesamtaufschlag der Kolonialwarengeschäfte nicht wesentlich verändert. Wohl aber hat sich innerhalb des Warenkreises der Aufschlag verschoben. Der früher höher kalkulierte Kaffee ist, ebenso wie der Zucker, in der Kalkulation stark herabgedrückt worden; den Ausgleich bringen anscheinend die neu in den Warenkatalog hineingekommenen Artikel des Massenluxus.

Wenn man aus diesen Ergebnissen einen Schluß ziehen darf — die Unterlagen sind gewiß lückenhaft, aber leider fehlt es an jeder zuverlässigen neueren Erhebung —, so wird er wohl dahin gehen: Die Aufschläge der Filialbetriebe

---

1) In dem unter III angeführten Geschäfte, das auch Wein, Konfitüren etc. führte, konnte der Gesamtaufschlag ermittelt werden; er betrug rund $22^1/_2$% des Verkaufspreises, überstieg also die obige Schätzung etwas.

2) a. a. O. S. 64.

und der größeren Einzelgeschäfte sind heute annähernd gleich; Vor- und Nachteile halten sich annähernd die Wage, bis auf einen: Bei den Filialbetrieben erspart der Konsument die Zwischenspesen und -gewinne vom Import bis zum Detailhandel; denn der Aufschlag beim Filialbetriebe deckt ja die ganzen Kosten für Produktion, Zwischenstufen und Detailverkauf. Um so viel wird also, wenn alles andere gleich steht, der Filialbetrieb billiger liefern können, als die leistungsfähigen selbständigen Konkurrenten. Dazu tritt dann als weiterer Vorteil immer wieder die Reklamewirkung, die in der Existenz so zahlreicher Geschäfte der gleichen Firma liegt.

Es ergibt sich aus diesem größten Vorteile — Ersparnis der Zwischengliederspesen und -gewinne — aber auch ohne weiteres der Punkt, an dem die Gegenbestrebungen der Einzelgeschäfte einsetzen mußten. Bevor wir diese schildern, untersuchen wir noch

II. Spesenverteilung und Gewinne der Filialbetriebe und ihrer Konkurrenten.

Freilich war es hier nicht möglich, Einzelgeschäfte und Filialen einander gegenüberzustellen; denn den wichtigsten Spesenposten der Filialbetriebe, das Gehalt der Filialleitung, Kontrolleure etc., gibt es ja im Einzelgeschäfte nicht. Ein Großfilialbetrieb teilte mit, daß im Jahre 1909 von seinen Gesamtunkosten entfielen auf

Gehälter	26%
Sozialversicherung	0,6%
Mieten	27%
Druckreklame	3%
Steuern	3,6%
Frachten und Porti	8,5%
Rabattsystem	19%
Diverse	12,3%
	100,0%

Da die Gesamtunkosten sich bei diesem Unternehmen einschließlich Ertrag auf ziemlich genau 19% des Umsatzes beliefen, der erzielte Ertrag mit rund 4% des Umsatzes ermittelt werden konnte, so läßt sich daraus die Kalkulation errechnen, die unter I gegeben wird. Unter II wird daneben die Kalkulation für eine 1910 untersuchte kleinere Filiale, unter III die auf S. 50 bereits dargestellte Filialverrechnung desselben Unternehmens berechnet. Unter IV sind die Angaben eines größeren, unter V diejenigen eines kleineren „allgemeinen" Filialbetriebes in Vergleich gestellt, unter VI wird eine gleichartige Berechnung nach der Bilanz des Görlitzer Wareneinkaufsvereins für 1909 aufgestellt. Wie leicht ersichtlich, sind nur die Berechnungen II, III und VI absolut genau. In $^0/_0$ des Umsatzes betrugen bei

	Gesamt-Groß-betrieb	Filiale	Filiale	Groß-allgemein. Betrieb	Klein. allgemein. Betrieb	Görlitzer Waren-Einkauf-Verein
	1909	1910	1912	1910	1910	1909
	I	II	III	IV	V	VI
Gehälter einschließl. Sozialversicherung	4,0	4,8	3,6	$6-6\frac{1}{2}$	$4\frac{1}{2}$	5,0
Miete und Mietwert	4,1	3,0	5,3	$1\frac{3}{4}-2$	$2\frac{1}{2}$	1,9
Druckreklame	0,4	— [1]	— [1]	$\frac{3}{4}$	$\frac{1}{2}$	0,4
Steuern	0,5	1,1	0,3	$\frac{5}{8}$	— [1]	0,6
Frachten und Porti	1,3	1,0	0,4			
Sonstige Unkosten	1,8	2,1	1,9	$4\frac{3}{8}-5\frac{1}{8}$ (Frachten bis Rabattsystem)	4 [2] (Frachten und Sonstige)	1,7 [3] (Frachten und Sonstige)
Rabattsystem	2,9	2,5	3,4		$3\frac{1}{2}$	—
Reinertrag	4,0	4,5	5,0	$4\frac{1}{2}-5$	2	2,1
Gesamtaufschlag	19,0	19,0	19,9	18—20	17,0	11,7

Über den Reinertrag kann noch hinzugefügt werden: Bei dem Kampf um die hessische Filialsteuer erbot sich der „Verband süddeutscher Großdetaillisten der Lebensmittelbranche", durch die Bilanzen seiner Mitglieder nachzuweisen, daß der durchschnittliche Ertrag zwischen 4 und $5^0/_0$ des Umsatzes schwankt [4]. Aus den Angaben von Schade und Füllgrabe läßt sich unschwer berechnen [5], daß sie 1908

1) Unter „sonstigen Unkosten".

2) Darunter $2^0/_0$ für „Verluste" (aus großem Butter- und Margarinelager).

3) Hiervon in $^0/_0$ des Umsatzes auf Abschreibungen 0,5, Amortisationen 0,5, Heizung und Beleuchtung 0,4.

4) Eingabe vom 20. 5. 1910 an die 2. hessische Kammer.

5) Nach Berichtigung eines Druckfehlers lautet der betr. Satz,

aus 20 hessischen Geschäften brutto 5,36% und nach Abzug von 3/4% Steuer rund 4,6% Reinertrag hatten.

Neuerdings gibt der Deutsche Handelstag den Ertrag eines Unternehmens bekannt[1], „das Filialen in 598 auswärtigen Gemeinden enthält". Da es in Deutschland nur ein solches Unternehmen gibt, so ist nicht schwer zu erraten, wer gemeint ist. Der Ertrag, offenbar für 1911, wird mit Mk. 1 733 206.— angegeben; daraus ist auch für dieses Jahr die Richtigkeit des oben berechneten Gewinnsatzes leicht festzustellen. Von dieser Summe wurden Mk. 628 898 in der Wohnsitzgemeinde versteuert.

Bei all diesen verschiedenen Großbetrieben ist doch die Gleichartigkeit des Gesamtbildes überraschend, zumal wenn man damit die ganz andere Kostenverteilung in Betracht zieht, die später (S. 140) für Zigarren-Filialbetriebe nachgewiesen wird.

Zum Schluß sei die Berechnung der Filiale II (1910) noch mit derjenigen eines nahegelegenen großen Konsumvereins verglichen. Wir stellen die Ziffern der Filiale II der Kalkulation des Bielefelder Konsumvereins für das gleiche Jahr gegenüber.

	In % des Umsatzes betrugen bei	
	Konsumverein	Filiale
Gehälter und Löhne	3,68	4,93
Miete, Zinsen und Abschreibungen auf eigene Häuser	0,90	3,00
Heizung und Beleuchtung	0,15	0,65
Steuer	1,33	1,10
Allgemeine Unkosten	0,94	1,31
Emballagen[2]	0,15	1,10
Reingewinn	5,47	4,46
	12,62	16,55
Hierzu bei der Filiale Rabatt und Minimum . . .		2,45
		19,00

daß „die Firma 3/4% ihres in Hessen erzielten Umsatzes oder 14% des in den hessischen Filialen erzielten Verdienstes an Steuern entrichtet". Die Berechnung ergibt sich danach leicht.

1) „Handel und Gewerbe" 1912 S. 499.

2) Nach Abzug der wieder veräußerten Kisten etc.

Zieht man auf beiden Seiten den erzielten Reingewinn[1]), ferner bei der Filiale den zurückerstatteten Rabatt ab, so ergibt sich, daß die reinen Kosten des Warenabsatzes betrugen

bei der Filiale	12,09% des Umsatzes
beim Konsumverein	7,15% „ „

Trotzdem kann man daraus nicht ohne weiteres, wie Schär es versucht hat[2]), den Schluß ziehen, der Konsumverein sei deshalb die überlegene und wünschenswertere Form des Warenabsatzes. Die Hauptunterschiede liegen besonders bei

Miete	mit rund 2%
Beleuchtung pp.	„ „ ½%
Gehältern und Löhnen	„ „ 1¼%
Emballage	„ „ 1%

Das sind gerade diejenigen Posten, bei denen der Wesensunterschied zwischen Konsumverein und Filialbetrieb klar hervortritt: Der Verein will grundsätzlich nur den Bedarf befriedigen, die Filiale will ihn wecken und anregen, ihn an sich heranziehen. Dazu dient die bessere Lage des Lokals, die wiederum die höhere Miete bedingt, dazu die teurere Beleuchtung, die elegantere Verpackung. Darin zeigt sich eben der charakteristische Unterschied zwischen genossenschaftlicher Bedarfs b e f r i e d i g u n g und privaterwerbswirtschaftlicher Bedarfs e r w e c k u n g.

---

1) Dieser stellt beim Konsumverein ebensogut einen Unternehmergewinn dar wie beim Privatbetrieb. Das Mitglied zahlt dafür seinen Anteil und trägt das Unternehmerrisiko. Daß Unternehmer und Käufer hier identisch sind, berechtigt nicht dazu, bei einem Vergleich mit anderen Betriebsformen den Reingewinn einfach abzuziehen, wie es Schär bei seinem Vergleich zwischen Konsumverein und Warenhaus (Archiv für Sozialwissenschaft und Sozialpolitik, Septemberheft 1910 S. 368 ff.) getan hat.

2) Am Schlusse des oben zitierten Artikels S. 382.

Vierter Abschnitt.

Bedeutung der Filialbetriebe im deutschen Nahrungsmittelhandel.

1. Das Anwachsen des Konsums.

Wie stark in den letzten Jahrzehnten der Konsum in der deutschen Nahrungsmittelbranche gestiegen ist, sei hier nur für die beiden für die Massenfilialen wichtigsten Artikel dargestellt. Im deutschen Zollgebiete wurden verbraucht [1]) an

	Kaffee (roh)		Kakao in Bohnen	
Durchschnittl. jährlich	im Ganzen Tonnen	auf den Kopf kg	im Ganzen Tonnen	auf den Kopf kg
1836/40	26600	1,01	371	0,01
1866/70	82827	2,20	1259	0,03
1886 90	114263	2,38	4954	0,10
1891/95	122897	2,41	8148	0,16
1896/1900	146851	2,69	15286	0,28
1901/05	176239	3,00	22385	0,38
1905/06	185334	3,02	34018	0,55
1906/07	188190	3,02	32704	0,52
1907/08	191458	3,03	32771	0,52
1908/09	211740	3,30	38852	0,61
1909/10	169188	2,6o	41383	0,64

Während die Bevölkerung 1890—1910 um 31,3% zunahm, betrug bei diesen Artikeln der Zuwachs der in den Konsum gelangten Menge im Durchschnitt 1906/10 gegenüber dem Durchschnitt von 1886/90

	bei Rohkaffee	65,7%	der älteren Zahl
	„ Rohkakao	625,4%	„ „ „
ferner	„ Tee	107,7%	„ „ „

Diese außerordentliche Zunahme des Verbrauchs konnte natürlich nicht ohne Einfluß bleiben auf den

1) Nach dem Stat. Jahrb. für das Deutsche Reich 1911 S. 329. Für Kakao vergl. auch Stollwerck, Der Kakao und die Schokoladen-Industrie, Jena 1907, S. 61.

2. Detailhandel dieses Geschäftszweiges.

Die Bewältigung dieser neuen großen Aufgaben konnte auf drei Arten geschehen: 1. Entweder übernahmen sie die biherigen Betriebe; dann mußte in ihnen der Umsatz stark anwachsen; oder 2. die Umsätze und Geschäftsmethoden innerhalb der einzelnen Geschäfte blieben dieselben wie vorher, dann mußte sich die Zahl der betreffenden Betriebe stark vermehren, oder aber 3. es bilden sich neue Formen des Vertriebes heraus.

Ein Anwachsen des Betriebsumfanges beim einzelnen Geschäfte war bei der Eigenart des „täglichen Bedarfs" durchweg unmöglich. So zeigte sich also zunächst

1. ein enormes Anwachsen in der Zahl der Geschäfte.

Berücksichtigt man nur diejenigen, die in den verschiedenen Betriebszählungen unter „Handel mit Kolonial-, Eß- und Trinkwaren" nachgewiesen werden [1]), so gab es im Deutschen Reiche

im Jahre	Betriebe	beschäft. Personen
1882	139 867	167 846
1895	183 528	290 566
1907	234 349	378 711

Im Zeitraume zwischen den drei Zählungen wuchs die Bevölkerung um rund 40%, die allein unter dieser Rubrik nachgewiesenen Geschäfte vermehrten sich aber um 67,5%, die in ihnen beschäftigten Personen um 125,5%, also mehr als dreimal so stark wie die Bevölkerung.

2. Unter diesen Handelsbetrieben sind aber auch schon solche mitgezählt, die als neue Formen im Detailhandel einen Teil des Mehrkonsums an sich gezogen haben. Die Bedeutung der wichtigsten neuen Absatzform, der Konsumvereine, haben wir früher schon kurz gestreift; es genügt

1) Die viel zitierten Zahlen werden hier nur zur Illustration wiederholt; in Wirklichkeit erscheint das Anwachsen darin noch viel zu klein, denn sowohl 1895 wie 1907 ist ein Teil der in der vorigen Zählung nachgewiesenen Geschäfte herausgenommen und in besonderen Rubriken nachgewiesen (1907 z. B. Handel mit Delikatessen, Zucker- und Naschwerk etc.).

hier, darauf hinzuweisen, daß in den obigen Zahlen rund 3500 Läden dieser Vereine enthalten sind.

Dagegen sind hier die Automaten nicht mitgezählt, die für den Schokoladenabsatz anscheinend recht große Bedeutung haben [1]; wenigstens läßt sich aus einer Bemerkung Stollwerks [2] folgern, daß schon 1904 in der Schweiz für rund 385 000 Mk. Schokolade durch Automaten abgesetzt worden ist.

Dagegen sind in diesen Zahlen wieder die Läden der dritten, wichtigen neuen Absatzform enthalten, nämlich der Filialbetriebe. Daß diese aber anfangs so schnell vordringen konnten, wie es unsere Tabellen zeigten, das wurde noch sehr begünstigt durch

3. die Verschlechterung des Detaillistennachwuchses.

Der Quantität der Händlermassen, die ins Lebensmittelgeschäft hereinströmten, entsprach ja keineswegs ihre Qualität, ihre Eignung für den Beruf. Alle neueren Untersuchungen zeigen einen unablässigen Rückgang in der Vorbildung des selbständigen Kolonialwaren-Händlertums; aus den zahlreichen Feststellungen darüber nur einige der markantesten:

In Lüdenscheid [3]) hatten 1899 von 53 Kolonialwarenhändlern gar keine kaufmännische Vorbildung 43. Im Handelskammerbezirk Halberstadt [4]) waren kaufmännisch vorgebildet

1887	von	145	Kolonialwarenhändlern	97,	d. h.	67%
1901	„	276	„	94,	„ „	34%

Geradezu massenweise tritt die Erscheinung in Württemberg zu Tage. Den Zusammenstellungen Kramers [5]) entnehme ich nur:

1) In Preußen versteuert man sie auch als Gewerbebetriebe, soweit sie nicht Teile anderer Geschäfte sind (Gastwirtschaften etc.).

2) Stollwerck a. a. O. S. 67 erklärt, daß die Schokoladenausfuhr aus Deutschland nach der Schweiz „sich wahrscheinlich nur auf Automatenwaren erstreckt". Diese Ausfuhr weist Stollwerck selbst für 1904 mit 1085 dz und 348 000 Mk. Gesamtwert nach.

3) Handelskammer Hannover, Die Lage des Kleinhandels in Deutschland, Berlin und Leipzig 1901 Bd. 1 S. 101.

4) Kolonialwaren-Kleinhandel und Konsumvereine, 1901, S. 17.

5) Kramer, Kleinhandel und Konsumvereine, besonders in Württemberg, Reutlingen 1912 S. 34—38.

In Stuttgart gab es 1890 rund 380 Viktualiengeschäfte, 1902 ihrer 660, und 1911 etwa 750—800, davon nur rund 50 von gelernten Kaufleuten betrieben; in Heidenheim unter 42 Händlern nur 5 gelernte, in Nürtingen von 45 Händlern dieser Branche nur 9 vorgebildete, in Altenstadt von 26 Inhabern nur 3, auf dem platten Lande überhaupt nur selten einmal ein gelernter Kaufmann.

Auch anderswo steht es bis in die neueste Zeit hinein nicht viel besser. In Stettin gab es 1909 unter den 723 zum dortigen Rabattsparverein gehörigen Kolonialwarenhändlern „325 Frauen und 174 „nicht gelernte Kaufleute, sodaß also die Gesamtzahl der gelernten „Händler nur 224 betragen hat" [1]).

Wenn hier von den Vertretern des Mittelstandes selbst die weiblichen Eigentümer ohne weiteres als ungelernt betrachtet werden — und durchweg wohl mit Recht —, dann erscheint es, vom Standpunkte des Mittelstandes aus gesehen, umso bedenklicher, daß 1907 im Kolonialwarenhandel neben 90 854 männlichen Eigentümern nicht weniger als 40 738 weibliche gezählt wurden, und daß bei den Alleinbetrieben hier die Zahl der weiblichen Eigentümer (26 287) diejenige der männlichen (21 251) bedeutend überwog.

Wie es bei solch ungelerntem Nachwuchse mit der Selbstkostenberechnung aussah, kann man sich leicht vorstellen; van der Borght charakterisierte sie treffend dahin, daß viele „nur nach den Preisen sahen, die der Konkurrent angab", und sie dann einfach übernahmen; die Buchführung mangelte oft gänzlich [2]).

Noch schwerer wog der in dieser Branche eigentlich allgemeine Kapitalmangel. War schon durch die großen Massen der Börsenschlüsse in diesen Welthandelsartikeln zwischen Importeur und Detaillist allenthalben ein Grossist zur Verteilung notwendig geworden, so entstanden durch die Notwendigkeit der Kreditgewährung jetzt weitere Zwischenglieder [3]), die nicht nur eine weitere Verteuerung

---

1) Vortrag von Thiemann im Jahrbuch des Verbandes deutscher Rabattsparvereine 1909 S. 51.

2) van der Borght im preuß. Abg.-H. 20. 2. 1900 (zit. bei Wernicke, a. a. O. S. 267).

3) Die Rolle des „Kreditgrossisten" wird vielfach auch von großen Detailgeschäften nebenher übernommen; im Kaffeehandel nennt man sie „Demigrossisten".

der Waren des Kreditrisikos wegen bedeuteten, sondern auch den Detaillisten an seinen Lieferanten fesselten.

Die Borgwirtschaft von oben setzte sich fort nach unten hin; durch Borg suchte auch der Detaillist seinen Kunden an sich zu fesseln, und trotz der kurzen Verjährungsfrist des § 196 B. G. B. soll die Borgwirtschaft im Lebensmittelhandel noch heute vielfach unausrottbar sein [1]).

4. Auftreten der Filialen und heutige Bedeutung.

All diese Mißstände erleichterten den Filialbetrieben das Aufkommen sehr, und schon sehr bald bemerkte man im Kolonialwarenhandel, daß ein fremdartiges Element eingedrungen war. Die ersten Proteste (1896) richteten sich noch gar nicht gegen den Filialcharakter, sondern gegen denjenigen des Spezialgeschäftes überhaupt [2]), gegen die Aussonderung des einen Artikels Kaffee aus dem Warenkreise. Dieser Kampf gegen das Spezialgeschäft — der übrigens noch 1907 in einer Handelskammer nachklingt [3]) — trat aber bald zurück hinter der Bekämpfung des Filialbetriebes selbst, und nun überschätzte man im Kolonialwarenhandel Stoßkraft und Tragweite der neuen Bewegung außerordentlich. So klagt der Münchener „Schutzverein für Handel und Gewerbe" 1899 in einer Petition [4]):

„In München errichtet die bekannte Firma Kaiser in Viersen „fast alle Monate eine weitere Filiale für den Verkauf ihres ge-

---

1) Z. B. zu vergl. Jahrb. des Verbandes der Rabattsparvereine 1909, S. 51, auch Kramer a. a. O. S. 52; Faucherre S. 50 u. a. m.

2) K. W. Z. 1896 Nr. 100 bringt einen Protest gegen eine Tengelmannsche Reklame, in dem bestritten wird, daß „eine Firma mit „Filialen in größeren Städten, die gezwungen ist, die enormen Ge„schäftsunkosten an Personal, Miete, Frachten etc. auf den einen „Artikel Kaffee abzuladen, imstande ist, einen solchen Konsum„artikel 10—15 Pfg. das Pfund billiger abzusetzen, als die andern . .".

3) Bericht der Handelskammer Halberstadt (Monatsschrift der Kammer, Jahrg. 1907, S. 66). Es wird hervorgehoben, daß die Filialen häufig „Spezialartikel führten, an denen viel verdient werde". Entziehe man diese dem ansässigen Kaufmann, so müsse „die Folge „eine Verteuerung der Stapelware sein, die das Publikum doch un„bedingt brauche".

4) K. W. Z. vom 16. 2. 1900.

„rösteten Kaffees. Im Laufe des vergangenen Jahres sind 16 Ge„schäfte errichtet worden, und wie uns glaubwürdig mitgeteilt wird, „sollen weitere 30—40 Filialgeschäfte in München aufgemacht „werden [1]. Die Inserate dieser Firma beweisen aufs deutlichste, „daß es ihr nur darum zu tun ist, das Publikum anzulocken."

Noch viel düsterer erscheinen die Aussichten des selbständigen Detailhandels in einer andern süddeutschen Eingabe [2]) von 1901:

„Die Erfolge eines Kaiser und Tengelmann werden ungezählte „Nachahmer finden, und ohne viel prophetischen Fernblick können „wir wohl behaupten, daß die nächste Zukunft eine vollstän„dige Korruption des ganzen gewerblichen Mit„telstandes zeitigen wird; an die Stelle der bisherigen „Steuerzahler werden großkapitalistische Gründungen, mit einem „Heer von Frauenzimmern, treten, die ihren Sitz außerhalb des „Staates und der Kommune haben. Wenn dieser Weiterentwick„lung nicht durch eine exorbitante Besteuerung ein Hemmschuh „angelegt wird, so dürfte sich die Physiognomie der meisten größe„ren Städte sehr bald und sehr wesentlich zu ihrem Nachteil ändern; „denn wenn den seitherigen Kolonialwarenhändlern die größeren „Konsumartikel Zucker und Kaffee entzogen werden, so dürften „wohl die meisten gezwungen werden, ihre Läden „zu schließen."

Schon die Zahlen der Betriebszählung zeigten trotz alledem ein dauerndes starkes Anwachsen der Kolonialwarengeschäfte; mit der Vernichtung des selbständigen Kolonialwaren-Detailhandels kann es bei uns also vorerst seine Richtigkeit noch nicht haben.

Zwar gibt uns die Betriebszählung von 1907 nicht die Möglichkeit, den Prozentsatz der Filialläden an der Gesamtzahl der Läden dieser Branche genau zu ermitteln. Aber mit Sicherheit kann festgestellt werden, daß sie nur wenige Prozent der Gesamtheit betragen haben.

Man zählte an offenen Verkaufsstellen in der Kolonialwaren- und den verwandten Branchen [3]) 1907 allein insgesamt 180 751 Läden. Im ganzen Handelsgewerbe wurden nur 16 295 Filialläden nachgewiesen; auf die Nahrungsmittelbranche entfällt hiervon sicher nur der kleinere Teil.

1) Anfang Mai 1910 besaß die genannte Firma in München 19 Filialen.

2) K. W. Z. vom 3. 1. 1902; wie aus mehreren Anzeichen zu schließen ist, handelt es sich um Würzburg.

3) Außer dem „Handel mit Kolonial-, Eß- und Trinkwaren" sind noch die Läden für Verkauf von Delikatessen und diejenigen für „Schokoladen, Zucker- und Naschwerk" hinzugenommen worden.

Dazu sind dann noch die Filialläden zu zählen, die unter der Gruppe „Herstellung vegetabilischer Nahrungsmittel" nachgewiesen werden, und gerade hier werden wir die Läden der Großbetriebe hauptsächlich zu suchen haben. Es sind 4676 Filialläden gegenüber 118 512 „offenen Verkaufsstellen", die unter dieser Rubrik überhaupt nachgewiesen werden. Viel läßt sich auch hieraus nicht schließen [1]), sicher bleibt jedenfalls, daß die Filialbetriebe 1907 nur einen kleinen Bruchteil sämtlicher Läden dieser Branche besaßen.

Doch würde hier die einfache Zahlenstatistik täuschen. Weniger der Umsatzverhältnisse wegen — diese scheinen mir bei Filialläden und dem Durchschnitt der übrigen ziemlich gleich zu sein —, sondern weil es sich bei den wichtigsten deutschen Betrieben um Spezialartikel handelt (Kaffee, Schokolade); hier aber ist die Bedeutung der neuen Vertriebsformen doch weit größer, als es nach den oben gegebenen Zahlen scheinen könnte.

Beim größten dieser Betriebe kann nach unsern früheren Mitteilungen auf einen Durchschnitts-Jahressatz von rund 30 000 Mk. für die Filiale geschlossen werden. Auf Kaffee (vergl. oben S. 38) entfiel im Jahre 1909 rund 46,5% des Umsatzbetrages, pro Filiale also fast genau 14,000 Mk. Als durchschnittlicher Verkaufspreis für diese Zeit wird 2,20 Mk. pro kg angegeben. Es entfallen also auf die Filiale jährlich rund 6800 kg Kaffee, auf die Gesamtzahl der angegebenen Filialen des größten Betriebes also rund 8,5 Mill. kg. Da es sich ganz überwiegend um gebrannten Kaffee handelt, so kamen bei einem Einbrandverluste von 15% dort 1909 etwa 10 Mill. kg Rohkaffee durch die Filialen allein zum Absatz, einschließlich der Niederlagen rund 11 Mill. kg [2]). Von der Gesamteinfuhr des

1) Es sind darunter auch die Läden und Filialläden der Bäckereien und Brotfabriken enthalten; eine genauere Unterscheidung ist leider unmöglich; bei Betrieben mit 3 und mehr offenen Verkaufsstellen wurden im Nahrungsmittelhandel 2836 offene Verkaufsstellen gezählt, die man wahrscheinlich den Filialläden hinzuaddieren müßte (vgl. unten S. 211 u. 214).

2) Die annähernde Richtigkeit dieses Ergebnisses läßt sich noch auf einem anderen Wege berechnen. In der mehrfach zitierten Reklamebroschüre der Firma heißt es, daß in einem Jahre der für Kaffee und Kakao bezahlte Zoll 3,4 Mill. Mk. betrug. Nach den oben für eines der letzten Jahre ermittelten Umsatzprozenten entfallen auf Kaffee davon etwa $^4/_5$, d. h. 2,7 Mill. Mk. Der deutsche Kaffeezoll betrug damals 40 Pfg. pro kg; daraus ergibt sich also die damals eingeführte Menge auf rund 10,8 Mill. kg.

Jahres 1908 sind das rund 5,7%. Die Filialen des nächstgrößten Betriebes, meist in größeren Läden, auch häufiger Eckläden, haben wahrscheinlich etwas größere Umsätze. Diejenigen der übrigen dürften, soweit sich ermitteln ließ, mit den obigen Angaben in mäßigen Grenzen übereinstimmen.

Demnach wird der Schluß gezogen werden dürfen, daß in den auf etwa 3000 Läden angenommenen Kaffeefilialen 1908/09 schätzungsweise 13—15% des gesamten Kaffees in Deutschland umgesetzt wurden.

Der Zuwachs des Einfuhrüberschusses an Kaffee im Deutschen Reiche betrug in den Jahren 1895—1908, in denen die Filialbetriebe hauptsächlich emporgekommen sind, 36,2% der Zahl von 1908. Folglich kann nach dem vorher Gesagten mit großer Wahrscheinlichkeit angenommen werden, daß von diesem Zuwachs in dem wichtigsten in Frage kommenden Handelsartikel noch nicht die Hälfte (etwa $^2/_5$) an die Filialbetriebe übergegangen ist.

Betrachtet man die selbständigen Detailgeschäfte als Gesamtheit, so können diese sich also über eine direkte Entziehung von Umsatz durch die Massenfilialbetriebe beim Kaffee keineswegs beklagen. Was vorliegt, ist nur eine *relative* Einengung des Arbeitsgebietes der Selbständigen; denn wären die Filialbetriebe nicht entstanden, so wäre ihnen wohl der Absatz für einen Teil dieser Warenmengen zugefallen, ein anderer Teil wäre vermutlich den Konsumvereinen zugefallen; endlich haben aber die Filialbetriebe sicher einen erheblichen Teil des Mehrkonsums durch ihre neuen Geschäftsmethoden selber geweckt und geschaffen.

5. Einwirkungen.

a) Auf die Anzahl der selbständigen Konkurrenten.

Daß die vorher zitierten Voraussagungen von der Vernichtung des selbständigen Mittelstandes sich im allgemeinen nicht bewahrheitet haben, zeigten uns schon die Daten der Betriebszählung. Im Großherzogtum Hessen, wo man infolge des Eindringens nichthessischer „allgemeiner“

Filialbetriebe mit Bestimmtheit einen Rückgang des Detailhandels dieser Branche vor sich zu sehen glaubte, wurde auf Anregung der Detaillistenvereine von der Handelskammer Darmstadt eine Enquête über die einschlägigen Verhältnisse veranlaßt; die Resultate dieser noch unveröffentlichten Untersuchung werden nachfolgend bekanntgegeben.

Wenn aber ein Darmstädter Stadtverordneter in einer im Buchhandel verbreiteten Rede [1]) erklären zu können glaubte, „bei einer Feststellung dieser Verhältnisse mit Zu„hilfenahme der Steuerkommissionen werde sich unzweifel„haft ein wesentlicher Rückgang des Kleinhandels ergeben", so zeigte die nach seinen Forderungen durchgeführte Erhebung ein wesentlich anderes Resultat.

Es betrug im ganzen Großherzogtum Hessen

Im Jahre	Die Anzahl der Kolonialwarenhändler	Die Anzahl der nicht hessischen Filialen	Zahl der hessischen Filialen in städtischen Bezirken
1897	1287	15	5
1898	1355	23	6
1899	1466	39	6
1900	1460	47	6
1901	1532	55	8
1902	1572	62	9
1903	1624	66	9
1904	1748	65	9
1905	1915	68	4
1906	1910	76	6

Als ebenso irrig erwies diese Erhebung die eigentlich von allen Seiten [2]) gemachte Voraussetzung, daß wenigstens das Einkommen innerhalb der einzelnen Betriebe infolge der verschärften Konkurrenz zurückgegangen sei. Nach der Zusammenstellung der Handelskammer Darmstadt betrug

1) Vortrag des Stadtverordn. Götz vom 3. 11. 1907, Verlag der Neuen hessischen Volksblätter; ganz ähnlich auch in der Eingabe der hessischen Detaillistenvereine an die 2. Kammer vom 10. 6. 1910.

2) Dies wird auch in der Verteidigungsbroschüre der Filialfirma Schade & Füllgrabe „Die hessische Filialsteuer", Frankfurt a. M. 1908, als unbestritten hingenommen (S. 4).

nämlich im ganzen Großherzogtum Hessen das Durchschnittseinkommen

Im Jahre	Der Kolonialwarenhändler insgesamt	Der nicht hessischen Filialgeschäfte der Kolonialwarenbranche pro Geschäft
1897	1851	3380
1898	1934	2793
1899	1918	2405
1900	1948	2131
1901	2182	2259
1902	2179	1910
1903	2291	1792
1904	2345	1853
1905	2211	2144
1906	2250	2719

Ein direktes, regelmäßiges Anwachsen des Einkommens ergaben diese Erhebungen gerade bei den städtischen Steuerkommissariaten, wo doch die Konkurrenz der Filialbetriebe besonders wirksam gewesen sein muß, nämlich bei den Kommissariaten Bingen, Darmstadt, Friedberg, Gießen, Mainz I, Offenbach I und Worms I. Dort betrug das Durchschnittseinkommen der „Spezereihändler bzw. Krämer (mit Ausschluß aller Drogerien und aller Filialgeschäfte)"

im Jahre 1897	Mk.	1795.—
" " 1898	"	2098.—
" " 1899	"	2106.—
" " 1900	"	2153.—
" " 1901	"	2465.—
" " 1902	"	2440.—
" " 1903	"	2606.—
" " 1904	"	2741.—
" " 1905	"	2636.—
" " 1906	"	2693.—

Es zeigt sich also im Einkommen der selbständigen Detaillisten während der ganzen Zeit ein dauerndes starkes Ansteigen[1]), und man wird es demgegenüber keineswegs gelten lassen können, wenn in einer Eingabe des hes-

1) Angesichts des hier mitgeteilten Resultates erscheinen auch wohl die von Kramer a. a. O. S. 65 ff. so emsig zusammengestellten Klagen aus anderen Landesteilen bis auf weiteres zweifelhaft, da die objektive zahlenmäßige Begründung fehlt.

sischen Handelskammertages zu Gunsten einer Filialsteuer [1]) dazu gesagt wird:

„Zu berücksichtigen ist dabei, daß bei den selbständigen Spezerei-„händlern die Zunahme des Durchschnittseinkommens vielleicht „auch darauf zurückzuführen ist, daß deren Inhaber sich vielfach „scheuen, im Interesse ihres Kredits gegen zu hohe Einschätzungen „Berufung einzulegen."

Es wäre doch kaum zu verstehen, wenn mehr als 2000 über das ganze Land hin verteilte selbständige Kaufleute über 10 Jahre lang fortgesetzt bei stagnierendem oder gar sinkendem Einkommen Erhöhungen ihrer Steuerleistungen lediglich aus Gründen der Kreditwürdigkeit hinnehmen würden [2]). Vielmehr wird man annehmen dürfen, daß die festgestellte Erhöhung des versteuerten Einkommens der Wirklichkeit entspricht.

b) Einfluß auf den Geschäftsbetrieb.

Damit soll jedoch nicht bestritten werden, daß durch die Filialbetriebe ein Druck auf die Preisstellung der einzelnen konkurrierenden Geschäfte tatsächlich erfolgt ist. So ist es z. B. zweifellos, daß der oft beklagte Druck auf den Zuckerpreis tatsächlich vorliegt; ähnlich liegt es beim Kaffee, in dem heute auch nicht mehr der Nutzen erzielt wird, der sich bei den Erhebungen Bayerdörffers ergab. Die Filialbetriebe rechnen es sich, wie von Schloßmacher betont wird, geradezu als Verdienst an, die Preise in einer Reihe von Lebensmitteln herabgedrückt zu haben.

Diese Wirkung der Filialbetriebe, ebenso wie eine Reihe anderer läßt sich nicht genau feststellen, da sie in gleicher Richtung und zu gleicher Zeit sich geltend gemacht hat, wie

---

1) Bericht über die Verhandlungen des 22. Hess. Handelskammertages, Mainz 1908, Anlage III, S. 89.

2) Im Gegenteil liegt die Vermutung nahe, daß das ermittelte Einkommen nicht den gesamten Geschäftsertrag darstellt; denn in den Jahren 1899—1906, die hier hauptsächlich in Frage kommen, wurde vom Einkommen ein Abzug an Lebensversicherungsprämien bis zu 400 Mk. jährlich gestattet, jedoch nur den im Inland wohnenden Steuerpflichtigen, also den nicht hessischen Filialinhabern nicht. (Hess. Eink.-Steuer-Ges. vom 12. 8. 1899, Art. 19, Abs. 7).

diejenige der Konsumvereine und stellenweise auch der Warenhäuser [1]). Das Prinzip der Barzahlung, das in den Filialbetrieben streng durchgeführt wird, hat auch auf die Konkurrenz in doppelter Hinsicht gewirkt: 1. Indem sie für viele Artikel auch die Barzahlung ein- und durchzuführen versuchte; 2. aber ist es sicher auch mit eine Wirkung der Filialbetriebe, daß die Rabattsparbewegung gerade in den Kreisen des Kolonialwarenhandels so schnell vorangeschritten ist. Diese privat- und volkswirtschaftlich gleich erfreuliche Erscheinung [2]) umfaßte im Jahre 1909 allein 25 146 Geschäftsinhaber der Kolonialwarenbranche bei einer Gesamtzahl von 54 773 Mitgliedern.

Ist diese starke Beteiligung des Nahrungsmittelhandels sicherlich auch in erster Linie auf den Druck der Konsumvereins-Konkurrenz zurückzuführen, die ja in allen Artikeln dieser Branche einen gefährlichen Wettbewerb bedeutet, so hat man doch bisher die verstärkende und ergänzende Wirkung der Massenfilialbetriebe in dieser Richtung zu gering eingeschätzt. Allerdings fällt hier schon die im allgemeinen Teile (S. 256) noch zu erörternde Tatsache auf, daß von der Gesamtheit der Kolonialwarengeschäfte, die 1907 mit 164 972 ermittelt wurden, nur 15,2% der Bewegung angeschlossen waren [3]). Es können sich eben nur die leistungsfähigen Geschäfte dieser Branche an den Rabattsparvereinen beteiligen.

---

1) Vergl. hierüber Warenhaus in Westdeutschland S. 98 ff., sowie S. 114.

2) Die von mir früher schon im „Warenhaus" S. 99/100 zugunsten der Bewegung angeführten Argumente, daß kraft Rabatt „eine Differenzierung zwischen der barzahlenden und der borgenden Kundschaft eintritt", werden voll bestätigt durch die umfangreichen Untersuchungen von Faucherre, a. a. O. S. 179 ff.

3) Jahrbuch des Verbandes f. 1909 S. 145; diese Geschäfte gewährten offenbar nur auf den kleineren Teil ihres Umsatzes, durchschnittlich 10 766 Mk. im Jahre 1908/09, den Rabatt; trotzdem veranschlagt der Verband den rabattierten Gesamtumsatz seiner Mitglieder für 1908/09 auf über 600 Millionen Mk. (Jahrb. S. 47), und Faucherre glaubt die Gesamtsumme aller in deutschen Rabattsparvereinen — auch den Nichtverbandsvereinen — rabattierten Waren für 1908/09 gar auf 983,6 Millionen Mk. veranschlagen zu dürfen (a. a. O. S. 124).

Wird so der Vorsprung, den der Filialbetrieb durch sein Barzahlungsprinzip erlangt, in beträchtlichem Maßstabe wieder eingeholt, so gelingt es den wirklich fachmännisch geleiteten Einzelgeschäften immer mehr, auch den zweiten großen Vorteil des Filialbetriebes wieder auszugleichen, nämlich den billigeren Einkauf. Die Einkaufsgenossenschaften, die sich trotz der Gegnerschaft der mittelständlerischen Theorie [1]) gerade im Nahrungsmittelhandel immer weiter durchsetzen, zielen ja auf die Ersetzung des Zwischenhandels und damit auf die Herabdrückung der Zwischenhandelspesen hin. Schloßmacher betont besonders nachdrücklich für Süddeutschland den ursächlichen Zusammenhang dieser Gründungen mit den Filialsystemen:

Dieses Vorgehen, zusammen mit demjenigen der Rabattsparvereine, habe „auf die Umsätze der Filialgeschäfte einen Rückschlag ausgeübt, sodaß diese sich jetzt mit ihren eigenen Waffen geschlagen sehen".

Sind auch die schnellen Fortschritte dieser Einkaufsvereinigungen der Kolonialwarenhändler hauptsächlich dem immer stärkeren Druck der Konsumvereins-Konkurrenz zuzuschreiben, so nennt doch Völkner in seiner Geschichte der Bewegung zwei ältere „allgemeine" Filialbetriebe für 1888 schon als treibende Ursachen [2]).

Schon 1904 ermittelte Landwers [3]) 110 Einkaufsgenossenschaften, darunter 87 von Kolonialwarenhändlern. Seitdem die Bewegung nach seltsamer Vorgeschichte [4]) 1907 sich ihren Halt im „Verband Deutscher kaufmännischer Genossenschaften" geschaffen hat, war ihre Entwicklung, wie einige Zahlen zeigen, glänzend [5]). Der Verband stellte in der

---

1) Daß die Detailhändler, denen selbst die Ausschaltung durch Genossenschaften droht, nicht durch das gleiche Mittel dem Großhandel die Existenz untergraben sollen, wird vielfach betont: Völkner S. 89, H.-K. Braunschweig S. 70, Faucherre S. 263.

2) Völkner, Kolonialwarenkleinhandel, Einkaufsvereine, Berlin 1911, S. 93. (Görlitz, Königsberg).

3) Heidelberger Dissertation 1905. (Die Lage des Kleinhandels und die Gründungen der Rabattsparvereine und Einkaufsgenossenschaften.)

4) Völkner S. 87 ff. Derselbe Pabst, der (nach Göhre) die Großeinkaufsgesellschaft der Konsumvereine gegründet hat, organisiert auch den Großeinkauf der Kolonialwarenhändler.

5) 1904/08 nach Faucherre S. 269, 1912 nach der neuesten Verbandsstatistik.

Kolonialwarenbranche fest:

im Jahre	Verkaufs-genossenschaften	Mitglieder	Gesamtumsatz Mill. M.
1901	—	552	3,31
1908	27	1620	13,48
1912	88	4616	36,78

Rechnet man hierzu die 7,04 Mill. Kolonialwaren-Umsatz, die in der Statistik des Verbandes 1912 bei 13 Nichtverbandsvereinen festgestellt wurde, so ergeben sich für dieses Jahr 43,8 Mill. M. Genossenschaftsumsatz, bei dem zweifellos der größere Teil des Grossistenaufschlages erspart ist[1])[2]).

Schnell ging auch hier das Hinübergreifen in die höheren Stufen weiter: Zwar brach eine 1904 gegründete Zentraleinkaufsgenossenschaft 1907 wieder zusammen, aber in dem genannten Verbande ist eine neue Einkaufszentrale begründet worden, die sich anfangs auf Markenartikel beschränkte, nur mit Vereinen abschließt und es von 1 Mill. M. (1908) auf 6½ Mill. M. (1912) brachte.

Beim nächsten Schritte, dem Übergreifen dieser Vereine in die Produktion, ist wieder der direkte Einfluß der Filialbetriebe unverkennbar. Denn die genossenschaftlichen Kaffeeröstereien, die teils im Anschluß an Einkaufsvereinigungen, teils auch ad hoc gegründet wurden, sind oft ausgesprochener Maßen gegenüber dieser Konkurrenz entstanden und sollen einen ihrer Hauptvorteile („stets frische Ware") wieder ausgleichen.

Schon 1902 wird von einer solchen Genossenschafts-Rösterei in Frankfurt a. O. berichtet: Mitte Oktober 1910 konnte die K. W. Z. in weiteren 11 Städten[3]) solche Röstereien im Anschluß an Einkaufsgenossenschaften feststellen. Die Breslauer Genossenschaft röstete 1909 für mehr als 463 000 Mk. Kaffee, pro Kopf des Mitgliedes durchschnittlich rund 15 400 Mk.

Der starke Druck, den die Filialbetriebe auf den Zuckerpreis ausgeübt haben, war auch einer der Hauptgründe für die Gründung der genossenschaftlichen Zuckerfabrik in Barby[4]) (1902). Dieser Versuch scheiterte nach anfäng-

1) Vergl. die Berechnungen bei Völkner S. 73 ff.

2) Allerdings sind in den Vereinen auch Geschäfte mit Filialen, trotz der von Völkner (S. 78) betonten Gegnerschaft. Die 4616 Verbandsmitglieder hatten 4945 Verkaufsstellen, also 329 Filialen.

3) Die Städte waren: Berlin, Bremen, Breslau, Chemnitz, Dresden, Frankfurt a. M., Guben, Hannover, Leipzig, Mannheim und Oldenburg, daneben zahlreichere Röstereien, die von mehreren Firmen gemeinsam betrieben werden.

4) K. W. Z. 5. 12. 02. Zusammenbruch geschildert bei Völkner S. 30 ff.

lich gutem Arbeiten wahrscheinlich an der ungünstigen Lage des Zuckermarktes.

Alle diese Genossenschaften bedeuten nicht nur eine Verstärkung der Wirkungen der Filialbetriebe auf Preis, Beseitigung von Zwischengliedern, Zusammenschluß mit der Produktion, sondern auch eine Konzentration im selbständigen Detailhandel, die zugleich eine Art Selbstreinigung von untauglichen Elementen, wie auch den Ansatz zu zunftartigen Abschlußtendenzen mit sich bringt. Diese Wirkungen, die allen Branchen gemeinsam, hier aber besonders deutlich sind, werden im letzten Teile dieser Arbeit besprochen. Sie bewirken, genau wie die Reklamevereinigungen, die Preiskonventionen innerhalb der Rabattsparvereine einen Zusammenschluß der bisher unbedingt individualistischen Kolonialwarenhändler. Einer der „allgemeinen" Betriebe teilt mit, daß in seinem Bezirke die Mitglieder der Einkaufsgenossenschaften nicht nur die Reklame gemeinsam und gleichmäßig machen, sondern auch im Äußern der Geschäfte ihre Zugehörigkeit zur Genossenschaft möglichst augenfällig zum Ausdruck bringen [1]) Die eigentliche Konkurrenz der Kaffee- und Schokoladenfilialen wurde von vornherein gezwungen, ihnen bei Ausstattung, Beleuchtung, Dekoration etc. mindestens zu folgen.

Ob die außerordentliche Zunahme der weiblichen Geschäftsinhaber dieser Branche auch als teilweise Wirkung der Filialbetriebe anzusehen ist, erscheint zweifelhaft. Die Vermutung liegt allerdings nahe, daß der Preisdruck in wichtigen Artikeln den Überschuß vieler Verkaufsstellen so herabgemindert hat, daß er nur mehr für die Lebenshaltung einer Einzelperson, d. h. für das weibliche Existenzminimum ausreicht. Darauf mag dann die starke Verwendung weiblicher Filialleiter auch direkt hingewiesen haben.

Dagegen kommt es nur selten vor, daß entlassene Filialleiterinnen sich selbständig machen, und meist wurde beobachtet, daß

1) Ein erster Ansatz zu den „Übergangsformen", wie sie später im Schuhwarenhandel (S. 189) und der Bekleidungsbranche (S. 207) viel weiter ausgeprägt dargestellt werden.

solche Geschäfte sich nicht halten konnten. Es unterscheidet sich — nach Ansicht der Oberrevisoren — der ganze Betrieb der Filiale, Warenbezug, Ausstattung und Verwaltung, so wesentlich vom Einzelgeschäfte, daß die Verkäuferin, wenn sie aus dem Kontrollorganismus des Großbetriebes heraus ist, mit den Verhältnissen des kleinen und kleinsten Betriebes meist nicht zu rechnen versteht.

c) Der Filialbetrieb und die neuen Betriebsformen des Detailhandels.

1. Konsumvereine: Relativ geringfügig sind die Gegenwirkungen von Konsumvereinen und Kaffeefilialen. Wird ein Verein neu gegründet, dann schmälert das zwar den Absatz der Filiale; bei unmittelbarer Nähe des Vereinsladens sind auch Filialen schon dadurch direkt unrentabel geworden. Dies ist aber selten. Gewöhnlich stellt sich bald eine Arbeitsteilung ein: Kaffee, Schokolade usw. kaufen die Mitglieder nach wie vor in den Filialen, häufig in verstärktem Maße; die übrigen Lebensmittel entnehmen sie dem Vereinsladen.

Weit komplizierter ist das Verhältnis zwischen den Vereinen und den allgemeinen Kolonialwarenfilialen. Wenn Schloßmacher in seiner Eingabe erklärt, daß „die Filialgeschäfte den politisch unerwünschten Konsumvereinen einen Damm entgegensetzen", so mag das vielfach seine Richtigkeit haben. Wenn in Belgien die Konsumvereine lange nicht so stark vorgedrungen sind, wie in andern Ländern, so geht das nicht nur auf die sonst gern angeführten Ursachen (Verquickung mit Parteipolitik) zurück, sondern hier hat sicher die frühe Entwicklung des Massenfilialbetriebes ein wirtschaftliches Hemmnis für den Konsumverein bedeutet.

Ob dasselbe aber gerade für das von Schloßmacher herangezogene Hessen gilt, ist mehr als fraglich. Aus den Jahresberichten des „Zentralverbandes Deutscher Konsumvereine" läßt sich berechnen, daß bei dessen Vereinen betrug:

	Die Mitgliederzahl		Der Verkaufserlös in Mill. M.	
Ende	1906	1911	1906	1911
im Großherzogtum Hessen	12 075	22 236	1,82	5,11
in Hessen-Nassau	12 026	30 600	1,97	7,81
zusammen	24 101	52 836	3,79	12,92

In beiden Hessen nahm also 1906-11 die Mitgliederzahl um rund 120% zu, die Umsätze stiegen gar auf das Dreifache, während gleichzeitig im ganzen Reiche die Konsumgenossenschaften ein Anwachsen der Eigenumsätze von rd. 56% zeigen. Hier ist eben, zumal wenn man dazu den Aufschwung des selbständigen Kolonialwarenhandels mit heranzieht (oben S. 103 ff), die Konsumerweiterung so enorm gewesen, daß irgendwelche tiefere Wechselwirkung sich noch nicht geltend machen konnte.

Anders in Magdeburg: Dort bedeutete das Auftreten des „Warenvereins" in der Tat eine Krise für den alten, starken Konsumverein, die zwar langsam überwunden wurde [1]), aber doch auch in Deutschland wohl ein Vorspiel der Kämpfe war, die wir im allgemeinen Teile (S. 261) aus Frankreich berichten.

2. Die Wechselwirkungen zwischen Warenhäusern und Filialbetrieben sind viel geringfügiger. Ein großer Kaffeefilialbetrieb berichtete darüber bereits früher [2]):

„Liegt ein Warenhaus in der Nähe einer Filiale, so wirkt es „günstig auf die Filiale, insofern der Verkehr in der Straße stärker „wird. Es kommt wohl vor, daß die Konsumenten in der ersten „Zeit der Errichtung des Warenhauses dort auch Kaffee, Schoko„lade und Kakao einkaufen, aber über kurz oder lang kommen sie „zur Filiale zurück; vor allem in unseren besseren Qualitäten be„merken wir den Aufschwung bald."

Von den „allgemeinen" Betrieben wird eine direkte Konkurrenz der Warenhäuser nirgendwo empfunden; umgekehrt sind einzelne Inhaber der Meinung, daß ihre Filialen die Entwicklung der Lebensmittel-Abteilungen der Warenhäuser wesentlich gehemmt hätten. Es kann sich aber hier höchstens um Einzelfälle handeln; denn der Rückgang der Lebensmittel am Gesamtabsatz der Warenhäuser ist ziemlich allgemein und beruht auf inneren Ursachen [1]). Weitaus am intensivsten sind dagegen die Wirkungen von

3. Filialbetrieb auf Filialbetrieb. Die Kaffee- und Schokoladenbetriebe empfinden es wenig, wenn ein Kolonialwarengeschäft oder auch ein selbständiges Spe-

1) Der schon 1864 gegründete „Allgem. Konsum-Verein" hatte 1907 bei 15002 Mitgliedern einen Gesamtumsatz von 5.38 Mill. M.; 1909 war die Mitgliederzahl gesunken auf 10345, der Umsatz auf 3,94 Mill.; auch der Reinertrag war zurückgegangen. Ende 1911 war die Mitgliederzahl um 10% gestiegen, der Umsatz aber stationär geblieben (3.96 Mill. M.).

2) Warenhaus in Westdeutschland S. 49.

zialgeschäft in der Nähe eröffnet wird. Aber die Eröffnung der Filiale eines gleichartigen Großbetriebes wirkt unmittelbar schwer schädigend auf eine benachbarte, bisher gut gehende eigene Filiale. Der Umsatz sinkt fast regelmäßig, oft um ein Viertel, stellenweise bis auf die Hälfte, und es liegt dann fast nur an der Tüchtigkeit der Verkäuferin, ob das Geschäft sich überhaupt halten kann, oder verlegt oder aufgehoben werden muß.

Daraus ergibt sich, daß es ein ganz bestimmter Ausschnitt aus dem ganzen Konsumentenkreise ist, der in erster Linie für die Filialen in Betracht kommt. Diesen Teil des Konsumententums können die Filialen an sich ziehen, so weit ihn nicht ein leistungsfähiger, selbständiger Detailhandel ausreichend versorgt.

Angesichts dessen ist es klar, und es besteht bei den befragten Leitern großer Betriebe Übereinstimmung darüber, daß in der Kaffee- und Schokoladenbranche jede Stadt nur eine begrenzte Zahl solcher Filialen „tragen" kann; im einzelnen kommt es freilich sehr auf die soziale Struktur der Bevölkerung an.

Exakte zahlenmäßige Belege konnten darüber zwar nicht beschafft werden; eine genügende Bestätigung dieser Tatsache — die von Inhabern und Oberrevisoren „gefühlsmäßig" berücksichtig wird — dürften die folgenden beiden Experimente bilden, die ein älterer Großbetrieb gemacht hat:

1. Als in bestimmten Städten die Filialen einer neuen Firma stark vordrangen, versuchte der ältere Betrieb diese zu überwinden, indem er den neuen Konkurrenten „einkreiste"; errichtete also diese Konkurrenz in der Nähe der eigenen Filiale ein Geschäft, so wurde von der älteren Firma auf der anderen Seite derselben Straße eine weitere Filiale eröffnet. Der Erfolg war regelmäßig der, daß keine der Filialen einen Gewinn abwarf. Erst als diese „Einkreisungsfilialen" wieder aufgehoben wurden, stellte sich das Geschäftsergebnis in den betreffenden Städten alsbald wieder günstiger.

2. Der besonders rührige Revisor in einer größeren Stadt glaubte das Geschäft dadurch heben zu können, daß er in jeder Verkehrslinie die Errichtung einer Filiale veranlaßte. Der Erfolg war aber negativ; erst als einige dieser Filialen wieder aufgehoben waren, stellte sich das gesamte Geschäftsergebnis aus dieser Stadt wieder günstig.

Angesichts dieser und ähnlicher von mehreren Seiten berichteter Tatsachen lag die Vermutung nahe, daß die großen Firmen untereinander Vereinbarungen über Neugründungen etc. treffen würden. Dies geschieht jedoch vorerst nicht [1]).

Dagegen hat der Kampf gegen die allgemeinen Kolonialwaren-Filialbetriebe in Süddeutschland, besonders in Hessen, diese zu einem „Verband süddeutscher Großdetaillisten der Lebensmittelbranche" zusammengeführt, der im Jahre 1908 gegründet wurde und seinen Sitz in Frankfurt am Main hat. Die Mitglieder dieses Verbandes besaßen im Oktober 1910 zusammen rund 600 Geschäfte [2]). Die Antwort eines dieser Betriebe auf die Frage: Wie wirkt die Konkurrenz der Filialbetriebe aufeinander? lautete:

„Wir haben die Erfahrung gemacht, daß eine Filiale eines anderen „Filialbetriebes allerdings eine unangenehme Konkurrenz in der „Nähe unserer eigenen Filiale ist. Eine weit unangenehmere Kon„kurrenz ist aber ein gut geleitetes Einzelgeschäft. In vielen Fällen „mußten wir konstatieren, daß ein derartiges Geschäft unsere Fi„lialen erheblich schädigte, wenn der Besitzer desselben tüchtig und „mit der Kundschaft des betreffenden Ortes oder Stadtteiles gut „bekannt war. Der persönliche Konnex mit den Kunden, sowie die „Möglichkeit, dieselben durch geeignete Empfehlungen zum Kauf „gut rentierender Artikel zu veranlassen, gibt dem Besitzer des „Einzelgeschäftes einen bedeutenden Vorteil gegenüber einer Fi„liale."

* * *

Diese Ausführungen dürften in der Tat die Lage des selbständigen Detailhandels gegenüber den älteren Filialen treffend kennzeichnen: Der nicht gelernte oder für Neuerungen unzugängliche Detaillist findet in den Filialen der Großbetriebe in der Tat einen neuartigen und gefährlichen Gegner. Versteht er es dagegen, den Einkaufsvorteil dieser Betriebe durch Einkaufsvereine und genossenschaftliche Produktionsanstalten auszugleichen, durch Anschluß an die Rabattsparbewegung gleichermaßen seinem Geschäfte und seiner Kundschaft die Vorteile der Barzahlung zu sichern

---

1) Ansätze dazu haben allerdings in jüngster Zeit stattgefunden.

2) Laut Angabe in der Präsenzliste der Gründungsversammlung des Verbandes deutscher Filialbetriebe im Oktober 1910.

und die Geschäftsführung zu modernisieren, so wird er der Konkurrenz der älteren Großbetriebe gewachsen sein.

Die Überlegenheit der neueren Formen, gerade auch der „allgemeinen" Betriebe, ist freilich nicht mehr zu verkennen. Sie ist nach der ersten Bearbeitung dieser Schrift deutlich hervorgetreten und wird im letzten Teile eingehender gewürdigt.

d) Einwirkungen auf Großhandel, Industrie und Konsumenten.

1. Großhandel.

Nach alledem können die Wirkungen der neuen Betriebe auf den Großhandel nicht zweifelhaft sein: Sie bedeuten die Verschmelzung von Groß- und Detailhandel, verdrängen also den Binnengroßhandel als selbständige Wirtschaftsfunktion aus ihrem eigenen Absatzgebiete. Diese Wirkung wird aber noch indirekt sehr verstärkt durch ihre Rückwirkungen beim selbständigen Detailhandel, vor allem durch die Einkaufsgenossenschaften, die ja ebenfalls die Ersetzung des selbständigen Grossisten erstreben.

Ob diese Einengung des Arbeitsgebietes für den selbständigen Großhandel durch die starke Steigerung des Konsums und damit der neuen Absatzgelegenheiten überkompensiert worden ist, oder ob tatsächlich bereits ein absoluter Rückgang hier vorliegt, läßt sich zahlenmäßig nicht feststellen. Die Betriebszählung von 1907 weist im Kolonialwarenhandel 15 210 Betriebe ohne offene Verkaufsstellen auf [1]), das sind 8,4‰ aller Geschäfte, die in dieser Branche gezählt wurden. Sicher sind diese nicht einmal alle Großhandlungen [2]); nach den Untersuchungen von Stein-

1) Im Handel mit Kolonial-, Eß- und Trinkwaren gab es 1907

Gewerbebetriebe überhaupt	180 182
Gewerbebetriebe mit offenen Verkaufsstellen	164 972
ohne Ladengeschäfte also	15 210

2) Handelsbetriebe ohne Ladengeschäft brauchen nicht, wie der Bearbeiter der Betriebszählung (Bd. 213 II S. 266) meint, immer Großhandlungen zu sein. Hier sind in der Zahl z. B. enthalten: Versandgeschäfte, Hausierbetriebe, Zentralläger von Konsumvereinen usw.

damm[1]) würde für 1005 mit nicht mehr als 10000 Großisten dieser Branche zu rechnen sein. Jedenfalls wäre aber auch die Zahl von 8,4% Großhandelsbetrieben sehr niedrig gegenüber dem Durchschnitt der übrigen Handelszweige, wo die „Betriebe ohne offene Verkaufsstelle" 34,9% der Gesamtzahl ausmachen. Diese Grossisten sind nun zu einem erheblichen Teile auf die Versorgung der minder- und mindestleistungsfähigen Geschäfte angewiesen, zumal das Agententum ihnen auf immer weiteren Gebieten den Platz streitig macht[2]).

So beobachtet man denn immer wieder, daß die Grossisten selbst dazu übergehen, entweder indirekt durch Kapitalunterstützung, oder auch geradezu direkt eigene oder doch abhängige Detailgeschäfte zu errichten — ein Vorgehen, das den volkswirtschaftlichen Endeffekt der Massenfilialbewegung ergänzt und verstärkt.

2. Import und Industrie.

Schon die starke Erhöhung der Einfuhrziffern (vorher S. 97) läßt darauf schließen, daß die Konsumanregung, die von den Filialbetrieben ausging, das Arbeitsfeld des Importhandels stark erweitert hat. Aber auch hier lag von vornherein eine Verschmelzungstendenz vor: Die beiden größten deutschen Betriebe standen von Anfang an mit Großimporteuren in engster Verbindung und haben durch diese Interessengemeinschaft auch längst in die eigentlichen Produktionsländer hinübergegriffen. Genaueres über sonstige Wirkungen beim Import ließ sich nicht feststellen.

1) Plutus 1905 S. 142 ff. Der Verband der Fabrikanten von Markenartikeln hat damals ein genaues Verzeichnis aller Grossisten zusammenstellen lassen, die für seine Artikel in Frage kamen. In der Hauptsache waren es diejenigen der Nahrungsmittelbranche, außerdem diejenigen für Drogen und Parfümerien.

2) Diese immer weiter vordringende Vermittlungsform ist im Grunde auch nur ein weiterer Ausdruck der Integrationstendenz zwischen Produktion und Handel. In der Nahrungsmittelbranche übernehmen die Platz- und Bezirksagenten die Vermittlung gegen geringe Provisionssätze (bei Kaffee z. B. ¾—2% höchstens; Jöhlinger a. a. a.); das Filialsystem macht freilich, indem es die Verschmelzung von Produktion und Handel vollendet, auch diese neue Form kleiner selbständiger Existenzen überflüssig.

Dagegen zeigen, wie ebenfalls zu erwarten, die zugehörigen Industrien in der Betriebszählung eine starke Ausweitung. Zunächst die Kaffeebrennerei; hier zählte man

Im Jahre	Betriebe überhaupt	Hauptbetriebe		Nebenbetriebe		In den Betrieben	
		insgesamt	davon mit Motoren	insgesamt	davon mit Motoren	beschäftigte Personen	arbeitende motor. PK.
1882	161	114	—	47	—	523	—
1895	252	212	143	40	16	2146	616
1907	859	687	581	172	108	5789	2309

Es vermehrten sich also in % der früheren Zal die

	Betriebe um	beschäft. Personen um	Pferdestärken um
1882—95	57	310	—
1895—07	241	274	275

Es kann nicht zweifelhaft sein, daß das starke Anwachsen der Betriebe gerade zwischen 1895 und 1907 auf die unter dem Druck der Filialkonkurrenz entstandenen Genossenschafts-Röstereien und auf diejenigen leistungsfähiger Detailgeschäfte zurückzuführen ist. Der größte deutsche Filialbetrieb beschäftigte Mitte 1910 in seinen deutschen Röstereien 499 Personen, also 9% der im Jahre 1907 festgestellten Gesamtzahl. Er hat in der Kaffeerösterei, wie auch in der Schokoladenfabrikation die Verwendung amerikanischer Maschinen eingeleitet, eine Reihe von Neuerungen auch selbst eingeführt.

Ein interessantes Gegenstück stellt die Industrie der Kaffeesurrogate dar. Sie zeigt einen unverkennbaren Rückgang. Die Zählungen weisen nach:

Im Jahre	Betriebe		Beschäft. Personen	Motor. PK.	Abnahme der Personen in %	Zunahme der PK. in %
	überhaupt	mit Motor.				
1882	154	—	6251	—	—	—
1895	178	176	5710	2375	8,3	—
1907	190	185	4861	2634	18,9	10,8

Dieser Rückgang der Surrogat-Industrie ist zweifellos auf das Vordringen der billigsten Qualitäten gerösteten Kaffees zurückzuführen, an deren Einführung die Filialbetriebe hervorragend beteiligt waren.

Ist auch ihr Anteil an der Kakao- und Schokoladenindustrie in Deutschland noch nicht von so entscheidender Bedeutung, so ist doch auch hier ihr Einfluß stark wirksam. In dieser Industrie zählte man:

Im Jahre	Betriebe überhaupt	Betriebe mit Motor.	Beschäft. Personen	Motor. PK.	Zunahme in % der Personen	Zunahme in % der PK.
1882	154	—	2910	—	—	—
1895	178	125	8747	3983	200	—
1907	190	152	17909	10725	105	170

Daß auch an dieser Zunahme die Filialbetriebe stark beteiligt waren, geht schon daraus hervor, daß der größte Kaffeefilialbetrieb — der erst nach 1895 Schokolade aufnahm — Mitte 1910 in seiner Schokoladenfabrik rund 600 Personen beschäftigte, 1912 aber bereits 721.

Unter „Herstellung vegetabilischer Nahrungsmittel" hat man bei denjenigen Filialbetrieben, die offene Läden unterhielten, 22 283 beschäftigte Personen gezählt; von der Gesamtsumme der in diesen Industrien beschäftigten Personen sind das 4,2%, aber die Angaben sind viel zu summarisch, als daß daraus irgend ein Schluß gezogen werden könnte [1]).

3. Nahrungsmittel-Filialbetriebe und Konsumenten.

Ganz allgemein wird das Interesse der Konsumenten durch die Filialbetriebe zweifellos genau so gefördert, wie durch die Konsumvereine: Sie bringen in den Nahrungs-

1) Diese Gruppe der Filialtabelle (XIIIa) umfaßt außer Kaffeebrennerei, Schokoladenfabrikation und Kaffeesurrogaten, auf welche die Filialbetriebe hauptsächlich entfallen, noch 8 andere große Gewerbearten (u. a. Bäckereien, Mühlen, Zuckerfabriken etc.); auch sind in der obigen Zahl nicht nur die in der Fabrikation beschäftigten Personen enthalten, sondern auch die Ladenangestellten der 4676 offenen Läden, die man in dieser Gruppe gezählt hat.

mittelhandel, in dem bisher nur eine kleine Kundenkreis-Konkurrenz war, eine wirkliche Preis-Konkurrenz hinein. Trotz aller Preiskonventionen [1]) muß ihnen hierin der kleine Detailhandel folgen, und so wird zunächst der Preisdruck, den wir vorher feststellten, in den Hauptartikeln der Filialbetriebe allgemein. Über je weitere Gebiete sich die Betriebe aber ausdehnen, umso mehr werden auch die örtlichen Preisdifferenzen, deren in einer früheren Untersuchung festgestellte Größe [2]) ebenso überraschend wie sachlich unbegründet ist, nivelliert und den Großhandelspreisen angenähert. Die „allgemeinen" Filialbetriebe nehmen auch für sich in Anspruch, daß sie kraft ihrer Organisation eine bedeutende Erweiterung des Warenkreises dieser Geschäftsart herbeigeführt und damit eine ganze Reihe neuer Artikel dem Massenkonsum zugänglich gemacht haben, so in Hessen und Nassau, billige Seefische, Orangen und Bananen, französische Trauben, ausländische Kartoffeln, geräucherte Fischwaren [3]). Die Herabdrückung des allgemeinen Preisniveaus, das die hessischen Großfirmen als Verdienst gegenüber den Konsumenten für sich in Anspruch nehmen [4]), wird von den Detaillistenverbänden ausdrücklich zugestanden, aber aus allgemeinen Gründen der Mittelstandspolitik als verderblich bekämpft [5]).

1) Hierüber unten S. 264.

2) Das Tarifamt der deutschen Buchdrucker ermittelte 1905 als Preis für $^1/_2$ kg Zucker z. B. in Bonndorf 14 Pfg., in Ölsnitz 18 Pfg., Rixdorf 20 Pfg., Frankfurt a. O. 30 Pfg.; für Reis in Lütgen-Dortmund 18 Pfg., in Hörde 25 Pfg. usw. (Wernicke, Kapitalismus S. 61 ff.).

3) Schade & Füllgrabe a. a. O. S. 3; auch Schloßmacher.

4) Z. B. Eingabe an die 2. hess. Kammer vom 1. 7. 1910.

5) Eingabe der Vereine vom 10. 6. 1910. Auf S. 5 heißt es: „Der „angeführte Grundsatz „großer Umsatz — kleiner Nutzen" hat nur „dann eine Berechtigung, wenn er in gesunder und anständiger Weise „ausgeübt wird. Eine Berechtigung hat er aber dann nicht, wenn da„durch die Preise dermaßen gedrückt werden, daß von einem Nutzen „überhaupt nicht mehr die Rede sein kann. Einen derartigen Verkauf „ohne Nutzen oder nur mit ganz minimalem Nutzen kann das Filial„geschäft aber viel länger aushalten, als der ansässige Detaillist . . .

„Weder dem konsumierenden Publikum, noch vor allem auch dem „Staat ist damit im Geringsten gedient, wenn die Waren ohne jeden „Nutzen verkauft werden, da für die Konsumenten im einzelnen ein

Die wichtigste Wirkung der Kaffeefilialbetriebe für den Konsum hat man, neben der — von ihren Gegnern auch anerkannten — Herabdrückung des Detailpreises für Kaffee, in der Einführung der billigsten Kaffeesorten zu erblicken. Damit haben sie den Kaffeekonsum in den untersten Volksschichten zweifellos gefördert und so die hygienisch überaus segensreiche Wirkung erhöht, die dem Kaffee — nach der mehrfach zitierten Schrift des Gesundheitsamtes [1]) — bei der Zurückdrängung des Alkoholismus zukommt.

Nicht ganz so unzweifelhaft ist nach der gleichen Schrift die Zurückdrängung der Kaffeesurrogate zu begrüßen, die zweifellos eine Folge der Herabdrückung des Kaffeepreises ist [2]). Das Gesundheitsamt betont, daß die besseren Surrogate dem Kaffee durchaus gleichwertig seien; im Interesse der heimischen Produktion sei also ihre Ausbreitung wünschenswert; aber es muß doch schließlich das meistverbreitete Surrogat als physiologisch geringerwertig erklären [3]).

Dagegen bedeutet wiederum die Verbreitung von Schokolade und Kakao im Konsum der unteren Bevölkerungsschichten, wie sie von den Filialbetrieben dauernd in wachsendem Maße ausgeht, sicher eine erfreuliche Hebung der Volksernährung.

Im übrigen hat der Konsument von allen Nahrungsmittel-Filialbetrieben alle allgemeinen Vorteile des Filialsystems: Sicherheit über Qualität, Art und Quantität der Waren, Schutz vor Übervorteilung usw., Vorzüge, die im letzten Teile dieser Schrift eingehender gewürdigt werden.

„nennenswerter Vorteil nicht entsteht, der Geschäftsmann aber da„durch dem Ruin in die Arme getrieben wird und der Staat eine selbständige Existenz nach der anderen verliert."

1) „Der Kaffee" S. 113. (Weitere Anregung des Konsums aus sanitären Gründen direkt wünschenswert.)

2) Noch jetzt beobachtet man in den Kaffeefilialen bei jedem Steigen des Kaffeepreises ein Abwandern zu den (dort ebenfalls geführten) Surrogaten; so in starkem Maße nach der Reichsfinanzreform; umgekehrt bei sinkenden Kaffeepreisen. Es bestätigt sich auch hier die alte Beobachtung, daß der Kunde in erster Linie einen gewohnheitsmäßigen „Preis" kauft, erst in zweiter Linie eine „Qualität".

3) a. a. O. S. 113.

B. Die Tabakbranche.

I. Abschnitt. **Organisation, Kalkulation, Personal.**

Entstehung und Ausbreitung des Filialwesens.

In dieser Branche ist das Filialwesen im deutschen Detailhandel wohl zuerst aufgetreten. Die Ursache liegt darin, daß hier der Einkauf in hohem Maße Vertrauenssache ist. Schon der Rohtabakhandel hatte in dieser Hinsicht Spezialitäten entwickelt, und früh bildeten sich hier auch Markenartikel heraus; gewisse Rauchtabakpakete („Reiter AB", „Prätorius" u. a.) fanden sich schon um die Mitte des vorigen Jahrhunderts in ganz Deutschland [1]). Je mehr sich der Konsum der Zigarre zuwandte, umsomehr mußte der Käufer, da sich nach dem Äußeren der Zigarre auf ihre Qualität nicht schließen läßt, der Sachkenntnis des Verkäufers vertrauen, besonders wenn er auf dauernde Gleichmäßigkeit Wert legte.

Hatte sich also ein Händler das Vertrauen weiterer Kreise erworben, so lag es nahe, dieses Vertrauensmoment dadurch weiter zu fruktifizieren, daß weitere Verkaufsläden vom gleichen Inhaber mit gleichen Waren errichtet wurden; ganz besonders in größeren Städten, wo das Publikum dann die gewohnten Marken in den verschiedensten Stadtteilen vorfand [2]).

Dazu kamen aber noch besondere Erleichterungen durch die Natur der Ware: Die Überwachung ist infolge der Verpackung in Kistchen zu je 50—100 Stück ganz besonders leicht, da bei einer Kontrolle nur die Kistchen, deren Inhalt ohne weiteres äußerlich erkennbar ist, festgestellt zu wer-

---

1) Vergl. Süddeutsche Tabakztg. vom 20. 2. 1910.

2) Ein Artikel der V. T.-Z. Jahrg. 1905 Nr. 24 „Vom Filialwesen" drückt diesen Beweggrund zur Filialgründung wie folgt aus: „Die größte Mehrzahl der Raucher ist sehr konservativ in der gewählten Marke und macht lieber einen Umweg, um sie zu kaufen, ehe eine andere gewählt wird."

„Wenn nun ein Zigarrenhändler sieht, daß seine Marken Anklang finden, oder er auf Grund der geführten Qualitäten die Möglichkeit annehmen kann, seinen Absatz zu vergrößern und die damit verbundenen Vorteile wahrzunehmen, — wer wollte da wohl von ihm erwarten, daß er auf sein Streben und auf die Ausdehnung seines Geschäftes seiner Konkurrenz zuliebe Verzicht leisten sollte?"

den brauchen. Die Ware ist bei sachgemäßer Behandlung sehr lange haltbar, hochwertig und deshalb relativ billig transportabel, der Verkauf an sich der denkbar einfachste.

Alle diese sachlichen und persönlichen Momente begünstigen hier das Filialwesen in hohem Maße; dazu kommt dann, wenn es einmal begonnen ist, die allgemeine Reklamewirkung in besonders starkem Maße, denn jeder neu gewonnene Kunde wird durch die Natur der Ware besonders fest an die Geschäfte dieser Firma gewöhnt.

So sind denn in der Tat, ganz wie es oben geschildert wurde, die Filialbetriebe in der Zigarrenbranche früher ausnahmslos aus kleinen Detailgeschäften hervorgegangen. Mitte 1910 konnten auf Grund privater Umfragen die folgenden Firmen als Betriebe mit mehr als 10 Filialen zweifellos festgestellt werden:

(Siehe Tabelle Seite 124.)

Die Filialen der alten Firma J. Neumann sind aber nicht alle wirkliches Eigentum. Bei etwa der Hälfte der oben angeführten Zahl handelt es sich um Niederlagen oder Scheinfilialen.

Der an Umsatz heute wohl größte Berliner Großbetrieb, die Firma Loeser & Wolff [1]) entstand aus einem Zigarren-Detailgeschäft, das 1865 in Berlin in der Nähe des heutigen Alexanderplatzes gegründet wurde. Im Jahre 1874 wurde dem Betriebe erst die erste Zigarrenfabrik angegliedert, die damals 35 Arbeiter beschäftigte. Bis zum Jahre 1906 hatte sich der Betrieb derartig entwickelt, daß zu Anfang jenes Jahres in 3 großen Fabrikanlagen zu Elbing, Braunsberg und Marienburg 3319 Personen beschäftigt wurden; Mitte 1910 erreichte die Arbeiterzahl rund 4500 [3]). Die Jahres-

1) Vergl. hierzu einen von der Firma im Jahre 1905 herausgegebenen kleinen Prospekt, sowie über die hier nicht zu besprechenden Arbeiter-Wohlfahrtseinrichtungen des gleichen Betriebes die Jubiläumsschrift Elbing 1906.

2) Neben den offenen Filialen errichtet dieses Unternehmen neuerdings Verkaufsniederlagen, die in der Fachpresse „Scheinselbständige" im Sinne unserer Definition charakterisiert werden (V. T.-Z. 1912 Nr. 36 S. 31).

3) Ende 1912 kam noch eine weitere Fabrikanlage in Pr. Stargard hinzu; die Gesamtzahl der von der Firma beschäftigten Personen wird auf 5015 angegeben (V. T.-Z. 1912 Nr. 104).

Firma[1])	Sitz der Centrale	Anzahl der Filialen	Begründungsjahr
+ J. Neumann	Berlin	170, hiervon in Berlin 20	1850
+ Paul Juhl	Pankow[2]) bei Berlin	121 „ „ „ 121	1869
Krüger & Oberbeck	„	111 „ „ „ 47	1887
+ Loeser & Wolff	„	102 „ „ „ 99	1865
Richter & Franke	„	80 „ „ „ 61	
+ Gust. Kaphun	„	50 „ „ „ 47	
+ Karl Martiezen	„	34 „ „ „ 34	1856
Max Geist	„	25 „ „ „ 19	
Eduard Palm	„	18 „ „ „ 17	
Albert Thomas	„	12 „ „ „ 12	
+ W. Herbst	„	10 „ „ „ 10	
+ „Ha-Ci-Fa" Hamburger Cigarrenfabriken A. G.	Hamburg	57 „ Hamburg 25	1908
Carl Peter	Königsberg	17 „ „ Königsberg 11	1860
Gebr. Wetzel	Danzig	11 „ „ Danzig 8	1862
Nordd. Tabakmanufaktur, G. m. b. H.	Köln	140 „ „ Köln 4	1908
+ Lindau & Winterfeld	Magdeburg	65	1837

erzeugung betrug schon 1904 rund 110 Millionen Zigarren, der Tabakverbrauch hierfür 900 000 kg, d. h. beinahe 1% der damals in Deutschland überhaupt eingeführten Menge. Neben diesen Fabriken unterhält der Betrieb noch ein Einkaufsbüro in Bremen; außer den eigenen Fabrikaten führte die Firma 1904 noch etwa 450 Sorten Importen verschiedenster Art.

Von der Gesamtsumme der erzeugten und bezogenen Waren werden gegenwärtig rund ²/₃ durch die eigenen Verkaufsstellen der Firma abgesetzt. An solchen unterhielt diese

---

1) Die mit + bezeichneten Firmen betreiben auch Fabrikation, die übrigen lediglich Handel.

2) Seit 1912 „Tabak-Industrie G. m. b. H." mit 1 010 000 Mk. Stammkapital (V. T.-Z. 1912 Nr. 78).

im Jahre	1880	25
„ „	1890	36
Ende	1900	65
„	1905	81
Am 1. 10.	1910	102

Die Firma hat sich gegenüber einem Detaillisten-Verbande verpflichtet, außerhalb Groß-Berlins keine weiteren Filialen mehr zu errichten [1]).

Die größte unabhängige Händlerfirma Krüger & Oberbeck entwickelte sich ebenfalls aus einem Detailgeschäfte, das der gegenwärtige Inhaber, Kommerzienrat Emil Krüger, im Jahre 1887 eröffnete. Über die Ausbreitung dieser Firma geben die folgenden Zahlen Aufschluß. Es bestanden:

im Jahre	1898	Geschäfte in	14	Steuergemeinden
„ „	1900	„ „	20	„
„ „	1905	„ „	33	„
„ „	1906	„ „	35	„
„ „	1907	„ „	38	„
„ „	1908	„ „	45	„
„ „	1909	„ „	49	„
Mitte	1910	116 „ „	51	„

In vielen Richtungen grundsätzlich von allen andern Filialbetrieben verschieden ist von Anfang an die G. m. b. H. „Norddeutsche Tabakmanufaktur" gewesen. Diese wurde Anfang 1909 mit einem Nominalkapital von 500 000 Mk. gegründet, von dem jedoch nach den veröffentlichten Abkommen der Gesellschafter [2]) nur ein kleiner Bruchteil bar eingezahlt worden ist.

Binnen $1^1/_2$ Jahren errichtete die Gesellschaft rund 140 Filialen und brach dann zusammen. Die für die Filialleiter aus dem ganzen Vorgehen der Gesellschaft erwachsenen Mißstände und Verluste werden, weil von allgemeinerer Bedeutung, im letzten Teile dieser Arbeit unter „Filialwesen und Angestellte" ausführlich dargelegt.

---

1) Vergl. „Offizielle Zeitung" des Verbandes der Zigarren- und Tabakladeninhaber zu Hamburg, Juni 1910.

2) Vergl. V. T. Z. Jahrg. 1910 Nr. 21.

1. Filiale und Centrale.

a) Einrichtung und Mietvertrag.

Im Gegensatz zu den Filialen der Nahrungsmittelbranche liegen die Filialen der Großbetriebe dieser Branche an den Zentralpunkten des Verkehrs. Sie bevorzugen die Eckläden, und zwar in solchem Maße, daß man z. B. in Berlin an den Knotenpunkten des Verkehrs fast allenthalben Großfilialfirmen antrifft [1]). In der Provinz liegen sie fast stets an den verkehrreichsten Punkten, mit Rücksicht auf das hier besonders wichtige Reisenden-Publikum möglichst in der Nähe der Bahnhöfe.

Die Läden selbst zeigen in den Großstädten immer größere Eleganz. Kam man vor 10 Jahren mit etwa 1500 bis 1700 Mk. für eine Ladeneinrichtung aus, so konnte jetzt an Hand des „Einrichtungsbuches" einer Großfirma festgestellt werden, daß die Ausgaben für Einrichtungen von Provinzläden im Geschäftsjahre 1909/10 zwischen 3200 und 4900 Mk. variierten, und daß in Berlin durchschnittlich 6 bis 8000 Mk. dafür aufgewendet werden müssen. In den besten Lagen geht man darüber noch weit hinaus [2]); in einem Falle wurde 40 000 Mk. nachgewiesen.

Die Einrichtung selbst erfolgt hier in keiner Weise schematisch; jedes einzelne Geschäft erfordert eine nach seiner Umgebung genau abgestimmte moderne Aufmachung.

In den größten Städten, besonders wiederum in Berlin, zeigen die Filialbetriebsläden noch eine Besonderheit: Ihre ganze Ausstattung ist so angeordnet, daß das Innere des Geschäftes von außen leicht zu übersehen ist. Dies verstärkt die Reklamewirkung der eleganten Ausstattung, auch wird damit das psychologische Moment ausgenutzt, daß der Käufer lieber einen übersichtlichen Laden betritt, in dem über-

---

1) So waren von den 6 Zigarrenläden, die im Sept. 1910 in der Leipzigerstraße festgestellt wurden, 5 Filialen (vergl. S. 228).

2) Vergl. V. T.-Z. Jahrg. 1710 Nr. 21. Auch Artikel: „Die Schaufenstereinrichtungen zu Berlin W." in der Südd. Tabak-Zeitung 20. Jahrg. Nr. 22 (ausführlich zitiert auf S. 142).

dies Verkehr herrscht [1]. Vor allem aber wird dadurch die Kontrolle über die Tätigkeit der Verkäufer sehr erleichtert, zumal das Publikum selbst über die Vorgänge im Geschäfte als Kontrolle zu wirken pflegt.

An Mieten werden hier weit höhere Summen erreicht als in der Nahrungsmittelbranche. In Berlin soll in einzelnen besonderen Fällen 50,000 Mk. Jahresmiete bezahlt werden; daß stellenweise 30,000 Mk. bezahlt werden, habe ich bestimmt feststellen können. Als Durchschnittspreis der Läden in Berlin wird von dortigen Großbetrieben 5—6000 Mark übereinstimmend angegeben [2]; in der Provinz ist er je nach der Größe des Ortes billiger, geht aber nur selten unter 2500 Mk. herunter.

Der Mietvertrag ist hier, wie wir bei der Besprechung der Kalkulation dieser Betriebe noch ausführlicher zu erörtern haben, für Ertrag oder Verlust nahezu entscheidend. Glaubt der Inhaber des Großfilialbetriebes eine der relativ seltenen Stellen gefunden zu haben, an denen ein solches Geschäft rentabel betrieben werden kann, so muß er angesichts der hohen Kosten der Geschäftseinrichtung auf lange Zeit abschließen; andernfalls bestände die Gefahr, daß der Hausbesitzer möglichst bald steigern und so die wichtigste Gewinnchance des Filialbetriebes (vergl. S. 140) bald vermindern oder gar in Frage stellen würde. Infolgedessen schließen die älteren Firmen dieser Branche den Vertrag fast regelmäßig auf 10, stellenweise sogar auf 15 Jahre ab.

Umgekehrt verfahren dagegen neuerdings mehrfach kapitalschwächere Filialgründer, die dieses große Risiko nicht tragen wollen. Nach der hier neuerdings in Übung gekommenen Methode, in Fachkreisen wegen der Ähnlichkeit mit gewissen Brauereiverträgen Tonnenpachtverträge genannt, wird ebenfalls auf längere Jahre ab-

1) Vergl. auch Vosberg-Reckow, Käufer und Verkäufer, Berlin 1906, S. 32.

2) In Nr. 96 der V. T.-Z. von 1912 wird mitgeteilt, daß ein Großfilialbetrieb ein von ihm bisher gemietetes Grundstück gekauft hat; der Kaufpreis beträgt bei „33 Quadratruten für die Quadratrute 60 000 Mk."

geschlossen; aber der Hausbesitzer erhält keinen festen Mietpreis, sondern einen bestimmten Prozentsatz vom Umsatz des Geschäftes (vielfach 10%), der ihm aus den Geschäftsbüchern nachgewiesen wird. Die absolute Summe der Miete wird meist nach oben hin begrenzt. Der Vermieter wird hier also gewissermaßen am Ertrage des Geschäftes beteiligt.

An sich wäre gegen eine solche Handhabung nichts einzuwenden, wenn es sich beiderseits um im Fache versierte Kontrahenten handeln würde. In aller Regel kennt aber der Hauswirt die Branche nicht und ist, wie jeder Eigentumer, geneigt, den Wert der Lage seines Hauses zu überschätzen. Infolgedessen ist er bei solchen Abmachungen zumeist der leidende Teil: Geht das Geschäft schlechter als erwartet — und dies ist, da die Umsätze meist überschätzt werden, die Regel — so erhält er einen viel niedrigeren als den erwarteten Mietpreis, ohne doch kündigen zu können. Nur wenn das Geschäft so schlecht geht, daß auch der Filialinhaber seine Rechnung dauernd nicht findet, wird dieser in eine Lösung des Kontraktes willigen; er hat also gleichsam einen Vertrag, dessen Lösung bei schlecht gehendem Geschäfte in seinem Belieben liegt. Deshalb lehnen sowohl die Organisationen der Hausbesitzer wie auch die älteren Filialfirmen diese Form des Mietvertrages als unfair ab.

b) Geschäftsführung und Kontrolle.

Durchweg werden hier nur männliche Geschäftsführer und Verkäufer beschäftigt [1]. Die persönlichen Beziehungen zwischen Publikum und Verkäufer pflegen in dieser Branche, wo es auf individuelle Behandlung des Käufers in hohem Maße ankommt, dem Filialleiter eine weit selbständigere Stellung zu sichern, als etwa den Leiterinnen der Kaffeefilialen.

Diese Selbständigkeit erstreckt sich jedoch nicht auf die Assortierung des Warenlagers, die vielmehr von der Zentrale einheitlich durchgeführt wird. Über den Warenvorrat besteht bei einer Großfirma geradezu die Vorschrift, daß er niemals den Betrag einer Vierteljahrseinnahme der Filiale übersteigen darf, sodaß also mindestens

---

1) Als Grund hierfür wird u. a. angegeben, daß besonders im Zigarrenverkauf der Kunde vom Verkäufer eine auf Sachkenntnis beruhende Empfehlung wünscht, die in der Regel nur bei männlichen Verkäufern vorausgesetzt werden kann.

viermaliger Umschlag im Jahre erfolgt. Bei unabhängigen Händlerfirmen werden allein an Zigarren bis zu 150 Marken geführt[1]; jedoch ist der Filialleiter nicht gezwungen, geradezu alle geführten Marken auf Lager zu halten. Ergänzt wird der Vorrat stets aus dem Reservelager der Zentrale, dessen durchschnittlicher Wert von einem Betriebe auf etwa $^1/_6$ der gesamten Filialvorräte angegeben wird.

Zu den wichtigsten Geschäftsprinzipien gehört auch hier die unbedingte Barzahlung.

Im übrigen suchen die Betriebe der Bequemlichkeit ihrer Kunden aufs weiteste entgegen zu kommen; für Fernsprecher, Adreßbücher, Schreibgelegenheiten usw. berechnet ein Berliner Großbetrieb eine durchschnittliche jährliche Ausgabe von nahezu 190 Mk. pro Filiale. Weit höher belaufen sich vielfach die Beträge, die für Reklamezugaben, wie Zigarrenspitzen, Streichholzpackungen etc., verausgabt werden[2]; Zeitungsreklame wird dagegen von der großen Mehrzahl der Betriebe nur in ganz geringem Umfange gemacht.

Von der kaufmännischen Verwaltung verbleibt den Filialleitern auch hier nur wenig; die Waren werden ihnen zum vollen Verkaufspreise berechnet. Für die eingehenden Sendungen wird zunächst das „Warenbuch" geführt, in das Art und Betrag der Lieferung eingetragen werden, außerdem ein „Kistenverkaufsbuch"; hier wird der Rabatt von 5%, der in der Zigarrenbranche beim Kauf ganzer Kistchen regelmäßig gewährt wird, eingetragen[3]) Über Einnahmen und kleine Ausgaben wird in ganz ähnlicher Weise wie früher (S. 37) angegeben, ein Kassabuch geführt, schließlich noch ein Nachweis über kleinere Verluste.

1) Allein an 6 Pfg.-Zigarren weist der Katalog einer Großfirma 25 ständig geführte Sorten auf.

2) Bei der Filiale III, deren Kalkulation auf S. 140 mitgeteilt wird, kommen für diesen Zweck allein rund 1000 Mk. in Ansatz.

3) Für Verkäufe an Wiederverkäufer (Gastwirte, Friseure) werden besondere Marken geliefert; da auf diese kein Rabatt gewährt wird, und der Filialleiter infolgedessen nur ein geringes Interesse am Absatz hat, ist der Umsatz darin minimal.

c) Die Centrale.

Die ganze übrige Verwaltungsarbeit wird auch hier in die Centrale verlegt. Ihr gehen sämtliche Bestellungen der Filialleiter zu; bei Einsendung dieser Bestellung wird mehrfach die folgende Methode befolgt: Die Filialleiter werden angewiesen, in der Regel in 14tägigen Zwischenräumen zu bestellen, und zwar die Filialen eines bestimmten Bezirkes immer auf den gleichen Tag. Dadurch wird nicht nur eine große Erleichterung der Verwaltung, sondern bei der gleichzeitigen Warenversorgung mehrerer Filialen in größeren Städten eine beträchtliche Fracht- und Portoersparnis erzielt. Im übrigen werden die Filialen strikt angewiesen, sich gegenseitig im Bedarfsfalle mit Waren und Material auszuhelfen.

Die Centrale faßt alle einlaufenden Bestellungen zusammen und erteilt darnach ihre Aufträge, die infolgedessen fast stets ungewöhnlich große Quantitäten darstellen. Alle Regulierungen gehen von ihr aus, sodaß die Verkäufer weder Einkaufspreis, noch Herkunft der Waren sicher ermitteln können. Ebenso erfahren sie vielfach gar nicht den Mietpreis der von ihnen bedienten Lokalitäten, da alle größeren Zahlungen von der Centrale ausgehen. Von ihr aus erfolgt hier auch die Revision. Keiner der befragten Betriebe hat mehr als 3 Revisoren. Diese haben die Inventuren aufzunehmen, durchschnittlich dreimal jährlich pro Filiale. Im übrigen liegt ihnen auch hier vor allem die persönliche Unterweisung und Überwachung des Personals, sowie die Beaufsichtigung der Geschäfte ob; besonders unterstützen sie die Filialleiter bei der Dekoration.

Die Centralbuchhaltung ist hier weit einfacher als bei den Großbetrieben der Nahrungsmittelbranche: Jede Filiale gilt als selbständiges Geschäft; im Laufe des Jahres wird ihr der volle Verkaufswert der Warenbezüge zu Lasten geschrieben; ihre Einnahmen und die Summe ihrer Auslagen werden ihr gutgebracht. Am Ende des Jahres wird von den Lieferungen der ermittelte Kalkulations-Prozentsatz heruntergeschrieben, sodaß dann ohne weiteres im Hauptbuche des Gesamtbetriebes ermittelt wird, ob und welcher Gewinn oder Verlust vorliegt. Auch über dieses Ergebnis erfährt der Filialleiter in aller Regel nichts.

d) Kundschaft und Umsätze.

Die Kundschaft der Filialen gehört zwar allen Ständen an. In Berlin ist aber doch festgestellt worden, daß der größere Teil der Arbeiterkundschaft, soweit er seinen Rauchstoff nicht aus den Konsumvereinen entnimmt, seinen Bedarf in den kleineren Zigarrenläden deckt. Als Hauptgrund werden von den Filialinhabern parteipolitische Momente angesehen [1]. Außerdem dürfte aber sicher auch die früher schon berichtete Tatsache [2] mit ins Gewicht fallen, daß die Arbeiterschaft die eleganten Läden überhaupt vorerst noch meidet. Dafür, daß in der Tat vor allem die Raucher der mittleren und höheren Einkommenschichten die Kunden der Filialläden sind, spricht besonders der Umstand, daß als meistgehende Preislage von Berliner Großbetrieben bezeichnet wurden

in Zigarren von einigen Betrieben	7—8 Pfg.
von einem sogar	8—10 „
in Zigaretten	3—4 „

während im übrigen die Hauptmenge der Zigarren in der Preislage von 5 Pfg. [3], der Zigaretten zwischen 1 und 2 Pfg. abgesetzt wird [4].

In der Provinz stellt vor allem das Reisendenpublikum ein großes Kontingent der Filialgeschäftskunden, da es in diesen Läden sicher ist, seine gewohnten Marken zu finden; bezüglich der sonstigen Kundschaft gilt auch dort das oben Gesagte.

Der Umsatz, der in den einzelnen Läden erzielt wird, steigt hier zu weit höheren Beträgen an, als sie in den Spe-

---

1) In den kleinen Zigarrenläden findet der Arbeiter vielfach seine Parteiblätter, auch soll ein großer Teil der Berliner Kleinhändler parteizugehörig sein.

2) Warenhaus in Westdeutschland S. 115.

3) In Anlage Nr. 994 S. 156 der Denkschriften zur Reichfinanzreform (12. Leg.-Per. 1. Session 1907/09) wird der Durchschnitt für den Gesamtverbrauch in Deutschland auf einen Detailverkaufspreis von 5,5 Pfg. berechnet; nach der Reichsfinanzreform stellt die Preislage von 5 Pfg. nach Angabe mehrerer Fabrikanten diejenige des Massenkonsums dar.

4) Vergl. Bormann, Die deutsche Zigarettenindustrie, Tübingen 1910 S. 3.

zialgeschäften der Kaffeebranche erreicht werden. Eigentliche Einzel-Großbetriebe haben sich zwar hier noch nicht entwickelt, immerhin gibt es schon Läden, in denen trotz der Einfachheit und Schnelligkeit des Verkaufes in dieser Branche 10 Verkäufer, mehrere, in denen 3—5 ständig arbeiten. Ein Großbetrieb erklärte, daß er in einem Laden einen jährlichen Umsatz von mehr als einer Million Mark erziele [1]; über eine halbe Million Mark erreichten mehrere Berliner Ladengeschäfte. Der durchschnittliche Umsatz bleibt allerdings, wie wir später darzulegen haben, weit dahinter zurück.

2. Kalkulation und Gewinne der Tabakbranchefilialen.

Über die allgemeine Kalkulation dieser Branche ist es leichter, eine gewisse Übersicht zu gewinnen, als in der vorher behandelten; bei den Besteuerungsdebatten zur Reichsfinanzreform von 1909 sind mehrfach Materialien darüber veröffentlicht worden.

Für Zigaretten stellte der außerordentliche Verbandstag der deutschen Zigarettenindustrie folgende Normalpreise auf [2]:

	Fabrikpreis pro Mille M.	also Brutto-Gewinn des Detaillisten in % des Verkaufs
für 1 Pfg. Cigarette	7.50	25%
„ 2 „ „	14.—	30 „
„ 2½ „ „	18.—	28 „
„ 3 „ „	21.—	30 „
„ 3½ „ „	25.—	28,6 „
„ 4 „ „	28.—	30 „
„ 5 „ „	35.—	30 „
„ 6 „ „	42.—	30 „
„ 7 „ „	48.—	31,4 „
„ 8 „ „	55.—	31,3 „
„ 10 „ „	68.—	32 „
„ 12½ „ „	80.—	36 „
„ 15 „ „	100.—	33,1 „

1) Das scheint allerdings noch wenig zu sein gegenüber den Riesensummen, die in den Läden des amerikanischen Tabaktrustes abgesetzt werden sollen; dessen Gründer Whelan behauptet, daß ein Geschäft des Trusts in der City von New-York am 11. Dez. 1912 eine Einnahme von 11 667 Doll. gehabt habe (V. T.-Z. 1912, Nr. 24, zit. nach Western Tobacco Journal).

2) V. T.-Z. 1909 Nr. 35, auch Bormann a. a. O. S. 64.

Da die überwiegende Menge der Zigaretten in der Preislage von 1—2 Pfg. vertrieben wird [1]), so ist die Angabe Bormanns [2]), daß der Gewinn des Detaillisten gewöhnlich 25—30% betrage — natürlich vom Verkaufspreise gerechnet — richtig.

Darin ist aber nicht der ganze Aufschlag enthalten, der im Zwischenhandel entsteht. Vielfach schiebt sich zwischen Fabrikant und Detaillist auch hier der Großhandel ein, der durchschnittlich einen weiteren Rabatt von 15—20% des Einkaufspreises erhält. Aber auch, wo dies nicht der Fall ist [3]), entstehen erhebliche Spesen durch ein anderes Zwischenglied, den sog. Vertreter. Die Provision dieses Verkäufers beträgt nach den Angaben Bormanns [4]) zwischen 5 und 20% vom Einkaufspreise des Händlers.

Für Zigarren erhalte ich von maßgebenden Fabrikanten für Mitte 1910 die folgenden Angaben:

Verkaufspreis pro Stück	im Einkauf pro Mille	Differenz in % des Verkaufs [5])
4 Pfg.	28—30 M.	25—30%
5 „	34—36 „	28—32%
6 „	40—45 „	25—33 1/3%
7 „	47—48 „	31—32%
8 „	55—57 „	29—31%
10 „	66—72 „	28—34%
12 „	80—85 „	30—33 1/3%
15 „	100—105 „	30—33 1/3%
20 „	135—150 „	25—33 1/3%

1) Im Steuerjahr 1907/08 betrugen von sämtlichen besteuerten Zigaretten diejenigen bis zu 1½ Pf. Verkaufspreis 43%, diejenigen von 1½—2½ Pf. 31%. (Vierteljahrshefte, Jahrgang 1908 Heft 3 S. 92/93.)

2) a. a. O. S. 64.

3) Ihr eigentliches Arbeitsgebiet haben diese Grossisten weniger bei den Zigarren-Spezialgeschäften als bei den Kolonialwarenhändlern, die Zigarren nur nebenbei führen, und neuerdings in immer wachsendem Maße auch bei den Gastwirten.

4) a. a. O. S. 62.

5) Hiermit stimmen auch die Angaben der V. T. Z. Jahrg. 1909 Nr. 33 fast allenthalben überein.

Der Filial-Großbetrieb schaltet den Grossisten und Vertreter aus; denn er übernimmt, soweit er nicht schon selbst Fabrikationsbetrieb ist, die Funktionen dieses Grossisten oder Vertreters, nämlich Verteilung der Waren an zahlreiche Detailgeschäfte [1], selbst. Er erhält ohne weiteres allenthalben Grossistenpreise und erspart damit gegenüber dem Einzeldetaillisten bei Zigarren 5—10%, bei Zigaretten 10—15%. Dazu kommen aber noch weiter recht bedeutende Ersparnisse an Skontogewinn und Transportkosten.

Im allgemeinen wird nämlich den Händlern bei Zigarren 6 Monate [3], bei Zigaretten 3 Monate Ziel bewilligt, und diese Frist wird sehr oft noch ganz erheblich überschritten. Kann dagegen binnen 30 Tagen bar bezahlt werden, so wird an Skonto durchschnittlich gewährt

bei Zigarren	3—4%
bei Zigaretten	3%

Diesen Gewinn macht der Filialgroßbetrieb, bei dem die Bareinnahmen sofort eingehen, fast allenthalben.

Noch bedeutender ist vielfach der Transportgewinn dieser Betriebe. Daß ihre Zentrale die Ware in großen Mengen dauernd bezieht, verbilligt schon diesen ersten Transport. Bei den meisten liegt es überdies so, daß ein großer Teil der Ware in der Nähe der Zentrale oder von ihr selbst hergestellt wird. Während nun der Detaillist jeweils seinen Bedarf dezentralisiert bezieht, d. h. verteilt von verschiedenen Fabriken und Grossisten in kleineren Sendungen kommen läßt, bezieht die Filiale stets von einem einzigen Betriebe, nämlich der Zentrale, und hier werden die verschiedensten Qualitäten und Arten Tabak, Zigarren, Zigaretten, Reklamematerial usw. zu großen Sendungen vereinigt, wodurch eine sehr bedeutende Ersparnis an Verpackungskosten, Materialien und vor allem an Frachten und Portis erzielt wird. Was dies z. B. bei Zigaretten bedeutet, kann man daraus ermessen, daß Bormann sagt [4]:

---

1) Bormann, a. a. O. S. 63, rechnet auf 1 Grossisten den Umsatz von 20 Detaillisten.

2) a. a. O. S. 64.

3) Vergl. Denkschrift zur Reichsfinanzreform 12. Leg.-Per., 1. Session, Anlage Nr. 994, S. 51.

4) Bormann, a. a. O. S. 64.

„Da die Zigaretten nur in kleineren Posten vom Händler bezogen „werden, eignet sich zu ihrer Verschickung am besten das Post- „paket. Es entfällt denn auch der Versand von Zigaretten zum „größten Teil auf Postsendungen, von denen viele den Wert von „10 Mk. nicht übersteigen, sodaß in letzteren Fällen die Porti etwa „10% vom Werte der Sendungen ausmacht. Die Versand- „spesen werden bei größeren Sendungen meistens vom Fabrikanten, „bei kleineren (bis zu 10 M.) vom Tabakhändler getragen; mitunter „kommt es auch vor, daß sich beide Parteien darin teilen."

Hierzu kommt endlich noch ein Warenrabatt. Je größer der Auftrag, desto günstiger wird für den Fabrikanten die Herstellung, sodaß schon allein dadurch ein weiterer Nachlaß möglich ist. Bei Zigarren läßt sich dies, da es sich noch nicht so sehr um feststehende Marken mit fixierten Detailpreisen handelt, weniger sicher feststellen; nach zuverlässigen Mitteilungen von Fabrikanten beträgt dieser Rabatt etwa 3%. Bei Zigaretten wird in den meisten Fällen gewährt [1])

bei einem Jahresbezuge von mehr als 500 M. ein Rabatt von 5% des Fakturenpreises,

bei einem Jahresbezuge von 1000 M. ein Rabatt von 10% des Fakturenpreises.

Aus alledem ergeben sich eine Reihe von Vorteilen, die der Filialgroßbetrieb vor den einzelnen Detaillisten genießt, und die mit 20% des Einkaufspreises keinesfalls zu hoch bewertet sein dürften.

Dem stehen privatwirtschaftlich mehrere Nachteile gegenüber:

1. Der größte ist die Gefahr unrentabler Filialen. Diese Gefahr ist hier ganz unverhältnismäßig größer als etwa bei den Kaffee- usw. Filialbetrieben. Dort ist, wie wir vorher feststellten, das Geschäft nicht an eine bestimmte Lage gebunden; bei den Zigarrenfilialen liegt es, wie schon bemerkt, ganz anders. Nun läßt sich bei aller Routine der Inhaber und Revisoren solcher Großbetriebe nur selten mit Sicherheit eine wirklich gute Lage von Zigarrengeschäften ohne weiteres feststellen; auch kann durch kleine Nebenumstände — Verlegung einer Kleinbahn-Haltestelle, einer amtlichen Stelle, Entstehung neuer Konkurrenz — ein bisher gute Lage schlecht werden. Dann steht der Filialbetrieb vor der Wahl, entweder eine mit Unterbilanz arbeitende Filiale viele Jahre hindurch mit zu unterhalten, oder

1) Bormann a. a. O.

aber schweren Schaden durch Untervermietung, Rücktrittssummen und Verlust an der Errichtung zu erleiden. Gerade die Notwendigkeit, diese schlechten Läden mit zu erhalten, vermindert nach den mir gemachten, von Zahlen unterstützten Mitteilungen den Ertrag großer Filialbetriebe stellenweise bis zur Hälfte. (Vergl. auch unten S. 140).

Bei der überaus scharfen Konkurrenz um die vermutlich guten Ladenlokale bringt am Hauptsitz der Massenfilialbetriebe, in Berlin, der spekulative Eifer dieser Betriebe immer allgemeiner auch das umgekehrte Bild hervor, nämlich das Risiko eines sicheren Anfangsverlustes, in der Hoffnung, durch spätere Verkehrs- und Wertsteigerung entschädigt zu werden. Recht anschaulich schildert dies ein Interessent [1]:

„Es sind im Laufe der letzten Monate innerhalb der neuerrichteten „eleganten Straßenzüge in Schöneberg, Charlottenburg und auch in „Berlin W. außerordentlich zahlreiche größere und kleinere „Eck-„zigarrenläden" etabliert worden. So haben wir am 1. Oktober „1909 ca. 14 Filialen erster Berliner Zigarrengeschäfte zu konsta-„tieren" (folgen die Namen bekannter Großfilialisten, sowie Ausführungen über die Reichhaltigkeit der betr. Läger und Ausstattungen). „Man hat nun im Hinblick auf diese im neuesten und vor-„nehmsten Westen befindlichen Zigarrenläden zwischen den Fi-„lialen der Großfirmen und den selbständigen Inhabern „der Zigarrengeschäfte zu unterscheiden. Es unterliegt gar keinem „Zweifel, daß die letztgenannten einen außerordentlich schwierigen „Stand in finanzieller Hinsicht haben, denn es fehlt ihnen der „starke Rückhalt, den die Filialisten bei den großkapitalistischen „Musterfirmen finden. Wie wir aus authentischer Quelle mitzuteilen „in der Lage sind, haben 9—10 dieser seit 5—6 Monaten bestehen-„den „Westzigarrenläden" infolge der exorbitant hohen Mietpreise „(8000, 10 000, 11 000 M. usw. sind keine Seltenheit) in den ersten „3—4 Monaten direkt mit starker „Unterbilanz" gearbeitet, und „auch für die nächsten Monate werden positive Einnahmen kaum „zu erwarten sein, wenn nicht ein größerer Zuzug konsumkräftiger „Einwohner demnächst eintritt. Man muß eben darauf gefaßt sein, „die „stillen Zeiten" zu überdauern, und vorläufig sind die großen „Ausgaben für die luxuriösen Laden- und Schaufenstereinrich-„tungen à fond perdu zu schreiben, da weder von einer intensiven „Lauf-, noch von einer Stammkundschaft sonderlich die Rede ist; „die Bautätigkeit nimmt in diesen „Berlin-West-Distrikten" erst zum

---

1) Süddeutsche Tabakztg. 1910 Nr. 22; ganz ähnlich, nur noch drastischer, V. T. Z. 1912.

„kommenden Frühjahr ihren Anfang, sodaß man erst dann eine „starke Vermehrung der Einwohnerschaft zu erwarten hat."

Bekanntlich setzte jedoch mit dem Frühjahr 1910 ein großer Bauarbeiterstreik ein, der 3 Monate dauerte und damit die Wartezeit beträchtlich verlängerte. Hier ist also der Nachteil der Filialbetriebe vorweg eskomptiert, in Hoffnung auf spätere, reichlichere Gewinne.

2. Zu diesem Nachteile des Mietrisikos, das gerade hier besonders scharf in die Erscheinung tritt, kommt dann bei den Zigarrenfilialen ebenso wie bei den früher betrachteten Betrieben die Gefahr der Diebstähle und Veruntreuungen von Angestellten. Ist auch durch die Kaution hiergegen eine gewisse Sicherung geboten, so kommen solche Fälle doch immer wieder vor. Um sie möglichst auszuschalten, ist die Kontrolltätigkeit notwendig, die den Spesensatz des Filialbetriebes gegenüber einem selbständigen Einzelgeschäfte erhöht.

3. Endlich müssen auch hier Kosten und Gewinn der Zentrale in Rechnung gestellt werden. Die Bezahlung der Filialleiter erreicht schon an sich höhere Beträge, als sie sonst bei Angestellten des Detailhandels üblich sind. Die Vermutung liegt nahe, daß die große Mehrzahl der Detaillisten kein höheres Einkommen aus ihrem Betriebe erzielt, als das Gehalt der Filialleiter beträgt. Hier soll aber überdies noch ein Gewinn für das Gesamtunternehmen herausgewirtschaftet werden.

Zu den Nachteilen der Filialbetriebe wird man dagegen diejenigen Momente nicht rechnen dürfen, die ein Detaillist in der Süddeutschen Tabakzeitung als solche kennzeichnen zu können glaubte [1]). Nachdem vorher eine Reihe von Vorzügen, die den Filialbetrieben allgemein zukommen, richtig angegeben worden ist, heißt es da:

„Merkwürdigerweise liegt aber die Sache in der Zigarrenbranche „anders. Zunächst bemerken wir, daß die einzelnen Filialbetriebe „in die teuersten Eckgrundstücke der Hauptstraßen der Großstädte „verlegt werden, sodaß die Hälfte der für die Läden gezahlten „Mieten schon die Mittel für eine behagliche Existenz bieten wür„den. Was daher der Besitzer des einzelnen Ladens an Miete und „wohl auch an Personal und äußerem Pomp spart, kommt nicht

1) 20. Jahrgang 1910 Nr. 48, 3. Blatt, Art. „Das Filialwesen in der Zigarrenbranche".

„allein ihm selbst, sondern auch den Kunden zum großen Teil „zugute."

Es geht doch nicht an, Miete und Personalspesen zweier Geschäfte absolut zu vergleichen, sondern man kann das nur relativ, d. h. im Verhältnis zum Umsatze. Und da die Eckläden, besonders diejenigen mit anziehender Ausstattung, einen unverhältnismäßig größeren Zulauf, folglich entsprechend größeren Umsatz haben [1]) wie die billigeren Läden, so brauchen die Unkosten, die auf den einzelnen Kauf entfallen, durchaus nicht größer zu sein, als sie in bescheideneren Geschäften sind, und wie wir später sehen werden, trifft dies in der Tat zu.

Aus den Vor- und Nachteilen der Filialbetriebe nun gegenüber den selbständigen Einzelgeschäften die Bilanz zu ziehen, ist in dieser Branche ganz besonders schwierig, denn es gibt an selbständigen Detailgeschäften eigentlich nichts Vergleichbares; die Filialbetriebe sind hier gleichsam Zusammenfassungen gut- und schlechtgehender Geschäfte, und um einen Vergleich zu schaffen, müßte man den Durchschnitt aus einer größeren Anzahl verschiedenartiger erstklassiger Geschäfte ziehen.

Nach den vorher gegebenen Nachweisen über den üblichen Aufschlag des Detaillisten bei Zigarren und Zigaretten ergibt sich, daß durchschnittlich 30—$33^1/_3$% vom Verkaufspreise genommen werden. In den folgenden Beispielen, die in dieser Hinsicht ganz gleichmäßige Resultate ergeben, zeigt sich für den Großfilialbetrieb fast genau derselbe Kalkulationssatz.

Es fragt sich also nur, ob der billigere Einkauf, den wir oben als bei den Filialbetrieben wahrscheinlich nachgewiesen haben, im Detailverkaufspreise erheblich in die Erscheinung tritt. Die zahlreichen befragten Fachleute sind der Ansicht, daß große Unterschiede in den Verkaufspreisen trotzdem nicht vorliegen. Als Ergebnis wird von Großbetrieben der Branche etwa folgendes festgestellt:

Die besseren Qualitäten der Zigarren etc. erhält der Konsument in den Läden der Filialbetrieben sicherer, reich-

1) Nur dadurch allein entsteht und rechtfertigt sich ja der hohe Mietpreis solcher Grundstücke.

haltiger und in der Preislage günstiger als in den mittleren und kleineren selbständigen Geschäften, weil gerade in diesen Qualitäten die Einkaufsvorteile besonders schwerwiegend in die Erscheinung treten.

Über den Ertrag kann auf Grund von Einsicht in die Ergebnisse festgestellt werden, daß er bei den mit Fabrikation verbundenen Betrieben höher als bei reinen Händlerfirmen, im ganzen aber durchweg überraschend gering ist; es wird von einer Seite geradezu betont, daß der ganze Gewinn lediglich auf Skontogewinn und Umsatzprovision beruhe, mit anderen Worten, daß in einer Reihe von Jahren nicht über 3—4% Ertrag des Umsatzes erzielt werden konnte; nur einer der befragten Betriebe ist über diesen Betrag erheblich hinausgekommen [1]).

In dieser Branche ebenso wie in der vorigen die Spesenverteilung auf die einzelnen Spesenposten feststellen zu wollen, würde deshalb zwecklos sein, weil sich daraus doch kein typisches Bild für den einzelnen Fall ergeben würde, da die gutgehenden Geschäfte gegenüber den schlechtgehenden ganz verschiedenartige Verhältnisse aufweisen.

Immerhin können für einige Geschäfte die folgenden Ziffern gegeben werden; es möge dabei bemerkt werden, daß es sich um Berliner Geschäfte handelt, und daß bei dieser Firma ein Fabrikationsgewinn nicht in Frage kommen kann.

---

1) Das gleiche Ergebnis zeigt sich u. a. auch mehrfach in Darlegungen der Verein. Tabakzeitg., ebenso auch in dem Artikel der Südd. Tabakztg. 20. Jahrg. Nr. 48. „Die Rentabilität der Zigarren-Spezialgeschäfte".

Dagegen bleiben z. B. die Hamburger Zigarrenfabriken dahinter offenbar weit zurück. Sie verteilten auf das Aktienkapital von 500 000 Mark Ende 1911 eine Dividende von 40 000 M. bei einem Bruttogewinn an Waren von rund 894 000 M.; das wären also nur 4,56% vom Bruttoüberschuß, vom Umsaz also nach den obigen Kalkulationen vermutlich nur etwa 1,5%. (Vergl. V. T. Z. 1912 Nr. 12.)

Gewinnfilialen.

	I. (ungewöhnlich gute Filiale)	II. (durchschnittliche Gewinnfiliale)
Umsatz rund . .	28,000 Mk.	30,720 Mk.
Miete " . . .	2,800 "	5,000 "
Personal . . .	2,060 "	2,845 "
Abschreibung . .	200 "	300 "
Sonstige Unk. .	892 "	920 "
Gewinn	3,370 "	1,023 "
Durchschnittlich in dieser Filiale erzielter Aufschlag	33,3%	32,8%
Ertrag in % des Umsatzes	12,0%	3,33%

Verlustfilialen.

	I.		II.
Umsatz . .	50,500 Mk.		15,820 Mk.
Miete . . .	13,000 "		3,300 "
Personal . .	4,360 "		1,750 "
Sonstige Unkosten .	2,675 "	Hiervon je annährend 1000 Mk. für Schaufenster und Reklamebeigaben.	1,800 "
Verlust . .	2,761	Abschreibung	340 "
			672 "
Aufschlag in % des Absatzes	34,2%		34,5%
Verlust in % des Absatzes	5,5%		10,6%

Zum Umsatz stehen die beiden wichtigsten Spesenkomponenten bei den obigen Geschäften in folgendem Verhältnis:en

	I.	II.	III.	IV.
Miete;	10%	16,29%	25,74%	20,90%
Personalkosten	7,4%	9,27%	8,63%	11,07%

Auch hieraus ergibt sich wiederum, da die Personalkosten im Verhältnis zum Umsatze weit weniger schwanken, die ausschlaggebende Bedeutung, welche hier die Miete als wichtigster Spesenfaktor hat.

Aus den ersten Beispielen läßt sich ein weitergehender, prinzipieller Schluß ziehen:

Bei Beispiel I liegt das Ergebnis vor allem deshalb so günstig, weil infolge eines alten Kontraktes die Miete sehr niedrig ist. Beispiel II wird als für Gewinnfilialen typisch bezeichnet. Wie würde sich die Rechnung stellen, wenn ein

Selbständiger dieses Geschäft unter gleichen Bedingungen betreiben würde?

Er würde benötigen: An Waren mindestens, wie jetzt der Filialleiter, $^1/_4$ des Umsatzes, d. h. rund 7700—8000 Mk., wahrscheinlich aber mehr, weil ihm das Reservelager der Zentrale dann nicht zur Verfügung stünde. Die Einrichtung dieses in Berlin gelegenen Geschäftes kostet rund 6000 Mk. An sonstigem Betriebskapital müßten bei einer Geschäftseröffnung ebenfalls noch 2—3000 Mk. vorhanden sein, sodaß das in diesem Betriebe arbeitende Kapital mit etwa 16,000 Mark keinesfalls zu hoch veranschlagt sein würde. Selbst wenn es diesem Inhaber nun gelänge, dieses als typisch bezeichnete Verhältnis von Umsatz und Kosten durchzusetzen und den gleichen Gewinn wie oben nachgewiesen zu erzielen, so erreicht er ein Gesamteinkommen (Gehalt des Filialleiters und Reingewinn) von 3860 Mk. Behält er dagegen sein Kapital und wird, was ihm bei Branchekenntnissen ein leichtes sein wird, Leiter einer solchen Filiale, so hat er 2845 Mk. Gehalts- und Provisionseinkommen, dazu bei 4%iger Verzinsung seines Kapitals 640 Mk. Zinseneinkommen; er hat also dann 380 Mk. jährlich weniger, als bei Selbständigkeit.

Für dieses wahrscheinliche Plus von 380 Mk., d. h. $2^1/_2$% seines Kapitals, das ganze Risiko teilweisen oder völligen Verlustes seines Vermögens oder auch nur dasjenige wesentlich geringerer Rentabilität auf sich zu nehmen, wird der Besitzer des kleinen Kapitals in aller Regel keine Neigung haben. Der Inhaber des Großbetriebes aber, der durch den Gesamtumsatz noch eine weitere Entschädigung erhält, der überdies das Risiko durch zahlreiche Filialen in seinem Gesamtbetrieb ausgleicht, pflegt bei einer durchschnittlichen Rentabilität von 7—8% seines Kapitals immerhin zufrieden zu sein. Die deutschen Aktiengesellschaften, die überhaupt Gewinn verteilten, erzielten im Jahre 1909 8,1% ihres Nominalkapitals als Ertrag [1]); die erste Detailhandels-A.-G., nämlich die Warenhaus-Aktien-

1) Statistisches Jahrbuch für das Deutsche Reich 1910, S. 347. Die 3426 Aktiengesellschaften, die im Jahre 1909 überhaupt Dividende verteilten, erreichten durchschnittlich 8,1%; daneben standen 672 Gesellschaften, die keine Dividende verteilten.

gesellschaft Leonhard Tietz, erzielt seit 5 Jahren regelmäßig 7—8% ihres Kapitals als Reingewinn [1]).

Damit dürfte vielleicht eine der Hauptursachen ermittelt sein, die in dieser Branche das Vordringen der Großbetriebe gegenüber den Kleinbetrieben begünstigen: Der voraussichtliche Reinertrag einer erstklassigen Neugründung ist zu klein, um dem Einzelgeschäfte die Gefahr eines Fehlgriffes hinreichend zu vergüten; steigende Nachfrage nach Personal und steigende Gehälter wirken gerade bei den geeignetsten Anwärtern auf solche Gründungen hemmend. Beim Großbetriebe gleichen sich mit der wachsenden Zahl der Geschäfte dagegen Gewinn und Verlust aus, sodaß der Durchschnittsertrag immer sicherer erzielt und die absolute Höhe des Endergebnisses infolgedessen immer größer wird.

3. Das Personal der Tabakfilialbetriebe.

I. Seine Gruppierung.

Über die Arten des beschäftigten Personals wurden von zwei der größten Filialbetriebe für Mitte 1910 die folgenden Angaben gemacht; es möge dabei bemerkt werden, daß Nr. I ein über das ganze Reich ausgebreiteter, Nr. II ein hauptsächlich in Berlin arbeitender Großbetrieb ist.

Vom Gesamtpersonal waren

	I.	II.	
Filialleiter	115	102	
zweite Verkäufer	5	49	
Inspektoren	3	3	
Büropersonal	8	43	
Lagerpersonal	8	27	
Dienstpersonal	14	89	(Hausdiener und Burschen)
mithin insgesamt:	153	313 [2])	

Über die Lage der wichtigsten Gruppen konnte folgendes ermittelt werden:

---

1) Handbuch der Deutschen Aktiengesellschaften 1909/10 S. 2133.

2) Bei diesem Betriebe kommt ein nicht unbeträchtliches Engrosgeschäft hinzu, wodurch sich das Mehr an Personal gegenüber Betrieb I teilweise erklärt; im übrigen ist aber auch der Detailumsatz wesentlich höher.

1. Die Filialleiter.

a) Vorbildung. Die Filialleiter haben in dieser Branche, wie oben gezeigt, eine wesentlich selbständigere Stellung als in mancher anderen. Die älteren Firmen haben das Betreben, branchekundige Angestellte mit mehrjähriger Praxis anzustellen. Da aber das Angebot an solchen nicht groß genug ist, werden vielfach auch junge Leute aus anderen Branchen herangezogen; ein Betrieb gibt auf Befragen an, daß er zum mindesten „kaufmännisch vorgebildetes Personal" verlange — was ziemlich weit gefaßt ist. Im allgemeinen werden aber in solchen Fällen Angestellte der Kolonialwarenbranche bevorzugt, da diese im Handel mit kleinen Quantitäten, auf den es hier ankommt, bereits bewandert sind. Wie groß der Personalmangel ist, geht daraus hervor, daß einer der größten Betriebe mit der bisher stets, weil verlustbringend, vermiedenen Einstellung von Lehrlingen begonnen hat, um so das für die Filialleiter geeignete Material selbst heranzubilden. Die Filialleiter haben auch hier durchweg nur Volks- oder Mittelschulbildung; eine gewisse Weiterbildung wird dadurch notwendig, daß in größeren Städten vielfach Kenntnis fremder Sprachen unerläßlich ist.

Die größere Selbständigkeit und der höhere Wert des anvertrauten Lagers bringt es in dieser Branche mit sich, daß allenthalben vom Filialleiter eine Kaution verlangt wird. Diese beträgt bei den älteren Firmen 500—1000 M.; der letztere Betrag gilt insbesondere für solche, die auswärtige Filialen leiten. Die Kautionen werden bei älteren Firmen mehrfach nur in Form von Sparkassenbüchern verlangt, zumeist, jedoch nicht immer[1]), sichergestellt. Aus den gleichen Gründen der Sicherheit werden verheiratete Filialleiter bevorzugt.

b) Einkommen. Bei den älteren und soliden Filialbetrieben dieser Branche erhält der Filialleiter regelmäßig festes Gehalt, ferner bei allen Betrieben eine Umsatzprovision. Zur Berechnung derselben wird ihm nach dem Spesensatze der Filiale ein Sollumsatz festgesetzt, den mindestens zu erreichen seine Aufgabe ist. Von demjenigen Betrage, den

1) Vergl. hierzu Schlußabschnitt „Filialwesen und Angestellte".

die Filiale über diese festgesetzte Summe hinaus erreicht, wird dann dem Filialleiter eine Umsatzprovision gezahlt. Diese beträgt bei einigen Betrieben 4—5$^0/_0$ des Mehrabsatzes, bei anderen steigt sie progressiv.

Das Gesamteinkommen, das sich hieraus ergibt, ist im einzelnen sehr verschieden. Im folgenden wird an Beispielen aus verschiedenen Teilen des Reiches gezeigt, wie sich in einer Reihe von Filialen die Einkommensverhältnisse der Leiter gestaltet haben. Es ergeben sich rund 1900 M. als Unter- und 4400 M. als Obergrenze, als Durchschnitt rund 2630 M. Die Beispiele entstammen den „Verteilungsplänen" eines großen Betriebes, die dieser laut §§ 47 und 48 des Kommunalabgabengesetzes den beteiligten preußischen Stadtgemeinden eingereicht, und deren Abschriften er mir zur Verfügung zu stellen die Freundlichkeit hatte.

Jahr	Großstadt im rhein. westf. Industriebezirk	Mitteldeutsche Handelsstadt	Westdeutsche Großstadt (Textilindustrie)
1898	—	1827,60	—
1899	2297,80	1849,25	2100,—
1901	2532,30	1820,25	2116,45
1903	2068,80	2127,10	2110,35
1905	1886,80	2008,35	2418,85
1907	2500,95	2149,05	1785,—
1909	2152,90	2329,50	1822,10

Schles. Industrie Bezirk Großstadt I	Schles. Industrie Bezirk Großstadt II	Berlin	
		Filiale I	Filiale II
1897,10	—	—	—
1950,50	4066,85	1837,—	2586,—
2029,75	4373,25	1806,—	2500,—
2109,15	4129,85	1813,—	2560,—
2318,75	3393,—	1984,—	2535,—
2444,30	3856,80	2125,—	2265,—
2725,30	4401,45	2080,—	1920,—

2. Die Inspektoren (Revisoren).

Die Inspektoren gehen regelmäßig aus den Reihen der Filialleiter hervor, über ihre Herkunft und Vorbildung gilt also alles oben Gesagte; außerdem erhalten sie aber für ihre neuen Funktionen in der Centrale noch eine spezielle Ausbildung. Neben Ersatz der Reisespesen variiert ihr festes Gehalt zwischen 3—5000 M.

Das sonstige Personal der Centrale zeigt in Entlohnung und Arbeitsverhältnissen keine Besonderheiten gegenüber demjenigen anderer kaufmännischer Betriebe.

3. Allgemeine Arbeitsbedingungen und soziale Fürsorge.

Die Stellung des Filialleiters, die in diesen Geschäften wirtschaftlich deutlich als eine Zwischenstufe zwischen Selbständigen und Angestellten erscheint, bringt gewisse rechtliche Schwierigkeiten mit sich. Für die Angestellten ist durch § 139c der Gewerbeordnung eine Mindestmittagspause vorgeschrieben. Da der Filialleiter rechtlich als Angestellter zu erachten ist, muß diese Bestimmung auch auf ihn Anwendung finden, und da, wie oben dargelegt, die meisten Filialen nur einen Angestellten haben, so muß die Filiale während dieser Zeit geschlossen bleiben. Nun sind aber gerade die Mittagsstunden in der Zigarrenbranche die wichtigste Verkaufszeit, und so geht neuerdings das Bestreben dahin, für die neue Funktion des Filialleiters andere gesetzliche Bestimmungen oder doch eine mildere Handhabung zu erlangen[1]).

In allen großen Betrieben wird den Angestellten während der Sommermonate Urlaub gewährt. Ein größerer Betrieb stellt während dieser Zeit ständig sechs Mann ein, die jeweils die Filialleiter während ihres Urlaubs — in diesem Betriebe durchweg 10 Tage — vertreten. Ein anderer Betrieb, der mehr zweite Verkäufer beschäftigt, gibt durchschnittlich 14 Tage bis 3 Wochen Urlaub, den ältesten Angestellten vielfach 4 Wochen.

1) Vgl. im Folgenden S. 255 ff.

Wohl sind fast regelmäßig weitgehende Konkurrenzklauseln üblich[1]; dagegen dürfte die Behauptung, daß die Filialbetriebe die älter gewordenen Angestellten entlassen und der Not anheim fallen lassen sollen[2], in dieser Branche keineswegs zutreffen.

Von den beiden Betrieben, welche die obigen Zahlen über ihre Angestelltengruppen gegeben haben, erhalte ich darüber die folgenden Angaben:

Es waren bei den Firmen tätig (es sind lediglich die im Filialbetriebe, sowie auf den Büros tätigen Angestellten berücksichtigt)

	Bei Betrieb I		Bei Betrieb II
Im 1. Jahre	30		27
„ 2. „	32		17
„ 3.— 5. „	36		44
„ 6.—10. „	25		40
„ 10.—15. „	25		32
„ 16. u. 17. „	5	Im 15.—20. Jahre	14
		Über 20 „	17
		„ 30 „	6
	153		197

Über die Altersgruppierung seiner Angestellten macht Betrieb I die folgende Aufstellung: Es standen im Alter von

20—30 Jahren	66
30—40 „	51
40—50 „	26
über 50 „	10
	153

Die lange Dienstdauer ist bei diesen Firmen wohl auch mit darauf zurück zu führen, daß bei beiden eine Altersversorgungseinrichtung für Angestellte besteht, bei Betrieb I außerdem seitens der Firma bei Notfällen und für die etwa

1) Vergl. z. B. V. T. 7 1912 Nr. 42, wo gegen einen Filialleiter mit 100 M. Monatsgehalt 1000 M. Konventionalstrafe eingeklagt wurden. Das Gericht ermäßigte die Strafe durch Vergleich auf 200 M.

2) Schade & Füllgrabe, a. a. O., auch Eingabe von Schloßmacher.

Hinterbliebenen Unterstützungen erfolgen. Ähnliche Einrichtungen bestehen auch bei mehreren älteren Firmen. Die Firma Krüger & Oberbeck hat eine für solche Zwecke errichtete Stiftung von 10 000 M. die sie mit 6% verzinst der „Vereinigung kaufmännischer Angestellter der Firma Krüger & Oberbeck" überwiesen; dieser lediglich von den Angestellten der genannten Großfirma gebildete Verein hat außerdem noch aus Mitgliederbeiträgen eine Unterstützungs- und Sterbekasse organisiert [1]).

II. Abschnitt.

Bedeutung der Betriebe innerhalb der Tabakbranche.

a) Allgemeine Lage der Branche.

Die statistischen Ermittlungen, die uns über die Tabakbranche zur Verfügung stehen, zeigen auf den ersten Blick ein diskrepantes Bild. Die durch Zoll- und Steuerstatistik festgestellte Tabakmenge, die auf den Kopf der Bevölkerung entfällt, ist seit fast 50 Jahren im Deutschen Reiche gleich geblieben, die Anzahl der Handelsbetriebe dagegen enorm gewachsen.

Im deutschen Zollgebiete betrug nämlich der Verbrauch an Rohtabak und Fabrikaten, umgerechnet auf fabrikationsfertigen Rohtabak [2]),

---

1) Der Verein zahlt im Todesfall nach dreijähriger Mitgliedschaft an die Witwe 300 M., für jedes Kind außerdem 300 M., die halben Sätze beim Ableben der Ehefrau. Die Firma legt ihrerseits den gleichen Betrag zu, überdies, falls erforderlich, Unterstützungen aus einem andern Fonds.

2) Preuß. stat. Landesamtszeitung, 18. Jahrgang, 1909, IV, S. 211.

Im Jahre	Gesamtverbrauch in Doppelzentnern	Im Jahrfünft	Verbrauch pro Kopf der Bevölkerung in Kg.
1880	564 184	1881—85	1,39
1885	631 892	1886—90	1,51
1890	800 937	1891--95	1,54
1895	935 812	1896—1900	1,62
1900	885 060	1900—1905	1,59
1905	1 020 576	im Jahre	
1906	895 595	1906	1,45
1907	983 072	1907	1,57
1908	1 095 520	1908	1,72
Im Durchschnitt der Jahre .		1861—1908	1,54

Die in der Tabakverarbeitung tätigen Personen und Betriebe haben dagegen prozentual etwas lebhafter zugenommen als die Gesamtbevölkerung. Es betrug nämlich im deutschen Reiche

Jahr	Die Anzahl der Betriebe Haupt- Betriebe	Neben- Betriebe	Summa	In den Betrieben beschäftigte Personen	Motor-Pferdekräfte
1882	15226	1149	16375	113396	—[1]
1895	19357	1576	20933	153080	2255
1907	25470	1799	27269	204224	4152

Während die Bevölkerung von 1882—1895 um 14,3%, von 1895—1907 um 19,22% zugenommen hat, wuchs in der Tabakbearbeitung die Anzahl der Betriebe von 1882 - 1895 um 53,7%, von 1895—1907 um 23,0%, die Anzahl der beschäftigten Personen 1882—1895 um 35,0%, 1895—1907 um 32,8%.

Der Tabak**handel** zeigt aber eine noch weit lebhaftere Entwicklung. Es betrug die Anzahl der Betriebe, die „Handel mit Tabak etc." im deutschen Reiche betrieben

1] 232 Betriebe mit Motoren, Zahl der Pferdestärken nicht ermittelt. Reichsstatistik Bd. 7. N. F.

Im Jahre	Anzahl der Betriebe	Beschäftigte Personen	Zunahme der Betriebe	Zunahme der Personen
			in Prozent	
1882	8113	11510	—	—
1895	12471	17315	53,7	50,4
1907	13121	37007	93,2	119,0

Die Gesamtzahl der offenen Verkaufsstellen, in denen 1907 Tabak vertrieben wurde, erreichte 23,563.

Dieses außerordentliche Anwachsen erklärt sich

1. aus der allgemeinen Spezialierungsbewegung; verstärkt durch
2. die Mehrung der Kaufakte.

Während nämlich früher allenthalben und noch heute vielfach auf dem Lande der Rauchstoff einer der Artikel der Kolonialwarengeschäfte war, ist er aus diesen heute in den größeren deutschen Städten fast verschwunden [1]). Die städtischen Raucher decken ihren Bedarf ganz überwiegend in den Spezialgeschäften. Daneben breitet sich freilich der Absatz dieser Artikel in Friseurladen und besonders in Gastwirtschaften offenbar immer weiter aus [2]). Nur die Arbeiterschaft scheint davon noch eine Ausnahme zu machen, wie der wachsende Absatz der Konsumvereine zeigt [3]); aber auch hier wirkt schon der Zug der Spezialisation; es hat z. B. der Görlitzer Waren-Einkaufsverein

1) Im Gegensatz zu Amerika, wo sich in starkem Maße die Kombination von Drug Store und Rauchartikeln erhalten zu haben scheint. Jacobstein, The Tobacco Industry, Chicago 1907, S. 111.

2) Dahin wirkt auch die Tatsache, daß die Cigarrengeschäfte den Ladenschluß respektieren müssen, während die Abgabe zum direkten Konsum in Gastwirtschaften ungehindert weitergeht. Der Kampf der Zigarrendetaillisten dagegen wird jahrelang erbittert, aber erfolglos geführt; ein Berliner Restaurant veranschlagte seinen Reingewinn aus Zigarrenverkauf auf 37000 M. jährlich, d. h. etwa $^1/_5$ des Reinertrages aus Bierabsatz (V. T. Z. 1912 Nr. 38).

3) Die ständig steigende Eigenproduktion dns Zentralverbandes deutscher Konsumvereine betrug 1911 schon 2,7 Mill. M., 1912 aber 3,37 Mill. Der Verkauf betrug aber pro Kopf des Arbeiters bei der Kruppschen Konsumanstalt 1902 bereits 24,83 M.

ein Zigarrengeschäft eröffnet[1]), und von Konsumvereinen wird ähnliches berichtet.

Daneben erklärt sich das rapide Anwachsen des Detailhandels aus der Mehrung der einzelnen Käufe. Bekanntlich geht seit 40 Jahren die Bewegung vom Rauchtabak zur Zigarre und von dieser neuerdings immer mehr zur Zigarrette. Wurde der Rauchtabak noch durchweg in Mengen von $^1/_2$—1 Pfund gekauft, so entnimmt man von Zigarren meist nur 5—10 Stück (also etwa 40—60 Gramm), und noch viel mehr Verkaufsarbeit ist notwendig, bis 1 Kg. Tabak abgesetzt ist in der immer mehr vordringenden Form der Zigarrette[2]). Aus 1 Kg. Rohtabak werden hiervon etwa 980 Stück hergestellt[3]) und der Absatz erfolgt meist in Mengen von 10—20 Stück.

b) Ersatz (Rekrutierung) der Detailhändler.

So wurde eine immer wachsende Zahl von Personen für den Detailhandel notwendig. Der Nachwuchs aus den bestehenden Geschäften war viel zu klein, um dem Bedarf an Geschäftsinhabern zu genügen. Es kamen also zunächst Verkäufer aus der Kolonialwarenbranche hinzu; nach übereinstimmenden Berichten der Fachleute[4]) wurden aber immer mehr ganz branchefremde Personen hinzugezogen, vielfach auch solche, die wenig oder auch wohl gar kein eigenes Kapital besaßen.

---

1) Geschäftsbericht 1909/10.

2) Während die einheimische, fast nur fürs Inland arbeitende Produktion im Jahre 1877 erst rund 187,6 Millionen Stück betrug (Bormann a. a. O. S. 1), erreichte sie 1910 rund 8361 Millionen, 1911 gar 9382 Millionen Stück. Der Gesamtverbrauch Deutschlands (zuzüglich Einfuhr) wird amtlich für 3911 auf 9852 Millionen Stück berechnet; in diesem einen Jahre betrug die Zunahme des Konsums rund 18%. (Vierteljahrshefte z. Stat. d. D. R. 1912, III, 83). Für 1911 schätzt der Syndikus des Verbandes der deutschen Zigarettenindustrie den Anteil der Zigarette an der Gesamtausgabe für Tabak in Deutschland auf etwa 10% (V. T. Z. 1912).

3) Bormann, a. a. O. S. 39.

4) So im Verein der Tabakinteressenten Michaelis, vergl. z. B. V. T. Z. 1910, S. 27 Nr. 7; ferner V. T. Z. Jahrg. 1904 Nr. 47, 1905 Nr. 24 usw. bis 1912 Nr. 22; über die Einrichtungsfirmen besonders auch 1910 Nr. 14 (Art. „Modernes Sklaventum").

Neben dem eigentlichen Filialwesen, bei dem mit Rücksicht auf die bekannte Firma bei Neuerrichtungen stets große Vorsicht obwalten muß, entwickelten sich in immer stärkerem Maße die sogenannten

„Einrichtungs-Firmen".

Sie haben insofern mit den Filialbetrieben Ähnlichkeit, als sie dem neu zu Etablierenden die Kosten der Ladeneinrichtung ganz oder zum Teil vorstrecken, diese auch wohl selbst beschaffen; als sie ferner die Waren auf langfristigen Kredit liefern. Dagegen wird in aller Regel von dem auf diese Weise selbständig Gemachten neben ratenweiser Abtragung eine Verpflichtung verlangt, derzufolge er Waren von der einrichtenden Firma auf längere Dauer hinaus beziehen muß.

Nach außen hin firmiert jedoch der neue Inhaber selbst. Es gibt eine ganze Reihe größerer Firmen, die diese Art des Geschäftes in vorsichtiger Weise mit Erfolg für beide Teile betreiben. Aber es liegt klar auf der Hand, daß damit auch je nach der Gestaltung der Bedingungen schwere Mißbräuche getrieben werden können. Wenn z. B. ein einziger Spekulant nach einer Mitteilung der Fachpresse binnen noch nicht ganz zwei Jahren über 300 Geschäfte errichtet haben soll, so kann weder von einer Prüfung der Bewerber, noch von einer vorsichtigen Auswahl der neu zu errichtenden Geschäfte viel die Rede sein [1]).

Eine Mischform zwischen Einrichtungsgeschäft und Filialbetrieb war der Geschäftsbetrieb der „Norddeutschen

1) V. T. Z. 1904 Nr. 38. Das Vorgehen dieses Gründers begann mit einer Annonce folgenden Wortlauts: „Günstige Gelegenheit zur Selbstständigkeit. Hamburger Zigarren-Engros-Haus richtet Leuten, die sich etablieren wollen und Sicherheit bieten können, unter günstigen Bedingungen Zigarrengeschäfte ein".

Auf Anfrage erhielt der Bewerber regelmäßig ein Schreiben, in dem es hieß: „Die nötige Instruktion über die Führung des Geschäftes, sowie die Angaben über günstige Bezugsquellen der von mir nicht geführten Artikel wird jedem Unternehmer in einem ausführlichen Schreiben erteilt, sodaß derselbe in der Lage ist, sich vor Eröffnung des Geschäftes genügend orientieren zu können". Nach dem in dem gleichen Schreiben vorgeschlagenen Vertrage bleiben dem Einrichtungsgeschäfte die Einrichtung bis zur Abzahlung der Kosten, die ratenweise erfolgt, verpfändet, und für die gelieferten Waren dient eine zu stellende Kaution oder Bürgschaft als Sicherheit (V. T. Z. 1905 Nr. 50).

Tabak-Manufaktur"; dieser wird, da er für gewisse in allen Branchen mögliche Auswüchse des Filialwesens charakteristisch ist, am Schlusse dieser Arbeit ausführlicher behandelt.

c) Der Anteil der Filialen am Detailhandel.

Angesichts dieser fortwährenden Neugründungen kann von einer Verminderung der Zahl der Selbständigen durch die Filialbetriebe nicht die Rede sein. Ebenso zweifellos ist es aber, daß die große Anzahl der fachlich nicht vorgebildeten Detaillisten den Filialbetrieben das Vordringen besonders erleichtert hat.

Welche Bedeutung innerhalb der Branche den Filialbetrieben heute zukommt, läßt sich nicht allgemein feststellen. Die Zahlen der Betriebsstatistik[1]) zeigen, daß von 3507 offenen Läden, die im Zusammenhang mit Fabrikation betrieben gezählt wurden, 636 Filialläden waren; wieviele von den 20056 übrigen Läden Filialen waren, läßt sich nicht bestimmen, sondern nur feststellen, daß 386 hiervon zu „Betrieben mit mehr als einer Verkaufsstelle" gehörten. Der Anteil der Filialbetriebe am Gesamtumsatz ist aber sicher weit größer als ihr prozentualer Anteil an der Gesamtzahl der Läden; denn wie wir schon zu Beginn dieser Erörterung darzulegen hatten, sind sie gezwungen, die besten Läden herauszusuchen, in denen die bedeutendsten Umsätze gemacht werden.

Weitaus am größten ist, wie auch schon aus der oben (S. 124) gegebenen Aufstellung hervorgeht, die Bedeutung der Filialenbetriebe der Tabakbranche in Berlin. Hierfür möge auf Grund der mit maßgebenden Fachleuten gepflogenenen Erörtungen festgestellt werden: Von den rund 3500 Läden der Zigarrenbranche, die 1907 in Berlin und Charlottenburg festgestellt wurden[2]), gehören etwa 500 zu den eigentlichen Großfilialbetrieben. An Zahl der Läden handelt es sich also nur um etwa 1/7 der Gesamtzahl. Dies sind aber nahezu

---

1) Vergl. hierüber Anhang I.

2) Nach den Ermittlungen der Betriebsstatistik gab es 1907 in Berlin und Charlottenburg 3622 „Verkaufsstellen" für Tabakwaren; von diesen sind aber, wie später dargelegt wird, nicht alle als wirklich selbständige Läden zu betrachten.

ausnahmslos die besten Lagen, in denen meist das Vielfache der Umsätze der übrigen Läden erzielt wird. So wird für einen Berliner Großbetrieb ein Durchschnittsumsatz des einzelnen Filialladens seines Betriebes von rund 40 000 M. jährlich berechnet; ein anderer geht weit darüber hinaus; er erreicht im Durchschnitt fast 75000 M. jährlich. Zwei Berliner Betriebe erreichten 1910 zusammen fast 10 000 000 M. an Jahresumsatz, und der Gesamtumsatz in den Berliner Filialläden wird auf Grund dessen von Filialinhabern selbst auf mindestens 30 Millionen, von einer Seite sogar auf 40 Mill. M. geschätzt.

Dagegen wird der durchschnittliche Umsatz der mittleren und kleineren Geschäfte weit geringer veranschlagt. Die Ansicht der befragten Fachleute geht fast einstimmig dahin, daß in Berlin — zumal mit Rücksicht auf die sehr zahlreichen, nur als Nebenerwerb betriebenen, von Frauen oder sonstigen Familienangehörigen bedienten Läden — 12 000 Mk. in diesen Geschäften als durchschnittlicher Jahresumsatz (etwa 35 — höchstens 40 Mk. Losung des vollen Verkauftages) eher zu hoch, als zu niedrig bemessen sei [1]). Demnach dürfte heute in Groß-Berlin der Umsatz in den Einzelgeschäften denjenigen der Großfilialbetriebe nicht mehr überschreiten, m. a. W. die Hälfte des Gesamtumsatzes der Tabakbranche in Berlin durch die Filialbebetriebe gehen [2]).

In anderen Großstädten ist dagegen der Einfluß der Groß-Filialbetriebe geringer. So wurden 1907 in dieser Branche ermittelt

in Aachen	172 Läden;	als Filialen 1909 [3])	13 Läden
„ Dortmund	118 „	„ „ „	22 „ [4])
„ Köln	382 „	„ „ „	49 „
„ Wiesbaden	90 „	„ „ „	10 „

1) Selbst die von großer Reklame unterstützten 4 Geschäfte des Spekulanten Koghen erzielten an vielen Tagen nur zwischen 6 und 30 Mark Tageslösung (V. T. Z. 1912 Nr. 26).

2) Nach den Adreßbüchern jeweils durch ansässige Fachleute kontrolliert; bei Ortsfilialbetrieben wurde stets ein Geschäft als Hauptgeschäft betrachtet und nicht mitgezählt, Filialen auswärtiger Firmen sind stets mitgezählt.

3) Hiervon nur 4 Läden auswärtiger Inhaber.

4) Über eine ähnliche Schätzung betr. New York vergl. auch V.T.Z. 1912 No. 24.

4. Einwirkung auf den Geschäftsbetrieb der Konkurrenz.

a) Kampfmaßregeln.

Solche Betriebe konnten nicht ohne Einwirkung auf den Geschäftsbetrieb der übrigen Detailgeschäfte bleiben. Zunächst fehlt es auch hier nicht an Bekämpfung; aber sie ist doch schwächer und setzt anscheinend später ein, als in der Kolonialwarenbranche. Zwar erklärt die „Offizielle Zeitung" des Verbandes deutscher Zigarrenladeninhaber" schon 1904[1]):

„Das System, so viele Filialen zu gründen, können wir nicht anerkennen. Es gibt Firmen von 30—80 Filialen in Berlin, und jeder, der hier ein Eckgeschäft hat, ist gezwungen, jährlich seinen Kontrakt durchzulesen und seinen Wirt zu befragen; denn es könnte leicht sein, daß ein Filialbesitzer wieder 500 M. mehr geboten hat."

Auf Grund dieser und ähnlicher Argumente verlangt der Verband denn auch in einer im Jahre 1904 gefaßten Resolution auf Antrag seiner Ortsgruppe Berlin eine Filialsteuer, die aber charakteristischer Weise erst bei der sechsten Filiale beginnen soll. Der Antrag lautet:

„2. daß Filialbesitzer, die mehr als 6 Filialen am Platze haben, mit 300 M., für die 7. Filiale mit 50 M. usw. mit einer staffelförmigen Lizenzsteuer von 50 M. pro Filiale zu besteuern sind."

Bei denjenigen Betrieben, die mit Fabrikation verbunden sind und neben dem Absatz in eigenen Läden auch an fremde Detailgeschäfte liefern, ist es den organisierten Detaillisten mehrfach gelungen, durch Drohungen mit Abnahmesperre die weitere Ausbreitung des Filialnetzes zu verhindern. Die Verpflichtung, welche die Firma Loeser & Wolff unterm 12. 6. 1910 in diesem Sinne abgegeben hat (vergl. vorher S. 125), ist hierauf zurückzuführen, ebenso auch diejenige der Trustfabriken (unten S. 161).

b) Wirtschaftliche Einwirkungen auf die Konkurrenz.

Wichtiger als diese Kampfmaßregeln waren vorerst die wirtschaftlichen Einwirkungen der Filialbetriebe auf

1) Jahrg. 1, Nr. 16 S. 4 u. 5.

ihre selbständige Konkurrenz und zwar sowohl auf das Äußere dieser Geschäfte, wie auf die Geschäftsführung.

Allenthalben wird anerkannt, daß infolge des Vorgehens der Großfilialisten sich Zweckmäßigkeit und Eleganz der Zigarrenläden allgemein schnell gehoben hat. So wird schon 1905 in den Verein. Tabakzeitungen betont[1]:

„Gerade unsere Großfilialen gaben den Ansporn, daß das Zigarrendetailgeschäft gewissermaßen „modernisiert" wurde; Lage der Geschäfte, Einrichtung und dekorative Anordnung der Läden und Schaufenster haben die Inhaber der besseren Einzelgeschäfte beeinflußt und veranlaßt, sich in Bezug auf vorstehende Äußerlichkeiten den großen Filialen ebenbürtig an die Seite zustellen. Dieser Einfluß der Großfilialisten auf die äußere Hebung des Geschäftes darf ihnen nicht vergessen werden."

An anderer Stelle[2]) wird hervorgehoben, daß es

„gerade die Großfilialfirmen waren, welche dem Zigarrenspezialgeschäfte zu einem ungewöhnlichen Ansehen im Publikum verhalfen."

Der wichtigste Vorzug des Großfilialbetriebes ist ja, wie auch von filialgegnerischer Seite richtig hervorgehoben wird[3]), daß „der Raucher in jeder Stadtgegend die ihm liebgewordene Marke erhält." Aber das von dieser Seite den Einzeldetaillisten empfohlene Gegenmittel, nämlich Vereinigungen zum gemeinsamen Einkauf und Einführung von Spezialmarken, ist in seinem letzten Teile für den selbständigen Detailhändler nicht ohne Bedenken. Die Einkaufsvereinigungen als solche können auch hier zweifellos dazu dienen, den Einzeldetaillisten die Vorteile des Großfilialbetriebes beim Einkaufe ganz oder doch zum Teil ebenfalls zu sichern; es bestanden im Dezember 1910 im Verband Deutscher Zigarrenladeninhaber 13 Vereinigungen, meist jüngsten Datums[4]).

Anders liegt es dagegen mit den Spezialmarken. Bei den Zigaretten hat man sich bereits damit abgefunden, auf

---

1) V. T. Z. Jahrg. 1904 Nr. 5.

2) Jahrg. 1905, Nr. 24.

3) Vortrag von Korthaus abgedruckt in den V. T. Z. Jahrg. 1906 Nr. 49.

4) Offizielle Zeitung d. deutschen Zigarrenladeninhaber, 7. Jahrg. Nr. 51. Die Hauptergebnisse der Umfrage waren: Eingetragene Genossenschaften gab es in München und Berlin. München hatte binnen 5 Monaten einen Umsatz von 86 500 M.; Zigarren bleiben ausdrücklich

die Marken des Fabrikanten angewiesen zu sein. Hier liegt es so, daß der Fabrikant in der Regel die ganzen Reklamekosten übernimmt[1]), und daß er dagegen bei guteingeführten Marken den Detaillisten vielfach seine Bedingungen diktieren kann. Dieser Zustand besteht in der Zigarrenbranche noch nicht. Vorerst führt der Detaillist noch allgemein seine eigenen Marken, und gut geleitete Einzelgeschäfte haben auf Grund der Einführung solcher Marken oft einen nicht unbeträchtlichen Versand nach auswärts[2]). Über die Folge des Markenwesens wird von Interessenten zutreffend festgestellt:

---

ausgeschlossen, „damit diese nicht auch noch Markenartikel werden". Berlin erzielte ungefähr 50000 Mark Jahresumsatz, hauptsächlich in Zigaretten; stand auch schon mit andern Genossenschaften in Verbindung. Charlottenburg hat eine Vereinigung seit 1895, schließt ebenfalls Zigarren aus, erzielt 50—60000 Mark Jahresumsätze. Görlitzer Verein kauft gemeinsam österreichische Regiefabrikate (jährl. 25—30000 Mark), ebenso Chemnitz (40000 M. jährl.). Alle andern beschränken sich auf Zigaretten und Nebenartikel. Die Erfahrungen waren fast ausnahmslos günstig.

1) Vergl. Bormann a. a. O. S. 35, auch V. T. Z. Nr. 15, Jahrg. 1910 S. 10.

2) Es ist sehr wohl möglich, daß in anderen Städten auch dieselbe Zigarre des gleichen Fabrikanten verkauft wird; aber sie führt dort andere Namen, sodaß der Raucher an seinen früheren Lieferanten gebunden bleibt. Der oben zitierte Interessenten-Artikel (Verein. Tabak-Zeitungen 1910 Nr. 6. S. 35) drückt dies wie folgt aus:

„Der Händler verschafft sich infolge seiner Kenntnisse, Verbindungen usw. seine eigenen Marken, die die Kundschaft verlangt. Um diese zu erhalten, muß die Kundschaft nur seine Verkaufsstellen aufsuchen oder schriftlich bei ihm bestellen, da anderwärts die Ware nicht zu erhalten ist. Es wird keinem Konsumenten in Königsberg oder Konstanz einfallen, bei einem Händler im westlichen Deutschland eine bestimmte, bekannte Zigarettenmarke zu bestellen, da er diese Marke allerorts haben kann. Falls dem Konsumenten aber die Zigarrenmarke des Händlers im westlichen Deutschland gefällt, wird er diese von Königsberg oder Konstanz aus schriftlich zur Lieferung bestellen. Die ganze Ausdehuung des Händlergeschäftes durch Postversand hängt nur von der Beliebtheit der eigenen Marken des Händlers ab . . ., die er sich bisher im Verein mit tüchtigen Fabrikanten schuf."

Durch das Vordringen der Zigarette wird aber doch der Markenschaffung auch im Zigarrenhandel vermutlich der Weg geebnet. (Vergl. auch V, T.-Z. 1912 Nr. 96—100.)

„Sobald die Marke des Fabrikanten lanciert ist, muß der Händler diese Marke verkaufen. . . . Der Händler sinkt somit zum Vermittler, wenn nicht zum Angestellten des Fabrikanten herab“ [1]).

In den Vereinigten Staaten beherrscht das Markensystem in der Tat auch bereits den Zigarrenhandel und hat dort, wie wir in dem Abschnitt über die allgemeinen Beziehungen des Filialwesens zu trustartigen Organisationen eingehender darlegen werden, dem Tabaktrust das Vordringen sehr erleichtert [2]).

Demgegenüber versuchen die Einkaufsvereinigungen neuerdings stellenweise einen Gegenstoß: Sie wollen für ihre Mitglieder Spezialmarken schaffen, die also von den zusammengeschlossenen Händlern ausgehen, und den Mitgliedern der Vereinigung als solchen die Konkurrenzfähigkeit mit den Großfilialbetrieben wiedergewinnen sollen, ohne sie von den Fabrikanten abhängig zu machen. Im Zigarettenhandel wurde der gleiche Versuch unternommen, ist aber gescheitert [3]).

Bei den gemeinsamen Aktionen des Zigarrendetailhandels nach außen hin, sind die Großfilialbetriebe führend gewesen. Als im Jahre 1901 der Kampf gegen den amerikanischen Tabaktrust in Deutschland einsetzte, gehörten die Großfilialbetriebe zu den ersten, welche trotz der großen, geschickten Reklame des Trusts die Marken der von diesem erworbenen Fabriken Josetti und Jasmatzi aus ihren Geschäften ausschlossen [4]). Ebenso waren die führend bei den Kämpfen um die Tabakbesteuerung, besonders im Jahre 1909, und als dann die Steuer eingeführt wurde, versuchten sie vom ersten Tage ab die erforder-

1) Verein. Tabak-Zeitungen 1910, Nr. 6, S. 35.

2) Vergl. Jacobstein, a. a. O. S. 118 ff., auch V. T.-Z. 1912, Nr. 24 S. 10, wo das Anbringen der Marke auf der Zigarre geschildert wird.

3) Korthaus a. a. O., aber auch ähnliche Versuche in Barmen („Gesellschaft Tölleturm“) und Aachen; in Cassel gescheitert (Offizielle Zeitung 1910 Nr. 51). Neuerdings ist auch für Zigaretten in Charlottenburg eine wirksame Händlervereins-Marke geschaffen worden (V. T.-Z. 1912, Nr. 46 S. 38).

4) V. T.-Z. 1905, Nr. 24.

liche Preiserhöhung gemeinsam durchzusetzen; dieses Bestreben scheiterte schließlich daran, daß die kleineren Geschäfte noch lange „zu alten Preisen" verkauften [1]). Daraufhin ersetzten dann die Großbetriebe als erste ihre bisherigen Zigarrenmarken durch neue, ein Vorgehen, dem sich der übrige Detailhandel seither notgedrungen anschließen mußte.

Zu den übrigen neuen Formen des Detailhandels haben die Filialbetriebe dieser Branche keine Sonderstellung. Die Warenhäuser führen Tabakwaren kaum, bedeuten also keine eigentliche Konkurrenz der Betriebe. Die Konsumvereine bearbeiten, wie oben dargelegt, gerade diejenigen Kreise, für welche die Filialen weniger in Frage kommen [2]). Immerhin wird, wie ein Großfilialbetrieb mitteilt, zumeist dann ein nicht unerheblicher Rückgang in den Einnahmen konstatiert, wenn ein Konsumverein in der Nähe einer Filiale eröffnet wird. Umgekehrt berichtet eine Konsumanstalt, daß infolge der Ausbreitung der Tabakfilialen die Entnahme von Cigarren nicht in dem erwarteten Maße zugenommen hat.

Einwirkungen der Filialbetriebe aufeinander.

Zwischen den Filialbetrieben herrscht auch in dieser Branche im Verkaufe scharfe Konkurrenz. Immerhin haben in Berlin schon seit 10 Jahren zwischen den Großfilialisten dieser Branche Verständigungen über Einzelfragen von Fall zu Fall stattgefunden. Dringt auch hierüber wenig an die Öffentlichkeit, so sind doch die oben schon erwähnten trustfeindlichen Abmachungen offen bekannt gegeben worden, und ebenso wurde bei der Reichsfinanzreform unter Führung der Großfilialbetriebe ein ausdrückliches Abkommen über die Preisgestaltung in Berlin veröffentlicht [3]). Als charakteristisch möge noch angemerkt werden, daß in den letzten

1) Jahresbericht 1909 des Vereins aller Tabak-Interessenten Deutschlands, Sitz Berlin, abgedruckt V. T.-Z. Jahrg. 1910 Nr. 7.

2) Die gleiche Beobachtung wird aus Basel berichtet bei Faucherre a. a. O. S. 155. Neuerdings ist allerdings ein spezieller Tabak-Konsumverein für Beamte begründet worden (V. T.-Z. 1912, Nr. 100 S. 17).

3) V. T.-Z. 1909 Nr. 7.

Jahren in Berlin eine Art Arbeitsteilung in der Weise eingesetzt hat, daß gewisse Firmen bei Errichtung neuer Filialen in Berlin mehr den Westen bevorzugen, andere dagegen ausgesprochen den Osten usw. Die Ursache liegt zweifellos in den Unterschieden in der Art der hauptsächlich bedienten Kundschaft.

Zu einem eigentlichen Zusammenschluß der Filialbetriebe dieser Branche als solcher ist es bisher noch nicht gekommen. Dies erübrigte sich, da die Berliner Großfirmen im „Verein aller Tabakinteressenten Deutschlands" einen gemeinsamen Boden haben. Dagegen sind die Großfilialisten der Tabakbranche in erster Linie an dem Zusammenschluß aller Filialbetriebe mitbeteiligt, der sich infolge polizeilicher Eingriffe im Juni 1910, zunächst für Berlin, vollzogen hat.

* *
*

Demzufolge kann festgestellt werden: Die Bedeutung der Großfilialbetriebe innerhalb des Tabak-Detailhandels wächst progressiv mit der Größe der Städte; in Berlin können sie geradezu als dominierend gelten. Trotzdem kann von einer absoluten Zurückdrängung der selbständigen Einzeldetaillisten keineswegs die Rede sein, diese nehmen vielmehr an Zahl ständig lebhaft zu, zum Teil in den nicht unbedenklichen Formen der „Einrichtungsgeschäfte". Relativ schränken die Filialbetriebe das Arbeitsfeld des selbständigen Detailhandels in der Tat ein, da hier die überlegene Kapitalkraft und Kreditfähigkeit des Großbetriebes sich besonders geltend machen. Die Gegenmaßregeln des selbständigen Detailhandels, erschwert durch die vielen brancheunkundigen Elemente, bergen an sich wieder Gefahren für seine Selbständigkeit. Der wirklich sachkundige Detaillist ist aber im allgemeinen auch in den besseren Lagen heute noch konkurrenzfähig; jedoch werden, mit unter dem Einflusse der Filialbetriebe, die Anforderungen an seine Kapitalkraft und Leistungsfähigkeit ständig emporgeschraubt.

Bei Vertretung der gemeinsamen Interessen des Tabakdetailhandels hatten und haben noch heute die Großfilialbetriebe die Führung [1]).

---

1) Bei den noch schwebenden Bestrebungen gegen das „Schleuder-

5. Einfluß auf Industrie und Großhandel, sowie auf die Konsumenten.

Von den vorher S. 124 genannten 16 Großbetrieben mit 1016 Filialen hatten 8 Firmen mit 612 Filialen eigene Fabrikation, und von den 140 Filialen der Norddeutschen Tabakmanufaktur waren Ende 1910 etwa 70 auch in die Kontrolle einer Fabrikations-A.G. übergegangen. Offenbar neigt also der Großfilialbetrieb zur Angliederung der Fabrikation, und sie geschieht hier relativ leicht. Denn in der Zigarrenfabrikation ist die Maschinenverwendung noch nicht weit vorgeschritten [1], und schon deshalb das notwendige Betriebskapital nicht annähernd so groß, wie etwa in der Zigarettenindustrie. Eine bestimmte Einwirkung der Detailhandelsfilialen auf Betriebsweise oder Standort der zugehörigen Fabrikbetriebe läßt sich nicht nachweisen. Es handelt sich hier um eine lediglich nach den billigsten Arbeitskosten orientierte Industrie, und deswegen tritt hier auch in der Herstellung selbst der dezentralisierte Betrieb, besonders auch in Form von Filialfabriken, sehr stark auf [2].

Aus den Angaben der Betriebszählung 1907 ist auch hier relativ wenig über die Verbindung von Fabrikation und Detailhandel zu schließen. Wohl werden 3235 Fabrikationsbetrlebe in Verbindung mit eigenen Ver-

---

unwesen im Zigarettenhandel" verlangten Inhaber kleinerer Betriebe von den Großfilialisten eine besondere Initiative (V. T.-Z. 1910. Nr. 7 S. 25); tätsächlich übernahm der Inhaber eines der größten Betriebe den Vorsitz im Komitee zur Bekämpfung der Unterpreisverkäufe und von den fünf „Händlervertretern" des Komitees waren drei Inhaber von Massenfilialbetrieben (V. T.-Z. 1912, Nr. 14); der Kampf scheint aber aussichtslos zu sein (V. T.-Z. 1912, Nr. 104, melden die Auflösung des Komitees).

1) Jacobstein a. a. O. S. 101 ff., Bormann a. a. O. S. 118.

2) Die Betriebszählung zeigt 601 Hauptgeschäfte, die Zweiggeschäfte haben; es werden ihrer 1594 unterhalten, und in diesen Filialbetrieben wurden (einschließlich der 5404 in Verbindung mit Filialläden nachgewiesenen) 56 381 Personen gezählt. Von den angeführten Firmen hat z. B. Loeser & Wolff vier Filialfabriken, die sämtlich in Westpreußen, also in großer Entfernung vom Hauptabsatzgebiete Berlin liegen; Paul Juhl zählt ihrer drei; die reine Fabrikationsfirma M. Brinkmann, Bremen, hat 20 Filialfabriken (V. T.-Z. 1912, Nr. 104). Immerhin scheint die vermutlich größere Rentabilität der Fabriken mit Massenfilialen auch deren Arbeitern zugute zu kommen; bei Loeser & Wolff wurden bis Ende 1912 für mehr als 10 jährige Dienstzeit 1972 Arbeitnehmer prämiert, und in diesem einen Jahre gab die Firma rund 73000 Mk. für Wohlfahrtseinrichtungen aus (V. T.-Z. 1912, Nr. 95).

kaufsstellen gezählt; davon gehört aber die große Mehrzahl zu Klein- und Zwergbetrieben (fast genau $^{2}/_{3}$ zu Betrieben mit bis zu fünf beschäftigten Personen); auf 34 Betriebe mit drei und mehr offenen Verkaufsstellen entfallen 281 Verkaufsstellen. Die Filialtabelle zeigt 636 offene Filialläden; in diesen und den mit ihnen in Verbindung stehenden Fabriken werden 5404 Personen beschäftigt. Bei der Unsicherheit der ganzen Erhebung [1]) läßt sich hieraus nicht entnehmen, wieviele Handelsbetriebe sich Fabrikation angegliedert haben.

Der umgekehrte Weg, Errichtung von Filialsystemen von der Fabrikation aus, ist im Gegensatz zu Amerika in Deutschland nicht nachzuweisen gewesen. Wohl aber ist von den deutschen Cigarettenfabrikanten einmal der Gedanke ernstlich erwogen worden, den Verkauf ihres Artikels durch ein eigenes Massenfilialsystem selbst zu übernehmen; es wurde dies den Einkaufsvereinigungen der Detaillisten bei Ablehnung von kategorisch gestellten Forderungen erklärt[2]); da bald darauf eine Einigung erfolgte, wurde die Anregung nicht weiter verfolgt. Auch der Tabaktrust verpflichtete sich öffentlich, keine eigenen Geschäfte zu errichten, „solange seine Firmen am Vertrieb ihrer Fabrikate nicht verhindert werden, insbesondere nicht durch Boykotts oder ähnliche Maßregeln[3]).

Das Arbeiten mit den nicht zur Fabrikation übergegegangenen „reinen Händlerfirmen" hat im übrigen für die Industrie ganz allgemein die Vor- und Nachteile, die jeder andere Großabnehmer bietet; den Vorteil des Absatzes größerer Mengen und damit Ersparnis an Reisekosten, Propaganda, Packmaterial und Frachten, sowie Verminderung des Risikos. Als Nachteil wirkt hier vor allem die Möglichkeit, durch Verlust eines solchen Großabnehmers mehr geschädigt zu werden, als durch Verlust zahlreicher kleinerer, d. h. eine gewisse Abhängigkeit von den großen Betrieben [4]).

Der Großhandel hat dagegen, wie allenthalben, so auch in dieser Branche von den Filialbetrieben Einschränkungen erfahren. Für ihren eignen Bedarf schalten diese Betriebe ihn fast allenthalben aus, und die Einkaufsver-

---

1) Vergl. unten S. 217.
2) V. T.-Z. 1905, Nr. 16.
3) „Das deutsche Tabakgewerbe" 1912, Nr. 7.
4) Vergl. auch Süddeutsche Tabakzeitung 20. Jahrg. Nr. 48, 3. Blatt.

einigungen der Detaillisten, die infolge der Konkurrenz der Filialbetriebe entstanden sind, engen auch hier das Tätigkeitsgebiet des Großisten an den besten Verkaufsstellen immer mehr ein. Wenn trotzdem aus der Betriebszählung noch auf eine relativ bedeutende Anzahl von Großisten geschlossen werden kann[1]), so liegt dies daran, daß einerseits das stürmische Anwachsen der Zahl der selbständigen Betriebe, andererseits der immer mehr um sich greifende Absatz dieser Artikel in Gastwirtschaften, Friseurgeschäften etc. ihnen ein neues, weites Feld der Tätigkeit eröffnet und die einschränkende Wirkung der Filialbetriebe durchkreuzt.

Bedeutung der Betriebe für die Konsumenten.

Die Vorteile, welche diese Betriebe für die Konsumenten bringen, sind oben bereits mehrfach hervorgehoben worden: In den höheren Preislagen findet der Käufer in ihnen im allgemeinen wohl eine billigere Cigarre als in den selbständigen Einzelgeschäften; aber dieses mehrfach bestrittene Billigkeitsmoment tritt zurück gegenüber dem Bequemlichkeits- und Sicherheitsmoment: Der Raucher ist gewiß, die ihm zusagende Marke allenthalben wiederzufinden, vielfach selbst auf der Reise, sobald er eine fremde Stadt betritt. Er ist ferner sicher, in diesen Läden allenthalben zu gleichen, angemessenen Preisen aufmerksam bedient zu werden und zwar in einem elegant ausgestatteten Laden, der ihm überdies eine Reihe von Bequemlichkeiten (Fernsprecher, Adreßbuch etc.) sichert. Nur diese Momente sind entscheidend, und diejenigen selbständigen Geschäfte, die an bekannten Marken, an Ausstattung und Bequemlichkeit das gleiche leisten, werden stets mit den Filialbetrieben konkurrieren können, — aber dann auch sehr wahrscheinlich selbst bald, wie die tägliche Erfahrung in den Großstädten beweist, zur Filialgründung übergehen.

---

1) Im Handel mit Tabak wurden 1907 gezählt

Gewerbebetriebe überhaupt	23 121
Hiervon Gewerbebetriebe, die mit offenen Verkaufsstellen verbunden sind	19 314
Also Betriebe ohne offene Verkaufsstellen	3 807

Hierunter befindet sich allerdings außer Engros-Geschäften noch eine Anzahl von Versandgeschäften.

C. Die Schuhwarenbranche.

I. Entwicklung und Lage des Schuhwarenhandels.

Der Detailabsatz in der Schuhwarenbranche ist von jeher wenig stabil gewesen. Selbst im Kampfe gegen eines der stärksten Handwerke entstanden, hat er in seinen Formen bei jeder neuen Phase der Industrie, des Großhandels und selbst der Mode Umgestaltungen erfahren.

Die erste, nicht handwerksmäßige Form des Absatzes war diejenige auf Märkten und Messen. Behr[1]) stellt fest, daß besonders in Süddeutschland diese „Marktschuhmacherei" lange Zeit von Bedeutung war, seit 20 Jahren jedoch bis auf kleine Reste geschwunden ist. Auf Märkten und Messen erfolgte auch zuerst der Absatz der Produkte der eigentlichen ersten Schuhfabriken. Die erste größere deutsche Fabrik ermittelt Rehe[2]) für 1805 in Erfurt; in einer von ihm zitierten Eingabe erklärt die Fabrik, daß sie 213 Personen beschäftige, die „90000—96000 Paar Schuhe (im Werte von 60000 Rtr.) anfertigen, welche wir ins nahe und entfernte Ausland auf vorgängige Bestellung teils versenden, teils auf den Messen zu Frankfurt a. M., Leipzig und Braunschweig absetzen". Daneben erlangte der Hausierhandel, besonders von Pirmasens aus, zeitweilig eine große Bedeutung[3]).

Dieser Hausierhandel wurde erst wirksam unterbunden in der immer stärkeren Ausdehnung des Ladenhandels. Zuerst erschienen diese Läden nur als Nebenbetrieb neben dem Schuhmacherhandwerk. Schon im Jahre 1840 gab es

1) Behr, Die volkswirtschaftliche Bedeutung der technischen Entwicklung der Schuhindustrie, Leipzig 1909. S. 63 ff.
2) Rehe, Die deutsche Schuh-Großindustrie, Jena 1910, S. 42.
3) Behr, a. a. O. S. 62, Rehe, S. 42.

in Leipzig 18 Meister, die neben ihrer Werkstatt Verkaufsläden unterhielten, 1849 etwa ebenso viele in Mainz, 1854 in Erfurt 34 solcher Meister[1]). Der erste selbständige Schuhwarenladen wurde 1865 in Berlin auf der Leipzigerstraße unter großem Zulauf eröffnet[2]).

Um die Mitte der 70er Jahre begann das lebhafte Vordringen der Fabrikware. Die Fabrikanten suchten durch Herausbringen der verschiedenartigsten Formen und Qualitäten den Konsum anzuregen[3]). Das Problem lag in der Hauptsache darin, das Publikum überhaupt an die Fabrikware zu gewöhnen. Immerhin blieb es bis in die 90er Jahre hinein üblich, daß nur Frauen- und Kinderschuhwerk in den Läden abgesetzt wurde; erst dann wurde auch die männliche Kundschaft, besonders in Verbindung mit dem Auftreten des Goodyear-Verfahrens und der Verbesserung der Leistenformen[4]), in immer steigendem Maße an die neuen Läden gewöhnt.

So entstanden denn Schuhwarenläden in immer wachsender Menge. Im Jahre 1895 wurden die Schuhwarenhandlungen in der Betriebszählung überhaupt noch nicht ausgesondert, im Jahre 1907 gab es bereits 10293 Geschäfte, die lediglich Handel mit Schuhwaren trieben, wenn man aber die „offenen Verkaufsstellen", die in Verbindung mit der Schuhwaren-Herstellung gezählt wurden, hinzuzählt, so ergeben sich insgesamt 38695 offene Verkaufsstellen für Schuhwaren. Wie viele hiervon als wirkliche Läden zu betrachten sind und wie viele nur als Werkstätten, in denen gelegentlich Schuhe verkauft werden, läßt sich darnach allerdings nicht feststellen. Auf die reinen Schuhwarenhandlungen entfielen 8836 offene Verkaufsstellen.

Daneben finden sich 1719 Betriebe ohne offene Verkaufsstellen, die nach den hier wohl zutreffenden Anmer-

---

1) Schriften des Vereins für Sozialpolitik Bd. 63, Kap. 5.

2) Vergl. „Schuh und Leder" Jahrgang 1908, S. 74.

3) Rehe (a. a. O. S. 43) sagt darüber: „Mit dem Auftauchen der braunen, roten und bleigrauen, ziegen- und gemsledernen Stiefel wurde der Schuh zum Luxus- und Modeartikel".

4) Vergl. Rehe a. a. O. S. 43.

kungen[1]) in der Regel als Großhandlungen zu betrachten sind. Dieser Großhandel hat in der Tat innerhalb des Schuhwarenhandels eine große Bedeutung gewinnen können. Auf der einen Seite stehen noch ziemlich zahlreiche, kapitalschwache Fabrikbetriebe, die schon aus Mangel an Betriebsmitteln den Detaillisten nicht direkt aufsuchen lassen können; die überdies vielfach in Konkurs geraten — man vergleiche hierzu nur die charakteristischen, von Jörissen[2]) gemachten Zusammenstellungen — den Großisten eine eigentlich dauernde Gelegenheit zum Aufkauf billiger Konkurswaren liefern. So ist hier vielfach als Zwischenglied der Großist schon infolge der Lage der Produktion eine wirtschaftliche Notwendigkeit gewesen.

Aber auch die Lage der Schuhwaren-Detaillisten erfordert vielfach diesen Vermittler. Zutreffend nennt Rehe die Lage der kleineren Geschäfte in den kleineren Städten außerordentlich schlecht. Er stellt für 1908 folgende Beispiele des Verhältnisses von Umsatz und erforderlichen Betriebskapital in Geschäften zu Jena zusammen[3]):

---

1) Der Bearbeiter der Reichsstatistik Bd. 213 II ist der Ansicht, daß man nur die Anzahl der Betriebe mit offenen Verkaufsstellen von der Gesamtzahl der in einem Handelszweige ermittelten Betriebe abzuziehen braucht, um den Großhandel zu erhalten. Er übersieht dabei, daß darunter auch Detailreisende, Versandgeschäfte und Hausiergeschäfte sein können. Für die Schuhwarenbranche sind diese Formen aber nicht sehr von Belang.

2] Aus den Angaben Jörissens, die deutsche Leder- und Lederwaren-Industrie, Berlin 1909, Anhang S. 82 geht hervor, daß in dem Jahre 1908 93 Schuhfabriken zusammengebrochen sind. Wenn man als Fabriken in der Schuhherstellung diejenigen Betriebe ansehen will, die mehr als 10 Personen beschäftigen, so sind von den 1478 Hauptbetrieben dieser Art, die 1907 festgestellt wurden, nicht weniger als 6,3% in diesem einen Jahre zusammengebrochen. Der Status der Gesamtzahl dieser Konkurse stellte sich wie folgt:

Passiva	6 280 169 Mk.
Aktiva	1 538 732 „
Gesamtverlust laut Angaben bei der Konkurseröffnung	4 741 427 Mk.

Ganz besonders charakteristisch ist noch, daß unter den Hauptverbandszwecken des „Verbandes deutscher Schuhwaren-Großhändler" die „gemeinsame Verwertung von Konkursmassen" aufgezählt wird.

3] a. a. O. S. 44.

No. 1 Umsatz 8000 Mk., Lagerbestand 8000 Mk.
No. 2 „ 9000 „ „ 12000 „ Ladenmiete 1000 Mk.
No. 3 „ 16000 „ „ 50000 Mk.

Wenn nun Rehe[1]) den „wunderbaren Umstand" feststellt, daß

„die weitaus größte Zahl der Schuhgeschäfte nicht von Schuh„machern, sondern von mehr oder minder kapitalkräftigen Kauf„leuten betrieben wird, und daß die Zahl der Schuhmacher mit „Ladengeschäften, wie . . . Fachleute verichern, im beständigen „Schwinden begriffen ist",

so trifft die Tatsache zweifellos zu. Aber die richtige Erklärung des Umstandes ist schwerlich da zu suchen, wo Rehe sie zu finden meint, nämlich in der Notwendigkeit hohen Betriebkapitals. Vielmehr gibt Rehe ja selbst an[2]), daß vielfach 6—8 Monate Kredit gewährt werden muß, und daß überdies „häufiger der Konkurrenzkampf dazu zwingt, dem einzelnen günstigere Zahlungsbedingungen zu machen". Tatsächlich liegt es nach den mir gemachten Mitteilungen von Schuhwaren-Großisten so, daß die Händler dauernd einen bedeutenden Teil ihres Warenbeständes auf Kredit erhalten, also mit dem Gelde des Großisten arbeiten. Nur so ist auch der im Vergleich zu anderen Branchen recht bedeutende Aufschlag des Großisten auf den Einkaufspreis zu erklären, den Rehe[3]) und Behr[4]) übereinstimmend mit den mir früher gemachten Angaben[5]) auf rund 25% ermitteln.

II. Möglichkeiten der Umgestaltung.

Trotz dieser erheblichen Verteuerung der Waren-Vertriebskosten wünscht Behr[6]) sogar noch ein Erstarken des Großhandels. Denn von diesem erwartet er die Anregung zu einer neuen Wendung in der Produktion, die auch für den Handel gewichtige Folgen haben müßte,

1) a. a. O. S. 43.
2) S. 57 seiner Schrift.
3) a. a. O. S. 59.
4) Behr, a. a. O. S. 68.
5) Warenhaus in Westdeutschland, S. 14.
6) a. a. O. S. 67.

nämlich zur Spezialisierung. Bis vor kurzem herrschte nämlich, sehr im Gegensatz zur amerikanischen Fabrikation, in der Produktion innerhalb der einzelnen deutschen Fabriken eine große Zersplitterung. Behr erklärt[1]), daß trotz der Vorteile, die in Amerika die Spezialisierung gebracht hat,

„die meisten deutschen Schuhfabriken fast alle eine unglaubliche „Anzahl von verschiedenen Sorten Schuhwerk produzieren: alle „Nummern Herren-, Damen- und auch Kinderstiefel der verschiedensten Façons aus den verschiedensten Ledersorten, teil„weise noch Tuchstiefel und Hausschuhe, mit und ohne Leder„besatz, mit Leder- und Filzsohlen usw."

Als Grund gibt derselbe Verfasser an, daß die Mehrzahl der Fabriken immer noch an Detailgeschäfte liefert.

„Diese wollen nun teilweise selbst ihren Bedarf möglichst bei „einem Fabrikanten decken, andererseits bestrebt sich der Fa„brikant, möglichst der alleinige Lieferant des Händlers zu werden „und die Konkurrenz abzuhalten."

Was hier von Fabrikanten gesagt wird, gilt auch vom Grossisten; auch dieser sucht möglichst den ganzen Bedarf bei einzelnen Fabriken zu decken, die seinen speziellen Wünschen entgegen kommen.

Daß eine solche Zersplitterung in der Herstellung irrationell ist, und daß eine größere Konzentration der Herstellung technische und wirtschaftliche Vorteile bringen muß, bedurfte kaum des Beweises; dieser war aber in Amerika durch die Praxis bereits geführt worden.

Eine solche größere Konzentration in der Herstellung konnte erzielt werden

1. durch Schaffung eines vergrößerten Absatzes in den bisherigen Produktionsformen.

Dadurch wurden in den einzelnen geführten Artikeln so große Quantitäten an Rohmaterial etc. notwendig, die Stetigkeit der Verarbeitung wurde so gesichert, daß die dadurch zu erzielenden Ersparnisse bereits erheblich zur Geltung kamen.

Eine größere Rationalisierung des Betriebes konnte aber auch herbeigeführt werden

2. durch Herausgreifen bestimmter Spezialitäten aus der großen Gesamtmenge der bisher in einer Fabrik zusammen produzierten Schuhwaren.

---

1) a. a. O. S. 37.

Die Durchführung beider Möglichkeiten wurde aber durch die geschilderte Lage des Detailhandels offenbar sehr erschwert. Die lange Kreditgewährung an die Detaillisten erforderte große Kapitalien, und infolge der starken Konkurrenz der immer wieder entstehenden neuen Schuhfabriken waren die Händler meist „in festen Händen", d. h. sie waren von ihren bisherigen Hauptlieferanten so abhängig, daß es ungemein schwer, vielfach direkt unmöglich war, sie zu gewinnen.

Für beide Möglichkeiten rationellerer Produktion blieb infolgedessen nur der eine Weg offen, den amerikanische Vorgänger bereits gezeigt hatten [1]), nämlich die Errichtung eigener Detailgeschäfte. Außerdem haben sich auch in dieser Branche reine Händlerfilialen herausgebildet, die jedoch vielfach Halbfilialen, häufig auch geradezu Scheinfilialen sind, und deren Stammgeschäft meist noch ein erhebliches Engros-Geschäft außerhalb der Filialen macht.

III. Die wichtigsten Filialbetriebe.

Die oben unter 1. erwähnte Möglichkeit (Schaffung großen Absatzes in den bisherigen Formen) ist von einer größeren Anzahl von Filialbetrieben ausgenutzt worden; diese mögen hier die „allgemeinen" Filialbetriebe heißen. Diejenigen, welche die zweite Möglichkeit (Herausgreifen einzelner Spezialitäten) benutzt haben, könnte man die Spezialfilialen nennen; sie gliedern sich wieder in zwei verschiedene Arten, die wir die „Einheitspreis-Filialbetriebe" und die „hygienisch-orthopädischen Fabrikfilialen" nennen wollen.

Es bestanden nach einer vervollständigten Aufstellung des „Schuhmarkt" [2]) im Oktober 1910

1. Allgemeine Filialbetriebe.

Firma:	Hauptsitz:	gegründet etwa	Anzahl d. Filialen:
Conr. Tack & Co.	Burg	1886	124
Max Tack	Straußberg		40

1) Vergl. Behr a. a. O. S. 35.
2) „Schuhmarkt" Jahrgang 1910 Nr. 15, S. 59.

Firma	Hauptsitz	gegründet etwa	Anzahl d. Filialen:
Kröger & Co.	Bielefeld [1]	noch etwa	10
A. Fränkel (Turul)	Temesvar		
R. Dondorf	Breslau		6
W. Müller	Darmstadt		4—5
Rob. Schlesier	Calau		
	Großisten.		
Speier's Schuhwarenhaus	Frankfurt a. M.	1895	29
Schuhwarenhaus Carl Stiller	Berlin	1867	12
Carl Stiller jun.	Berlin	1910	3
E. Leiser Nachf.	Berlin	1891	3
D. Becker	Kaiserslautern		
Gebr. Adler	Leipzig		
2. Einheitspreis-Filialbetriebe.			
Salamander, G. m. b. H. in Verbindung mit J. Sigle & Co.	Berlin / Kornwestheim	1905	47 [2]
Mercedes, G. m. b. H. in Verbindung mit Haueisen & Co.	Berlin / Cannstatt	1906	25
3. Hygienisch-orthopädische Filialbetriebe.			
die Chasalla-Gesellschaften in Verbindung mit G. Engelhardt & Co.	diverse / Cassel	1905	30

Da die drei Hauptformen der Filialbetriebe in ihren Wirkungen ganz verschieden sind, auch in ihrer Organisation, soweit sie bearbeitet werden konnte, prinzipielle Unterschiede aufweisen, werden sie im folgenden nacheinander gesondert behandelt.

1. Die „allgemeine Filialfabrik".

a) Entwicklung und Organisation.

Die älteste Form der Filialbetriebe ist hier die „allgemeine Schuhfabrikfiliale", d. h. das Geschäft mit allen durchschnittlich gebrauchten Schuhwaren. Es ist zuerst von der Firma Conrad Tack & Co. eingeführt worden, deren Entwicklung wir zunächst behandeln.

---

1) Befindet sich 1911 im Konkurs.

2) Im Monat Oktober 1910 kamen jedoch allein in Berlin vier neue Filialen hinzu.

3) Vergl. hierzu besonders den anläßlich der Eröffnung der 100. Filiale herausgegebenen Jubiläumsprospekt von 1907.

Die Firma besteht seit dem Jahre 1886. Damals errichtete sie in Burg bei Magdeburg die erste Fabrik, die einen Rauminhalt von etwa 3000 qm hatte. Im Jahre 1893 folgte die zweite Fabrikanlage, die einen Raum von 4000 qm bedeckte. Seitdem folgten An- und Neubauten ununterbrochen, sodaß 1911 die Fabrik nebst Lagerräumen über 30,000 qm bedeckte. Im Jahre 1907 wurden an mehr als 1200 Spezialmaschinen über 2000 Personen, d. h. etwa 1 $_{0}/^{0}$ aller in Preußen in der Schuhherstellung überhaupt tätigen Arbeitskräfte beschäftigt.

Die ganze in diesen großen Anlagen hergestellte Menge von Schuhwaren wurde und wird lediglich in den eigenen Verkaufsfilialen der Firma abgesetzt; sie besaß ihrer

im	Jahre	1890	etwa	6
"	"	1895	"	25
"	"	1900	"	60
"	"	1905	"	90
"	"	1907	"	100
"	"	1910	"	124

Mitte 1912 erfolgte Umwandlung in eine Akt.-Ges. mit 6 Mill. M. Kapital; die Filialen außerhalb Berlins gingen an 98 gleichnamige G. m. b. H. über, deren Kapital (zus. 2 Mill. M.) als „Beteiligung" in der Bilanz erscheint.

Die Auswahl des Ladens erfolgt auch hier stets durch die Centrale direkt; es werden die besten Geschäftsstraßen bevorzugt, doch besteht hier wieder mehr Bewegungsfreiheit als bei den vorher besprochenen Läden der Tabaksbranche, da das Geschäft nicht unbedingt an ein bestimmtes Lokal, besonders nicht an ein Ecklokal gebunden ist. Die Ladenmieten, die in den ersten Jahren M. 4000.— nicht überstiegen, sind in den letzten Jahren sehr emporgegangen; sie erreichen heute in einzelnen Fällen M. 20 000 bei einer Ladengröße von ca. 80 qm. Als Durchschnitt gilt heute rund 7—8000 M. Miete in den größeren deutschen Städten.

Ebenso wie die Mietpreise sind die Kosten der Ladeneinrichtung emporgegangen. Kam man in den ersten Jahren mit wenigen 1000 Mark aus, so erreichen heute die Kosten der Einrichtung auch in diesen allgemeinen Fabrikfilialen im Durchschnitt 20 000 M., für Glasfirmenschilder werden allein 2—3000 M. durchschnittlich ausgegeben. Für Ausstattung der Schaufenster werden, wie Rehe [1]) zutreffend festgestellt hat, in mittleren und selbst in kleineren Geschäften 1000 M. jährlich aufgewendet, und große Geschäfte scheuen selbst das fünf- bis zehnfache dieser Summe nicht.

Zu den wachsenden Kosten der Einrichtung kamen die schnell emporgehenden Kosten des Warenlagers. Der Ehrgeiz der „allgemeinen" Filialfabrik liegt darin, alles an Schuhwaren zu führen, was von den verschiedensten Sorten verlangt wird. Nun kamen immer neue Modeformen, -Farben und -Arten (Jagd-, Reit-, Ball- und Bergstiefel etc.) hinzu, und so ist es dahin gekommen, daß laut Jubiläumsprospekt der Schuhfabrik C. Tack & Co. in Burg in den Lägern dieser Firma nicht weniger als tausend der verschiedensten Schuhwarensorten anzutreffen sind. So erklärt sich leicht die mir gemachte Mitteilung, daß, während zu Anfang der 90er Jahre eine Filiale noch mit einem Lager im Werte von 12—15 000 Mk. als wohlassortiert gelten konnte, heute im Durchschnitt für jedes Geschäft ein Lager im Werte von 50 000 M. notwendig ist. Auch dieser Betrag ist angesichts der großen Menge der geführten Sorten noch sehr niedrig; hinter ihm steht als Ergänzung noch derjenige des Reservelagers, dessen Wert im Jahre 1907 3 Millionen Mark betrug, bis Mitte 1910 aber bereits auf einen Durchschnittsbestand von $3^1/_2$ Mill. Mark gewachsen war; hieraus kann jederzeit der Bestand der einzelnen Läden aufs schnellste ergänzt werden.

Bei der großen Mannigfaltigkeit des Lagers kann es nicht auffallen, daß viele der lagernden Sorten nur langsam weggehen, und daß infolgedessen der Umschlag des Gesamtkapitals nicht so schnell wie in den Filialbetrieben anderer Branchen vor sich geht.

Der im „Schuhmarkt" [1]) abgedruckte Vertrag eines Filialleiters besagt in seinem letzten Paragraphen zwar:

> „Es ist seitens der Firma ein etwa viermaliger Umsatz des Waren„lagers auf Grund der aufgezeichneten Preise im Laufe eines Jahres vorgesehen".

---

1) a. a. O. S. 43.
2) Jahrgang 1910 Nr. 19, S. 47.

Aber der Einsender des Vertrages teilt mit, daß „einige Filialen dieses Verhältnis nur auf 2 : 1 bringen und daß man meist froh sein kann, wenn das Verhältnis 3 : 1 ist". Angesichts der von Rehe ermittelten Umsatzverhältnisse in kleineren Detailgeschäften (vergl. vorher S. 166) ist der Umschlag in den Läden selbst immerhin noch als schnell zu bezeichnen [1].

Der Umsatz in den einzelnen Geschäften ist auch sehr verschieden; der niedrigste beträgt etwa 30 000 Mk., das bestgehende erreichte 1910 über 300 000 M. Als Durchschnitt wird heute 100 000 M. angegeben. Demgemäß läßt sich annähernd berechnen, daß bei einem Gesamtumsatz von rund 12 Mill. Mark das im Betriebe arbeitende Gesamtkapital jährlich einmal umgeschlagen wurde [2].

b) Reklame und Geschäftsprinzipien.

In den wichtigsten, von Anfang an angewandten Geschäftsprinzipien zeigt sich eine gewisse Ähnlichkeit mit denjenigen der Warenhäuser. Die beiden „Grundpfeiler des modernen Geschäftes", als welche Sombart die Reklame und die Kulanz bezeichnete, haben hier den Aufschwung wesentlich mit geschaffen. Hier zeigt sich eine Eigentümlichkeit in der Reklame der Filialbetriebe, die wir bisher in diesem Maße noch nicht festzustellen Gelegenheit hatten.

Im deutschen Reklamewesen pflegt man zu unterscheiden zwischen Generalreklame und Spezialreklame [3]. Das erstere ist Reklame für das ganze Land

1) Selbst bei dem „Allgemeinen Consum-Verein zu Basel", dessen Umsätze im übrigen ungemein schnell vor sich gehen, betrug nach den von Schär angestellten Ermittlungen die durchschnittliche Lagerdauer für Schuhwaren 442 Tage. (Vergl. Archiv für Sozialwissenschaft und Sozialpolitik, Bd. XXXI.)

2) Wert der Beteiligungen annähernd 2 Mill. Mark; der Grundstücke, Gebäude und Einrichtungen 2,7 Mill. Mark; Waren- und Materialläger $8^3/_4$ Mill. Mark. Reinertrag 1912 rund 753 000 Mark, also über 6% des Umsatzes.

3) Dieser, insbesondere in der Praxis der pharmazeutischen und kosmetischen Branche ganz geläufige Unterschied wird von Mataja in seiner sonst so erschöpfenden Schrift über die Reklame (die sich in der Hauptsache mit der großen Generalreklame befaßt), fast ganz übersehen.

(in viel gelesenen Wochen- und Monatsschriften, auch in weithin verbreiteten Tageszeitungen), das zweite eine solche, die nur für einen bestimmten Ort gilt (in lokalen Tageszeitungen, Plakaten etc.). Für ein einzelnes Detailgeschäft hat eine Generalreklame nahezu keinen Wert, zumal sie in aller Regel zu kostspielig für ein solches sein würde. Ein Filialbetrieb dagegen, der gleichartige Waren in eigenen Läden aller Großstädte aufzuweisen hat, kann mit Erfolg das ganze Land durch Reklame bearbeiten, da alle seine Geschäftsstellen von dieser Generalreklame Vorteil haben. Tritt dann zu geeigneter Zeit am einzelnen Orte noch eine Spezialreklame hinzu, so ist diese Kombination von sicherster Wirkung. Zweifellos ist z. B. der Erfolg der Fabrik Conr. Tack & Co. zu einem nicht geringen Teil darauf zurückzuführen, daß diese „in einer größeren Anzahl illustrierter Familienzeitschriften und 300 der bedeutendsten Tageszeitungen ihre Ankündigungen erscheinen läßt“ [1]). Die Kulanz ist von Anfang an in der Weise geübt worden, daß Umtausch und Zurücknahme nicht zusagender Waren anstandslos geschah, der Umtausch insbesondere nicht nur in demjenigen Laden, wo der Verkauf erfolgte, sondern in jedem beliebigen anderen Geschäfte der gleichen Firma in einer anderen Stadt.

Auch darin besteht eine Ähnlichkeit mit den Prinzipien, durch welche die Warenhäuser emporgekommen sind, daß feste, offen sichtbare Preise und unbedingte Barzahlung von vornherein durchgeführt wurden. Die Preise wurden und werden noch stets auf die Schuhsohlen aufgestempelt [2]), und dies wird bekannt gegeben. Machte dieses Prinzip der festen Preise besonders im östlichen Deutschland, wo Feilschen und Handeln im Schuhwarenhandel noch gang und gäbe war, auch anfangs, wie die

---

1) Jubiläumsprospekt S. 28.
So hoch der für die gesamte Reklame verausgabte Betrag absolut erscheinen mag, im Verhältnis zum Umsatz beträgt er wenig mehr als 2%.

2) Vergl. auch „Schuhmarkt“ 1910, Nr. 19, wo ein früherer Filialleiter es als einen besonderen Nachteil bezeichnet, daß der Filialleiter im allgemeinen nicht einmal 10 Pfg. im Preise herabgehen dürfe.

Firma berichtet, außerordentliche Schwierigkeiten, so bot es doch andererseits den Käufern die Gewähr, daß alle gleichmäßig behandelt wurden.

Vielleicht ebenso große Schwierigkeiten verursachte die unbedingte Durchführung des im Schuhhandel bis dahin so wenig üblichen Prinzips der Barzahlung. Diese ist für die Organisation des Filialbetriebes hier ebenso wie in den vorher behandelten Branchen geradezu Vorbedingung. Nur wenn durch Aufnahme des Lagerbestandes und Addition der vorhandenen und verrechneten Kasse ohne weiteres bei der Inventur Übereinstimmung mit der Belastung der Filiale — die hier wie bei allen vorher behandelten Betrieben stets mit den Verkaufspreisen belastet wird — erzielt werden kann, ist eine Kontrolle möglich. Die Nachprüfung etwaiger Außenstände würde sie illusorisch machen.

c) Filialleiter und sonstiges Personal.

Kommen solche Außenstände doch vor, so muß sie der Geschäftsführer selbst ersetzen.

Die Stellung dieser Geschäftsführer, über deren Einzelheiten ein im „Schuhmarkt" [1]) abgedruckter und von einem früheren Filialleiter mit Erläuterungen versehener Vertrag Aufschluß gibt, weist von den früher geschilderten wesentliche Unterschiede auf.

Mit besonderer Vorliebe werden verheiratete Filialleiter angestellt (hier „Vertreter" genannt), und der Engagementsvertrag wird meist mit den „Eheleuten X" abgeschlossen. Vor Einstellung erfolgt die Einarbeitung des Filialleiters, die nach der zitierten Quelle 1—4 Monate dauert und auf Kosten des künftigen Filialleiters geht.

Das Einkommen des Filialleiters setzt sich aus drei Elementen zusammen, nämlich 1. dem Gehalt, das zwischen 1400 und 2000 Mk. variiert, durchschnittlich etwa 1800 Mk. beträgt; dazu kommt 2. eine Umsatzprovision, die ebenfalls monatlich bezahlt wird und etwa $2^1/_2$% vom Umsatz erreicht, und endlich 3. besondere Verkaufsprämien für solche Waren, auf deren Abstoßung die Zentrale besonderen Wert

1) Jahrgang 1910 Nr. 19 S. 43 ff.

legt [1]). Das Gesamteinkommen erreicht infolgedessen durchweg 5—7000 Mk. In der größten Fabrik blieb im Jahre 1909 kein Filialleiter unter 5000 Mk.

Von dem Filialleiter wird stets eine Barkaution von 3000 Mk. verlangt, die mit 3½% verzinst wird. Laut Vertrag dürfen von diesem Betrage alle Mankos abgezogen werden, die in Kasse und Lager entstehen; ausgenommen sind lediglich nachweisbare Einbruchsdiebstähle und Brandschäden. Im Vertrage wird noch besonders bemerkt: „Die „Firma ist berechtigt, aber nicht verpflichtet, das fest- „gestellte Manko von der Kaution in Abzug zu bringen." Die rechtliche Verbindlichkeit der Abzugsbestimmung erscheint übrigens nicht zweifelsfrei. Im „Schuhmarkt" wird zwar erklärt, daß Mankos von 1000, 1400, 1800 und selbst 2700 Mk. mit Zustimmung der Gerichte in Abzug gebracht worden seien; dagegen wird in den V. T. Z. [2]) ein Urteil veröffentlicht, in dem ein solcher Anspruch einer Schuhfabrik abgewiesen wird. Der Vertrag bestimmt weiter ausdrücklich, daß von der Kaution noch 6 Monate nach Lösung des Anstellungsverhältnisses 200 Mk. zur Deckung etwa später noch hervortretender Mankos zurückbehalten werden sollen.

Der Filialleiter hat das Recht, das erforderliche Personal auszuwählen und zu entlassen. Über Zahl und Art desselben darf er jedoch nur nach Vereinbarung mit der Zentrale bestimmen.

Über die Entlassung des Geschäftsführers selbst wird vereinbart:

„Vor Ablauf der Vertragszeit ist die Firma außer den laut §§ 70 „und 72 des H. G. B. sich ergebenden Gründen zur sofortigen „Auflösung des Vertrages ohne vorherige Kündigung berechtigt: „1. wenn der Vertreter irgend ein Nebengeschäft betreibt, ins- „besondere, wenn er irgendwelche Ware ohne schriftliche Er- „mächtigung der Firma als eigene verkauft;

---

1) Die größte Fabrik legt besonderen Wert darauf, alle, auch die minder gangbaren Waren, in ihren eigenen Geschäften abzusetzen; es wird dort nichts an die Restekäufer (Ramscher) abgegeben.

2) Jahrgang 1908 Nr. 43. Der Anspruch wurde abgewiesen, weil nachgewiesen werden konnte, daß ähnliche Mankos bei anderen Filialleitern nicht abgezogen worden waren. Grundsätzlich ist jedoch nach neueren Entscheidungen eine solche Abzugs-Vereinbarung in beliebiger Höhe zulässig. (Vergl. Warschauer, Rechtsprechung über den Dienstvertrag, Jahrb. der Industriebeamten 1910, 2. Heft 3 S. 10).

„2. wenn er sich weigert, die Anordnung des Geschäftsinhabers „oder dessen Beauftragten zu befolgen;
„3. wenn er durch ununterbrochene Krankheit länger als vier „Wochen verhindert ist, seinen geschäftlichen Verpflichtungen „nachzukommen und wenn er, abgesehen von nachweisbaren „Krankheitsfällen, das Geschäft stundenlang verläßt;
„4. wenn sich bei Aufnahme der Inventur eine Unregelmäßigkeit „oder irgend ein Manko am Warenlager oder am Kassenbestand „von mehr als 150 Mark herausstellt."

Das Filialleiterpaar wird regelmäßig einer Konkurrenzklausel folgenden Inhalts unterworfen:

Die (Namen der Eheleute) verpflichten sich, bei Auflösung dieses Vertrages gegen eine jedesmalige Conventionalstrafe von 3000 Mk. in keiner Form die Firma . . . . , . zu benutzen. Eine gleiche Conventionalstrafe hat der Vertreter zu zahlen, wenn er nach seinem Austritt aus dem Geschäft der Firma, gleichgültig ob derselbe freiwillig oder zwangsweise oder aus irgend einem anderen Grunde erfolgt, binnen zwei Jahren am Platze in einem Konkurrenzgeschäft tätig wird oder sich selbst dort etabliert, bezw. sich an einem solchen Geschäft direkt oder indirekt beteiligt.

Gegenüber der stellenweise großen Schroffheit der Vertragsbedingungen bemerkt der den Filialbetrieben wenig freundlich gegenüberstehende „Schuhmarkt" selbst:

„Man darf dabei aber auch nicht unberücksichtigt lassen, daß die „Firma den Geschäftsführern große Werte anvertraut und sich „deshalb gegen alle Möglichkeiten zu sichern trachten muß".

Die beste Sicherung gegen zu rigorose Handhabung der Verträge ist wohl die Tatsache, daß, wie der „Schuhmarkt" selbst hervorhebt, „die Schuhgeschäftfilialen von der Tüch„tigkeit der Filialleiter in hohem Maße abhängig sind, und „daß schon jetzt einzelne Fabrikdetaillisten an dem Mangel „an tüchtigen Geschäftsführern laborieren." Im übrigen aber sind die Befugnisse der Geschäftsführer hier offenbar größer, ihre ganze Stellung ist erheblich selbständiger als bei den Filialleitern der früher geschilderten Betriebe.

Die Geschäftsführer werden wieder durch die Inspektoren kontrolliert, deren der größte Betrieb 5—6 beschäftigt. Diese sind früher selbst Filialleiter gewesen, sie erhalten außer Ersatz der Reisespesen ein Gehalt von etwa 8000 Mk.

Das übrige Personal bietet keine Besonderheiten gegenüber demjenigen der anderen Schuhwarengeschäfte.

---

1) 1910 Nr. 19 S. 43.

d) Kalkulation.

Gegenüber den Geschäften der selbständigen Konkurrenz, die vielfach borgen müssen, ermöglicht der sofortige bare Eingang der Verkaufssummen der Filialfabrik einen billigeren Einkauf durch sofortige Barzahlung.

Die Zusammenfassung großer Massenaufträge für den Gesamtbedarf der Fabrik gewährt wieder beim Einkauf von Rohmaterial einen weiteren Vorsprung vor dem kleineren Konkurrenten. Daß bei Herstellung größerer Mengen, wie sie hier stets zusammen kommen, eine Reihe von technischen Vorteilen vorliegt, haben Francke, Rehe und Behr nachgewiesen [1]).

Trotzdem findet sich bei Rehe über die Kalkulation der größten Filialfabrik der folgende Satz [2]):

„Die dritte Art des Absatzes ist die, wie sie vor allem die Schuh„fabrik von Conr. Tack & Co. in Burg organisiert hat, die in „120 eigenen Geschäften in den verschiedensten Städten Deutsch„lands ihre Waren direkt an die Konsumenten absetzt, ohne daß „damit eine wesentliche Verbilligung der Produkte erzielt wird".

Diese Behauptung wird von der genannten Firma aufs entschiedenste bestritten. Sie erklärt, daß der durchschnittliche Aufschlag auf die Waren etwa 30 % des Verkaufspreises betrage [3]). Dies ist der Aufschlag der ganz allgemein vom Detailhändler genommen wird. Rehe [4]) selbst gibt zwar an, daß nur mit 25—30 % Aufschlag auf die Fabrikpreise zu rechnen sei. Aber in der gleichzeitig erschienenen Arbeit von Behr [5]) wird für die Großstadt mit 50 % des Einkaufs = $33^1/_3$ % des Verkaufs als Norm gerechnet (für die Kleinstadt dagegen nur mit 25 bis $33^1/_3$ % des Einkaufes), und ich habe selbst in zwei selbständigen Geschäften und einer Warenhausabteilung in westdeutschen Großstädten die folgenden Aufschläge in Prozent des Verkaufspreises berechnen können:

	I	II		III	
1908	30,2	31,6	1911	32,7	(Spezialgeschäft für hochwertige Qualitätswaren.
1909	28,7	32,7	1912	34,8	

1) Vergl. Rehe S. 20 ff., Behr, S. 43 ff. sowie schon Francke, die Schuhmacherei in Bayern. Stuttgart 1893, S. 131 ff.

2) a. a. O. S. 45.

3) Vergl. auch Frankf. Ztg. 1913 Nr. 165.

4) S. 44/45 seines Buches.

5) a. a. O. S. 57.

Es zeigt sich also, daß die Filialfabrik durchweg mit dem gleichen Spesensatz arbeitet, wie die konkurrierenden städtischen Detailgeschäfte; nach den erhaltenen Angaben ist dies der ganze über den Herstellungspreis hinaus erzielte Aufschlag. Es kommen also den Käufern die Vorteile der Massenproduktion zugute, und in dem von ihnen gezahlten Preise fällt weg

1. gegenüber kleineren und mittleren Konkurrenten der Aufschlag des Großisten mit etwa 20—25 % des Detaillisten-Einkaufspreises; gegenüber den größeren Detaillisten die im Warenpreise enthaltenen Vertriebs- (Reise-) Spesen des Fabrikanten, welche in der Kalkulation von Rehe[1]) mit 18.000 M., d. h. etwa 3% des dort angenommenen Absatzes veranschlagt werden. Es kommt aber als weitere Ersparnis hinzu

2. der ausgeschaltete Produzentengewinn. Dieser wird in der Kalkulation von Behr[2]) mit etwa 6% des Verkaufspreises veranschlagt. Rehe gibt in seiner Schrift[3]) nur an, daß für „Betriebsunkosten und Verdienst" 25% vom Herstellungswerte eingesetzt sind; wieviel davon auf den eigentlichen Gewinn entfällt, kann daraus nicht geschlossen werden. Gegenüber der bisherigen Vertriebsform fällt bei bei diesem Filialsystem ferner

3. das Konkursrisiko weg, das bei den Fabrikanten dieser Branche, die mit Detaillisten arbeiten, nicht gering veranschlagt werden darf. Es braucht nur darauf hingewiesen zu werden, daß nach den Zusammenstellungen Jörissens[4]) von den 8836 im Jahre 1907 gezählten Schuhdetailhandlungen im Jahre 1908 allein 244, d. h. 2,7% der Gesamtzahl in Konkurs geraten sind; die Passiva, die bei den Konkurseröffnungen angegeben wurden, betrugen insgesamt M. 4 460 572.

Es liegen somit gegenüber den kleineren und mittleren Geschäften bei der „allgemeinen Fabrikfiliale" recht erhebliche Vorteile vor, die zweifellos auch das Vordringen

1) a. a. O. S. 58.
2) a. a. O. S. 55.
3) a. a. O. S. 59.
4) a. a. O., Anhang S. 82.

dieser Betriebe begünstigt haben. Trotzdem hatten sie im Detailabsatz keine größere Umwandlung hervorgebracht; sie wurden von den Detaillisten kaum anders empfunden, wie jedes andere der fortwährend entstehenden neuen Geschäfte. Daß auch gegenüber diesen Betrieben die Rabattsparvereine ein erfolgreiches Konkurrenzmittel waren, geht daraus hervor, daß nach Gründung solcher Vereine der Umsatz einzelner Filialen so sehr nachließ, daß die Zentrale ihnen ebenfalls die Einführung des Rabattsystems gestatten mußte.

Erhebliche Veränderungen im ganzen Geschäftsleben dieser Branche brachten vielmehr erst die Einheitspreisfilialen hervor. Ehe die Bedeutung dieser Betriebe geschildert wird, möge noch bezüglich der oben als Großisten bezeichneten „allgemeinen Filialbetriebe", die nicht selbst Fabriken besitzen, folgendes bemerkt werden:

Beim größten dieser Betriebe ist der Zusammenhang mit dem Stammgeschäfte nur lose. Es handelt sich in der Hauptsache um zentralisierten Einkauf. Die Geschäfte werden von der Zentrale errichtet, jedoch gehen sie, sofern der Geschäftsführer genügende Sicherheit bietet, schon bald in dessen eigenes Risiko über. Der Zentrale bleibt außer der Verzinsung eines etwa noch vorgeschossenen Kapitals nur ein kleiner Prozentsatz von dem gemeinsamen Einkauf aller Geschäfte der gleichen Firma. Es kommt sogar vor, daß eine dieser Halbfilialen ihrerseits wieder unter den Namen der gemeinsamen Firma Unterfilialen errichtet, die dann meist Vollfilialen sind[1]). Vorschriften über die Preisstellung, Reklame usw. werden den zu Halbfilialen gewordenen Geschäften nicht mehr gemacht. Auch diese Geschäfte, deren wesentlicher wirtschaftlicher Vorteil gegenüber anderen in der gleichen, allenthalben bekannten Firma, sowie in der Gleichartigkeit der geführten Waren liegt, — die Firma Speyer fand sich z. B. 1911 in 24 Städten

---

1) Rechtlich dürfte es zweifelhaft sein, ob bei diesen Halbfilialen überhaupt noch ein Filialverhältnis vorliegt. Immerhin liegt der — von Heymann a. a. O. S. 16 juristisch für unmöglich erklärte — Fall, daß eine Filiale ihrerseits noch eine Filiale hat, wirtschaftlich hier tatsächlich vor.

vor, — haben innerhalb des Detailhandels weittragende Wirkungen nicht hervorgebracht.

Eine Erschütterung der Branche erfolgte vielmehr erst durch

2. die Einheitspreis-Fabrikfilialen.

Diese Art von Filialbetrieben stützt sich auf die Vorteile der Spezialisierung in der Fabrikation, wie sie in Amerika und England schon vorher weit entwickelt wurden: Sie greift aus der großen Menge von Schuhwaren nur ganz wenige Sorten heraus und sucht auf diese, gestützt auf die technischen Vorteile der Spezialfabrik, einen großen Umsatz zu konzentrieren. Der erste Versuch dazu wurde von der Frankfurter Firma Otto Herz & Co. unternommen, die schon im Jahre 1860 gegründet, im Jahre 1898 an die Frankfurter Schuhfabrik A.-G. überging. Sie hat von Anfang an nur ganz spezielle hochwertige Schuhwaren gearbeitet und wohl als erste in Deutschland eine bestimmte Marke („Herz") in den Schuhhandel eingeführt; auch die Spezialniederlagen dieser Firma tendieren neuerdings immer mehr zu einer Übergangsform des Filialbetriebes (vgl. unten S. 192).

Direkt unter dem Einflusse amerikanischer Vorbilder hat dagegen die 1905 gegründete Vertriebs-G. m. b. H. „Salamander" sofort dreierlei kombiniert:

1. Das Filial- und Niederlagensystem; 2. die Propaganda für eine bestimmte Spezialmarke, und 3. den Einheitspreis.

Als solchen Einheitspreis führte zuerst Salamander, dann die bald nachher gegründete gleichartige Gesellschaft Mercedes die Preislage von Mk. 12,50 ein, daneben nur noch eine für Luxusausführung von Mk. 16,50, und diese Preisstellung hat dann für die ganze Branche eine außerordentliche Bedeutung gewonnen.

Über die Organisation des größten Betriebes waren nur wenige direkte Aufschlüsse zu erlangen. Nominell ist die Salamandergesellschaft selbständig, jedoch steht sie im engsten Zusammenhange mit der Fabrik von J. Siegle & Co. in Kornwestheim[1]). Diese stellt lediglich

1) Formal handelt es sich um zwei Salamander-Gesellschaften, eine Berliner, 1905 mit 300000 Mk. Kapital gegründet (wovon rund 240000 Mk.

Herren- und Damenstiefel dieser beiden Preislagen her, und in den Geschäften werden keinerlei Nebenartikel, weder Kinder- noch Hausschuhe oder dergl. geführt. Infolgedessen kommt die G. m. b. H. laut Katalog insgesamt mit etwa 50 Sorten aus, während die „allgemeine Filialfabrik", wie oben dargelegt, deren über 1000 braucht. Welche technischen Vorzüge aus dieser Spezialisierung erwachsen, stellt Behr[1]) ausführlich dar und nennt die damit erzielten wirtschaftlichen Vorteile „eminent". Für das Detailgeschäft kommt aber hinzu, daß das Warenlager infolge der kleinen Anzahl der Sorten einen relativ nur niedrigen Betrag beansprucht. Umso größere Beträge können deshalb auf die Ausstattung der Verkaufsläden der Gesellschaft, sowie auf die Reklame, besonders auf die große Generalreklame verwandt werden.

Die Filialen der Salamandergesellschaft — ihr durchschnittlicher Mietpreis erreichte 1911 etwa 15000 Mk. — erzielen die höchsten Durchschnittsumsätze, die in den Betrieben dieser Branche bis jetzt in Deutschland überhaupt erreicht wurden, nämlich jährlich durchweg etwa 250000 Mk.; eines der Geschäfte erreichte schon 1910 einen Jahresumsatz von 1 Million Mark. Als Geschäftprinzip gilt auch hier die unbedingte Barzahlung, daneben aber das System sofortigen Kaufes, d. h. Verweigerung von Auswahlsendungen, Umtausch u. dergl.

Wenn die beiden hier in Betracht kommenden Betriebe solch ungewöhnliche Umsätze erreichten, so verdanken sie dies aber vor allem, wie von gegnerischer Seite in der Fachpresse offen erklärt wird, der ungewöhnlichen Billigkeit ihrer Waren[2]). Sie brachten randgenähte Good-

---

Sacheinlagen) und eine Stuttgarter mit Zweigniederlassungen, Nominalkapital 100000 Mk. Für den Betrieb des Geschäftes ist sowohl die äußere Form, wie die niedrige Kapitalsumme offenbar belanglos. „Mercedes" ist zuerst 1906 in Berlin mit 100000 Mk. Nominalkapital begründet worden, geht neuerdings anscheinend auch zum System der „Tochtergesellschaften" über: Dresden 40000 Mk., Hannover 20000 Mk. Nominalkapital (nach Handbuch der G. m. b. H. Berlin 1909).

1) a. a. O. S. 36—38.

2) Dies wurde von fast allen Rednern auf dem 9. Verbandstage 1909 des „Verbandes deutscher Schuhwarenhändler" (Vergl. „Schuh und

year-Fabrikate in eleganten Formen, deren Preis bis dahin weit höher gestanden hatte, zu 12,50 Mk. auf den Markt und boten damit auch dem nicht fachmännisch orientierten Publikum einen leichten Vergleichsmaßstab. Überdies geht die Ansicht der Konkurrenz, der von der Geschäftsleitung der größten Gesellschaft nicht widersprochen wird, dahin, daß in den Verkaufsgeschäften ein wesentlicher Nutzen überhaupt nicht erzielt wird, und daß der Hauptzweck die Herauswirtschaftung eines Fabrikationsgewinnes ist[1]). Die Tatsache, daß die Verkaufsniederlagen (vgl. S. 190) mit 20% und 26,7% Nutzen vom Verkaufspreise auskommen müssen, läßt vielleicht den Schluß zu, daß die G. m. b. H., deren Läden mehrfach mit denjenigen der Niederlagen in der gleichen Stadt liegen, von der Fabrik aus zu ähnlichen Preisen bedient wird.

Über das Personal war nur in Erfahrung zu bringen, daß das Gehalt der Filialleiter niemals unter 6000 Mk. beträgt, vielfach aber weit darüber hinaus geht; die in den letzten Jahren eingestellten Geschäftsführer erhalten vom Umsatz keinen Anteil mehr, bei den älteren ist dies noch der Fall. Es wird noch besonders mitgeteilt, daß unter den Filialleitern sich eine Anzahl früherer Selbständiger befindet. Im übrigen entfallen auf die Geschäfte dieser Gesellschaften durchschnittlich etwa 10 Verkäuferinnen, die fachlich vorgebildet sein müssen.

Die Einwirkungen dieser Betriebe auf die Konkurrenz sind vorerst kaum abzusehen. Gerade in den besseren Waren, an denen bisher mehr verdient wurde, fiel der Preis fast allenthalben auf 12,50 Mk., und von fachmännischer Seite wird im „Schuhmarkt" erklärt:

> „So lange das Grundübel bestehen bleibt, rahmengenähte Herren- und Damenstiefel in Chevreau oder Boxcalf, schwarz oder farbig, in allen möglichen Ausführungen zu 12,50 Mk. zu verkaufen, so lange ist eine Propaganda für höhere Preise so gut wie aussichtslos" [2]).

Leder" 52. Jahrg. Nr. 37 S. 42 ff.) betont, besonders instruktiv von Oster (S. 43).

1) Im „Schuhmarkt" Jahrg. 1910 Nr. 15 S. 47 wird sogar mitgeteilt, daß der Wiener Betrieb im Jahre 1909 der Steuerbehörde einen Verlust von 54 000 Kr. nachgewiesen habe; hierbei handelt es sich allerdings um eine Neuerrichtung.

2) „Schuhmarkt", Jahrg. 1909 Nr. 21 S. 35; erst 1913 erfolgte eine indirekte Änderung.

Über die Wirkung auf die Detailisten besagt ein gemeinsamer Artikel der beiden großen Schuhhändlerverbände[1]:

„Wahr ist, daß von den fraglichen Geschäften eine „Herabdrückung des Preisniveaus für Schuhwaren „überhaupt herbeigeführt wird. Viel Unheil ist aber in „erster Reihe damit angerichtet worden, daß mit der fortschreiten„den Entwicklung der Einheitspreisgeschäfte die ruhige Ueber„legung weiter Kreise des Schuhwarenhandels schwand ...... „Man folgte nur zu willig der abschüssigen Bahn der Preisstellung „und verdarb sich das Geschäft."

Von maßgebenden Großisten wird mir erklärt, daß der Preisdruck in den besseren Qualitäten mindestens 15—20% der früheren Preise betragen habe[2]).

Welchen Einfluß man gerade den Einheitspreisbetrieben auf die Gestaltung des Gesamtgeschäftes zuschreibt, geht u. a. aus einer Umfrage des „Schuhmarkt" hervor, der im Mai 1909 die Fabrikanten seines Leserkreises um Angabe ihrer Meinung darüber ersuchte, wie dem ungünstigen Stande der durch das Steigen der Rohmaterialpreise bedrängten Branche abzuhelfen sei. Fast alle Fabrikanten verweisen auf die Fabrikdetaillisten und in einer Antwort heißt es charakteristisch[3]):

„Ein weiteres, allerdings sehr einfaches und ganz bestimmt „günstiges Mittel wäre, daß die Fabrik-Detalleure sich entschlössen, „die sogenannten Einheitspreise um 1 Mk. pro Paar zu erhöhen. „Da wohl leider an eine solche Aenderung nicht zu denken ist, „muß eben jeder sehen, wo er bleibt."

Die Einwirkung der neuen Geschäftsmethoden der Einheitspreisfilialen hat sich ausnahmslos bei allen Betrieben geltend gemacht; wie tiefgreifend sie bei den Detaillisten teilweise waren, werden wir noch bei Erörterung der „Mischformen" und Abwehrmaßnahmen eingehender zu er-

1) „Schuhmarkt", Jahrg. 1909 Nr. 36 und 37, gemeinsamer Aufruf der Verbände unter der Ueberschrift: „Deutsche Schuhhändler, wahret Eure wirtschaftliche Selbständigkeit".

2) Zwei besonders in Norddeutschland arbeitende Großisten erklären, daß nach ihrer Ansicht die Fabrikdetaillisten in den von ihnen besetzten Städten schon Ende 1910 etwa die Hälfte der gesamten Schuhwaren in den höheren Preislagen von den Filialfabriken an sich gezogen hätten.

3) Jahrg. 1909 Nr. 37 S. 49.

örtern haben. Die Detaillisten bekämpfen zwar in erster Linie die einheitliche Preisstellung, und diese ist in der Tat eine nicht unbedenkliche Neuerung, da bei ihrer Festhaltung die Schwankungen der Rohstoffpreise nicht berücksichtigt werden; aber der Einheitspreis war doch nur das Mittel, um die Preis herabsetzung möglichst deutlich zu kennzeichnen.

Unter dem Preisdruck haben auch die „allgemeinen Filialfabriken" gelitten und ebenfalls ähnliche Preislagen von M. 12,50 einführen müssen; die Vielseitigkeit ihres Warenkatalogs hat sie aber vor schweren Schädigungen geschützt. Daß auch die übrige Industrie unter dem Preisrückgang, den der Detailhandel auf den Fabrikanten zu überwälzen sucht, gelitten hat, geht aus der oben bereits erwähnten Umfrage des „Schuhmarkt" deutlich hervor. Inwieweit die Konkurrenz der Einheitspreisfabriken auch in der deutschen Industrie die Spezialisierung, die sich in England und den Vereinigten Staaten schon lange durchgesetzt hat, fördern wird, kann vorerst noch nicht beurteilt werden.

Der Großhandel wird auch hier in doppelter Weise bedroht; sowohl direkt durch Verminderung des Absatzes der großen selbständigen Geschäfte und Bildung von Einkaufsgenossenschaften, wie indirekt auch seine Ausbreitung gerade im Vertrieb der besseren Qualitäten gehindert wird. Der „Verband deutscher Schuhwaren-Großhändler" hat deshalb auf seiner Tagung von 1909 Mittel gegen die Fabrikfilialen erörtert[1]); ein Beschluß wurde nicht gefaßt.

Stehen somit die Interessen von Detail- und Großhandel sowie diejenigen des größten Teils der Fabrikanten gegen die Einheitspreisfilialen, so spricht, falls der Preisdruck dauernd bleiben sollte, das Konsumenteninteresse offenbar für sie. Ein endgültiges Urteil läßt sich bei der kurzen Dauer dieser Entwicklung noch nicht gewinnen.

Eine ganz andere Art von Filialbetrieben stellt endlich

---

1) vergl. die Tagesordnung im „Schuhmarkt" 1909 Nr. 21 S. 45.

3. die hygienisch-orthopädische Filialfabrik dar. Diese war zunächst gleichsam eine Zentralisation im Vertriebe von Schuhwaren orthopädischer Natur. Die Abnormitäten der Fußbildung, die im einzelnen selten auftreten und dann bisher nur durch Spezialisten-Schuhmacher und oftmals nur zu recht hohen Preisen bedient werden konnten, weisen doch im ganzen eine gewisse Regelmäßigkeit auf. Diese Schuhwaren können also bei Konzentration des Bedarfes fabrikmäßig[1]) und dann erfahrungsgemäß weit billiger hergestellt werden, als dies bei Einzelanfertigung möglich ist. Da es aber für ein Schuhwarengeschäft mittlerer Größe nahezu unmöglich ist, alle diese Abnormitäten in den verschiedensten Größen auf Lager zu halten, so ist es, wenn ein solcher Betrieb überhaupt geführt werden soll, fast eine Notwendigkeit, Spezialläden dafür zu schaffen. Diese errichteten als erste die „Chasalla"-Gesellschaften in engster Verbindung mit der Fabrikation. Neuerdings werden in großem Maße auch geringfügige Abweichungen der Fußbildung hereingezogen, und es wird geradezu als Aufgabe der Betriebe betrachtet, die durch die Modeformen nach Ansicht medizinischer Sachverständiger meist unzweckmäßig gewordene Fußbekleidung durch eine individuelle zu ersetzen.

Die Organisation dieser Firmen ist für die Fortbildung des Filialwesens sowohl in kommerzieller wie in finanztechnischer Hinsicht ganz besonders interessant:

Die gesamte Organisation erfolgt von einer Zentrale, der herstellenden Fabrik, aus. Diese teilt das zu bearbeitende Gebiet in „Versorgungsbezirke" und errichtet für jeden einzelnen Bezirk eine juristisch vollkommen selbständige G. m. b. H. mit eigener Verwaltung und Rechnungsführung. Inhaber der Zentralfabrik pflegen sich bei der Errichtung der Gesellschaften mit Kapital erheblich zu beteiligen. Im übrigen aber besteht nach außen hin keine weitere Ver-

1) Die im folgenden geschilderte Entwicklung hat Behr schnell Unrecht gegeben, der noch 1908 (a. a. O. S. 96) glaubte, der Handwerker werde für die Herstellung individuellen und orthopädischen Schuhwerks stets unentbehrlich bleiben.

bindung mit der Zentrale; diese ist vielmehr lediglich Lieferantin. Ende 1912 bestanden 21 Gesellschaften mit einem Gesamtkapital von rd. ½ Mill. M. Die Gesellschaften gründen innerhalb ihres Bezirkes selbständig die ihnen zweckmäßig erscheinende Zahl von Filialen.

Besteht aber formalrechtlich kein Zusammenhang mit der Zentralfabrik, so ist dieser organisatorisch um so enger. Die Anzahl der auf Lager zu haltenden Sorten ist hier nämlich noch weit größer als bei den „allgemeinen" Fabrikfilialen, da neben den regulären, vielgehenden Sorten sehr zahlreiche abnorme auf Lager sein müssen. So werden in einer einzigen Sorte Herrenstiefel acht verschiedene Nummern stets vorrätig gehalten, diese wiederum in je sieben verschiedenen Weiten, dazu noch in drei „Gradstellungen"[1]), sodaß also für eine einzige Art von Herrenstiefeln schon mindestens 168 Paare vorrätig sein müssen; dazu kommen dann noch die besonderen Anomalien. Da nun in den gangbareren Sorten jede einzelne Variation verschiedene Male vorrätig sein muß, so muß entweder ein außerordentlich großes Warenlager vorhanden sein, oder als Ersatz dafür eine sehr schnell funktionierende Nachlieferung eintreten. Der letztere Weg ist gewählt worden, und die dafür geschaffene besondere Einrichtung zeigt wieder die lagersparende Wirkung des Filialsystems:

Jedes einzelne verkaufte Paar wird notiert; eine Durchschrift, welche die sämtlichen Nummern der im Laufe des Tages abgesetzten Stiefel enthält, geht noch am gleichen Abend an die Zentrale der zuständigen G. m. b. H. und an die Zentralfabrik. Für eilige Fälle verfügt die örtliche Zentrale Aushilfe von anderen Filialen auf Grund ihrer, über den Vorrat in jeder einzelnen Variation geführten Kartothek; im übrigen ergänzt aber die Zentrale automatisch den Bestand der Filialen aus ihrem Lager und kann jederzeit die Herstellung dem Bedarf aufs exakteste anpassen.

Lediglich dieses sofortige Ineinandergreifen der Instanzen hat es ermöglicht, den Lagerbestand heute bis auf durchschnittlich 50,000 Mk. pro Filiale herabzudrücken und ihn jährlich etwa 2—3 mal umzuschlagen.

---

1) Diese „Gradstellungen" werden nach einem patentierten Messapparat ermittelt; sie zeigen die Abweichung der großen Zehe von der Normalrichtung des Fußes.

Die Reklame für diese Marke muß offenbar einheitlich erfolgen, und da sie einen besonders dezentralisierten, überall verstreuten Kundenkreis heranziehen soll, so muß die Generalreklame eine besondere Rolle spielen. Diese wird von der Zentralstelle aus gemacht, und ihre Kosten werden auf die einzelnen Gesellschaften je nach der Größe verteilt; an der Ausgestaltung der Reklame arbeiten auch alle Geschäftsführer mit. Die Kosten der Reklame beliefen sich 1910 auf etwa 5% des Umsatzes.

Es sind also hier alle wirtschaftlichen Vorteile des Filialwesens in der rechtlichen Form von einander unabhängiger Gesellschaften in vollkommener Weise ausgenutzt[1]).

Die Geschäftsführungsstellen dieser Gesellschaften sind wirtschaftlich ein Mittelding zwischen Verwaltungs- und bloßer Revisions- (Inspektions-) Instanz. Die Geschäftsführer sind zugleich Anteilinhaber. Auf diese Weise soll erreicht werden, daß sie ein möglichst intensives Eigeninteresse an der Kontrolle und Förderung der Geschäfte haben. Es wird noch dadurch erhöht, daß ihnen im Anstellungsvertrage kein festes Gehalt stipuliert wird, sondern ihr Einkommen sich aus Umsatzprovision und Reingewinn der Gesellschaften zusammensetzt. Die Umsatzprovision steigt prozentual mit der Höhe des Umsatzes; sie beträgt im Durchschnitt 3—4%. Das Gesamteinkomen der Geschäftsführer erreichte in einem Jahre etwa 45% ihres eingezahlten Betriebskapitales.

Die Filialleiter werden ebenfalls allenthalben zu gleichmäßigen Bedingungen eingestellt. Auch sie sind prozentual am Umsatz beteiligt; mit Vorliebe werden solche angestellt, die bereits in anderen Filialbetrieben tätig waren, und ihre Bezahlung entspricht deshalb unsern früheren Angaben. Es werden auch nicht fachkundige Filialleiter herangezogen, aber dann soll nach den gemachten Erfahrungen eine mindestens anderthalbjährige Ausbildung notwendig sein. Selbst die Verkäuferinnen, die bereits in der Branche vorgebildet sein müssen, werden vor ihrer Verwendung in diesen Geschäften noch besonders ausge-

1) Der Sache nach handelt es sich offenbar wieder um eine „Beteiligungsgesellschaft" im Liefmann'schen Sinne.

bildet. Das gesamte Ladenpersonal der Chasalla-Gesellschaften zählte im September 1910 etwa 200 Köpfe.

Die Preise der Chasalla-Schuhwaren müssen ihrer Eigenart wegen wesentlich höher sein als diejenigen der vorher behandelten Betriebe. Die Einheitspreis-Bewegung haben sie nicht mitgemacht; als Durchschnittspreis wird für Herrenstiefet etwa 19 Mk., für Damenstiefel etwa Mk. 17,50 angegeben, und die niedrigste, erst 1910 eingeführte Preislage ist Mk. 14,50. Aus dieser Preislage ergibt sich schon, daß die Geschäfte nur mit den Oberschichten der Konsumenten rechnen.

Die Durchschnittsgröße ihrer Läden beträgt 100—150 qm; der Mietpreis variiert zwischen 5000 und 30000 M.; als Durchschnitt wird 10000 M. angegeben. Die Fabrikation erfolgt in der Zentralfabrik zu Kassel, in der im September 1910 rund 500 Arbeiter beschäftigt waren. Außerdem werden einzelne Sorten bei insgesamt 8 Lizenzfabriken hergestellt. Bei der Eigenart der Fabrikation sind die Produktionskosten pro Paar erheblich höher als in den gewöhnlichen Schuhfabriken; so entstehen infolge der verschiedenartigen Zurichtung der Formen etwa 25% Mehrabfall als bei den üblichen Modeformen.

Der Absatz wurde ursprünglich in Form von Niederlagen versucht, und an kleineren Plätzen werden auch jetzt noch im Ganzen noch über 200 Niederlagen unterhalten. Da aber ein selbständiger Händler niemals die ganze Fülle der Variationen führen kann, die ein solcher Spezialbetrieb herstellt, so bestand die Gefahr, daß auch gerade zufällig vorrätige andere Fabrikate von den Depotinhabern verkauft wurden. Sollte also der Zweck des Betriebes erreicht werden und ihm die Frucht der großen Generalreklame unverkürzt zukommen, so blieb schon aus diesem Grunde kein anderer Weg offen, als die Errichtung eigener Verkaufsstellen [1]) oder Vertriebsgesellschaften.

Es sind in den letzten Jahren insgesamt neben der weitaus größten Gesellschaft Chasalla 8 kleine Konkurrenz-

1) Hier trifft also die Voraussetzung zu, die Mataja (a. a. O. S. 444) wohl zu allgemein als Anlaß zur Gründung vieler Filialsysteme ansieht: daß nämlich mit ihrer Hilfe „große Reklamer den ganzen Gewinn aus teuern Reklamefeldzügen einzustreichen" bemüht sind.

unternehmungen entstanden, die das Geschäft vorerst in der Form von Niederlagen betreiben.

Über die Einwirkungen dieser Betriebe wird vorerst von den Schuhwarenhändlern weniger Klage geführt. Dagegen bekämpfen die Organe des Schuhmacherhandwerks die neue Betriebsform, die diesem Handwerkszweige nun auch eine bisher scheinbar ganz sichere Domäne, die Herstellung individuellen und orthopädischen Schuhwerks, ernstlich gefährdet und damit das allem Anscheine nach unaufhaltsame Werk der Zurückdrängung des Handwerkers aus diesem Teile der gewerblichen Produktion vervollständigt.

IV) Mischformen und Abwehrmaßnahmen.

Die weitaus stärkste Einwirkung auf die Gestaltung des Geschäftes haben in den wenigen Jahren ihres Bestehens die Einheitspreisfilialen gehabt. Zunächst muß festgestellt werden, daß ihr direkter Einfluß weit über die eigenen Filialen hinausreicht. Sie haben sich in ihren „Alleinverkaufsstellen" Absatzgebiete geschaffen, die deutlich eine Übergangsform zwischen selbständigen und Filialgeschäften darstellen. Im „Schuhmarkt"[1]) ist der Vertrag einer Einheitspreisfilialfabrik mit solchen Alleinverkäufern veröffentlicht worden. Die Vertragsbedingungen sind so charakteristisch, daß wir die wichtigsten hier wörtlich wiedergeben:

§ 3 . . . der Umsatz zwischen den Vertragsparteien muß in Mark mindestens die Hälfte der Summen der Einwohnerzahl des Ortes Y (Wohnsitz des Depotinhabers) d. h. M . . . . . erreichen.

§ 4. Die in § 2 bestimmten Preise gelten nur für den Fall, daß der Umsatz sich wie folgt verteilt: Es müssen unter den gelieferten Waren der Marke S. mindestens 35 %, unter der Marke S.=Luxus 20 % Damenstiefel sein. Ist der Prozentsatz an Damenstiefel geringer, so sind von dem auf die Differenz entfallenden Umsatz auf Herrenstiefel 3% des Rechnungsbetrages der Firma J. S. & Co. nachzuvergüten.

§ 7. Herr X in Y darf vom Tage des Vertragabschlusses ab Waren der Art, wie sie von der Firma J. S. & Co. hergestellt werden, in der Verkaufslage von Mk. 10,51 bis Mk. 18,49 einschließlich nur von der Firma J. S. & Co. beziehen.

---

1) Jahrgang 1909 No. 40 S. 49.

§ 9. Herr X in Y ist verpflichtet, für die Marke S. eine entsprechende Reklame zu machen. Es sind jährlich mindestens ... Inserate für S. zu veröffentlichen. Mindestens ... Schaufenster müssen während ..... ausschließlich mit Stiefeln dekoriert werden. Es müssen jährlich an mindestens .... Einwohner des Ortes X Kataloge betreffend S.-Artikel gesandt werden. Die Kataloge werden von der Firma J. S. & Co. zu Selbstkosten geliefert.

§ 10. Über den Geschäftsverkehr in S.-Artikeln ist gesondert Buch zu führen. Auch die hierauf bezüglichen Belege sind gesondert aufzubewahren. Die Firma J. S. & Co. oder eine von ihr zu bezeichnende Stelle ist zur Kontrolle der Buchführung und des Geschäftsbetriebes, soweit ihr Interesse reicht, befugt.

Es handelt sich hier also ganz offenbar um Errichtung eigener Verkaufsstellen innerhalb fremder Geschäfte, in denen die Einheitspreisfabrik fast schalten kann wie in eigenen Filialen. Der ganze Schuhwarenbedarf in einer bestimmten wichtigen Preislage ist für eine Firma monopolisiert, und der Grad der Abhängigkeit richtet sich lediglich danach, wie groß im Gesamtabsatz eines solchen Geschäftes der Anteil der Preislagen von Mk. 10,50—18,50 ist. Wird er überwiegend, so ist zwischen diesem selbständigen Geschäfte und einer offenen Filiale wirtschaftlich kaum mehr ein wesentlicher Unterschied.

Vor einer Auflösung des Vertrages von Seiten des Alleinverkäufers schützt schließlich noch ziemlich sicher die folgende Bestimmung des Abkommens:

§ 15. Die Firma J. S. & Co. ist berechtigt, bei Auflösung des Vertrages die vorhandenen Lagerbestände an S.-Artikeln zu übernehmen. In diesem Falle sind ihr zu vergüten: Für die während des letzten Vertragsjahres gelieferten unbeschädigten Waren der Fakturenpreis abzüglich 10%; für die übrigen unbeschädigten Waren der Fakturenpreis abzüglich 20%. Sobald die Firma J. S. & Co. von diesem Rechte Gebraucht macht, ist Hern X in Y. der Weiterverkauf der S. Artikel untersagt. Dies gilt auch für den Fall, daß noch Differenzen über die Höhe des Übernahmpreises bestehen. Übernimmt die Firma J. S. & Co. die Restbesände nicht, so ist Herr X in Y. berechtigt, die Restbestände auszuverkaufen.

Die Waren dieser Firma werden wie folgt geliefert:
Normal-Ausführung im unbedingt festen Detailverkaufspreis von Mk. 12,50 zu Mk. 10,50 Einkauf.
Luxusausführung im festen Detailverkaufspreis von
Mk. 16,50 zu Mk. 12.— Einkauf.

Es wird also verdient im Prozent des Verkaufs
an der Normal-Ausführung 20%,
„ „ Luxus-Ausführung 26,7%.
Wenn trotz dieses relativ nicht großen Verdienstes dieser Betrieb zu den oben aufgeführten Bedingungen über 300 Detailniederlagen in Deutschland errichten konnte, so beweist dies vielleicht klarer als alle Beschwerden der Betroffenen, welche Überlegenheit man der Ware und den Geschäftsmethoden dieser Filialbetriebe, ganz besonders aber ihrer Generalreklame, in Fachkreisen beimißt.

Für das vorliegende Problem aber haben wir festzuhalten, daß hier ganz offenbar ein Übergangstypus zum reinen Filialbetrieb vorliegt, da die Anhängigkeitsverhältnisse zwischen Depotinhaber und Fabrik je nach der Entwicklung des nach außen hin selbständigen Geschäftsbetriebes diesem mehr oder weniger den Filialcharakter aufdrücken. —

Eine neuere Mischform zwischen Filialbetrieb und selbständigem Geschäft sind die

Edox-Gesellschaften.

Sie stehen in Verbindung mit der Fabrik M. Dondorff & Co., auch ist ein Fabrikinhaber, an den Firmen, die sämtlich als G. m. b. H. errichtet werden, mit Kapital beteiligt; aber hier ist die Beteiligung zur Hälfte auf Seiten selbständiger Detaillisten, die sich meist neben ihren selbständigen Geschäften an dieser neuen Gesellschaftsform beteiligen. Auch hier wird die Eroberung der mittleren und höheren Qualitäten durch das System der Marke und eines höheren Einheitspreises versucht[1]); es bestanden Ende 1912 8 solcher Gesellschaften mit relativ kleinem Kapital.

Eine Annäherung an die Formen der Filialbetriebe bedeuten aber auch einzelne

Einkaufsvereinigungen,

die im übrigen hier, wie in den früher behandelten Branchen der wirtschaftlichen Abwehr der Einzeldetaillisten gegenüber den Filialbetrieben dienen sollen. An solchen zählt Jörissen[2]) insgesamt 25 auf, von denen aber die meisten überwiegend Schuhmachermeister umfassen. Ledig-

1) In Deutschland 15.50 und 18.50; neuerdings geht Dondorff aber auch zum direkten Einheitspreis-Filialsystem über.

2) a. a. O. S. 68 des Anhangs.

lich Schuhhändler-Genossenschaften sind darunter 8; von diesen heben sich 2 charakteristisch ab:

Die erste ist die im Jahre 1908 gegründete „Salvator"-Schuhgesellschaft m. b. H. Sie nennt sich eine „Vereinigung „von Schuhhändlern zum Zwecke gemeinsamen Einkaufs", „einheitlicher Reklame und einheitlichen Verkaufes der" „Marke „Salvator", die an jedem Orte nur an einen Händler „abgegeben wird". Diese Vereinigung hat sich die Schuhmarke „Salvator" überhaupt erst geschaffen: sie hatte Mitte 1910 etwa 80 Gesellschafter, die einen Anteil von je 1000 Mk. besaßen; diese Gesellschafter suchen durch einheitliche Gestaltung ihres gesamten Geschäftsgebarens, besonders auch durch gemeinsame Generalreklame für ihre Marke, den Einheitspreisfilialen die Spitze zu bieten.

Ein ähnliches Ziel verfolgt in anderer Form die Einkaufs-Vereinigung „Ringia", deren Vereinszweck lautet: „Gemeinschaftlicher Einkauf der nicht Herzschen-Fabrikate „der Herz-Schuhwarenhändler". Zur Erläuterung möge bemerkt werden: Die Firma Otto Herz & Co. (jetzt Frankfurter Schuhfabrik Herz-A.-G.) versuchte zeitweise den Absatz ihrer speziellen Produkte[1]) in eigenen Läden. Sie hat diese Methode dann geändert, und vertreibt ihre Marke „Herz" heute nur mehr in Detailniederlagen. Die Depots dieser bekannten Marke kennzeichnen sich nach außen hin einheitlich durch die Fabrikmarke; die „Ringia" soll neben den sonstigen Vorzügen der Einkaufs-Vereinigungen auch die Einheitlichkeit dieser Geschäfte weiter fördern, wodurch nach außen hin auch hier eine unverkennbare Annäherung an die Formen der Filialbetriebe erreicht wird. Im übrigen behalten die angeschlossenen Geschäfte ihre Selbständigkeit, besonders auch bei der Preisstellung.

Die übrigen Einkaufs-Gesellschaften, meist auch erst in den letzten Jahren unter dem Druck der neuartigen Konkurrenz entstanden und gewachsen, sollen lediglich ihren Mitgliedern die Vorteile des Bareinkaufs im Großen sichern. Die bedeutendste ist die 1908 gegründete „Einkaufs-Vereinigung deutscher Schuhwarenhändler" G. m. b. H. „Sitz Eisenach". Ihr gehörten 1910 etwa 100 Mitglieder an.

1) Es waren dies wie oben, S. 94 erwähnt, die ersten Markenartikel im Schuhwarenhandel.

Der Umsatz dieser Vereinigung erreichte im Jahre 1909 nahezu 1 Million Mk. und war im Jahre 1912 bei 170 Mitgliedern auf rund 2½ Million Mk. gestiegen[2]).

Die sonstigen Einkaufs-Vereinigungen sind lokaler Natur[1]).

Neben diesen positiven Maßnahmen zur Erhaltung und Stärkung der Konkurrenzfähigkeit der selbständigen Schuhhändler sind auch in dieser Branche Abwehrmaßregeln versucht worden. Die beiden großen Schuhhändlerverbände der „Verband deutscher Schuhhändler e. V." Sitz Berlin, sowie der „Zentralverband deutscher Schuhwarenhändler e. V." Sitz Erfurt, haben sich zur Bekämpfung der Filialbetriebe vereinigt und in einer gemeinsamen Erklärung eine Warnung an die deutsche Schuhhändlerschaft davor erlassen, von den detaillierenden Fabrikanten irgend etwas zu kaufen oder der Einheitspreisbewegung zu folgen[3]). Eine Sonderbesteuerung der Filialbetriebe ist von den Schuhwarenhändlern dagegen bisher nicht verlangt worden[4]).

* * *

Welcher Anteil den Filialbetrieben innerhalb des Schuhwarenabsatzes heute zukommt, läßt sich mangels geeigneter Unterlagen nicht einmal annähernd schätzen. Für eine der Einheitspreisfabriken wird für 1909 ein Gesamtumsatz von 8 Mill. Mk. in der Fachpresse angegeben[5]); die Verwaltung derselben erklärte jedoch, daß ihr Umsatz

---

1) Es besteht je eine reine Schuhwarenhändler-Einkaufsvereinigung in Berlin, Leipzig-Eutritzsch, -Gohlis, -Schleussig, und Stötteritz (Jörissen, a. a. O. S. 98 des Anhanges).

2) Charakteristisch für den Einfluß der Einheitspreisfilialen auch auf diese Vereinigung ist die folgende Mitteilung der „Schuhmarkt" (No. 40 S. 53): „Die der Eisenacher Einkaufsgesellschaft angehörenden Schuhgeschäfte kündigen neuerdings sechs Einheitspreislagen an und zwar M. 8.50, M. 10.50, M. 12.50, M. 14.50, M. 16,50 und M. 18.—".

3) Vgl. „Schuhmarkt" 1909 No. 21, S. 48/49.

4) Die Organisationen der selbständigen Schumacher verlangen noch immer eine Umsatzsteuer für sämtliche Schuhwarengeschäfte ohne Unterschied der Betriebsform. (Vgl. Behr a. a. O. S. 96, auch Friederichowicz, Schuhmacherhandwerk, in der Zeitschrift f. die ges. Staatswissenschaft. 25. Jahrgang 1899 S. 279.)

5) Vgl. „Schuhmarkt" 1910 No. 28.

1910 nahezu das Doppelte erreicht habe, und daß nach Fertigstellung neuer Fabrikanlagen eine weitere große Ausdehnung des Unternehmens folgen werde.

Anfang 1913 teilt die Redaktion des „Schuhmarkt" mit, daß die Salamander-Fabrik Siegle, die sich inzwischen noch zwei weitere Fabriken angegliedert hat, im Jahre 1912 netto 18 Millionen Mk. Umsatz gehabt habe. Die Firma stehe im Begriffe, sich in eine A.-G. umzuwandeln mit der bisher in Deutschland noch nicht erreichten Nominal-Kapitalsumme von 10½ Mill. Mk., in denen das Kapital der Vertriebsgesellschaften nicht mit enthalten sein wird. Angesichts dieser unausgesetzten Expansion ist der Jubel begreiflich, mit dem im Mai 1913 die ganze Fachpresse die Ankündigung begrüßte, daß die Einheitspreisgeschäfte, gezwungen durch die fortgesetzte Leder-Hausse, eine neue „Zwischenpreislage" von 14 Mk. einführen wollen; diese indirekte Erhöhung wird ohne weiteres für die ganze Branche als maßgebend angesehen.

Da die Bewegung noch vollständig im Fluß ist, läßt sich über ihre Tragweite ein sicheres Urteil noch nicht gewinnen. Wie die Preislagen schon zeigten, sind die Filialen vorerst nur auf den Konsum der gutsituierten städtischen Bevölkerungschichten zugeschnitten, und auf diese Kreise zielt auch ihre ganze Ausstattung. Hier haben sie das Feld des selbständigen Schuhhandels in der Tat bereits eingeengt, und es ist zu erwarten, daß diese Bewegung noch fortschreiten wird. Die übrigen Preislagen sind vorerst noch nicht bedroht. Ob und inwieweit der selbständige Schuhhandel den Konsum der oberen Bevölkerungsschichten der größeren Städte behalten kann, dürfte im Wesentlichen davon abhängen, mit welcher Energie er sich diesen neuen Formen des Schuhhandels anpassen kann.

D. Die Waren- und Kaufhaus-Filialbetriebe.

1. Entstehung und Ausbreitung.

Die bisher behandelten Unternehmungen erstrebten die Errichtung von Großbetrieben in begrenzten Warengruppen, d. h. als Spezialgeschäft, und da eben bei Spezialisation die „Verkaufskapazität" des einzelnen Ladens beschränkt ist, mußten sie zur Heranziehung immer neuer Verkaufsstellen greifen; sie blieben in einer Warengruppe und gingen zugleich an viele Orte (sachliche Spezialisation, verbunden mit räumlicher Ausbreitung). Die bekanntere

Großbetriebsform im Detailhandel entsteht in den Waren des periodisch wiederkehrenden Bedarfs an einem Orte, geht aber zugleich in viele Warengruppen (sachliche Ausbreitung verbunden mit anfänglicher räumlicher Beschränkung); es sind die Waren- und Kaufhäuser und die Abzahlungsgeschäfte. Sehr bald aber greifen diese aus sachlicher Ausbreitung entstandenen Großbetriebe auch zum Mittel der räumlichen Ausbreitung im Detailhandel, d. h. zum Filialsystem.

Das große Gebiet der Warenhausfrage kann und soll hier nicht behandelt werden. Die Filialform der Warenhäuser, ihre Entstehungsgründe und Unterschiede gegenüber den „zentralistischen" Warenhäusern, sind in meiner Schrift über „das Warenhaus in Westdeutschland" dargestellt worden. Deren Ergebnisse, ergänzt durch einige neuere Mitteilungen und das gleichzeitig erschienene Buch von Lux[1]) werden hier kurz wiederholt, soweit sie sich auf den Filialcharakter dieser Betriebe beziehen.

Wie jene Schrift bereits nachzuweisen versucht hat, ist die wichtigste Voraussetzung für dauernde Überlegenheit eines Großbetriebes im Detailhandel ein großer Absatz und zwar so groß, daß die Ausschaltung des Großisten und seines Zwischengewinnes wenigstens in den wichtigsten Waren möglich wird. Um selbst einen solchen Großistenabsatz zu erlangen, konnte man zwei Wege einschlagen[2]):

1. Man konnte versuchen, in einer Stadt, möglichst sogar in einem Hause, einen hinreichend großen Absatz zu erzielen. Da aber, wie vorher ausgeführt, das Warenhaus im wesentlichen auf die Waren des „periodisch wiederkehrenden Bedarfs" angewiesen ist, so mußte dann entweder nahezu eine Monopolisierung dieser Waren versucht werden — und dies ist, wie in jener Schrift[3]) ausführlich nachgewiesen wird, selbst den größten Warenhäusern unmöglich — oder der Boden mußte so groß, das verkehrende Publikum so zahlreich sein, daß es allein genügte, um einen

1) Studien über die Entwicklung der Warenhäuser in Deutschland. Jena 1910.

2) Über das Folgende vgl. Warenhaus in Westdeutschland. S. 20ff.

3) Warenhaus S. 51.

solchen Absatz herbeizuführen. Das ist nur in ganz großen Städten möglich, und so finden wir diese „zentralistischen" Warenhäuser vor allem in Berlin, auch in München. Als Typus dieser Art ist heute die Firma A. Wertheim zu betrachten [1]).

2. Wo aber der Boden einer Stadt dafür nicht ausreichte, vor allem also in dichtbesiedelten Bezirken mit vielen Mittelstädten (Rheinland-Westfalen, Sachsen, Elsaß-Lothringen, Baden) konnte man den Umsatz in der einzelnen Warengattung nur so erreichen, daß man in mehreren dieser Städte Verkaufshäuser errichtete und damit zugleich die Basis des Unternehmens beliebig erweiterungsfähig machte. Dazu verlockte aber vieles:

Die immer allgemeinere Vereinheitlichung des Bedarfs gerade in Modeartikeln erleichterte diese Ausbreitung des Absatzes in neuen Industriestädten; die Schnelligkeit des Modeumschlages, die in ländlichen Gegenden nicht gleich rasch oder doch nicht gleichzeitig mitgemacht wurde, verweist einen solchen Unternehmer auch auf die Besetzung von Verkaufspunkten für ländliche Gebiete; dazu kam die größere Sicherheit gegenüber örtlichen Konjunkturschwankungen, die beim periodischen Bedarf zumal bei Modewaren viel empfindlicher wirken, als im Geschäft für täglichen Bedarf. Endlich zog nach Entstehen der ersten Großbetriebe deren eigene Reklamewirkung sie in weitere Städte hinüber [2]), und die durch die ganze Art dieser Großgeschäfte schon vorher erzwungene Versachlichung der Geschäftsführung — Trennung von Verkaufs- und Verwaltungstätigkeit; ein ohnehin schon vorhandener Kontrollapparat — erleichterte es außerordentlich, dem Rufe zu folgen. Bedeutete dies doch anfangs nicht mehr, als die Verlegung einiger besonders erfolgsicherer Rayons ins Verkehrszentrum der Nachbarstadt.

Auf Grund all dieser Momente, denen sich noch die früher entwickelten allgemeinen Vorzüge des Filialbetriebes zugesellen, haben sich die Waren- und Kaufhausfilialen stark entwickelt. An eigentlichen Warenhäusern konnten durch Vermittlung des Verbandes deutscher Waren- und Kaufhäuser für Anfang 1910 52 Firmen ermittelt werden, die Filialen unterhielten. Hiervon hatten jedoch 21 außer dem Stammhause nur 1 Filiale. Die Betriebe, welche außer

---

1) Auch diese Form von Warenhäusern legt übrigens vielfach Ortsfilialen an, um in den von der Arbeiterbevölkerung hauptsächlich besuchten Bezirken Waren, die im Hauptgeschäfte nicht mehr gangbar sind, abzusetzen. Größere Filialsysteme im eigentlichen Sinne entstehen vor allem aus den andern oben angegebenen Motiven.

2) Für den größten westdeutschen Betrieb L. Tietz wird dieser Vorgang eingehender geschildert im „Warenhaus" S. 21ff.

dem Stammhause noch mindestens 2 und mehr Filialen unterhielten, waren die folgenden:

Firma	Sitz der Zentrale	Gesamtzahl der Geschäfte (einschl. Stammgeschäft)
Alsberg, Gebr.	Duisburg	3
Barasch, Gebr.	Breslau	9
Bloch, J.	Tann i/E.	3
Böhm, Gebr.	Chemnitz	3
Bormaß, Jul.	Wiesbaden	3
Burkhardt, J.	Stuttgart	4
Deutschland, Hugo . .	Berlin	3
Friedberg, Louis . . .	Görlitz	5
Hartoch, Gebr.	Düsseldorf	3
Heilbuth, Gebr.	Hamburg	4
Hirsch, Max	Cannstatt	3
Jandorf, A.	Berlin	5
Knopf, Geschw.	Karlsruhe	10
Knopf, M.	Straßburg i/E.	16
Knopf, S.	Freiburg i/B.	11 [1]
Landauer, Brüder . . .	Stuttgart	4
Levy, Wwe. Josef . . .	Neunkirchen	4
Richter, Rich.	Oelsnitz	4
Rohrbeck, Paul	Aue i/Sa.	3
Römmert, C.	Helbra	4
Schumann, Gustav . .	Ibbenbüren i/W.	6
Schwarz, F.	Potsdam	3
Tietz, Herm.	Berlin	13
Tietz & Co., H. . . .	Berlin	3
Tietz & Co., H. . . .	Nürnberg	3
Tietz & Co., H. . . .	Ulm	3
Leonh. Tietz, A.-G. . .	Cöln	16
A. Wertheim, G. m. b. H.	Berlin	5
W. Wertheim, G. m. b. H.	Berlin	3
Wronker & Co.	Frankfurt a/M.	6
		165

Dem Warenhausverbande gehörten ferner 11 „Kaufhäuser" mit Filialen an; unter „Kaufhäusern" versteht man solche Detailhandels-Großbetriebe, die innerhalb der sehr weit gefaßten Gruppe B des preußischen Warenhaus-Steuer-

1) Hiervon 8 in der Schweiz..

gesetzes bleiben, im übrigen aber nach der Art ihres Geschäftsbetriebes und ihrer Warengattungen den eigentlichen steuerpflichtigen Warenhäusern sehr nahe stehen[1]). Von diesen 11 Kaufhäusern hatten 6 nur je 1 Filiale, die übrigen hatten die folgende Anzahl von Filialen:

Conitzer Söhne, M.	Marienwerder	5
Karstadt, Rud.	Kiel	19
Leffers, Gebr.	Delmenhorst	5
Ramelow, Gustav	Berlin	21
Walter, G.	Gleiwitz	3
		51

Eine Verbindung von Warenhäusern und Manufakturwaren-Spezialgeschäften stellt schließlich die Firma Th. Althoff in Münster i. W. dar, die 1910 das größte Warenhaus Westfalens in Dortmund und außerdem im rhein.-westf. Industriebezirk noch 10 größere Geschäfte besaß, von denen mehrere den Charakter des Kaufhauses tragen.

Käte Lux konnte in ihren Umfragen 15 Warenhausbetriebe ermitteln, die Filialen unterhielten; von diesen Zweiggeschäften war die überwiegende Mehrzahl erst in den letzten 10 Jahren gegründet worden [2]).

2. Die Filialorganisation der Warenhäuser.

Für die Organisation der eigentlichen Filialwarenhäuser (auch Kaufhäuser) dürfte der von uns früher dargestellte westdeutsche Betrieb maßgebend sein. Aus dieser Schilderung möge hier nur derjenige Teil kurz wiedergegeben werden, der die Eigentümlichkeit des Filialsystems dieser Betriebe schildert, nämlich die Darstellung der

Centrale,

von der aus die Leitung der in den verschiedenen Städten unterhaltenen Warenhaus-Großbetriebe erfolgt [3]).

1) Vgl. hierüber Warenhaus in Westdeutschland S. 4 und S. 91.

2) a. a. O. S. 15. Von den von Lux befragten Häusern hatten

1 Filiale	8 Firmen
2 Filialen	2 "
3 "	1 "
11 "	1 "
12 "	2 "
15 "	1 "
	15 Firmen

3) Kapitel 5 der früheren Arbeit.

Diese Centrale hat drei Aufgabenkreise: 1. als oberste Einkaufsstelle, 2. als oberste Kassestelle, und 3. als oberste Verwaltungs- und Kontrollinstanz. Die erste Funktion, nämlich diejenige

a) als oberste Einkaufsstelle,

erfüllt sie aber nur für den kleineren Teil der Waren [1]). Der größere Teil wird durch die Filialen direkt eingekauft, die sich durch dieses Verfügungsrecht über die Betriebsmittel wie auch durch ihre ganze sonstige Struktur als Halbfilialen kennzeichnen. Durch die Centrale direkt werden Standardwaren (sog. Stapelartikel) wie gewisse Qualitäten Damentuche, Futterstoffe, Weißwaren, Stecknadeln, Rouleauxkordeln und dergl., für die erfahrungsgemäß ein fester Bedarf vorliegt, eingekauft, und jede Filiale muß sich verpflichten, ein gewisses Quantum abzunehmen; die Abnahme wird in Form eines Abschlusses schriftlich getätigt. Solche Stapelartikel produzieren die Warenhäuser heute teilweise bereits selbst; bei der A.-G. Leonh. Tietz gab den Anstoß zu größerer Eigenproduktion das vor einigen Jahren in Berlin errichtete

Einkaufshaus. Dieses hatte ursprünglich die Aufgabe, die Regungen der Mode zu überwachen, über jegliche neue Maßnahme im Geschäftsbetriebe der Konkurrenten zu berichten, jeden neu auftretenden Artikel aufzukaufen, sowie die Produktionslage zu überwachen und möglichst prompt auszunutzen. Sehr bald wuchs das Haus jedoch über diesen Rahmen hinaus. Es begann die Anfertigung

1) Es sei auch an dieser Stelle darauf hingewiesen, daß das Warenhaus in der Hauptsache ein Geschäft für Waren der Textil- und Modebranche ist. Diese bilden das eigentliche Rückgrat seines Warenkatalogs. Im folgenden möge die Zusammenstellung wiederholt werden, die sich aus den Berechungen die ich bei einem westdeutschen Warenhause machen durfte, ergab. Es entfielen

auf	in % des Umsatzes bei A. Wertheim	Westd. Betrieb
Textilprodukte (Stoffe, fertige Konfektion, Damenhüte und Putz) . . .	53,41 %	56,49 %
sonstige Bekleidungsgegenstände Schuhe, Hüte, Schirme, Pelze etc.	10,00 %	6,00 %
fertige Möbel, Haus- und Küchengeräte	3,75 %	12,80 %
Lebens- und Genussmittel, einschl. Erfrischungsraum	5,57 %	10,51 %

Vgl. Warenhaus in Westdeutschld. S. 45/46

von Weißwaren und heute werden dort Wäsche, Damenkonfektion, Pelze, Gürtel und ähnliches für sämtliche Filialen hergestellt.

Dieser Einkauf durch das Einkaufshaus und die Selbstproduktion machen jedoch nur den kleineren Teil des Gesamteinkaufes aus; denn die Stapelartikel stellen einen geringen Prozentsatz des Absatzes dar. Für die übrigen Waren wird eine „Ausmusterung" vorgenommen. Die Produzenten der einzelnen Branchen werden dazu aufgefordert, gleichzeitig auf einen festen Termin Proben ihrer Waren nebst Preis- und Qualitätsangaben, jedoch ohne jegliche Firmenbezeichnung einzusenden. Dann werden die Abteilungsvorsteher sämtlicher Filialen zum Haupthause berufen und suchen sich die für sie passenden Waren heraus, treffen auch wohl in geeigneten Fällen untereinander Abkommen, um die Aufträge möglichst einheitlich und groß zu gestalten und so Preisvergünstigungen zu erhalten. Die Centrale sucht ihrerseits in gleicher Richtung zu wirken. So wird gerade in den wichtigsten Waren

a) die möglichste Ausschaltung des Zwischenhandels, teilweise sogar des Fabrikantengewinnes erreicht, sowie

b) die Größe der Aufträge soweit irgend möglich erhöht.

Aber auch bei denjenigen Aufträgen, welche der Rayonchef (Abteilungsvorsteher) der einzelnen Filiale vergibt, steht die Warenhausfiliale noch erheblich günstiger als ein Klein- oder Mittelbetrieb. Denn alle Aufträge werden der Gesamtfirma berechnet, und dadurch erzielt der Lieferant

c) eine Verminderung seines Risikos, und ein weiterer bedeutender Vorteil ergibt sich

d) aus der prompten Regulierung des größeren Warenhauses. Diese Regulierung geht, abgesehen von kleineren Rechnungsbeträgen, ebenfalls von der Centrale aus, welche sich somit

2. als oberste Kassenstelle

kennzeichnet. Als solche erhält sie wöchentlich von sämtlichen einzelnen Kassen der Filialen eine Durchschrift der Kassenaufstellung der Kassiererinnen. Diese Summen der einzelnen Kassen werden auf einem Wochenbericht für jeden Tag zusammengestellt. Die hier nachgewiesene Gesamtsumme wird dann in einem „Kassenbericht" zusammengefaßt, der zugleich eine genaue Rechenschaft über Gang und Stand des einzelnen Hauses gibt und eine Hauptunterlage der Zentralstatistik bildet. Ein solcher Kassenbericht, der die Eigenart des Warenhaus-Filialbetriebes besonders deutlich zeigt, ist als Anlage 3 dieser Arbeit beigegeben.

Die Filialen sind angewiesen, alles Geld, das sie nicht für die im Kassenbericht aufgerechneten Spesen selbst brauchen, unverzüglich an die Zentrale abzuliefern. Von hier aus geschieht dann die Regulierung sämtlicher Rechnungen. Sie erfolgt heute bei den größeren Warenhäusern allgemein 30 Tage nach Schluß des Lieferungsmonats.

Die Zentrale ist endlich

3. allgemeine Verwaltungs- und Kontrollinstanz.

Sie ist die eigentliche Buchungsstelle der Gesamtfirma. Die Filialen (auch dasjenige Geschäft, in dessen Räumen die Zentralverwaltung ihren Sitz hat, gilt als Filiale) führen eigentlich nur ein Buch, nämlich ihr Kassenbuch, und auch dieses ist nur die Unterlage für das Kassakonto der Zentrale.

Gegenüber der Zentrale gilt jede Filiale buchungsmäßig als Kontoinhaber; die eigentlichen Filialen als Abnehmer, das Einkaufshaus als Lieferant. Sie verrechnet alle Geschäftsvorfälle mit den Filialen genau wie mit Außenstehenden. Wenn z. B. eine Filiale für eine andere einen Einkauf erledigt, so hat sie darüber dem Schwesterhause eine Rechnung zu erteilen, die liefernde Filiale wird für den Betrag erkannt, die empfangende belastet. Die Zentrale führt für jede Filiale besondere Bücher, besondere unpersönliche Konten. Ihre Zusammenstellung ergibt dann die unpersönlichen Gesamtkosten des Hauses. Es ist klar, daß diese Art der Buchführung nur in Form der klassischen italienischen erfolgen kann.

Daneben läuft die Zentralstatistik her, ebenfalls aufgebaut auf den Kassenberichten, wie wir sie oben dargestellt haben. Sie erfaßt wiederum, wie schon vorher diejenige der Filialen, alle wesentlichen Geschäftsvorfälle, nur daß hier nicht wie in der Filiale die Abteilungen (Rayons), sondern die Filialen selbst Gegenstand der Beobachtung sind. Hier werden ständig verglichen: Umsätze, Spesen- und Wareneingänge in ihrem Verhältnisse zu einander und zu den Vorjahren. Die einzelnen Posten werden zergliedert, die Anteile der im Kassenbericht gekennzeichneten Spesenelemente: Gehälter, Löhne, Mieten, Reisen usw. am Gesamtspesensatz ermittelt und verglichen. Die Unterschiede bei den einzelnen Filialen werden festgestellt, die Ursachen dieser Differenzen nach Möglichkeit ermittelt.

Die Zentralverwaltung erledigt endlich noch z. B. alle Versicherungs - Angelegenheiten der Filialen, prüft ihre Steuerveranlagungen, bearbeitet die notwendig werdenden Prozesse usw., vor allem aber ist sie eine Art materieller und ideeller Ausgleichsinstanz. Sie hat selbstverständlich für die Anstellung geeigneter Filialleiter zu sorgen, während die Anstellung des übrigen Personals den Filialen vollkommen überlassen bleibt. Daneben gibt sie Direktiven über die Kapitalbeanspruchung, veranlaßt Mitteilungen über etwaige Neuerungen im Betriebe an ihre sämtlichen Häuser, über jede Regung der Mode [1]), nimmt, wenn notwendig, zeitweilige oder dauernde Überführung von Personal selbst von Stadt zu Stadt vor; so besonders von Dekorateuren, wenn an einem Platze in dieser Hinsicht etwas besonderes geleistet werden soll. Auch ein Ausgleich an Materialien (besonders Reklamematerial: Clichés, Plakate, Broschüren usw.) findet in beschränktem Maße von ihr aus statt.

Die gesamte Gliederung des ganzen Organismus eines solchen Filialwarenhausbetriebes wird in der als Anlage 4 beigegebenen graphischen Darstellung zu zeigen versucht.

3. Vergleich des Filial- und des Zentralwarenhauses.

Stellt man dieser Organisation diejenige des zentralistischen Warenhauses A. Wertheim gegenüber, so erscheint diese als eine ins Riesige gewachsene Filiale, in den Geschäftsprinzipien mit denjenigen des Filialwarenhauses über-

1) Die „Multiplikation der Erfahrungen", die K. Lux in dem Zusammenwirken der verschiedenen Rayons in einem Hause erblickt, wird also hier durch die Erfahrungen vieler Absatzorte weiter „multipliziert".

einstimmend, nur noch weit mehr in der Gliederung der inneren Verwaltung ausgebaut.

a) Die Unterschiede in der Organisation des Geschäftes[1]).

Von den in der graphischen Darstellung gezeigten Instanzen fällt bei Wertheim eine weg, nämlich die Filialleitung. Liegt bei der Filiale die hauptsächlche Verantwortung beim Rayonchef, so wird diese beim Zentralhause geteilt und höher hinauf verlegt. Für den kommerziellen Erfolg ist der Einkäufer verantwortlich, der hier als neues Glied in der Organisation auftritt. Ihm sind die „Lagerchefs" in allen den Einkauf und die Kalkulation betreffenden Fragen unterstellt und haben hierin nur beratende Stimmen; die Entscheidung trifft der Einkäufer allein.

Für den persönlichen Teil der Organisation, Überwachung und Kontrolle des Personals, zugleich für das richtige Ineinandergreifen der Instanzen sorgt die Geschäftsleitung, welcher mehrere Staffeln untergeordnet sind: die Etagenoberaufsicht, der auch die Etagenexpedition untersteht, die Etagenaufsicht, der ihrerseits wieder zwei Instanzen unterstehen, die Lageraufsicht und die Empfänger. Alle diese Instanzen dienen dazu, das eigentliche Verkaufspersonal von allen Nebenarbeiten zu befreien. Selbst für das Auszeichnen der Waren sind dem Lagerchef noch besondere „Auszeichnungsdamen" unterstellt. Noch mehr als im Filialbetriebe werden Lagerchefs und Einkäufer von allen Verwaltungsarbeiten entlastet. Diese fallen ganz der Zentralleitung zu, welcher besondere Büros unterstehen für Kasse, Korrespondenz, Regulierung, Einkauf, Buchführung, Zollabteilung, sowie die Krankenkasse, Sparkasse, Kantine, die Bauverwaltung und ein statistisches Amt.

b) Die kaufmännischen Unterschiede.

Der wesentlichste Unterschied des Filialbetriebes gegenüber dem Zentralhause liegt in der dezentralisierten

---

1) Vgl. über das Folgende besonders auch „Organisation" Jahrgang 1907 S. 53, ferner Göhre, Das Warenhaus, Frankfurt a/M. 1907 S. 63 ff.

Betriebsweise. Was Wertheim in einer Stadt, in der Hauptsache sogar in einem Hause erreicht, verteilt sich bei der westdeutschen Firma Leonh. Tietz auf 14 verschiedene Städte. Diese Zersplitterung erfordert zunächst eine erheblich größere Bodenfläche. Das Haus von A. Wertheim in Berlin, Leipzigerstraße, hat eine Bodenfläche von 16 560 qm. Die Gesamtheit der Geschäfte der A.-G. Leonh. Tietz machte 1908 nur die Hälfte des Umsatzes, der in jenem Hause erzielt wurde, und brauchte dazu die der Firma gehörigen Immobilien:

Köln, Hohestraße	4 528 qm
„ Weyerstraße	949 „
„ Eigelstein	910 „
Bonn	1 502 „
Koblenz	1 332 „
Krefeld	2 225 „
Düren	840 „
Düsseldorf (seit 1909 ein Neubau von 4 546 qm	2 211 „
Elberfeld	1 221 „
Mainz	1 941 „
Stralsund	922 „
im Eigentum der Firma insges.	18 581 qm
Dazu an gemieteten Räumen in Aachen, Barmen, Eschweiler, Remscheid und Köln-Ehrenstraße rd.	4 200 qm
insgesamt dienten dem Geschäftsbetriebe damals	22 781 qm.

Gegenüber dem zentralistischen Warenhause fällt aber hier, bei den stark auf Modeartikeln basierten Großbetrieben, der allgemeine Vorteil des Filialbetriebes besonders ins Gewicht, daß er nicht auf eine Stadt und deren augenblickliche Wirtschaftslage angewiesen ist, sondern das Risiko der wirtschaftlichen Schwankungen durch seine Dezentralisation wieder ausgleicht [1]).

---

1) Im Warenhaus in Westdeutschland S. 44 wird dazu ausgeführt: Der Filialbetrieb stützt sich auf ein weites Gebiet. Leonh. Tietz wird z. B. in Mainz, Koblenz und Düren im wesentlichen direkt und indirekt mit der Landwirtschaft und der von ihr abhängigen Bevölkerung zu rechnen haben. In Aachen, Krefeld und Barmen mit den verschiedenen Zweigen der Textilindustrie, in Cöln und Düsseldorf mit der im Großhandel und Verkehrswesen tätigen Bevölkerung und den hier stark ver-

Aus den Erörterungen meiner früheren Arbeit über Kalkulation und Gewinne der Warenhäuser möge noch die Zusammenstellung herangezogen werden, in der

c) der kalkulatorische Unterschied

zwischen Filial- und Zentralorganisation des Warenhauses untersucht wird[1]).

An einer Stelle hat das zentralistische Warenhaus anscheinend einen Vorteil gegenüber dem Filialbetriebe: die Raumkosten sind relativ niedriger. Das Haus der Firma A. Wertheim, Leipzigerstraße, hat einschließlich Grund und Boden einen Wert von 33 Mill. Mk. Die sämtlichen Immobilien der A.-G. Leonh .Tietz standen 1908 zu Buch mit

	14 250 000 Mk.
außerdem wurden 281 641,53 Mk. an Mieten gezahlt, welche als Verzinsung zu 5% betrachtet auf ein Kapital schließen lassen von rund	5 633 800 „
Insgesamt beansprucht der Filialbetrieb also . . .	19 883 800 „

Es betrug demnach . . .	1905	1908
	bei Wertheim	bei L. Tietz
der Umsatz	ca. 60 Mill.	28,61 Mill.
das Boden- und Gebäudekapital in % des Umsatzes	rd. 50%	rd. 70%

Der Unterschied, eine so bedeutende Summe er absolut darstellt, ist jedoch für die Kalkulation nicht sehr belangreich. Er besagt, daß der Zentralbetrieb ceteris paribus mit 0,8% des Umsatzes Raumkosten weniger zu rechnen hat, als der Filialbetrieb. Dagegen wird man beim Zentralbetriebe auf höhere Amortisationskosten schließen dürfen, als beim Filialbetrieb, der die Einrichtungen der Filiale der Reihe nach ersetzen und verändern kann[2]).

Bezüglich der sonstigen Kalkulation und Organisation, der Personalverhältnisse und besonders auch der verschie-

---

tretenen freien Berufen. Es zeigt sich also im Filialbetriebe in erhöhtem Maße jene Ausgleichtendenz, die Versicherung gegenüber Schwankungen in Konjunktur und Mode, die wir als dem Warenhausbetriebe überhaupt eigentümlich erkannten.

1) a. a. O. S. 78/79.

2) Der Zentralbetrieb, bei dem dagegen infolge des stärkeren Verkehrs die Abnutzung ohnehin größer ist, muß eine Neueinrichtung gleich für den Gesamtbetrieb vornehmen.

denen Einwirkungen der Waren- und Kaufhäuser muß auf die frühere Arbeit verwiesen werden. Besonders hervorzuheben ist jedoch, daß sich auch bei den Waren- und Kaufhäusern deutlich gewisse

4. Übergangsformen

zwischen Filialbetrieben und Einzelkaufhäusern herausgebildet haben.

Hierfür sind zunächst die „Hamburger Engroslager" charakteristisch [1]. Sie sind nach außen hin vollkommen selbständige Firmen, tragen den Namen des Inhabers, mehrfach in Form einer G. m. b. H., und außerdem die Unterbezeichnung „Mitglied der Hamburger Engroslager". Die meisten dieser Geschäfte sind Gründungen der Firma M. J. Emden Söhne in Hamburg, die sich mit Kapital bei der Gründung beteiligt. Dieses Kapital kann abgetragen werden und ist bereits vielfach von den Inhabern abgetragen worden. Außerdem bilden die Geschäfte einen Einkaufsverband, dessen Zentrale die oben genannte Firma ist und die den Einkauf für alle Geschäfte in ganz ähnlicher Art organisiert hat, wie es oben für den Filialbetrieb geschildert wurde. Auch sie unterhält Einkaufshäuser und Einkaufsagenturen und hat eigene Produktionsanlagen für gewisse Textil- und Modewaren; sie liefert die Waren zum Selbstkostenpreise zuzüglich eines relativ sehr geringen Aufschlages. Mitte 1909 gehörten diesem Verbande 163 Firmen an, die zum Teil ihrerseits wieder Filialnetze unterhielten. An eigentlichen Warenhäusern gehörten dazu 13 Firmen mit insgesamt 20 Geschäften. Die übrigen waren großenteils Kaufhäuser, auch vielfach Manufakturwaren-Spezialgeschäfte.

Der Zusammenhang zwischen den Engroslagern und der Einkaufszentrale ist vielfach sehr eng. Von denjenigen angeschlossenen Häusern, die noch erhebliche Kapitaleinlagen abzutragen haben, wird z. B. ein regelmäßiger Kassenbericht verlangt, der dem oben als für das Filialwarenhaus besonders charakteristisch veröffentlichten Schema fast ge-

1) Vgl. hierüber auch Steindamm, Beiträge zur Warenhausfrage, Berlin 1904, S. 11.

nau entspricht. Hier liegt also wiederum der Fall vor, daß rechtlich vollkommen selbständige Geschäfte sich wirtschaftlich von den eigentlichen Filialbetrieben kaum unterscheiden.

Recht eigenartig war die Entwicklung, die ein rheinischer Einkaufsverband nahm, die

Westdeutsche Handelsgesellschaft[1]).

Ihr Ursprung geht auf eine Familiengründung zurück, dann lockerte sich die Verbindung; seit 1900 schloß sie sich wieder eng zusammen und seit 1901 ist die direkte Verschmelzung zu einem kleineren trustartigen Gebilde im Gange.

1825 gründete Johannes Sinn zu Fredeborg das erste Geschäft der Manufaktur- und Weißwarenbranche; in langer Entwicklung errichteten die Familienangehörigen dann im Rheinlande weitere 10 Geschäfte, die 1882 unter drei Brüder Sinn geteilt wurden. Die sehr lose gewordene Verbindung festigte sich aber um 1900 wieder, als die Warenhäuser mit drückender Konkurrenz auftraten.

Damals errichteten 8 Inhaber Sinn scher Geschäfte die „Westdeutsche Handelsgesellschaft" als Einkaufs-G. m. b. H., erst mit 300 000 Mk. Kapital, das kurz hernach auf 1 Mill. Mk. erhöht wurde. Dann wurden weitere verwandte Firmen in den Verband aufgenommen, bald auch sonstige größere Betriebe, und so gehörten Anfang 1913 etwa 75 Geschäfte zum Verbande, darunter einzelne Grossisten, und 5 Geschäfte hatten sich selbst zu größeren Warenhäusern entwickelt.

Diese Vereinigung gründete nicht nur eigene Einkaufshäuser — bis Mitte 1912 besaß sie ihrer an 6 Orten —, sondern sie hat auch die Eigenproduktion in großem Umfang begonnen; bis zu ihrer Umwandlung (1911) hatte sie 5 Strumpffabriken im Besitz und für Wäsche und Konfektion arbeitete die „Westdeutsche Konfektions-G. m. b. H." als ihre besondere Untergesellschaft.

Dieser gemeinsame Besitz war wohl mit eine der Ursachen, weshalb 10 der größten Geschäfte im September 1911 zu einer Einheitsunternehmung vorschmolzen wurden. Die alte G. m. b. H. wurde aufgelöst, eine neue A.-G. gleichen Namens gegründet, und gegen Aktien des Nominalkapitals

---

1) Das Material verdanke ich Frl. stud. H. Meuskens, die demnächst Werdegang und Struktur dieses Großbetriebes eingehend schildern wird.

2) Vergl. Deutsche Konfektion vom 16. 6. 1912 (neues Einkaufshaus), 11. 8. (Aufnahme der Konfektionsgesellschaft), 27. 10. (Ankauf zweier Geschäfte), dazu Errichtung von 3 neuen Strumpffabriken usw.

von 2,8 Mill. M. brachten 25 Gründer die Anteile ihrer bisherigen Geschäfte und Fabriken ein. Während der Einkaufsverband nach wie vor gleichmäßig als besondere Abteilung arbeitet, erweitert die zum Pool gewordene A.-G. ihre Geschäftsstellen und Fabriken unausgesetzt. Sie läßt die von ihr kontrollierten Firmen formal selbständig bestehen, ist aber alleinige Anteilinhaberin und zeigt also damit den Typus der Beteiligungsgesellschaft. Die Gesamtzahl ihrer direkten Arbeitskräfte gibt sie im August 1912 mit 2500 Personen an. So ist also aus einer Abwehrkoalition gegen die Warenhausfilialbetriebe selbst ein solcher Großbetrieb entstanden.

Von einer Behandlung der Abzahlungsgeschäfte, bei denen ebenfalls das offene und verhüllte Filialsystem eine große Rolle spielt, muß hier abgesehen werden. Einen Einblick in die Verwaltung und Kalkulation eines kleineren Filialbetriebes dieser Art giebt die Arbeit von Brink [1]).

* *
*

Anhang: Einige sonstige Filialsysteme.

Die mit dem Obigen im wesentlichen beendete Einzeldarstellung konnte nur die wichtigsten Geschäftszweige, in denen das Filialwesen besondere Bedeutung erlangt hat, hervorheben. Daneben zeigen sich noch in vielen anderen Richtungen Ansätze zu ähnlicher Entwicklung.

Besonders bedeutsam scheint das Filialsystem in der Korsettenbranche geworden zu sein. In den Versammlungen der Filialinhaber Berlins wurden die folgenden Filialzahlen angegeben:

W. & G. Neumann, Berlin	Anz. der Geschäfte	65
Arn. Obersky, Berlin	" " "	43
J. Lewandowsky, Berlin	" " "	32
	zusammen	140

Im Jahre 1907 wurden im „Handel mit Korsetten" insgesamt nur 481 offene Verkaufsstellen ermittelt; die oben angeführten drei Betriebe besaßen Mitte 1910 bereits 29% dieser Zahl [2]).

In der Metallwarenbranche haben sich ebenfalls mehrere Filialsysteme entwickelt. Hier ist es den gut organisierten Händlerverbänden, besonders auch dem Verband deutscher Eisenwarenhändler, gelungen, durch energische

1) Zeitschrift für handelswissenschaftl. Forschung, Jahrg. 6 S. 589.

2) Rosenberg, Deutsche Korsettindustrie, Stuttgart 1909, bes. S. 22 (Entstehung: Grossisten übernehmen Fabrikation und Detailhandel).

Gegenaktion das Vordringen des wichtigsten Filialbetriebes, nämlich der „Württembergischen Metallwarenfabrik" zu Geislingen, vorerst zum Stillstand zu bringen. Nach Zeitungsmeldungen [1]) hat sich die genannte Fabrik zu dem folgenden Vertrage verstehen müssen:

„Die Württembergische Metallwarenfabrik erklärt, daß sie binnen 6 Jahren vom ersten Januar 1909 an keine neuen eigenen „Verkaufsniederlagen in Deutschland mehr errichten wird. Die „Verbandsvorstände haben sich überzeugt, daß die W. M. F. ernste „Maßregeln zur Einschränkung des Verkaufes fremder Waren in „ihren eigenen Verkaufsniederlagen getroffen hat, und daß diese „Maßregeln auch für die fernere Geschäftsführung maßgebend sein „werden. Die Verbände erklären, daß sie jede weitere Agitation „gegen die W. M. F. unterlassen werden und wollen nach Kräften „darauf hinwirken, daß die alten guten Beziehungen zwischen der „W. M. F. und ihren Kunden in loyaler Weise wieder hergestellt „werden."

Außer den genannten Branchen nennt Sombart [2]) noch als von Filialbetrieben durchsetzt diejenigen der Hüte, Schirme, Seidenwaren, Butter, Schreibmaschinen und Möbel, Wirminghaus [3]) das Kunstgewerbe, sowie die Verkaufsstellen der Glas- und Lederindustrie.

Die Butter-Filialbetriebe finden sich in größerer Zahl besonders in Berlin; hier wurden 1910 in den Versammlungen der Filialbetriebsinhaber die folgenden ermittelt:

Verein. Pommersche Meiereien, Berlin	49 Filialen
Gebr. Groh, Berlin	38 „
Gebr. Leh, Berlin	25 „
Carl Davidssohn, Berlin	13 „
insgesamt	125 Filialen

Bei den Hut- und Schirm-Filialbetrieben scheint es sich vorerst noch um vereinzelte Fälle zu handeln. Die beiden größten Berliner Betriebe waren Lichtenstein mit 23 Filialen und Wigdor mit 13 Filialen (Mitte 1910).

Ebenfalls auf Berliner Boden beginnt ein weiterer Artikel sich aus den Kolonialwaren- und Drogengeschäften loszulösen und in den Filialbetrieb überzugehen, nämlich die

1) Frankf. Zeitung vom 3. 12. 1908, 2. Morgenbl. sowie vom 6. 12. 1908, 1. Morgenbl.

2) Deutsche Volkswirtschaft im 19. Jahrhundert, S. 256.

3) Preuß. Jahrbücher, Juliheft 1910, S. 54.

Seife. Die Firma E. Wasservogel besaß zum Vertriebe von Seife aller Art im September 1910 bereits etwa 70 Geschäfte, und mehrere andere Filialsysteme für diesen Artikel waren in der Ausbreitung begriffen.

Da die vorliegende Arbeit sich lediglich auf den Detailhandel beschränkt, so ist schließlich davon abgesehen worden, die großen Filialsysteme der Annahmestellen der chemischen Waschanstalten und Färbereien, bei denen überdies auch ein Eingehen auf technische Einzelheiten unerläßlich gewesen wäre [1]), mit heran zu ziehen. Immerhin mögen die einzelnen Berliner Großbetriebe samt Filialenzahl, soweit sie sich aus den Präsenzlisten der Filialinhaberversammlungen zusammenstellen liesen, hier noch angeführt werden.

W. Spindler, Berlin, Filialen	in Berlin	57
außerhalb Berlins 48 Filialen, dazu über 1100 Agenturannahmestellen		
H. Bergmann, Berlin . . .	in Berlin	39
Max Bloch, Berlin	„	30
Albert Herz, Berlin	„	30
A. Judin, Berlin	„	25
Wilh. Göben, Berlin . . .	„	18
Busch & Müller, Berlin . .	„	15
Max Walter & Co., Berlin .	„	12
insgesamt	in Berlin allein	226 Filialen.

Über die Anzahl der Filialen in den hier nicht erwähnten Gewerbezweigen [2]), ferner über die Größe und Ausdehnung der gesamten deutschen Filialbetriebe, sowie die Zahl ihrer Läden gibt die nunmehr im letzten Teile dieser Schrift folgende Bearbeitung der amtlichen Erhebungen Aufschluß.

1) Eine kurze Darlegung der technischen Einzelheiten findet sich in der Spindler'schen Jubiläumsschrift „3 Generationen im Reiche der Färberei, Wäscherei und chemischen Reinigung", W. Spindler, Berlin 1907.

2) Dehn (a. a. O. S. 40) nennt die „Manufakturwarenbranche" als besonders von Filialbetrieben durchsetzt; diese hat sich inzwischen immer mehr entweder zum Kauf- und Warenhaus entwickelt (fast alle von Dehn genannten Firmen), oder zu Konfektionsgeschäften. Bei den letzteren treibt aber weit mehr als der offene Filialbetrieb noch heute wie damals der „Filialwucher" seine Blüten, den wir im Schlußabschnitt schildern.

III. Teil.

Die Filialbetriebe im Rahmen der Gesamt-Volkswirtschaft.

A. Tatsächliche Feststellungen.

I. Im Deutschen Reiche.

Der Bearbeiter des Filial-Problems wird es zunächst freudig begrüßen, daß die Betriebszählung von 1907 zum ersten Male den Versuch gemacht hat, die Filialbetriebe im Deutschen Reiche statistisch zu erfassen; zumal nicht nur Haupt- und Zweiggeschäfte ermittelt, sondern auch die zugehörigen Filial l ä d e n besonders nachgewiesen werden.

Diese Genugtuung wird aber bei näherer Betrachtung der Tabelle VII der Betriebszählung etwas herabgemindert. Zunächst geht die Erhebung nur bis auf die Gewerbe-k l a s s e n hinunter[1]; es mußte aber von vornherein klar sein, daß der überwiegende Teil der Filialen sich in einer einzigen „Gewerbeklasse" finden würde, nämlich im Warenhandel. Man hat es aber vermieden, sie bis auf die Gewerbe a r t e n durchzuführen, deren der Warenhandel in der letzten Zählung z. B. 48 aufweist. Das dadurch schon summarisch gewordene Bild wird dann durch Erhebungsmängel noch weniger deutlich.

Um die Darstellung nicht durch zu starkes Tabellenmaterial zu belasten, werden die umfangreicheren Zusammenstellungen für das ganze Reich im Anhang I gegeben, an dieser Stelle aber nur die Hauptresultate herausgezogen.

---

1) Die Betriebszählung hat vier Spezifikationen; die weiteste heißt Gewerbe ab te ilun g (z. B. Handel und Verkehr), die nächste Gewerbe-g r u p p e (z. B. Handelsgewerbe), dann Gewerbe k l a s s e (z. B. Warenhandel, Geldhandel usw.), dann Gewerbe a r t e n (Handel mit Getreide, mit Wolle usw.).

1. Filialläden überhaupt.

In Tabelle I des Anhanges wird die Gegenüberstellung zwischen „offenen Verkaufsstellen" und „Filialläden" gegeben, zu welcher der amtliche Bearbeiter der Zählung auffordert [1]).

Die Zählung zeigt zunächst, daß es 1907 keine Gewerbegruppe mehr gab, in der sich das System der Zweiggeschäfte nicht fand. Für uns kommt aber hier hauptsächlich der Anteil der Filial läden an der Gesamtzahl der Läden in Betracht. Es gab nun 1907 im Deutschen Reiche

offene Verkaufsstellen überhaupt	1 072 612
hiervon als Filialbetriebsläden nachgewiesen	31 799,

also rund 3% der Gesamtzahl.

Wesentlich anders gestaltet sich das Bild schon bei der nächsten Unterteilung, bei den

2. Gewerbegruppen. (Tab. I des Anhanges.)

Dabei zeigt sich eine Eigentümlichkeit unserer Statistik, die künftige Bearbeiter der Betriebszählung beachten werden müssen. Man sollte annehmen, daß „offene Verkaufsstellen" ganz überwiegend im Handelsgewerbe zu finden sein müßten (Gruppe XIXa Warenhandel). Unsere Tabelle I zeigt aber, daß — auch wenn man von den offenen Verkaufsstellen der Gastwirtschaften (Gruppe XXII) absieht — etwa die Hälfte aller offenen Verkaufsstellen in den Rubriken der Produktion aufgeführt wird. Nun ist ja tatsächlich die Verbindung von offener Verkaufsstelle und Produktions- oder Arbeitsstätte sehr häufig (Bäckerei, Schuhwarenhandlung, Friseurgeschäft) und wird immer häufiger. Unsere Betriebszählung verfährt aber damit so, daß sie fast alle offenen Verkaufsstellen, die irgendwie mit Produktionsbetrieben in Verbindung stehen, unter den Rubriken der Produktion nachweist [2]).

---

1) Bd. 213 II S. 288.

2) Auf Anfrage teilt das Kaiserliche Statistische Amt mit: „Richtig ist, daß beim Zusammentreffen von Produktions- und Handelsbetrieb der Gesamtbetrieb in der Regel bei der Produktion zur Nachweisung gelangte". Wenn das gleiche Verfahren auch bei früheren Zäh-

Da an die größeren Filialbetriebe ein Produktionsbetrieb sich bald anzugliedern pflegt, so stehen Filialbetriebe gleicher Art oft unter verschiedenen Rubriken: Bei Kaffee teils unter „Industrie der Nahrungs- und Genußmittel", teils unter ‚Handelsgewerbe"; bei Zigarren teils unter „Tabakfabrikation", teils unter „Handelsgewerbe" u. s. f.

Die Hauptresultate der Tabelle I sind wohl folgende:

Wie zu erwarten, stellen das Hauptkontingent der Filialläden vier Gewerbegruppen: Handel, Industrie der Nahrungs- und Genußmittel, Bekleidungsgewerbe und Reinigungsgewerbe. Immerhin ist bei allen gegenüber der Gesamtzahl der Läden der Anteil der Filialen nicht groß: Im Handel 3,6%, bei den Nahrungs- und Genußmitteln 4,0%, bei Bekleidung nur 1,6%, beim Reinigungsgewerbe 7%. Der große Anteil der Filialen an der Industrie der landwirtschaftlichen Nebenprodukte entfällt hauptsächlich auf Seifenfabriken (121), bei der Maschinenindustrie wahrscheinlich auf Fahrräder, Nähmaschinen, Schreibmaschinen, in der Textilindustrie auf Bleicherei, Färberei und Appretur.

3. Die wichtigsten Gewerbearten.

In Tabelle II sind dann die vier Hauptgruppen der Gewerbezählung, die zusammen 87% aller Filialläden umfassen, so weit zergliedert, wie dies die Filialtabelle überhaupt zuläßt, nämlich bis auf die Gewerbe*klassen*.

Selbstverständlich weist im Handel die Hauptmasse auf

der Warenhandel mit 16 295 Filialläden oder 3,5% der Läden dieser Klasse;

dann Buchhandel und Zeitungsverlag mit 631 Filialläden oder 9,2% der Läden dieser Klasse;

dann Geld- und Kredithandel mit 210 Filialläden oder 16,1 % der Läden dieser Klasse.

Der Buchhandel hat diese starke Besetzung wohl nur den mitgezählten Zeitungskiosken zu danken, da in Deutschland das Filialsystem hier noch schwach entwickelt ist. Beim

---

lungen angewendet worden ist, so sind die vielfach gezogenen Vergleiche über Anwachsen der Handelsbetriebe zwischen den Zähljahren unzulänglich, da die zahlreichen Handelsgeschäfte, die mit Produktions- (oder Reparatur-) Stätten in Verbindung stehen, unbeachtet geblieben sind.

Geld- und Kredithandel scheinen dagegen bei weitem nicht alle Filialen als „Läden" gezählt worden zu sein; denn in Tabelle IV weisen wir einen Betrieb mit mehr als 100 Zweiggeschäften nach (vermutlich die Reichsbank).

Bei der Nahrungsmittelindustrie kommen die Filialbetriebsläden deshalb im Vergleiche zu kurz, weil die Bäckereiläden in dieser Gruppe das Schwergewicht haben. Auffallend groß ist die Zahl der Filialläden im Fleischereigewerbe mit 1923; hier hat sich außer dem bekannten Berliner Großbetriebe (Hefter) offenbar das Filialsystem schon weiter ausgebreitet. Bei der Getränkherstellung ist zu beachten, daß hier die wirkliche Ausdehnung des Filialbetriebes der Brauereien des Konzessionszwanges wegen nicht zu Tage tritt; vielmehr sind, wie für Bremen nachgewiesen werden kann [1]), die Selterswasserhäuschen stellenweise als Filialen gezählt worden; nur so erklären sich die 1540 Filialläden dieser Klasse.

Bei der Klasse „chemische Waschanstalten, Reinigerei usw." weist die Tabelle mehr Filialläden auf (1281) als „offene Verkaufstellen" (559); hier liegt offenbar eine Unstimmigkeit vor [2]).

Eine wirklich gründliche Einsicht in die Bedeutung der Filialläden innerhalb der einzelnen Branchen wäre möglich gewesen, wenn die Filialtabelle durchgeführt worden wäre bis auf die letzte Unterabteilung der Zählung, die „Gewerbearten", deren der Warenhandel z. B. 48 zählt.

Das geschieht aber in der Tabelle über die „offenen Verkaufsstellen" (Bd. 213 II Tab. 6), und hier wird sogar nachgewiesen, wieviele der „offenen Verkaufsstellen" auf Betriebe mit 1, mit 2, mit 3 und mehr solcher Stellen entfallen. Man sollte annehmen, daß die Betriebe mit mehr als einer offenen Verkaufsstelle Filialbetriebe seien, aber — in den Vorbemerkungen zur Tabelle heißt es, daß hierunter „selbständige Filialen" nicht einbegriffen, sondern als besondere Betriebe gezählt sind. Von einem statistischen

1) Vgl. unten S. 223.

2) Das Kaiserl. Statist. Amt teilt mit, die Unsiimmigkeiten „beruhten auf der Art der Aufbereitung" . . . „es können also in Tab. 7 Angaben über Filialbetriebe eingerechnet sein, die in Tab. 6 als selbständige Betriebe bei andern Gewerbeklassen gezählt sind. Eine genauere Feststellung hierüber kann leider nicht gegeben werden".

Landesamte wurde darauf hingewiesen, daß die Frage über die „offenen Verkaufsstellen" und die „Filialen" miteinander kollidiert hätten, und in der Tat zeigt sich für Bremen, daß vielfach die gleichen Betriebe in beiden Tabellen erscheinen.

Es ist die Vermutung nicht von der Hand zu weisen, daß stellenweise Ortsfilialen bei den Betrieben mit mehr als 1 Verkaufsstelle erscheinen, Forensalfilialen dagegen bei den „Zweiggeschäften" nachgewiesen werden [1]) Es kann deshalb an dieser Stelle nur festgestellt werden, daß es 1907 im Deutschen Reiche gab

Betriebe mit 2 offenen Verkaufsstellen 39 343; Anzahl der Verkaufsstellen 78 686.

Betriebe mit 3 und mehr offenen Verkaufsstellen 3 538; Anzahl der Verkaufsstellen 14 379.

Im deutschen Warenhandel gab es

Betriebe mit 2 offenen Verkaufsstellen 11 875; Anzahl der Verkaufsstellen 23 750.

Betriebe mit 3 und mehr offenen Verkaufsstellen 1 414; Anzahl der Verkaufsstellen 6 209.

Die wichtigsten Handelszweige in denen die Betriebe mit mehreren offenen Verkaufsstellen auftreten, werden als Tabelle III in Anhang aufgeführt.

Der Filialtabelle können wir dann Angaben entnehmen über

4. Die Filialenzahl der deutschen Filialbetriebe.

Hier läßt sich allerdings der Detailhandel nicht klar aussondern. Nicht alle gezählten Läden sind nämlich als Filialen betrachtet, sondern vielfach sind mehrere Läden derselben Zweigniederlassung zugezählt wurden. Im ganzen ergibt sich das folgende Bild:

Unter den 14 453 „Hauptgeschäften, welche Zweiggeschäfte unterhielten", waren solche mit

---

1) Die Kolonialwarenläden der Kruppschen Konsumanstalt in Essen sind tatsächlich bei den Betrieben mit mehr als 3 Verkaufsstellen nachgewiesen, aber bei der Rubrik „Eisengießerei und Emaillierung von Eisen" (Bd. 217 II S. 629), dagegen lassen sich für Berlin auch nicht annähernd genug Tabakläden bei den Betrieben mit 3 und mehr Verkaufsstellen nachweisen. (In Berlin, Charlottenburg, Schöneberg und Rixdorf zusammen nur 109).

1	Zweiggeschäft	10 435
2	Zweiggeschäften	1 897
3—5	„	1 289
6—10	„	441
11—20	„	224
21—30	„	76
31—50	„	47
51—100	„	35
mehr als 100	„	9
		14 453

Es ergibt sich daraus also, daß die Filialen nicht in der Hauptsache von Massenfilialbetrieben unterhalten werden, sondern daß die Mehrzahl auf die Hauptgeschäfte mit weniger als 6 Zweiggeschäften entfällt. Eine weitere Zergliederung der 6 hauptsächlichsten Gewerbeklassen nach der Zahl der Zweiggeschäfte geben wir in

Tabelle IV des Anhangs

für Warenhandel, Geldhandel, Herstellung vegetabilischer Nahrungsmittel, Tabakfabrikation, Schuhfabrikation und chemische Waschanstalten.

Die Unvollständigkeit dieser Tabelle dürfte sich wieder zweifelsfrei nachweisen lassen. In der Schuhherstellung hatten Conr. Tack & Co. im April 1907 schon die 100. Filiale eröffnet; die Betriebszählung vom Juni desselben Jahres weiß nur von einem Betriebe mit 21—30 Filialen. In der Tabakfabrikation wird nur ein Betrieb mit mehr als 50 Filialen aufgeführt, während sicher Löser & Wolff, Krüger & Oberbeck und Paul Juhl damals schon über 50 Geschäfte hatten, aller Wahrscheinlichkeit nach auch J. Neumann.

Von den 9 Betrieben mit mehr als 100 Zweiggeschäften entfielen nach der Zählung je 3 auf die Industrie der Nahrungs- und Genußmittel und auf den Warenhandel, 2 auf Geld- und Kredithandel und einer auf das Versicherungsgewerbe.

Schließlich versucht die Filialtabelle der Betriebszählung noch eine Trennung vorzunehmen nach

5. Orts- und Forensalfilialen.

Hier sind Ladengeschäfte und andere Zweiggeschäfte ebenfalls nicht zu trennen. Die Zählung weist nach: Hauptgeschäfte, die

Zweiggeschäfte nur am eigenen Orte hatten 5026; Summe ihrer Zweiggeschäfte 8 744.
Zweiggeschäfte auch an andern Orten hatten 9427; Summe ihrer Zweiggeschäfte 25 720.
hiervon nicht am Orte des Hauptgeschäftes 21 413.

Es hätten also die Forensalfilialen mit rund $^2/_3$ der Gesamtzahl danach bei weitem das Übergewicht; aber die Vermutung liegt nahe, daß die Ortsfilialen sehr vielfach gar nicht als Zweiggeschäfte gezählt sind.

Die Verteilung von Orts- und Forensalfilialen auf die wichtigsten Gewerbeklassen wird ebenfalls nachgewiesen, bedarf aber hier einer besonderen Aufarbeitung nicht.

Eine wesentliche Differenzierung zeigt sich zwischen den einzelnen für uns wichtigen Gewerbeklassen nicht. Die Zahl der Ortsfilialen übersteigt den Durchschnitt beim Warenhandel und bei der Fleischerei, diejenige der Forensalfilialen übersteigt den Durchschnitt wesentlich in der Metall- und Maschinenindustrie, bei der Bauunternehmung und der Tabakfabrikation, also überall da, wo die Produktions-Filialbetriebe stark auftreten.

Mit einigen Worten sei endlich der

6. Personenzahl der Filialbetriebe

gedacht, obwohl die Fassung der Tabelle für unser Problem wenig Aufklärung bringt.

Die Personenzahlen der Filalbetriebe werden nämlich getrennt für Haupt- und Zweiggeschäfte nachgewiesen und bei den Zweiggeschäften nochmals für Orts- und Forensalfilialen. Aber bei den mit offenen Läden verbundenen Filialbetrieben (also gerade bei denjenigen des Detailhandels) werden die Personen von Haupt- und Zweiggeschäften wieder nur in einer Summe zusammengefaßt; man kann also hier nicht feststellen, wieviele Personen in Filialläden, wieviele in Hauptgeschäften und wieviele in Produktionsbetrieben tätig waren.

In den deutschen „Hauptgeschäften", die Zweiggeschäfte unterhielten, wurden 1907 an beschäftigten Personen 1 339 446 gezählt, d. h. 9,7% der Personen in Gewerbe und Handel überhaupt. Davon war aber die große Mehrzahl in den „Hauptgeschäften" selbst tätig, in den Zweiggeschäften zählte man 473 077 Personen, d. h. 3,3% aller Gewerbetätigen. In den mit offenen Läden verbundenen Filialbetrieben wurden — hier sind nun wieder die Personen in Haupt- und Zweiggeschäften zusammengezählt — 218 054 Personen festgestellt, d. h. 3,3% aller Gewerbetätigen. Nur diese Zahlen interessieren für unsere Aufgabe, und hiervon möge nur der für uns wichtigste Teil erörtert werden.

Mehr als die Hälfte aller dieser beschäftigten Personen finden wir im Handelsgewerbe, über dessen Filialbetriebe noch die folgende besondere Zusammenstellung gegeben werden kann: In seinen 6076 „Hauptgeschäften" und 11 188 Zweiggeschäften arbeiteten zusammen 212801 Personen, d. h. 10,3$^0/_0$ aller Handelstätigen überhaupt; in den Zweiggeschäften fanden sich 97 210 Personen, d. h. 4,7$^0/_0$ der Gesamtzahl. In den mit offenen Läden verbundenen reinen Handels-Filialbetrieben weist die Zählung 110 169 Personen oder 5,3$^0/_0$ der Gesamtzahl nach, auch hier überwiegen offenbar die auswärtigen (Forensal-) Filialen. In den wichtigsten Handelsgebieten ergibt sich dieses Bild:

Gewerbeklasse	Personen der Filialbetriebe überhaupt	Davon in den Filialen	Davon in auswärtigen Filialen	In den mit Läden verbundenen Filialbetrieben	
				Personen	in $^0/_0$ aller Personen dieser Gewerbeklasse überhaupt
Warenhandel . . .	159 922	72 537	51 108	99 880	5,9
Geld- und Kredithandel	31 190	16 373	14 591	2 673	4,0
Buchhandel und Zeitungsverlag. .	14 270	4 197	2 278	6 781	10,3

Die mit Läden verbundenen Filialbetriebe werden durchweg als Detailhandels-Filialbetriebe zu betrachten sein; in ihnen werden also fast 107000 Personen nachgewiesen, und diese große Zahl, von denen höchstens $^1/_4$ auf die Warenhäuser entfallen kann [1]), würde sich bei genauerer Durchführung der Zählung sicher noch weit erhöht haben [2]).

1) Die Zahl des deutschen Warenhauspersonals ist für 1907 auf etwa 30000 zu veranschlagen; davon entfiel auf die Filialbetriebe unter ihnen nur ein Bruchteil (Hamburger Engroslager keine Filialbetriebe!).

2) Auf S. 296 der Filialtabelle wird z. B. bei Lebens- und Rentenversicherung kein Filialbetrieb mit offenen Läden aufgeführt; trotzdem sollten auch hier in „mit offenen Läden verbundenen Filialbetrieben" 194 Personen tätig gewesen sein.

Alles in allem wird man festzustellen haben, daß die Ergebnisse der Reichsbetriebszählung Mindestzahlen sind, d. h. daß mindestens so viele Filialbetriebe wie nachgewiesen vorhanden waren, daß sie mindestens die angegebene Ladenzahl hatten, daß es mindestens so viele Orts- und Forensalfilialen gab, wie die Zählung ausweist, und daß in ihnen mindestens die angegebene Personenzahl tätig war. Sicher aber scheint zu sein, daß recht viele Filialen nicht von der Zählung erfaßt wurden, daß also schon 1907 die Ausdehnung des Filialsystems im Detailhandel wesentlich größer war, als sie in der Betriebszählung erscheint.

II. Die Filialen in einzelnen Städten.

Schon im 2. Teile dieser Schrift zeigte sich, daß die großen Filialbetriebe die großen und größten Städte bevorzugten, und die Sondersteuerbestrebungen gingen stets von den Städten aus. Die Vermutung liegt also nahe, daß der Anteil der Filialen am Handel progressiv mit der Größe der Städte wächst.

Die Materialien, die darüber von den Stadtgemeinden erlangt werden konnten, sind aber nicht gleichartig und geben kein einheitliches, sicheres Bild. An Erhebungen erhielt ich neben dem literarisch schon verwerteten Material:

eine amtliche Aufstellung der Stadt Dresden, alle Filialen (nicht nur Detailgeschäfte) umfassend, aber schon 1901 aufgenommen;

eine Nachweisung der Stadt Brandenburg a./H., die nur die Filialen auswärtiger Inhaber feststellt;

eine Denkschrift der Stadt Solingen, in der nur ein Teil der Forensalfilialen zitiert wird;

für Bremen eine Aufarbeitung nach den Grundsätzen der Reichsstatistik.

Zur Vervollständigung habe ich für Aachen die Filialen der wichtigsten Branchen nach dem Adreßbuche ermittelt und die Zahl der Filialläden in der Leizigerstraße zu Berlin im September 1910 festgestellt.

1. Mittelstädte.

Die Handelskammer Halberstadt hat 1907 festgestellt [1]), daß in ihrem Bezirk 120 Geschäfte ansässig

1) Nachrichten für Handel, Industrie und Schiffahrt, herausgegeben von der Handelskammer Halberstadt. Jahrg. 1907, S. 66.

waren, die insgesamt 280 Filialen betrieben. In der Stadt Halberstadt selbst bestanden 42 Filialen, die 6,4% der einheimischen Geschäfte ausmachten; davon gehörten 14 auswärtigen Unternehmern. Der Berichterstatter der Handelskammer erklärte dazu:

„Natürlich sind das nicht alles Filialbetriebe in dem Sinne, an „den man immer bloß denkt, wenn man von „Filialen" spricht, also „Geschäfte, die in möglichst vielen Ortschaften einen Laden unter„halten. Im Gegenteil sind dieser Art nur 10 von den in Halberstadt „bestehenden Filialen (6 Kaffee-, 3 Zigarren- und 1 Schuhgeschäft), „und im ganzen Handelskammerbezirk befindet sich ein einziges der„artiges Zentralgeschäft."

In der „Begründung der Vorlage betreffs Einführung einer Filialsteuer" der Stadt Solingen[1]) heißt es, daß dort über 50 Geschäfte auswärts wohnender Gewerbetreibender bestehen. Dies sind aber, obwohl sich die daraufhin vorgeschlagene Steuer in der Hauptsache gegen Detailgeschäfte richten soll, zum großen Teil andere Betriebe. Unter 28 aufgeführten Verkaufsstellen befinden sich 12 Trinkhallen, 1 Kohlen- und Kartoffelvertrieb, 1 Speditionsgeschäft usw. An Detailhandelsfilialen lassen sich der Begründung nur die folgenden entnehmen:

Geschäfte für	Anzahl	Beschäftigte Personen	Miete insges. Mk.
Kaffee	6	—	für 5 dieser Geschäfte 9100
Zigarren etc.	2	—	3900
Kolonialwaren	2	14	—
Färbereien und Waschanstalten	3	—	—

Der Magistrat der Stadt Brandenburg a. H. hatte die Freundlichkeit, mir die für einen Abgeordneten hergestellten, in der Kommission des Preuß. Abgeordnetenhauses erwähnte „Nachweisung derjenigen Gewerbetriebe, deren

1) Drucks. des Oberbürgermeister-Amtes vom 20. 12. 1905; teilweise wiedergegeben in den Drucksachen des Preuß. Abgeordnetenhauses Leg. Per. 1908/09 Nr. 571 S. 3.

Inhaber außerhalb wohnhaft sind und in Brandenburg a. H. Filialen unterhalten", zur Verfügung zu stellen.

Daraus ergibt sich, daß in dieser Stadt im März 1909 insgesamt 42 solcher Betriebe bestanden. Hiervon waren

	Insgesamt Filialen	Mit zus. beschäftigten Personen
Produktionsbetriebe in Steuerklasse I . .	8	1481
" " " II . .	4	318
Versicherungs-Agenturen in Steuerkl. I . .	3	17
" " " " II u. IV	2	2
Im übrigen wurden festgestellt:		
Bierniederlagen	10	63
Kaffee-, Kakao- und Schokoladengeschäfte .	4	6
Zigarrengeschäfte	2	2
Seifengeschäfte	1	1
Manufakturwarengeschäfte	1	11
Handel mit Filz, Lederwaren, sowie Abfällen davon	1	8
Optiker	1	1
Färbereiannahme	1	1
Verlagsbuchhandlung	1	1
Reichsbank	1	9
Transport von Schiffsgütern	1	1
	42	1924

2. Großstädte.

Hier mögen zunächst die Feststellungen erwähnt werden, die für Aachen auf Grund des Ende 1909 fertiggestellten Adreßbuches gemacht werden konnten; daneben sind die Zahlen angegeben, die bei der Betriebszählung 1907 an Handelsbetrieben der gleichen Branchen ermittelt wurden.

(Siehe Tabelle S. 222.)

Handel mit	Hauptbetriebe 1907	Nebenbetriebe 1907	Filialen auswärtiger Inhaber	Filialen ansässiger Inhaber	Filialen insgesamt 1909	Filialen in % der Hauptbetriebe
Zigarren	167	31	5	8	13	8
Schuhwaren	61	47	3	3	6	10
Schokoladen- und Zuckerwaren	38	—	2	6	8	21
Korsetts	3	1	1	—	1	33,3
Schirmen und Stöcken .	18	5	—	2	2	11
Brennmaterialien . . .	72	4	8		8[1]	11
Kolonialwaren u. Kaffee	628	7	9	20	29	5
Chem. Waschanstalt und Färberei	22	—	1	16	17	80
Back- u. Konditorwaren	15	—	—	7	7	47
Warenhäuser [2])	2	—	1	—	1	50
In den 10 Geschäftszweigen	1026	95	22+8	62	92	9

Bremen.

Durch die besondere Aufarbeitung der Betriebszählung [3]) sind wir in der Lage, die Anzahl der Filialen in diesem Städtestaat näher festzustellen. Sie ergab

	Bei Gewerbeabteilung	Hauptgeschäfte, die Zweiggeschäfte unterhielten	Zahl der Zweiggeschäfte	Anzahl der offenen Filialläden
A.	Gärtnerei und Viehzucht	3	4	3
B.	Gewerbe und Industrie	80	260	152
C.	Handel und Verkehr .	81	174	163
		164	438	318

Da der Bremische Staat im ganzen 5277 offene Verkaufsstellen aufwies, so entfielen auf die ermittelten Filialläden 6% dieser Zahl. Ein tieferes Eindringen ist auch

1) Hierzu wären jedoch noch 4 Betriebsstellen auswärtiger Petroleum-Gesellschaften hinzuzurechnen.

2) Diese werden in der Betriebszählung nicht als ganze Betriebe ermittelt, sondern ihre einzelnen Rayons wurden in den jeweiligen Abteilungen mitgezählt.

3) Vgl. Berufs- und Betriebszählung vom 12. 6. 1907 im Bremischen Staate 2. Heft, Bremen 1910, S. 126 ff.

hier schwierig, da die Anlage der Tabelle derjenigen der Reichsstatistik entspricht. In den wichtigsten Rubriken wurden festgestellt:

	Offene Verkaufsstellen überhaupt	Filialläden	Die letzteren also in o/o der ersteren
Herstellung vegetabil. Nahrungsmittel	526	12	2,3
Tabakfabrikation . . .	116	39	32,7
Getränke-Herstellung . .	59	55 [1])	93,2
Schuhherstellung	144	4	3.0

Auch hier wiederholt sich das Bild, daß die Filialen der Betriebe mit nur 2—5 Filialen in der Überzahl sind. Die Anzahl der Hauptgeschäfte, die nur 1 Zweiggeschäft besitzen, ist überwiegend, wie die folgende Tabelle zeigt:

Zahl der Zweiggeschäfte	Zahl der Hauptgeschäfte die nebenstehende Zahl von Zweiggeschäften unterhielten	
	absolut	in 0/0 der Gesamtzahl
1	110	67,0
2	23	14,0
3— 5	20	12,3
6—10	6	3,7
mehr als 10 [1])	5	3,0
	164	100,0

Aus mehreren Anzeichen läßt sich schließen, daß in Bremen bei den „Betrieben mit mehr als einer offenen Verkaufsstelle" die Ortsfilialen nochmals mit einbegriffen sind. Es kehrt nämlich die eben erwähnte Mineralwasserfabrik mit ihren Filialen hier mit ebensoviel „offenen Verkaufsstellen" wieder, und zu 8 Betrieben chemischer Waschanstalten werden 43 „offene Verkaufsstellen" gezählt. Es handelt sich hier also offenbar zum größten Teil um Filialbetriebe. In den wichtigsten Branchen ergibt sich, da die

1) Mehr als 50 offene Verkaufsstellen besaß nur eine Mineralwasserfabrik deren Selterswasserhäuschen einzeln als Filiale gezählt wurden. (a. a. O. S. 129).

Tabelle über offene Verkaufsstellen auf die Gewerbearten durchgeführt ist, das folgende Resultat:

Zahl der Betriebe mit offenen Verkaufsstellen:

	Betriebe	Zahl der offenen Verkaufsstellen	Verkaufsstellen, die vom Hauptgeschäfte unterschieden sind	
			absolut	% der Gesamtzahl
Bäckerei und Konditorei	477	512	35	7,0
Fleischerei	352	366	14	3,9
Tabakfabrikation	91	116	25	21,6
Schneiderei, Kleiderkonfektion	97	102	5	6,0
Schuhherstellung	135	144	9	6,2
Chem. Waschanstalten	8	43	35	81,4
Handel mit landw. Produkten	319	328	9	2,8
Kolonial-, Eß- und Trinkwaren	671	742	71	9,7
rohen und geräucherten Fischen	51	65	14	21,5
Tabak, Zigarren und Zigaretten	239	301	62	20,6
Manufaktur-, Schnittwaren	217	226	9	4,0
Schuhwaren	71	79	8	10,1
Möbeln	41	46	5	10,9
Papier, Pappe und dergl.	64	68	4	6,0
Büchern, Musikalien etc.	42	47	5	10,7
Verschiedenen und anderen Waren	198	217	19	8,8
In den 17 Zweigen zus.	3073	3402	329	9,7

Hier wächst also die Zahl der Ortsfilialen immerhin schon auf fast 10% der Gesamtzahl der Läden in 17 der wichtigsten Detailhandelszweige. Das Bild ist im wesentlichen das gleiche, wie bei der Reichsstatistik; nur wächst hier im Zigarrenhandel und im Handel mit Fischen der Prozentsatz der Filialen stark an; beides dürfte in den örtlichen Verhältnissen — Vorhandensein großen Fernhandels in beiden Handelszweigen — begründet sein.

Im Zentralverbande deutscher Kaufleute und Gewerbetreibender berichtete Uhlmann [1]) 1907 über eine Filialenenquête der Stadt

Dresden;

diese habe 580 Zweiggeschäfte festgestellt, und zwar 400 Filialen auswärtiger Firmen und 180 Ortsfilialen. Der Rat der Stadt Dresden hat mir die Erhebung überlassen; sie ist bereits Ende 1901 aufgenommen; bis 1907 soll nach privater Mitteilung des Herrn Stadtrat Uhlmann die Anzahl der Filialen sich noch stark vermehrt haben [2]). Trotzdem sind in unserer Zusammenstellung, soweit möglich, die Zahlen der gleichartigen offenen Verkaufsstellen angeführt, die 1907 in Dresden vermittelt wurden. Von einer Berechnung des Prozentanteils der Filialen im einzelnen wurde der großen Zeitdifferenz wegen (5½ Jahre) abgesehen. Die Enquête wird als

Tabelle VI des Anhangs

ausführlich wiedergegeben.

Die genaue Zahl der damals ermittelten Zweiggeschäfte betrug 542. Auf die einzelnen Branchen [3]) verteilten sie sich wie folgt:

I. Zum eigentlichen Detailhandel für	Zweiggeschäfte 1901	Offene Verkaufsstellen 1907
a) Kolonial-, Eß- und Trinkwaren . .	240	2672
b) Bekleidungs- und Einrichtungsgegenstände	67	1040
c) Sonstigen Detailhandel, einschließl. Wäscherei- und Färbereiannahme	166	1355
	473	5067
II. Nicht zum Detailhandel gehörende Filialen	69	
Filialen insgesamt	542	

Im Juni 1907 ermittelte die Betriebszählung in Dresden Betriebe mit offenen Verkaufsstellen 9845, die insgesamt 9972 offene Verkaufsstellen unterhielten. Will man also trotz der großen Zeitdifferenz zwischen beiden Erhebungen

1) Mitteilungen des Verkaufes, 17. Jahrg. Nr. 1 S. 7.

2) Hierüber auch zu vergleichen die Verhandlungen des Stadtrates von 1910 Ratsdrucksachen 116.

3) Die Aussonderung und Rubrizierung nach Sammelbranchen ist von mir vorgenommen.

ein Verhältnis herstellen, so würden die Detailhandelsfilialen von 1901 gegenüber der Ladenzahl von 1907 rund 4,8% betragen haben, oder wenn man von den Waschanstalten usw. absieht, 4,2% der Gesamtzahl.

Auf derselben Versammlung des „Zentralverbandes" [1]) soll Vogel-Breslau berichtet haben, daß im Jahre 1906 in Breslau 2500 Filialen auswärtiger Stammgeschäfte festgestellt wurden, 500 dieser Filialen hatten nur eine ganz minimale Steuer bezahlt. Die Unterlagen dieser Umfrage waren nirgendwo mehr zu erhalten, die Zahl 2500 war nach der privaten Mitteilung des Referenten ungewiß [2]).

Obwohl aus Gründen der Raumersparnis die ausgearbeitete Darstellung der Kruppschen Konsumanstalt und ihrer Filialorganisation wegfallen mußte, mögen doch hier für die Stadt

Essen-Ruhr

die Wirkungen illustriert werden, die ein solcher örtlicher Massenfilialbetrieb, unterstützt durch einen starken Konsumverein, im Detailhandel einer Industriestadt ausüben kann. Die Konsumanstalt hatte 1907 nach der Betriebszählung 73 offene Verkaufsstellen, der Konsumverein „Eintracht" rund 40; von den 3079 offenen Verkaufsstellen dieser Stadt waren das noch nicht 4%. Wie sie aber in den für diese Betriebe wichtigsten Branchen gewirkt haben, zeigt die folgende Berechnung, in der die Stadt Essen mit der nächstgrößten Stadt Hannover und den beiden nächstkleineren, ihr an wirtschaftlicher Struktur ähnlicheren Städten Duisburg und Dortmund verglichen wird.

Es kamen an Einwohnern auf

je 1 Verkaufsstelle für	in Essen (246 321 Einwohner)	in Duisburg (208 252)	in Dortmund (192 643)	in Hannover (254 979)
Fleischerei	1502	1021	1140	1094
Kolonialwaren	487	320	361	379
Bäckerei (Back- u. Konditorwaren)	1039	680	666	698

1) „Mitteilungen" 17. Jahrg. Nr. 1 S. 7.

2) Herr Vogel—Breslau schreibt mir, soweit er sich entsinne, seien damals durch einen Druckfehler falsche Zahlen im Berichte erschienen. Jedenfalls wurden 1907 in Breslau insgesamt nur 9640 offene Verkaufsstellen ermittelt.

Gegenüber dem Durchschnitt der drei andern Großstädten entfielen in Essen mehr an Einwohnern auf den Fleischerladen . . . 38,5 %
Kolonialwarenladen . 38,5 „
Bäckerladen . . . . 52,6 „

Der Einfluß der Konsumanstalt, verstärkt durch den Konsumverein, ist hier unverkennbar.

Aus derjenigen deutschen Stadt, in der das Filialsystem wohl die größte Ausdehnung und mannigfaltigste Anwendung gefunden hat, nämlich aus Berlin, liegen Erhebungen nicht vor. Der Augenschein lehrt aber, daß dort die Filialen der Großfirmen in den besten Geschäftsstraßen massenweise auftreten; deshalb habe ich im September 1910 die Geschäfte einer der wichtigsten Straßen notiert und, soweit dies nicht schon aus den Aufschriften hervorging, durch Befragen ermittelt, ob ein Filialbetrieb vorlag.

3. Filialen in einer wichtigen Geschäftsstraße.

Es bestanden demnach Anfang September 1910 in Berlin-Leipzigerstraße:

Artikel	Anzahl der Detail-geschäfte	Hierzu gehörten zu Filial-betrieben
Warenhäuser	4[1]	4
Bekleidungsgegenstände:		
Damenkonfektion	9	3
Blusen	6	3
Seide und Seidenwaren	4	1
Wäsche	7	2
Pelze	5	—
Korsetts	3	3
Damenhüte	6	1
Modewaren	2	1
Gürtel und Spitzen	1	1
Handschuhe	1	—
Spitzen	1	1
Herrenhüte	1	1
Übertrag	50	21

1) Davon der Neubau W. Wertheim G. m. b. H. noch in der Errichtung begriffen.

Artikel	Anzahl der Detail-geschäfte	Hierzu gehörten zu Filial-betrieben
	50	21
Herrenartikel	2[1]	—
Herrengarderobe	1	—
Schirme und Stöcke	3	3
Cravatten	2	—
Schuhe	6	5
Nahrungs- und Genußmittel:		
Schokoladen, Konfitüren	10	8
Kaffee und Tee	2	1
Zigarren und Tabak	6	5
Zigaretten	1	—
Fleischwaren	1	1
Delikatessen und Konserven	2	—
Butter und Honig	1	—
Weinhandel	1	1
Sonstige		
Photographen	3	—
Schreibwaren	1	—
Galanterie, meist mit Schreibwaren	9	2
Parfümerie	2	1
Blumen	1	—
Bijouteriewaren	9	2
Uhren	1	—
Kunst- und Kunstgewerbe	5	—
Optiker	2	—
Glaswaren	5	—
Porzellan	2	1
Photographische Apparate	1	1
Grammophone	1	1
Metallwaren	3	1
Messer	1	1
Möbel	4	2
Lederwaren	1	—
Koffer	2	1
Schreibmaschinen	1	1
Gummiwaren	1	—
Sportartikel	1	—
Decken	1	—
Drogen	1	1
Spielwaren	1	—
	147	60

1) Darunter ein Herrenartikel-V e r l e i h - Geschäft.

Wir sehen hier zunächst die typische „Geschäftsstraße" in Reinkultur; der „periodisch wiederkehrende Bedarf" findet hier seinen Markt, schon gesteigert bis zum seltenen, hochwertigen Gelegenheitsbedarf, für den sich hier allein ausreichende Nachfragermassen konzentrieren, um auch hierfür Spezialgeschäfte lebensfähig zu erhalten. Von den 147 Geschäften dieser Straße vertrieben 60 nur Bekleidung — und dies waren die größten —, die 4 Warenhäuser auch zum überwiegenden Teil [1]. Außerdem fanden sich hier meist hochwertige Waren, Juwelen und Kunstgegenstände, ganz besonders auch solche Waren, die auf das Reisendenpublikum berechnet sind: Geschenk- und Galanterieartikel, Schokolade und Konfitüren. Diejenige Branche aber, in der doch noch immer die weitaus größten Umsätze gemacht werden, das Kolonialwarengeschäft, war als Einzelgeschäft in der Leipzigerstraße überhaupt nicht vertreten [2].

Das für uns wichtigste Ergebnis liegt aber darin, daß über 40% aller Geschäfte der Leipzigerstraße zweifelsfrei als zu Filialbetrieben gehörend festgestellt werden konnten. Die Mehrzahl aller Geschäfte hatten die Filialen der Kaffee- und Schokoladenbranche, bei Zigarren- und Schuhwarenläden Korsetts und (eine hauptsächlich Berliner Erscheinung) bei Schirmen, und die Warenhäuser unterhielten sämtlich Filialen.

Diese Zusammenstellungen bestätigen die Annahme, daß der Anteil der Filialen an der Gesamtzahl der Geschäfte progressiv mit der Größe der Städte wächst. Nirgendwo ist bisher ihre Bedeutung groß genug, um die Meinung Heymanns [3] zu rechtfertigen, daß die Anzahl der Filialbetriebe diejenige der selbständigen Geschäfte vielleicht schon übersteige; selbst in den größten deutschen Städten haben sie nur einen relativ kleinen Bruchteil aller Geschäftstellen inne. Aber Heymanns Vermutung gewinnt an

1) Vergl. Warenhaus in Westdeutschland S. 45/46.

2) Wohl aber in den Lebensmittelabteilungen der Warenhäuser.

3) a. a. O. S. 1.

Wahrscheinlichkeit, je mehr wir uns den großen Geschäftsstraßen, den Knotenpunkten des Verkehrs nähern. Hier haben, wie wir zu zeigen versuchten, die Filialbetriebe in der Tat einen großen, offenbar immer noch wachsenden Anteil am Gesamtgeschäfte in Deutschland.

Begünstigt durch die Konzentration des Verkehrs, durch die hoch gesteigerten Absatzmöglichkeiten und den dadurch immer höher steigenden Preis von Bodennutzung und Ladenausstattung, schreitet an diesen höchsten Spitzen des Detailhandels die Trennung von Besitz des Geschäftes und eigentlicher Verkaufstätigkeit in Deutschland unverkennbar voran. —

Viel weiter ist die Entwicklung bereits in einigen ausländischen Staaten gediehen.

III. Filialsysteme des Auslandes.

Sehr große Bedeutung scheinen die kapitalistischen Massenfilialbetriebe in England gewonnen zu haben; die Hauptursache ihrer Ausbreitung ist offenbar die machtvolle Entwicklung des Konsumvereinswesens im Vereinigten Königreiche. Schon früher waren teilweise warenhausähnliche Großbetriebe aus diesen Vereinen herausgewachsen — die Army and Navy Stores verraten den Filialcharakter schon in ihrem Namen —, im letzten Jahrzehnt ist aber, teils als direkte Rückstrahlung der Konsumvereine, teils aus den allgemeinen Ursachen heraus, das Filialsystem in großen Teilen des englischen Handels schnell vorgedrungen. Schon 1907 beklagt Hobson [1]) „das Verschwinden des kleinen Mannes" im Handel und erachtet

„die Wegnahme großer Teile des Gesamtgeschäftes durch eine „immer größere Anzahl von Firmen für erwiesen". In ganz England herrsche die Tendenz, „daß der große Fabrikant in wachsendem „Maße den kleinen Ladeninhaber verdrängt, indem er die Verteilung „seiner Waren im Handel selbst übernimmt und sich so einen breiten, „stetigen und gewinnbringenden Markt durch Errichtung eigener Ver-„kaufsläden sichert."

1) Hobson, The disappearance of the little man, Daily Mail Yearbook 1907 S. 5 ff. ausführlich auch bei Macrosty, Trustwesen in der britischen Industrie, Berlin 1910 Kap. 10.

Schon damals war nach Hobsons Bericht der Kolonialwarenhandel in großen Städten in starkem Umfange an Filialbetriebe übergegangen; er nennt besonders Lipton und die „House and Colonial Stores", die letzteren allein mit 560 Filialen in ganz England. Ein Londoner Kolonialwarenhändler hat Hobson versichert, diese Großbetriebe, zusammen mit den Konsumvereinen, „drückten die Preise derartig, „daß es für den Kaufmann enorm schwierig geworden sei, „auch nur seinen Lebensunterhalt zu fristen, sofern er nur „e i n e n Laden unterhalte". Die Bestürzung unter den Detaillisten war jedenfalls so groß, daß man die Gründung eines Trutz-Trustes ernstlich erwogen hat, dessen Hauptzugmittel ein Rabattmarkensystem sein sollte [2]. Stark von Filialbetrieben durchsetzt war damals schon der Tabakdetailhandel. Seitdem aber der amerikanische Tabaktrust in England eingedrungen ist, sind die Verhältnisse undurchsichtig geworden. So weiß man schon lange, daß die größte Londoner Zigarrenfirma Salmon & Glückstein, die 1904 rund 170 Filialen besaß, an den Trust übergegangen ist; sie wird aber trotzdem unter dem alten Namen weitergeführt; genau so verfährt der Trust auch mit andern aufgekauften Detailgeschäften. Gezwungen durch diese Absatzmonopolisierungstendenz des Trusts, sind dann die unabhängigen Zigarettenfabriken zur Eröffnung eigener Detailgeschäfte in London übergegangen. Im Schuhwarenhandel dieselbe Erscheinung: Zum großen Teile war er 1907 nach Hobson in die Hände der Fabrikanten von Northampton, Leicester und anderer Städte übergegangen; während diese das ganze Land mit ihren Filialnetzen überzogen, wurden von anderer Seite besondere Gesellschaften gegründet, um bestehende größere Schuhgeschäfte aufzukaufen. Auch im Modewarenhandel, in dem solche Betriebe in Deutschland noch seltener sind, will Hobson sie damals in England schon vielfach festgestellt haben. Ebenso soll es im Juwelenhandel liegen; teils befand er sich im direkten Besitze der Großfirmen, teils schoben diese fingierte „Inhaber" vor, die nun als Scheinselbständige „eine prekäre Existenz fristen".

Mit diesen Nachrichten harmoniert die folgende Tabelle

2) Faucherre a. a. O. S. 74.

recht gut, die Faucherre für England 1912 veröffentlicht [1]. Er nennt als „Großbetriebe in Spezialbranchen":

Branche	Zahl der Gesellschaften	Zahl der von ihnen betriebenen Läden
Chemische Artikel . . .	1	320
Juweliere	1	40
Bekleidungsartikel . . .	15	1880
Fleischwaren	3	2250
Materialwaren	13	2510
Tabak	1	150
6 Branchen zusammen	34	7150

Eine Gesellschaft zum Vertrieb von Fleischwaren in London unterhält danach allein 1200 Läden und beschäftigt 4000 Angestellte.

Nach neueren Mitteilungen [2] schätzen die Konsumvereins-Interessenten die Zahl der Läden im Vereinigten Königreich auf eine Million; davon sollen den Konsumvereinen 5000, den „Aktiengesellschaften" (d. h. durchweg Filialbetrieben) aber 70 000 gehören. Der oft bemerkte relative Stillstand der englischen Konsumvereine in den letzten Jahren dürfte durch dieses Vordringen kapitalistischer Großbetriebe eine weitere Erklärung finden [3].

In Frankreich hat der Staat ein großes Gebiet des Filialwesens durch einen eigenen Massenfilialbetrieb okkupiert, den Tabakhandel. Außer den oben ausführlich geschilderten Nahrungsmittelgroßbetrieben haben sich solche Filialsysteme besonders bei Kaufhäusern, meist im letzten Jahrzehnt, herausgebildet. Die A.-G. Paris France hat außer Pariser Häusern 88 Filialen in der Provinz, in Bordeaux

1) Faucherre a. a. O. S. 255.

2) Internat. Genossenschaftsbulletin, Dezember 1912.

3) Daß die Konsumvereine in Schottland schon in die Defensive gedrängt worden sind, beweist das Bestehen der dortigen Cooperative Defence Association. Diese fand 1912 in Schottland Filialbetriebe für

Kolonialwaren	57	mit	438	Läden
Fleischwaren	25	„	209	„
Milch	17	„	152	„
Schuhwaren	35	„	140	„
Webwaren	36	„	76	„
zusammen also	170	mit	1015	Läden, (Direkte Mitteilung.)

und Lyon je 2, in den anderen größeren Städten je 1. Das nächstgrößte Kaufhaus „Au Travailleur" steht an Filialenzahl hinter ihm nicht mehr weit zurück; die mehr bazarartigen „Magazins réunis" sollen sie neuerdings sogar an Filialenzahl überflügelt haben, auch die „White House Company" und die „Nouvelles Galeries" dehnen sich in den letzten Jahren immer weiter in die Provinz hinein aus. Im Schuhwarenhandel hat die Fabrikfirma Raoul nach ihrer eigenen Angabe in Paris 30 Filialen, in der Provinz ebenso viele [1]; die Fabrikfirma Fayard gibt eine Filialenzahl von 30 an.

Neben den von uns eingehend geschilderten allgemeinen Kolonialwaren-Filialbetrieben hat sich auch das Kaffeegeschäft in Frankreich als Massenfilialbetrieb organisiert; der größte Betrieb mit über 700 Filialen ist derjenige von Cahn [2].

Exakte Angaben über die Filialenzahl sind heute aus Frankreich nur mehr schwer zu erreichen. Denn das rapide Vordringen der Kolonialwarenbetriebe hat auf Verlangen der „Fédération des commerçants détaillants", das unterstützt wurde durch laute Klagen der Geschäftsreisenden [3] und dem wenig widersprochen wurde durch die Konsumvereine, eine Sondersteuer für Filialbetriebe erreicht. Die Bestimmung lautet [4]:

„Wenn ein Gewerbesteuerpflichtiger mehr als 5 Geschäftsstellen unterhält, sowohl für den Verkauf von Lebensmitteln wie von anderen Waren, so erhöht sich der feste Betrag und der Proportionalbetrag der Steuer um

$^1/_4$, wenn nicht mehr als 10 Filialen,
$^1/_3$, wenn 11 bis 20 Filialen,
$^1/_2$, wenn 20 bis 50 Filialen,
aufs Doppelte, wenn mehr als 50 Filialen

vorhanden sind."

---

1) Davon auch eine in Brüssel.

2) Diese Betriebe verkaufen übrigens auch den Kaffee in täglich umherfahrenden Wagen in kleinsten Quantitäten (ähnlich wie bei uns Milch und Gemüse vertrieben wird).

3) Zu vergleichen die „Tribune", Organ des Geschäftsreisenden-Verbandes, Mai 1910.

4) Finanzgesetz vom 27. Februar 1912, abgedruckt bei Gemahling am Schlusse seines Aufsatzes.

Irgend welche Hemmung der Filialausbreitung in Frankreich hat man danach nicht bemerkt.

Daß das Filialsystem in den Vereinigten Staaten die verschiedensten Verwendungsformen gefunden hat, kann aus manchen Einzelberichten entnommen werden. Wie der Tabaktrust ein großes Detailfilialnetz zur Eroberung des Detailmarktes ausgebreitet hat, wird unten (S. 245) eingehend geschildert. Weit früher als in Deutschland hat sich im amerikanischen Schuhwarenhandel das System der Fabrikfilialen ausgebreitet. Hier haben sich auch mehrere Fabriken zu gemeinsamer Organisation von Verkaufsfilialen vereinigt [1]). Die großen Warenhäuser unterhalten in den größeren Städten der Union Zweiggeschäfte; ihnen gegenüber hat sich 1909 ein Trust der Schnittwarenspezialgeschäfte gebildet, der durch Aufkauf zahlreicher Einzelgeschäfte einen Großbetrieb geschaffen hat [2]). Die selbständig entstandenen Filialbetriebe der Nahrungsmittelbranche in Kalifornien haben sich 1911 zu einer Art Trust vereinigt, und ihnen gegenüber haben nun die selbständigen Geschäfte einen Gegentrust eingeleitet [3]).

Auch in allen übrigen Ländern, aus denen Nachrichten zu erlangen waren, haben sich Filialsysteme herausgebildet. In Belgien nicht nur bei Kolonialwaren, sondern auch bei Zigarren, bei Schuhwaren, ein großer Bäckereibetrieb hat Filialen in allen Städten. In den Niederlanden sind Tabak-, Kolonialwaren- und Kaffeefilialbetriebe entstanden, ebenso auch in Rußland, in Italien (hier besonders auch bei Konsumvereinen und Warenhäusern), in Österreich-Ungarn hat sogar die mittelständlerische Gesetzgebung ungewollt die Entstehung von Scheinfilialsystemen begünstigt [4]).

Wie allgemein die Filialbewegung überall geworden ist, das zeigt am besten wohl die Tatsache, daß selbst die Türkei wegen massenhafter Filialgründungen eine Filialsteuer einzuführen versucht hat. (Österr. wirtschaftspol. Arch. 1909).

Welche grundsätzliche Bedeutung kommt nun dieser so allgemeinen wirtschaftlichen Neuerscheinung in der modernen Volkswirtschaft zu?

1) Vergl. Behr a. a. O. S. 32.

2) Vergl. Confectionär v. 10. 6. 1909.

3) Vergl. unten S. 255.

4) Die österreichische Gewerbeordnung hat den Befähigungsnach-

B. Das Filialsystem in der Organisation der Volkswirtschaft.

I. Grundsätzliche Bedeutung.

Vielgestaltig und aus den verschiedensten Motiven hervorgegangen, ist das Filialsystem doch nur eine weitere Erscheinungsform der großen Neuorganisation der Volkswirtschaft, die ihren Weg nimmt im Zuge zur Konzentration und zur Integration.

Aufgebaut auf dem Massenbedarf, dann auf der Differenzierung dieses Massenbedarfs — sobald diese Differenzierung ebenfalls wieder Massen umfaßt —, haben die Großfilialbetriebe sich gleichsam unbewußt und naturgesetzlich zu dem entwickelt, was wir aus den verschiedensten Handelsgebieten emporwachsen sahen: Erst zu einem Organ der Konzentration im Detailhandel, dann zu einer Verschmelzung von Detail- und Großhandel (auf dieser Stufe stehen noch heute die „reinen Handelsfirmen", z. B. der Tabak- und der Schuhwarenbranche), und schließlich zu einer Integration von Handel und Produktion ganz allgemein, im weitesten Maßstabe.

Es ist nichts anderes, als die Tendenz, die wir innerhalb der Produktion vor sich gehen sahen, erst zum Großbetriebe, dann zur Integration — wer dächte nicht bei Betrachtung der „reinen Händlerfirmen" an die „reinen Walz-

---

weis auch für das Handelsgewerbe vorgeschrieben. Da nur derjenige ein Geschäft eröffnen darf, der 5 Jahre kaufmännischer Lehr- und Gehilfenzeit nachweisen kann, so befolgt man besonders in Gemischtwarenhandlungen dieses Verfahren: Einem kautionsfähigen Nichtgelernten wird ein Geschäft eingerichtet; in diesem ist er nominell Filialleiter der Einrichtungsfirma, gewöhnlich zwei Jahre als „Lehrling", drei Jahre als „Commis". Ein Erlaß der niederösterreichischen Statthalterei über diese Scheinfilialen (vergl. Confectionär vom 20. 10. 1910) bemerkt dazu: „Für die Deckung" (d. h. die Hergabe der Firma an den „Lehrling") „hat der befugte Gewerbetreibende außer anderem noch den Vorteil, daß die Waren aus dem Hauptgeschäfte bezogen werden müssen." Hier ist also wieder einmal ein Versuch staatlicher Mittelstandsförderung in seiner Durchführung zur Förderung des Filialsystems ausgeschlagen.

werke" und ihr Streben zum „gemischten Betriebe" —, aber diesmal umgekehrt als sonst: Nicht von der kapitalkräftigeren, aber auch mehr kapitalbeschwerten Seite, von der Urproduktion und den ihr nahestehenden Stufen, sondern umgekehrt vom kleinen, zersplitterten Detailhandel geht die Bewegung aus, und nicht die Massen stehenden Kapitals sind es, die zur Beherrschung der nächsten Produktionsstufe drängen und zwingen, sondern die Beherrschung des Absatzes, erwachsen aufgrund geschickter Beobachtung, Ausnutzung und Anregung des Massenbedarfs, treibt zur Angliederung der höheren Handelsfunktionen und schließlich der Produktion.

Das Kapital spielt in dieser Erscheinung sicherlich nicht die ursächliche Rolle [1]). Klarer noch als bei den älteren Großbetrieben erscheint es hier als „Passivposten", d. h. als etwas, das erst sekundär entsteht aus den Anforderungen des konzentrierten Massenbedarfes, ja, das geradezu gebildet wird aus den bei Befriedigung dieses Massen-Konsums erzielten Organisationsersparnissen — ganz ähnlich wie wir das unverhüllt vor sich gehen sahen in den wachsenden Kapitalmassen der Konsumvereinsbewegung.

Charakteristisch für das Unbewußte und doch so Entwicklungsnotwendige, das in der ganzen Bewegung liegt, ist auch die Tatsache, daß diese Form der Integration sich gerade in den Zweigen der Volkswirtschaft vom Handel her durchsetzt, in denen von der Produktion aus eine Verschmelzung schwer durchzuführen ist, jedenfalls aber bis vor kurzem noch nicht eingesetzt hatte. Der überraschende Zug der Einheitlichkeit bei den modernen Konzentrationen wirtschaftlicher Verfügungsmacht wird hier von einer Seite offenbar, von der aus er bisher noch nicht betrachtet, ja, nicht einmal beachtet worden ist.

Obwohl in der Betriebsorganisation bereits zu einem gewissen Entwicklungsabschluß gelangt, steht die Bewegung doch, volkswirtschaftlich gesehen, erst in ihren Anfängen. Die gleiche Betriebsform entsteht bald aus sich her-

---

1) Noch weniger etwa das Bankwesen. Dieses kam mit seiner Unterstützung fast stets erst dann, wenn der Erfolg dieser neuen Unternehmungen sicher erwiesen war.

aus, bald als Rückstrahlung der Konsumvereine, bald als Mittel der Kartelle und Trusts und wieder als Abwehrmittel gegen sie (vergl. unten S. 247), und eben dadurch wird es offenbar, daß tiefere gemeinsame wirtschaftliche Notwendigkeiten alle diese neuen Formen wirtschaftlicher Konzentration bedingen. Eine Monopolisierung des Absatzes durch solche Großbetriebe allein — und in der Folge eine Monopolisierung der Produktion von dorther — ist, wie schon mehrfach gezeigt, unwahrscheinlich, ebenso wie sie ja auch den Konsumvereinen in absehbarer Zeit nicht gelingen wird. Aber alle diese Erscheinungen sind Parallelbewegungen, die zusammengenommen die Konzentration und als Folge die Integration mächtig beschleunigen müssen[1]).

Diese Organisationstendenz fördern die jungen Filialgroßbetriebe auch durch ihre Reflexwirkungen innerhalb ihres Tätigkeitsgebietes, genau ebenso wie die Produzententrusts und -kartelle: Auch bei den kleineren Konkurrenten beginnt die Kapitalkonzentration, zunächst rudimentär in den Rabattsparvereinen, klarer schon bei den Einkaufsgenossenschaften, deren Kartellcharakter wohl zuerst Bonikowsky [2]) richtig erkannt hat; auch bei ihnen setzt das Streben zur Integration ein, sehr energisch gegenüber dem Großhandel, vorerst noch schüchtern und zaghaft, aber doch ganz unverkennbar in einem Übergreifen in die Produktion.

---

1) Da man bisher bei den volkswirtschaftlichen Organisationsvorgängen den Blick fast nur auf die Industrie, zumal auf die Schwerindustrie gerichtet hatte, so glaubte man vielfach, gegenüber der vertraglichen Konzentration, d. h. der Kartellierung einer Produktions- oder Handelsstufe, sei die Integration, welche die einzelnen Stufen durchbricht, ein Gegenmittel. Die Beobachtungen, die besonders auch in diesem Schlußabschnitt folgen werden, scheinen mir zu zeigen, daß dies hier nicht zutrifft. Gewiß wirkt die Integration gegenüber den nichtintegrierten Betrieben anfangs als preisdrückende Konkurrenz. Damit erzwingt sie aber bei andern Betrieben zuerst die Konzentration, dann die Integration. Wenn diese Stufe erreicht ist, so entsteht wieder die Frage: Einigung oder Vernichtungskampf; eine Frage, die schließlich in irgend einer Form zur Einigung zu führen pflegt.

2) Bonikowsky, Der Einfluß der Kartelle auf den Handel, Jena 1907.

Zwei Kreise sah man bisher über das Gebiet des selbständigen Handels von außen her immer weiter sich ausbreiten: Von den Produzenten her glitt der eine bis zum Verkauf an den letzten Kunden; von den Konsumenten her der andere unter Aufsaugung von Detailhandel und Großhandel bis hinüber zur Produktion [1]). Unsere Darstellung zeigte die Entstehung eines dritten Kreises, aus der Mitte des Handels selbst heraus, der auf seinen Gebieten ebenfalls die Verschmelzung von Kleinhandel, Großhandel und Produktion zu neuen einheitlichen Wirtschaftsgebilden eingeleitet hat. Das große Mittel aller dieser Kreise, sobald sie ins Gebiet des Detailhandels hinabsteigen oder aus ihm sich herausentwickeln, ist das Filialsystem, dessen Entstehung aus dem Handel selbst heraus wir hier verfolgt haben.

Für die Gesamtorganisation der Volkswirtschaft bedeutet die immer weitere Ausbreitung der hier geschilderten Betriebsform samt ihren Reflexen bei den kleineren Konkurrenten zweifellos zunächst einen Aufstieg zu höherer Wirtschaftlichkeit. Je weiter sie fortschreitet, umso mehr werden zwischen den drei Hauptstufen der Produktions- und Handelstätigkeit (Produktion, Groß- und Detailhandel) die toten Kosten der Konkurrenz ausgeschaltet. Es setzt sich auch in dem so lange traditionell-handwerksmäßig betriebenen Detailhandel die Rationalisierung des Betriebes durch Arbeitsteilung immer weiter durch, und wie stets, so bedeutet sie auch hier Arbeits- und Kostenersparnis.

Eine Ersparnis im volkswirtschaftlichen Sinne bedeutet auch die bessere Ausnutzung der geeigneten Verkaufslagen, die der Filialbetrieb durch die „Fungibilisierung des Ladeninhabers" erzielt. Denkt man sich dieses System allgemein durchgeführt, so würde stets ohne großen Irrtum die Besetzung der einzelnen Verkaufsstellen durch die für sie am besten geeignete Geschäfts*art* erfolgen und dank dem Ausleseprinzip beim Personal auch durch die bestgeeignete Kraft zur Leitung. Das Filialsystem führt also dahin, daß der

1) Man vergleiche hierzu die hübsche graphische Darstellung bei Schär, Handelsbetriebslehre I S. 166/67, der allerdings nur die beiden ersten Kreise gesehen, den dritten anscheinend noch nicht als wesensgleich erkannt hatte.

„optimale Standort" des Detailhandels jeder Branche leichter und sicherer als bisher erkannt wird.

Wie bei den Arbeitskräften und bei den Geschäftslagen, so bei den Warenbeständen: Bei getrennten Handelsstufen unterhalten alle selbständigen Zwischenglieder Lagerbestände, die Fabrikanten, die Grossisten, die Detaillisten. Diese Zersplitterung der Warenvorräte in viele einzelne, von einander getrennte, nicht sicher zu übersehende Teilläger verschwindet beim Filialbetriebe. Er hat nur ein „Zentrallager", daneben noch vielfach nach Versorgungsgebieten gegliederte Unterabteilungen. Das bedeutet eine Kleinhaltung der Lagerbestände, d. h. eine Ersparnis an volkswirtschaftlichem Kapital.

Zugleich folgt daraus aber, eben wegen der Verschmelzung der sonst getrennten wirtschaftlichen Funktionen, eine engere Anpassung der Produktion an den Verbrauch und daraus wieder eine Erhöhung der Stabilität in der Volkswirtschaft.

Wenn auch die Wichtigkeit der Überproduktion, d. h. der Massen-Fehlspekulation, für die Entstehung der Wirtschaftskrisen seit Marx sehr überschätzt wird, so bedingt doch die sonst notwendige Trennung von Produktion und Handel eine Unübersichtlichkeit über die Vorräte; die Gefahr der Fehlspekulation ist in Großhandel und Industrie wegen mangelnder Fühlung mit dem letzten Konsumenten zweifellos vorhanden. Weit geringer wird sie beim Filialbetriebe, der eine ununterbrochene Brücke herzustellen strebt zwischen Rohstoffgewinnung und letztem Verbrauch.

Diese Stetigung der Produktionsverhältnisse kommt, wiederum verstärkt durch die Rückwirkungen, der ganzen Volkswirtschaft zugute. Auch in dieser Hinsicht gleichen die Filialbetriebe den Kombinationsbetrieben der Schwerindustrie, volkswirtschaftlich sowohl wie sozialpolitisch. Vor der sozialpolitischen Betrachtung der neuen Betriebe muß aber ihre Bedeutung für Produktion, Großhandel, Detailhandel und Konsumenten unter allgemeinen Gesichtspunkten zusammenfassend gewürdigt werden.

II. Die Bedeutung des Filialsystems für die Produktion.

a) Für Organisation und Standort.

Die Produktion als Ganzes hat sicher durch die Filialbetriebe eine lebhafte Förderung erfahren. In erster Linie beim Absatze: Diesen wissen sie mit den überlegenen Mitteln des Großbetriebes, durch Preisdruck und überlegene Reklamekraft, weit stärker anzuregen und zu heben als die Klein- und Mittelbetriebe. Immer konnten wir vorher eine Mehrung des Absatzes der Industrieen feststellen, in denen Filialbetriebe wirken, es zeigte sich eine Mehrung ihrer Personenzahl und Motorenkräfte, und der Anteil der neuen Betriebe an diesem Anwachsen ging aus unsern Darstellungen hinreichend hervor.

Mehrung des Absatzes bedeutet an sich schon Beschleunigung des technischen Fortschrittes; wir sahen ihn aber auch unmittelbar durch die Filialsysteme gefördert. Bei der Schuhherstellung sahen wir die technische Weiterbildung erst mit der Spezialisation möglich werden, die sich auf das Filialsystem stützte; nicht anders lag es bei der Kaffeerösterei, und die verschiedenartigen Produktionsbetriebe der „allgemeinen" Kolonialwarenbetriebe sind teilweise erst aufgrund dieser Absatzkonzentration entstanden. Die chemischen Waschanstalten sind nur durch Filialorganisation lebensfähig. Für viele Betriebe hatte freilich das Filialsystem nur den Wert einer Einführungsreklame (Fahrräder, Nähmaschinen), und manche der vereinzelt in großen Städten auftretenden Filialen für Spezialartikel (Solinger Waren, Reisekoffer) sind nur als Reklame- und Musterlager zu betrachten, während sonst die übliche Absatzweise beibehalten wird.

Zweifelhaft erscheint es dagegen, ob die Richtung, welche die Filialbetriebe auf den Standort der Produktion ausüben, dem technischen Fortschritt stets günstig ist. Mehr als die stufenweise getrennten Produktionszweige neigen die Filialbetriebe zur Orientierung der Industrie nach den Konsumorten. Das zeigte sich schon bei der Kaffee- und Schokoladenindustrie; ein Musterbeispiel dafür war aber Delhaize.

Wenn diese Firma z. B. Schokolade im Kleinbetrieb herstellt, obwohl deren Fabrikation im Großbetriebe mit wesentlich geringeren tatsächlichen Unkosten verbunden wäre, so liegt für sie immer noch ein Vorteil darin, solange sie nur vom Unternehmergewinn des Großfabrikanten einen Teil spart. Hier liegt also ein privatwirtschaftlicher Vorteil, der volkswirtschaftlich, des höheren wirklichen Aufwandes wegen, ein Nachteil ist. Die sonstigen technischen Nachteile, die sich aus der Zusammenziehung verschiedenartiger Industrieen ergeben, brauchen darum nicht immer volkswirtschaftliche zu sein [1].

So neigt also der Filialbetrieb etwas dazu, die — nach Sombarts Sprache [2] — preisbestimmten Industrieen umzuwandeln in qualitätsbestimmte [3].

Lautet so, von der Industrie als Ganzes aus gesehen, das Urteil für die Filialbetriebe mit wenigen Vorbehalten günstig, so gilt das nicht in gleicher Weise vom Standpunkt der

b) Personenschichten innerhalb der Industrie.

Relativ einfach liegt es noch bei den Arbeitern. Ganz abgesehen von ihrem Kousumenteninteresse wirkt zu ihren Gunsten auch die Vermehrung der Arbeitsgelegenheit, soweit sie aus der ständigen Konsumanregung durch die Filialbetriebe

1) Man kann darin einen „Fühlungs"-Vorteil erblicken, der durch die Zusammenlage des technisch ungünstiger gelegenen Betriebes mit der überlegenen geistigen Potenz der Zentralleitung volkswirtschaftlich einen höheren Wert schafft (Sombarts „qualitätsbestimmte" Industrieen).

2) Archiv für Sozialwissenschaft Band 30 S. 754 ff. Anmerkungen zu Alfr. Webers Standortslehre.

3) Sombart meinte damit jeden qualitativen Vorteil, der die Lage einer Industrie bestimmt, vor allem auch die organisatorischen Vorteile. Man könnte aber hier einmal die Frage vulgärer stellen: Wirkt das Filialsystem dahin, daß die Preisstellung für den Absatz eines Produktes entscheidet, oder die Qualität? In der ersten Zeit wirkt es sicher im ersten Sinne: auf die Dauer aber werden die Großfilialbetriebe ihre Waren immer mehr als Spezialitäten zur Geltung zu bringen suchen; neben den Preis tritt bestimmend die Qualitätsgarantie — oder genauer gesagt —, die Reklamegarantie. Und so verstärken sie denn den Zug zum „reklamebestimmten" Produkt (vergl. unten S. 258).

folgt; ebenso auch die enge Verbindung von Produktion und Absatz, die sowohl größere Stetigkeit der Beschäftigung, wie auch bei größerer Rentabilität des Gesamtbetriebes die weitgehende soziale Fürsorge ermöglicht, deren wir mehrfach gedachten. Das Gleiche gilt in erhöhtem Maße für die Angestellten, auf deren Sonderinteresse an der Entwicklung wir noch zurückkommen.

Außerdem erleichtert das Fabrikfilialsystem aber der eigenen Arbeiterschaft den Lohnkampf; nicht nur wegen des engen Zusammenhanges zwischen Handels- und Produktionsbetrieb, durch den also bei Stillegung des Produktionsbetriebes auch alle seine Läden ganz anders in Mitleidenschaft gezogen werden, als bei Selbständigkeit beider Teile; sondern vor allem auch, weil hier der Boykott eine gefährlichere Waffe wird als der Streik. Über die prompte Wirkung solcher Drohungen bei Warenhäusern hat Lux [1]) schon berichtet. Ganz systematisch bedienen sich dieses Kampfmittels offenbar die Berliner Tabakarbeiter [2]), und bei einer Lohnforderung in einem Großbetriebe der Kaffeebranche hat auch die christliche Gewerkschaft mit dem Boykott sämtlicher Filialen durch die ganze Arbeiterschaft des Kartells gedroht. Diese besondere Angriffsfläche — eine betriebstechnisch nicht unbedenkliche

---

1) Lux a. a. O. S. 42. In den letzten Jahren ist diese Angriffsfläche offenbar noch weit stärker ausgenutzt worden. Für 1911 berichtet der Deutsche Transportarbeiter-Verband von 13 Lohnbewegungen in Waren- und Kaufhäusern mit 419 Beteiligten, nur einmal kam es zum Streik, aber fast alle Bewegungen hatten Erfolg. Mit 8 Warenhäusern (230 beteiligte Arbeiter) wurden 1911 Tarifverträge erzielt (Verbandsbericht 1911 S. 168 und 188).

2) Aus dem Protokoll des Deutschen Tabakarbeiter-Verbandes 1907 S. 61: „Über den Boykott besteht in Berlin die Bestimmung, daß die betr. Gewerkschaft sich mit der Gewerkschaftskommission und der politischen Organisation in Verbindung zu setzen hat . . . Auch J. Neumann, der in Berlin 100 Läden hat, hat aus Furcht vor einem Boykott Konzessionen gemacht." Auf systematische Vorbereitung solcher Bewegungen über das ganze Reich zielte ein Antrag Berlin auf der Verbandstagung 1912 ab (Bericht S. 70/71 betr. „Einwirkung auf den Konsum").

Schattenseite der Berührung mit dem letzten Konsumenten — stärkt also offenbar die Stellung der Arbeiterschaft innerhalb der Produktion.

Nicht so einfach, wie für die Arbeiter, erscheint die Beurteilung der Filialbetriebe vom Standpunkt des Fabrikanten. Solange der Filialbetrieb reines Handelsgeschäft bleibt, bietet es auch ihm zunächst offensichtlich Vorteile. Denn wie ein Tabakinteressent zutreffend ausführt [1]), hat es „gewiß etwas Bestechendes für den Fabrikanten, wenn er seine Ver- „waltungs- und Verkaufsspesen durch die Geschäftsverbindung mit „wenigen Großfilialisten verringern kann."

Alle die oben mehrfach betonten Vorzüge des Großbetriebes, Bestellung großer Massen, prompte Bezahlung, besonders auch die größere Sicherheit dieser Großfirmen, sind zugleich Vorteile des Fabrikanten, die ein Arbeiten mit solchen Betrieben als besonders begehrenswert erscheinen lassen. Demgegenüber drohen ihm vom selbständig entstehenden Filialsystem zwei Gefahren: 1. kann der Verlust eines solchen Großabnehmers den Fabrikanten weit schwerer schädigen, als der Verlust der Kundschaft eines oder mehrerer Einzeldetaillisten, der Zusammenbruch eines dieser Großabnehmer kann seine wirtschaftliche Existenz untergraben; er wird also offenbar von den Großbetrieben abhängiger, als er es bei vielen Kleinabnehmern gewesen wäre. Immerhin gilt das Gleiche auch beim Arbeiten mit Grossisten, das fast regelmäßig bei stark dezentralisiertem Massenabsatz eintritt, und das für den Fabrikanten genau die gleiche Abhängigkeit bedeutet.

2. Es ist ja aber überhaupt sehr wahrscheinlich, daß der Fabrikant auf die Dauer die Kundschaft solcher Betriebe nicht behalten wird. Denn ihre Tendenz zum Großbetriebe drängt sie, wenn sie aus dem Handel hervorgehen, immer wieder dazu, selbst zur Produktion überzugehen, den Kombinationsbetrieb also durchzuführen von der Verarbeitung des Rohproduktes bis zum Absatz in die Hand des letzten Konsumenten.

Wie weit die Möglichkeit dieses Hineinwachsens in die Produktion geht, wird zweckmäßiger unter „Filialbetriebe im Gesamtdetailhandel" erörtert.

---

1) Süddeutsche Tabakztg., 20. Jg. Nr. 48, 3. Bl.

Die Gegenbewegung der Fabrikanten war gegeben, als die Entwicklung des Filialwesens aus dem Handel heraus den Weg erst gezeigt hatte, und als sein Reflex beim selbständigen Detailhandel in Einkaufsvereinigungen und Eigenproduktion immer fühlbarer wurde: Das System der Detailfilialen ging nun auch aus vom einzelnen Fabrikanten; hier erst lediglich aus Absichten der Absatzorganisation innerhalb der Konkurrenz. Dann aber sehen wir das System

c) bei Konzentrationen der Produktion, bei Trust und Kartell, zu einem neuen, wirksamen Mittel der Marktbeherrschung werden. Auf der Grenzscheide zwischen reiner Absatzorganisation und Monopoltendenz stehen schon die oben (S.168) erwähnten Zusammenschlüsse mehrerer amerikanischer Schuhfabrikanten zur Organisation eines gemeinsamen Filialbetriebes. Rein absatzorganisatorisch sind wohl die Filialsysteme der landwirtschaftlichen Produzenten-, vor allem der Molkereigenossenschaften gedacht [1]). Dagegen bedeutete die Drohung der deutschen Zigarettenfabrikanten, die Händler durch Errichtung eigener Verkaufsstellen gefügig zu machen, bereits die Umgestaltung des als Selbstzweck entstandenen Filialsystems der Tabakbranche zu einem Mittel der Monopolisierung.

Stärkere Organisationen haben diese Drohung schon seit längerer Zeit in die Wirklichkeit übersetzt, wenn sich auch die Ausführung in Deutschland in erster Linie gegen den Großhandel richtete und bei Mischformen des Filialsystems stehen blieb.

Immerhin kann man in manchen unter dem Einfluß des Kohlensyndikats entstandenen Absatzorganisationen auch kaum mehr etwas anderes sehen, als Filialen der beherrschenden Zentrale. Die jüngst von Kestner so anschaulich geschilderte „Schaffung abhängiger Händler und Händlerorganisationen" durch starke Kartelle (Spirituszentrale, Tapetentrust) mit ihrer minutiösen Kontrolle der Geschäftsführung bei den „selbständigen" Händlern bedeutet eine starke Ausdehnung des Systems der „Scheinselbständigen", das schließlich in

1) Sie werden meist in der Form von Abkommen mit Händlern oder als besondere Vertriebsgesellschaften errichtet (vergl. vorher Seite 209).

allen wesentlichen Bestandteilen dem offenen Filialsystem immer näher rückt [1]. Da außerdem die Kartelle, wie Kestner treffend darstellt, in ihrem Bestande gefestigt werden durch Zerstörung selbständiger Absatzwege und -organe, so ist bei der allgemeinen Kartellierungstendenz eine weitere Ausbreitung des Systems auch von hier aus zu erwarten.

Die höchsten Formen moderner Produktionszusammenballung, die Trusts, haben aber das offene Filialsystem zu einer weiteren Waffe in ihrem nuancenreichen Kampfe um die Monopolisierung des Absatzes zu gestalten gewußt.

Filialwesen und Trust.

Schon die Vertriebsgesellschaften des Petroleumtrusts, die das Öl bis ins Haus des letzten Konsumenten liefern, sind, obwohl das Merkmal der offenen Verkaufsstelle fehlt, der Sache nach nichts anderes als Filialbetriebe im Detailhandel.

Viel energischer verfuhr aber der amerikanische Tabaktrust, um beim Publikum seine Marken einzubürgern und vor allem auch, um die Konkurrenz an der empfindlichsten Stelle zu treffen, nämlich beim Detailabsatz. Jacobsteins [2]) Schilderung möge hier wörtlich folgen:

„Da der Trust keine entscheidenden Vorteile in der Produktion „über die großen, unabhängigen Produzenten hatte, und da der „Detailmarkt auf lokaler, kleiner und persönlicher Basis einge- „richtet war, fand er es für notwendig, neue Mittel zu erfinden, „mit denen er einige der anfänglichen Hindernisse auf seinem „Wege beseitigen könnte. Er entschied sich für die Organisation „eigener Verkaufsstellen als des wirksamsten Mittels, um den „Zigarrenmarkt zu erobern. Hier hatte er eine direkte Methode, „um die Trustware in die Hände des Konsumenten ohne Hilfe „irgend eines Mittelmannes, weder des Grossisten noch des De- „taillisten, gelangen zu lassen. Das Kettensystem der „Vereinig- „ten Zigarrenläden-Gesellschaft" war recht erfolgreich. Der Trust „hat heute etwa 1000 Läden, die in jeder großen Stadt der Ver- „einigten Staaten gelegen sind; über 300 soll er allein in der „Stadt New-York haben . . . Eine weitere Ausdehnung des

---

1) Kestner a. a. O. S. 109 ff.

2) A. Jacobstein, The Tobacco Industry in the United States, New York 1907 (Dissertation der Columbia-Universität), S. 111 ff.

„Kettensystems der Detail-Agenturen ist die neuerdings (d. h. „1907) erfolgte Gründung der „National Cigar Stands Company", „deren Zweck es ist, den Zigarrenhandel in den „drugstores" zu „kontrollieren."

Bei der letzteren Maßnahme handelt es sich um ein System von Niederlagen in fremdem Geschäft. Wozu aber der Trust seine Detailfilialen benutzt hat, das schildert Jacobstein bei der Besprechung der Konkurrenzkampfmittel[1]:

„Die gebräuchlichste und wirksamste Methode war die soge„nannte „lokale Konkurrenz", d. h. das Unterbieten eines ein„zelnen Konkurrenten in seinem eigenen, kleinen Absatzgebiete, „während anderwärts die Preise hoch gehalten wurden."

Zahlreiche Beispiele zeigen dann, wie der Trust diese Unterbietung betrieb: Je nachdem es ihm gerade geboten erschien, verkaufte er seine eigenen Marken solange unter Herstellungspreis, bis die Konkurrenz das Feld räumen mußte. Oder er brachte die bekannten Marken der Konkurrenz dadurch an einem Orte in Mißkredit, daß er sie dort in seinen eigenen Läden weit unter dem Kostenpreis verkaufte usw.

Immerhin war das Filialwesen nur e i n e s von vielen Kampfmitteln des Trusts. Seine Detailniederlagen, ein sehr verschiedenartig gehandhabtes Rabattsystem und vor allem die künstliche Steigerung der Preise auf den vom ihm beherrschten Teilen des Rohtabakmarktes mußten dem gleichen Zwecke dienen. Das Filialsystem allein hätte ihm das Monopol, das er in der Zigarettenindustrie schon 1907 nahezu besaß, in der Zigarrenindustrie aber erst erstrebte[2], nicht sichern können; es mußte dazu die teilweise Beherrschung von Rohproduktion und Weiterverarbeitung und ein rücksichtsloses Niederkonkurrieren des unabhängigen Fabrikationswettbewerbes hinzutreten. Immerhin zeigt dieses krasse Beispiel, daß das Filialwesen eines der Mittel werden kann, mit denen trustartige Gebilde ihre Monopol-

1) a. a. O. S. 117.

2) Jacobstein a. a. O. S. 129 berichtet, daß 1907 etwa 90% aller Zigaretten in den Vereinigten Staaten vom Trust hergestellt wurden, dagegen nur 25% der Zigarren.

bestrebungen wirksam verfolgen[1]). Nur braucht es, wie für England angedeutet wurde, nicht einmal offener Filialbetrieb zu sein. Das System der Scheinselbständigen ist, weil versteckter, noch wirksamer.

Welche Gegenkräfte dagegen wirksam werden, hat wiederum bereits Amerika gezeigt, zuerst bei den Trustbestrebungen in der amerikanischen Schuhindustrie. Darüber meldet der New-Yorker Dry goods economist[2]):

„Als Gegenbewegung hören wir, daß eine große Organisation „von Schuhwaren-Detaillisten entstanden ist, die in ihren Satz-„ungen durch Bestimmung zwingenden Charakters festgelegt hat, „daß keinerlei Schuhwaren von irgend einem Etablissement ge-„kauft werden dürfen, das an der Organisation, die den gemelde-„ten Schuhfabrikationstrust zu bilden im Begriffe steht, beteiligt „ist oder irgendwie mit ihr in Verbindung steht."

Von solchen negativen Abmachungen ist es aber offenbar nur mehr ein kleiner Schritt zu positivem Zusammenwirken, zu einem immer engeren Zusammenschlusse der bedrohten Einzelbetriebe, bis schließlich dem Fabrikantentrust mit Filialsystem ein Detaillistentrust mit Filialsystem entgegenwächst; die Integration von der Produktion aus muß eine Konzentration im Detailhandel zur notwendigen Folge haben. Wie ergeht es aber dabei dem bisher so starken Zwischengliede zwischen beiden, dem Großhandel?

III. Der Großhandel und das Filialsystem.

Da der wichtigste Vorteil der Filialbetriebe gerade in der Ersetzung der Zwischenglieder im Handel und der Ausschaltung ihres Unternehmergewinnes liegt, so wäre als Wirkung der Filialsysteme eine Tendenz zur Beseitigung

---

1) Inzwischen ist der Tabaktrust im Jahre 1912 aufgrund des Sherman-Gesetzes aufgelöst worden. Er hat sich in vier Gesellschaften zerlegt, die sich angeblich Konkurrenz machen. Aber die Cigar Stores Company besteht fort, und jüngst hat sich eine „neue" Gesellschaft gebildet, welche „die seitherige, großartig ausgebildete Organisation des Tabaktrusts mitbenutzen wird". Einen Einblick in die Verkaufsmethoden gibt der Direktor der Stores-Gesellschaft Whelan 1912 im Western Tobacco Journal, abgedruckt V. T. Z. 1912 Nr. 24.

2) Vom 13. August 1910 S. 21.

des Grossisten zu vermuten. Dies umsomehr, als ja auch alle andern Konzentrations- und Verschmelzungstendenzen im Handel (Konsumverein, Versandgeschäft, Waren- und Kaufhaus) im gleichen Sinne wirken. In der Tat sahen wir in einzelnen Gebieten den Großhandel bedroht, so im Schuhwaren-, wahrscheinlich auch im Nahrungsmittelhandel, oder auch sein Entstehen verhindert (Korsetten).

Aber im übrigen ist von der „Krisis des Zwischenhandels", die Weigert schon im Jahre 1885 überall feststellen zu können glaubte [1]), bis heute wenig zu spüren. Trotz allem hat vielmehr der Großhandel aller Vermutung nach seitdem noch eine weitere starke Ausbreitung erfahren [2]); mit rund 200 000 Großhandlungen werden wir heute immerhin rechnen dürfen. Die Gründe hierfür sind mannigfaltig genug; sie liegen einmal in der Mehrung der Funktionen [3]), die dem Großhandel zugefallen sind, vor

---

1) Weigert, Die Krisis des Zwischenhandels, Berlin 1885 (Volksw. Zeitfragen).

2) Schmollers Schätzung für 1895 haben wir vorher schon angegeben (S. 13). Für 1907 weist die Betriebszählung im Warenhandel 242 458 Betriebe ohne offene Verkaufsstellen auf. Diese sind zwar keineswegs alle Großhandelsbetriebe, wie es der Bearbeiter der Tabelle VI (S. 267) anzunehmen scheint. Es finden sich darunter Versandgeschäfte, Detailreisegeschäfte, auch Zentralläger der Konsumvereine und Kartell-Verkaufskontore. Aber bei Berücksichtigung von alledem werden immer weit über 200 000 Großhandlungen übrig bleiben, zumal auch viele Grossisten, die etwa einen kleinen Produktionsbetrieb besitzen, beim Handel gar nicht nachgewiesen sind (vergl. oben S. 212 Note 1).

3) Es sei hier wenigstens angedeutet, was wir demnächst (in der Neuausgabe des „Handbuchs der politischen Ökonomie") näher auszuführen haben: Sechs Funktionen **kann** der Zwischenhandel überhaupt ausüben:

a) **Produktions-Zwischenhandel.** Er überbrückt die Stufenteilung, die Spalte, die durch Arbeitsteilung zwischen den einzelnen **Stufen** der Produktion eingetreten ist (Handel mit Halbfabrikaten);

b) der **Verteilungs-Grossist**; er verteilt die großen Warenmassen des Welthandels in kleinere Kanäle, oftmals noch mit vielen Zwischenstufen (Demigrossisten);

allem aber in dem rapiden Anwachsen von Konsum und Konsumkraft, die immer neue Absatzmöglichkeiten schuf und schafft, und mangels geeigneten Detaillistennachwuchses ergriff der Großhandel die Initiative zur Ausnutzung.

Dies aber wieder, wie wir sahen, in den Formen des Filialwesens und öfter und lieber noch[1]) in den weniger einwandfreien Übergangsformen des Systems. Die „Einrichtungsgeschäfte", die wir im Zigarren- und Manufakturwarenhandel auftreten sahen, sind ja nichts anderes, als ein

---

c) Der Engros-Sortimenter. Bei ihm finden sich die Waren, nachdem sie in stark spezialisierter Produktion hergestellt worden sind, so zusammen, wie der Detailhandel sie braucht (im Tuchhandel z. B. schwarze Ware, Mantelstoffe, Militärtuche). Er ist also das Zwischenglied, das die Branchenteilung in der Produktion in Einklang bringt (integriert) mit der Warengruppierung nach dem Bedarf des Detailhandels und damit des Konsumenten. Bei allen drei Arten findet sich dann fast stets noch

d) die Spekulationsfunktion, die im Börsenhandel verselbständigt wird; alle drei werden aber auch sehr oft

e) zu Kreditgrossisten, die den Abnehmern (oder auch den Lieferanten) das fehlende Kapital ersetzen, und diese Funktion steigert sich dann schließlich

f) zum Einrichtungs-Grossisten, dessen Geschäftsform als Übergangstypus zum Filialbetrieb in dieser Schrift ausgiebig geschildert wurde.

Von all diesen Arten ist wohl nur die erste im Verschwinden, indem nämlich die Produktions-Zwischenhändler zu Fabrikanten werden. Die zweite wird durch die internationale Arbeitsteilung immer neu notwendig, die dritte vorerst nicht minder, solange die Spezialisation in der Produktion noch fortschreitet. Der Kreditgrossist verschwindet zwar aus den obersten Schichten des Handels; aber mit der Kartellierung und Verschärfung der Zahlungsbedingungen scheint er sich nach unten hin wieder neu auszubreiten.

1) Für das System der Scheinselbständigen sprechen privatwirtschaftliche Gründe: Da der Zusammenhang nicht offensichtlich ist, bleibt der Weg auch für die bisherige Absatzform durch Selbständige noch offen. Bei ungünstigem Arbeiten des Geschäftes geht zuerst das investierte kleine Vermögen des Scheinselbständigen verloren, die Einrichtungsfirma partizipiert noch dazu beim Konkurs wie jeder andere Gläubiger an der Konkursmasse.

Versuch des Großhandels, neue Absatzmöglichkeiten mit möglichst geringem eigenem Risiko auszunützen.

Aber freilich drängen die Detailhandelsgroßbetriebe die Grossisten indirekt auch wieder zu dieser Form. Denn durch ihre scharfe Konkurrenz zwingen sie die kapitalkräftige Elite des Detailhandels in die Rabattsparvereine und vor allem in die Einkaufsgenossenschaften hinein und engen damit den Absatz der Grossisten bei den wirklich Leistungsfähigen mehr und mehr ein. Ihnen bleiben also vielfach die Minder- und Mindestleistungsfähigen, bei denen das Risiko groß ist[1]), die deshalb immer genauer kontrolliert werden müssen — bis schließlich doch eine filialähnliche Abhängigkeit schon durch das Kreditverhältnis vorliegt.

Soweit sich also überhaupt Wirkungen der Filialbetriebe auf den Großhandel feststellen lassen, liegen sie in der Richtung einer relativen Verdrängung aus dem direkten Absatzkreise der Filialbetriebe und ihrer kapitalkräftigen Konkurrenz, in einer Verstärkung der Kreditfunktion des Großisten, die bis zur Angliederung eigener oder doch abhängiger Detailgeschäfte führt. Indirekt liegt also auch hier wieder eine Verschärfung der allgemeinen Tendenz zur Verschmelzung von Groß- und Detailhandel vor.

IV. Die Bedeutung der Filialbetriebe im Gesamtdetailhandel.

a) Organisatorisch.

So gewiß die älteren Massenfilialen aus kleinsten Anfängen heraus entstanden sind, und so sicher auch heute noch für fähige Elemente im Detailhandel das Filialsystem das Mittel zum Aufstieg ist, für jeden Nachfolgenden wird der Weg immer schwieriger, und für den Handel des betreffenden Artikels bedeutet es die Konzentration des Absatzes in weniger Händen als vorher.

---

1) Ein Grossist der Nahrungsmittelbranche, der freilich mit allerschwächsten Gemüsegeschäften arbeitete, wies einen Verlust von rund 18% seines Umsatzes an Ausfällen nach; im Tuchgroßhandel wird heute noch mehrfach mit 3—4% für Verluste kalkuliert.

So hat sich gerade in den von Warenhaus und Konsumverein noch relativ freigebliebenen Gebieten diese eigenartige neue Absatzform entwickelt, die dezentralisierte Groß-Unternehmung mit vielen kleinen Betrieben, deren gemeinsame Vorteile immer wieder hervortraten:

Indem die Verkaufskraft vieler und immer neuer örtlich getrennter Läden in einer Unternehmung vereinigt wird, entsteht die Möglichkeit der Ausschaltung von Zwischenspesen und Zwischengewinnen bis zur Produktion hin, des Risikoausgleichs zwischen guten und schlechten Geschäftslagen, der rationelleren Auswahl dieser Lagen, aller sachlichen und persönlichen Faktoren, Erhöhung der Reklamewirkung und last not least die Möglichkeit weitestgehender Arbeitsteilung in der Gesamtunternehmung. Das alles sind schwerwiegende Vorteile gegenüber dem Einzelgeschäfte, und sie werden keineswegs überkompensiert durch das Auseinanderfallen von Eigentümer- und Geschäftsleiter-Interesse und den dadurch bedingten Kontrollapparat (zumal auch dieser durch die neueren Formen scharfer Selbstinteressierung des Personals ersetzt werden kann).

So erhebt sich denn die Frage nach den

Grenzen des Filialsystems im Detailhandel.

Die Frage nach den Grenzen des einzelnen Systems werden wir sehr kurz mit dem treffenden Worte von Bourguin[1]) beantworten können: Der Betrieb hat seine Grenzen (im Detailhandel meist recht enge Grenzen), der Ausdehnung der Unternehmung scheinen keine Schranken gesetzt zu sein. Wie weit aber sind Filialsysteme im Umkreise des Detailhandels überhaupt möglich?

Die Meinungen, die sich darüber in der deutschen Literatur finden, beurteilen die Aussichten der Filialbetriebe sehr skeptisch; freilich sehen alle Bearbeiter nur die vom

---

1) Bourguin, Die sozialistischen Systeme und die wirtschaftliche Entwicklung, Übers. Katzenstein, Tübingen 1906, S. 144: „Für einen Betrieb gibt es gewisse Grenzen, die sein Wachstum nicht übersteigen darf, ohne die Generalunkosten unverhältnismäßig zu steigern und die mit Überwachung und Leitung verbundenen Schwierigkeiten in gefährlicher Weise zu erhöhen. Der Ausdehnung der Unternehmung sind, so scheint es, keine Grenzen gesetzt."

Fabrikanten ausgehenden Filialsysteme. Pohle[1]) hält ihr Wirkungsgebiet für eng begrenzt, van der Borght ebenfalls, jedoch sucht er nach Grenzen[2]), Faucherre[3]) hält sie gar in größerem Maßstabe für unwirtschaftlich. Alle diese Bearbeiter wußten aber offenbar nicht, daß der Weg zuerst nicht von oben nach unten, von der Fabrik zum Laden, sondern umgekehrt vom Laden zur Fabrik gegangen ist. So sahen wir das Filialwesen hier gleichermaßen sich ausbreiten bei der höchsten Spezialisation (Schokolade, Kaffee), bei der höchsten Mannigfaltigkeit im Warenkreise (bei den Warenhäusern) und bei zahlreichen Zwischenformen zwischen diesen äußersten Möglichkeiten. Gewiß ist die Verbindung von Fabrik und Detailfilialen leichter bei Spezialisation, und für das Entstehen solcher Spezial- Filialsysteme sind allerdings die Bedingungen entscheidend, die sich aus den Andeutungen van der Borghts[2]) herauslesen lassen.

1. Einheitlichkeit und leichte Teilbarkeit der Waren; diese erleichtert ja sehr die Kontrolle und schnelle Erlernung des Verkaufs durch Angestellte. Der „Zug zum fertigen Produkt", vor allem zum fertig verpackten Markenartikel, läßt dieses Hemmnis mehr und mehr

---

1) Pohle, Die neuere Entwicklung des Detailhandels, Dresden 1900, S. 13/14.

2) Handel und Handelspolitik, 2. Aufl., S. 51/52: „Je bequemer die Stückelung der Ware ist . . ., desto eher kann es dem Hersteller gelingen, an die eigentlichen Verbraucher selbst abzusetzen . . . Reichhaltigkeit der Muster . . . macht den unmittelbaren Betrieb unmöglich." Erschwerend sollen wirken: Entfernung und Zahl der Absatzgebiete; für Nadeln endlich wäre nach v. d. B. ein Filialsystem unmöglich, nur in Verbindung mit verschiedenen andern Verkaufsartikeln durchführbar. „Das aber würde den Nadelfabrikanten so sehr von seiner eigentlichen Aufgabe abdrängen, daß schon aus diesem Grunde darauf verzichtet werden muß."

3) Faucherre a. a. O. S. 157: „Ein Detailverkauf der Fabrikanten kann nur an dem Standort der Produktion mit Erfolg betrieben werden . . . Für die übrigen Plätze würde der Verteilungsapparat der Fabrik durch Agenten, Verkaufsmagazine etc. derart kompliziert und verteuert, daß in letzter Linie der Konsument ganz gewiß geschädigt würde."

schwinden [1]); auch stellt man leichte Teilbarkeit für Filialbetriebe künstlich her [2]).

2. Relative Hochwertigkeit des einzelnen Kaufes (Filialsysteme nur für Nadeln, Druckknöpfe oder Schreibfedern sind wirklich kaum denkbar).

3. Genügende räumliche Konzentration des Bedarfs (Reisekoffer- oder Grammophon-Verkaufsfilialen etc. sind vorerst nur in ganz großen Verkehrszentren möglich).

Für die Ausgestaltung des Warenkreises in den Detailgeschäften, auch in den Massenfilialen, ist aber der Einfluß der Produktion nur von ganz sekundärer Bedeutung; entscheidend ist vielmehr der Bedarf der Konsumenten. Wohl kann man die traditionellen Kaufgewohnheiten durchbrechen, indem man der Bequemlichkeit der Käufer noch weiter entgegenkommt wie bisher. Ob und wann sich aus irgend einer Ladengeschäftsform ein Filialsystem entwickelt, das scheint heute [3]) lediglich mehr eine technische Frage zu sein, nämlich die Organisation einer wirksamen Kontrolle. Dann wirken fast bei allen Waren- und Geschäftsarten die früher entwickelten Vorteile zusammen. Fast stets wird die kostensparende Verschmel-

---

1) van der Borght meint, in Tuch, Draht oder Brettern sei ein Filialsystem schwer durchführbar. Tuch wird ja aber immer mehr als „Konfektion" verkauft, Draht und Bretter erscheinen im Detailhandel fast nur mehr in fertigen Geräten.

2) Auf S. 74 erwähnen wir diese Praxis für Frankreich. Im Rheinlande wurde 1912 die Gründung eines Massenfilialbetriebes vorbereitet, der alle Kolonialwaren in kleinsten fertigen Packungen abgeben sollte.

3) Die Frage, weshalb die neue Unternehmungsform sich gerade in den letzten Jahren so stark ausgebreitet hat, ist schwer zu beantworten. Die ersten Ursachen liegen sicher in der Entstehung des Massenbedarfs und seiner Vereinheitlichung; sind diese Grundlagen da, so wird die Ausgestaltung nur mehr eine Frage der Kontrolltechnik, und deren Radius wird mit jeder Erleichterung des Verkehrs vergrößert. Anregend wird hier immer wieder die Notwendigkeit der Kostenverminderung wirken. Deshalb wird man die Vermutung Biermers ablehnen müssen (Handw. d. St., Artikel „Warenhäuser und Warenhaussteuern"), daß diese Großbetriebe vergängliche Produkte der Hochkonjunktur seien. Je mehr vielmehr die Verengerung des Marktes die Herabdrückung der Gesamtkosten zur Notwendigkeit

zung von Detail- und Großhandel möglich sein; wieweit von da aus in die Produktion hinübergegriffen wird, ist auf die Dauer nur eine Frage der Absatzkonzentration im einzelnen Artikel innerhalb des Filialbetriebes [1]).

Gewiß werden einzelne Geschäftsarten sich dieser Betriebsform gegenüber spröder erweisen, wo, wie z. B. in der Fleischerei, eine rechnungsmäßige Kontrolle kaum durchführbar ist [2]), oder wo, wie im deutschen Buchhandel, wichtige Motive zur Filialgründung wegfallen (Sortimenter-Organisation als Zentrallager für alle, straffe Kartellierung und deshalb keine Preiskonkurrenz) [3]). Wirklich dauernde Grenzen dieser Unternehmungsform im eigentlichen Warenhandel vermögen wir aber nicht zu erblicken. Anfangs setzt sie wohl in den obersten Schichten des Detailhandels ein, bei hochwertigen Qualitätswaren; dann ganz allgemein an den Brennpunkten des Detailmarktes, den besten Geschäftslagen der Großstädte; ist aber die Technik dort einmal ausgebildet, so geht sie bis aufs platte Land hinaus.

Mit diesen Großbetrieben tritt aber

b) eine Veränderung des Wettbewerbs im Detailhandel

auf; die Konkurrenz wird auf ganz andere Grundlagen gestellt, als vorher bei überwiegendem Kleinbetriebe. Denn bei diesem hatte ja bis dahin eine traditionelle Absatzgröße, verbunden mit einer überkommenen Lebenshaltung, eine eigentliche Preiskonkurrenz kaum zugelassen [4]), und das

---

macht, umso schwerer müssen die dauernden Vorteile des Großbetriebes ins Gewicht fallen.

1) Für die Nahrungsmittel-Filialbetriebe, diese „kapitalistischen Konsumvereine", liegt das Problem ganz ähnlich wie bei den Konsumgenossenschaften. Nur ist die Kapitalbeschaffung hier leichter als dort, wo sie aus nicht gezahlten Dividenden kommen muß.

2) Vergl. Togrund, Der Großbezug von Fleisch, M.-Gladbach 1913 S. 52 ff. In England sind aber auch Massenfilialbetriebe der Fleischerei ausgebildet worden (Macrosty a. a. O. S. 217).

3) Dagegen berichtet Bourguin (Die sozialistischen Systeme S. 137) über einen Massenfilialbetrieb großen Stils im französischen Buchhandel.

4) Dazu kam das natürliche Monopol, das Bequemlichkeit oder Zeitmangel dem nächstgelegenen Geschäfte gewähren, die Warenunkenntnis des Publikums, vor allem seine Kreditabhängigkeit, die besonders auch für England Macrosty (a. a. O. S. 216) eingehend schildert.

Borgsystem hatte den Kampf um die Kundschaft statt eines solchen um die tatsächliche Leistungsfähigkeit zu einem Kreditkampfe werden lassen. Nun steigern die neuen Betriebe, sobald sie stark genug sind, die Unkosten durch ihre überlegene Reklamekraft, damit dann den Kapitalbedarf aller andern Geschäfte; sie steigern die Verkaufsleistung des einzelnen im Detailhandel, und sie nehmen aus den Klein- und Mittelbetrieben die geeignetsten Kräfte für ihre leitenden Stellen heraus.

Damit beschleunigen alle Detailhandels-Großbetriebe aber die bedenkliche Doppelbewegung im deutschen Detailhandel, die aus allgemeineren Gründen schon früher eingesetzt hatte: das Abströmen der besten Kräfte aus dem selbständigen Handel und das massenhafte Einströmen der Mindertauglichen. Denn die neueren Studien zeigen immer klarer, daß die moderne Industrie vom Handel erobert, oft geradezu geschaffen worden ist[1]. Damit wurden gleichsam die besten Kräfte von obenher aus dem Handel zur Industrie abgesogen, und auch unsere Darstellung zeigte ja einen neuen Weg dieses Überganges. Gleichzeitig wuchsen aber rapide die Absatzmöglichkeiten, es entstand ein Vakuum im Gebiete des Detailhandels; es fehlte an genügendem Nachwuchs, und so strömten gleichsam von unten her in ihn die Massen derer ein, die im großen Umwandlungsprozeß der Industrie hinabgedrängt worden waren, die Handwerker und die ihnen nahestehenden Schichten. Das geschah indirekt dadurch, daß immer mehr Handwerksbetriebsarten zu reinen Handelsgeschäften wurden und dem ehemaligen Handwerker höchstens die Reparatur blieb[2], aber auch

1) Über diese Zusammenhänge, die fast jede neuere Industriedarstellung zeigt, nur drei neuere Schriften: Sombart: Die Juden und das Wirtschaftsleben, 1911, S. 132 ff., Vogelstein, Kapitalistische Organisationsformen in der modernen Großindustrie I (S. 108, 176, 237); theoretisch untersuchend (aber dabei nur den Produktions-Zwischenhandel beachtend) Landauer, Über die Stellung des Handels in der modernen industriellen Entwicklung, Archiv für Sozialwissenschaft, Bd. I).

2) So wird der Uhrmacher zum Uhrenhändler, denselben Weg geht

direkt strömten diese Personenschichten zahlreich in alle möglichen Handelszweige (ganz besonders in den Lebensmittelhandel) ein [1].

Das erschwerte diesen schwer beweglichen Massen aber außerordentlich

c) die Anpassung an die neuen Betriebsformen.

Herabdrückung der Betriebskosten und Steigerung der Reklamekraft, so mußte gegenüber allen neuen Großbetrieben die Parole des selbständigen Detailhandels in seinem Erhaltungskampfe lauten; das lang empfohlene und doch erst relativ spät erprobte Mittel, das Genossenschaftswesen, wirkt aber zugleich als Selbstreinigung im Stande und — verschärft damit die volkswirtschaftlichen Wirkungen der Großbetriebe. Denn auch mit ihm setzt sich in dieser „letzten Feste der freien Konkurrenz" (Macrosty) die Betriebs- und Kapitalkonzentration ein, und jede dieser Formen führt immer wieder zur Integration.

Schon die Rabattsparvereine bedeuten ja nicht nur eine Veranstaltung, auch den Kleinbetrieben die Vorteile der Barzahlung wieder zu sichern, die eine erste Grundlage fast all dieser Großbetriebe ist. Je länger je mehr werden sie wirklich eine „Machtorganisation", zunächst gegenüber den nicht angeschlossenen Detaillisten. Die kleinen Summen für Eintrittsgeld und Markenanschaffung sind den Schwächsten unter ihnen — und das sind große Massen — schon zu hoch; die von Faucherre [2]) so anschaulich geschilderte Ringbildung durch diese Vereine verstärkt diese Wirkung. So bleibt schon für diese einfachste Anpassungsform nur eine Oberschicht von Händlern übrig [3]).

der Optiker, der Goldschmied, der Möbelschreiner, der Schneider, der Hutmacher usw. (Vergl. auch Schär, Handelsbetriebslehre I, 142).

1) Daß von den fast 200 000 Handwerkern, die 1882—95 von den Betriebszählungen als verdrängt nachgewiesen wurden, große Massen in die in derselben Zeit neu entstandenen rund 111 000 Handelsbetriebe übergingen, haben schon die Untersuchungen der Handelskammern Hannover und Braunschweig ausgiebig gezeigt, neuerdings auch wieder Kramer a. a. O. S. 36 ff.

2) Faucherre a. a. O. S. 139 ff.

3) Von den von Faucherre (S. 125) berechneten Prozentzahlen mögen einige hier folgen, obwohl die „Warenhandelsbetriebe" und die

Gegenüber dem Großhandel bedeuten diese Vereine aber eine erste Integration, die Ausschaltung des „Kreditgrossisten", und schon diese Vereine beginnen sich, vorerst freilich nur defensiv, gegen die Produzenten zu wenden [1]).

Sehr viel wirksamer wird aber die Anpassung an die Vorzüge der Großbetriebe, sobald der Detailhandel übergeht zur Einkaufsvereinigung. Hier kann in der Tat bei richtiger Organisation der bedeutendste Vorsprung der Großbetriebe wieder eingeholt werden, zumal wenn daran die Eigenproduktion sich anschließt. Mit dieser, in schneller Ausbreitung begriffenen Form des Zusammenschlusses [2]) wird aber die Verschmelzungsbewegung der bisher getrennten Handels- und Produktionsstufen, welche die Großbetriebe einleiten, nur umso schärfer akzentuiert.

Nur können hier wiederum viel kleinere Bruchteile des Detailhandels sich überhaupt beteiligen. Die relativ hohen Beträge für Beteiligung — selbst bei den Kolonialwaren-Genossenschaften des „Verbandes Deutscher Kaufmännischer Genossenschaften" berechne ich den einzelnen Geschäftsanteil 1912 schon auf durchschnittlich 400 Mk. und

---

von F. diesen gegenübergestellten „Geschäfte in Rabattsparvereinen" nicht unbedingt vergleichbar sind. Für 1907 schätzt F. die Händler-Mitglieder in den Vereinen auf 57 000; von den 709 231 Warenhandelsbetrieben waren das rund 8%. Im übrigen waren damals nach F. in den Vereinen von allen Handelsbetrieben für

Kolonialwaren, Zigarren, Wein etc.	11,1%
Drogen und Chemikalien	16,2%
Aussteuer, Wäsche, Woll- und Weißwaren	29,1%
Konfektion, Manufaktur, Putzgeschäfte	10,1%
Leder- und Schuhwaren	11,7%
Porzellan, Glas und Steingutwaren	4,7%

1) Vergl. Faucherre S. 157 ff.

2) Die Statistik des Verbandes deutscher kaufmännischer Genossenschaften ist nur für die Kolonialwarenbranche einigermaßen vollständig; die übrigen Branchen bevorzugen vielfach die festere Form der G. m. b. H. und bleiben schon deshalb davon ausgeschlossen. So z. B. die Nürnberger Einkaufsgenossenschaft der Glas- und Porzellanwarenhändler, die im Jahre 1911/12 allein 78,8 Millionen Mk. für ihre Mitglieder vermittelt, eigene Börsentage eingerichtet hat usw.

einige Vereine gehen noch weit höher[1]) — schränken hier die Mitgliederzahl an sich schon ein; außerdem wird regelmäßig noch eine Distanz zwischen den einzelnen Mitgliedergeschäften verlangt, und dieser gemeinsame Besitz führt oft genug schon zum engeren Zusammenschluß; wir sahen ja das Musterbeispiel dafür bei der „Westdeutschen Handelsgesellschaft".

So schließt sich in diesen Genossenschaften die kapitalkräftigere Oberschicht des Detailhandels immer mehr ab von der großen Unterschicht der immer wieder entstehenden kleinsten Detail- und Hökergeschäfte, die, oft nur Gelegenheiten des Augenblicks wahrnehmend, zahlenmäßig ebenso stark wie sie wirtschaftlich schwach ist. Den Druck der Großbetriebe gegen diese Unterschicht verstärken noch die Genossenschaften.

Freilich, auch diesen gegenüber haben ja die Filialbetriebe noch immer die starke Reklamewirkung voraus, die Garantie für Art und Qualität der Waren, die jeder Käufer schon im Namen der bekannten Filialfirma erblickt. Wir sehen demgegenüber schon das Bestreben der Detailhändler, sich eigene „Marken" zu schaffen. Viel näher liegt es dann aber, solche Waren zu führen, auf die ohnehin schon durch ständige Reklame aufmerksam gemacht wird, und so die bekannte Firma des Filialbetriebes zu überbieten durch die Garantie, welche die bekannte Marke des Fabrikanten für den Kenner bedeutet.

So ist das lebhafte Vordringen der Markenartikel, das wir auf nahezu allen Handelsgebieten beobachten, sicher mit eine Anpassungswirkung der Kleineren an die Filialbetriebe, und damit schwindet wieder ein gut Teil Selbständigkeit aus dem Handel. Denn herrscht erst die Marke, so wird der Detaillist wirklich nur mehr Agent des Fabrikanten, und dabei macht das Markenwesen die Vertriebskosten mindestens nicht kleiner[2]).

Dieser Bewegung versucht neuerdings für den Kolonial-

---

1) Es verlangen 2000 Mk. für den Geschäftsanteil die Vereine Cottbus, Rudolstadt und Schweidnitz, mehrere andere 1000 Mk.

2) Das harte Urteil, das Lux a. a. O. S. 148 gefällt hat, kann ich nach eigenen Erfahrungen, zumal in der Drogenbranche, nur vollauf bestätigen.

warenhandel die „Zentraleinkaufsgenossenschaft" des Verbandes Deutscher Kaufmännischer Genossenschaften durch eine eigene Gesamtmarke „Edeka" entgegenzuwirken. Indem die Mitglieder diese gemeinsam anwenden, werden die leistungsfähigsten Geschäfte, ohnehin schon einander angenähert durch gemeinsamen Einkauf und Besitz, auch nach außen hin den Filialbetrieben ähnlicher.

Kapitalkräftige Einkaufsgenossenschaften haben jüngst auch in Deutschland zuerst gemeinsame Verkaufsstellen errichtet, aber als Kampfmittel gegen neu entstehende Filialsysteme. In Hannover hat man den neu aufgetretenen Warenverein durch eigene Verbandsgeschäfte anscheinend schwer geschädigt [1]).

Die höchste Steigerung von Wirkung und Gegenwirkung mußte sich aber dort zeigen, wo die Filialbetriebe mit vernichtender Wucht auftraten, vor allem also in Ostfrankreich.

Der Individualismus der französischen Kaufleute, der die Ansätze zu Einkaufsgenossenschaften vorher immer wieder zum Scheitern kommen ließ [2]), konnte erst durch das vernichtende Auftreten der Kolonialwarenbetriebe in Reims überwunden werden. Dort finden sich jetzt nach Gemahling nur mehr 5—6 ganz selbständige Lebensmittel-

1) Der Vorsitzende der Einkaufsgenossenschaft, Herr Kruse, schreibt: In der Stadt habe man zwar unter den Filialen des „Wareneinkaufsvereins" gelitten, doch seien diese nicht besonders vorangekommen. „Anders lag die Sache bei den Filialen in den Vororten. Nachdem wir festgestellt hatten, daß diese florierten, entschlossen wir uns, in deren nächster Nähe selbst Verkaufsstellen von Seiten unseres Großeinkaufsvereins zu errichten und die Konkurrenz in jeder Weise zu unterbieten . . . Unsere Verkaufsstellen erfreuen sich großen Zuspruchs, und die Filialen der Konkurrenz, welche sonst brillant waren, sind nichts mehr." In der Tat geht mir während der Drucklegung die Nachricht zu, daß der Hannoveraner Filialbetrieb in Zahlungsschwierigkeiten ist.

2) Trotz der drückenden Konkurrenz der Großbetriebe in Paris brach doch eine Einkaufsgenossenschaft der Kolonialwarenhändler, die es dort bis auf 5 Millionen Francs Umsatz gebracht hatte, im September 1912 infolge Solidaritätsmangels wieder zusammen. (Union coopérative, 1912 Nr. 18.)

geschäfte. Die andern sind teils verschwunden[1]), teils in andere Handelszweige geflüchtet, doch haben etwa 150 Detaillisten in Reims und 200 im Arrondissement eine andere Form der Anpassung gefunden, die mit Gemahlings eigenen Worten geschildert sei:

„Der Beobachter sieht hier und da die Spuren einer unbekannten Organisation: „Société rémoise, Filiale Nr. . . ." Die Uniform ist die gleiche. Hinter diesen Fassaden haben sich die letzten Überlebenden des Kleinhandels verschanzt; sie haben dem Gegner sogar die anonyme Aufschrift nachgeahmt,ihr eigener Name ist draußen ausgelöscht, sie sind eine „Filiale" geworden, so gut wie die andern."

Aber das ist nicht nur äußerlich der Fall. Die Société rémoise ist eine sehr eng zusammengeschlossene Einkaufsgenossenschaft, die ihren Mitgliedern die Verpflichtung auferlegt, immer nur in Entfernungen von 60—70 Metern von einander Läden zu eröffnen oder zu halten, auf dem Lande nach der Kopfzahl[2]), und die eine Verpflichtung zur Abnahme aller Verkaufsartikel aus dem gemeinsamen Zentrallager durchführt. Bei alledem hat es die Société rémoise bisher nur auf 6 Millionen Frs. Umsatz gebracht, und nur ein enger, straffer Zusammenschluß in der Société rémoise kann nach Gemahling „ihre Existenz einige Zeit fristen . . . Der ganze Handel von Lebensmitteln und verwandten Branchen in Reims befindet sich in den Händen von 4 Großfilialbetrieben". Dieser straffere Zusammenschluß ist Ende 1912, wie von Interessenten mitgeteilt wird, erfolgt; infolge Verschärfung ihrer Statuten soll demnach die Société rémoise heute auch nichts anderes mehr sein, als ein Großfilialbetrieb mit vielen Inhabern.

Diese höchste Form der Gegenwirkung, daß nämlich die selbständigen Geschäfte selbst zu Filialbetrieben sich verschmelzen, ist dann gegenüber Konsumvereinen und gegenüber Produzententrusts schon mehrfach beobachtet worden: Gegenüber dem Produzenten- und dem Konsumententrust hat sich der Detaillistentrust tatsächlich schon

1) Gemahling zitiert eine Petition, nach der in einer großen Stadt bei Lyon nach dem Auftreten einer Massenfilialgesellschaft binnen 3 Wintermonaten 30 Kolonialwarenhändler den Konkurs angemeldet hätten. In der Umgegend von Reims kämen immer auf einen noch vorhandenen selbständigen Detaillisten drei Massenfilialen.

2) Die Bedingung lautet (Gemahling S. 190): „Auf dem Lande soll bei Gemeinden bis zu 750 Einwohnern nur ein Gesellschafter zugelassen werden; bei 750—1250 ein weiterer, ebenso auf je weitere 500 Einwohner ein Gesellschafter."

durchgesetzt, und wie bisher stets, so wird auch hier die genossenschaftliche Form wohl bald der autokratischen weichen.

Es war nicht zu ermitteln, ob der englische Kolonialwarenhändler-Trust, der unter dem Druck der Filialbetriebe und Konsumvereine nach Faucherre[1]) schon 1904 von 30 000 Händlern geplant gewesen sein soll, in irgend einer Form zustande gekommen ist. Aber in den Vereinigten Staaten ist außer dem schon erwähnten Schuhhändlertrust, außer dem neuerdings stark erweiterten Trust der Schnittwarengeschäfte[2]) auch ein Trust der Kolonialwarenhändler als Gegenwehr gegen das Konsumvereinswesen zustande gekommen. Etwa 100 Kolonialwarenhändler hatten sich 1911 zunächst in San Francisco vereinigt, und Ende 1912 war es im Osten der Union zwei Großfilialisten gelungen, einen Trust mit insgesamt 3000 Läden zu bilden.

Treffend kennzeichnet das „Internationale Genossenschaftsbulletin", dem wir diesen Bericht entnehmen[3]), das damit akut werdende Problem

Kapitalistischer Filialbetrieb oder Konsumverein?

mit den Worten:

„Immer deutlicher tritt die Tatsache hervor, daß der künftige Gegner unserer Bewegung nicht der Kleinhändler, sondern der großkapitalistische Kleinhandelstrust ist."

In Deutschland liegen entscheidende Erfahrungen darüber noch nicht vor; wie weit den französischen Erfahrungen bei der mangelhaften Organisation des dortigen Konsumvereinswesens allgemeine Beweiskraft zukommt, steht dahin. In jedem Falle verdienen aber Lavergnes Untersuchungen und Schlußfolgerungen darüber größte Beachtung:

---

1) a. a. O. S. 74.

2) Die United Dry Goods Cy. ist 1910 mit zwei andern großen Betrieben, der Associated Merchants Cy. und Lord & Taylor, verschmolzen worden (Kartell-Rundschau 1910).

3) 5. Jahrg. Nr. 9 S. 295; vergl. übrigens auch „Vorwärts" 1912 Nr. 242.

Zwar haben von 22 Vereinen, die Lavergnes Fragen beantworteten, 13 erklärt, daß „das Vorurteil, das die Massenfilialen gegen sie hervorriefen", nicht sehr fühlbar sei, die andern 9 hatten es aber sehr schwer empfunden. Alle behaupten, daß der kleine Detaillist durch die Betriebe „viel mehr geschädigt werde" als die Vereine, aber keiner bestreitet die eigene Schädigung.

So sieht sich also Lavergne genötigt, den französischen Konsumgenossenschaften eine Neuorganisation zu empfehlen, die dahin geht, die Stellung der Geschäftsführer denen der Massenfilialbetriebe stark anzunähern; das Einkommen soll auch hier sich in Zukunft nach dem Umsatz richten, der Geschäftsführer für alle Verluste verantwortlich gemacht werden und seine Hilfskräfte auf eigene Kosten anstellen; nur ein garantiertes Mindesteinkommen von 3750 Frcs. erinnert noch an den sozialen Zug des Arbeitsverhältnisses [1]).

Auch bei uns wird im künftigen Kampfe zwischen Konsumverein und Filialbetrieb der letztere wohl nicht so schlecht gestellt sein, wie man nach Schär etwa annehmen könnte. Denn je größer die Betriebe werden, umso geringer wird an sich der Unterschied zwischen ihren Gestehungskosten; als einziger sicherer Vorzug bleibt — da auch die Mitgliederwerbung „Reklamekosten" verursacht — den Konsumvereinen die Dividende. Aber die wenigen Prozente vom Umsatz, die der Konsumverein dadurch ceteris paribus im Vorsprung ist, können sehr verkürzt werden durch die enge Verbindung dieser Vereine mit der Arbeiterbewegung und die dadurch erzwungene ständige Lohnsteigerung ohne Gegenleistung. Gelingt es den privaten Betrieben, durch intensive Interessierung ihrer Angestellten am Umsatze deren Leistung höher zu steigern, dann kann dieser Unterschied, zusammen mit der größeren Verfügungsfreiheit des privaten Inhabers, mit der schnelleren Wahrnehmung der Konjunkturen und der leichteren Kapitalbeschaffung, auch bei uns sehr wohl zu einem Übergewicht der privaten Betriebe führen. Darüber darf man sich auch bei

1) Union coopérative 1912 Nr. 20; von der „Union" alsbald angenommen und sofort in die Praxis übertragen (vergl. auch Konsumgenossenschaftliche Rundschau 1912 S. 869).

aller Hochschätzung der bisherigen Energie der deutschen Konsumvereinsbewegung nicht mehr täuschen.

Die Einwirkungen der Filialbetriebe auf die übrigen neuen Formen des Detailhandels können, da sie nur Teile größerer Bewegungen sind, hier nur gestreift werden: Die Ve sandgeschäfte werden zweifellos dadurch beeinträchtigt; die Abzahlungsgeschäfte durch die übrigen Formen und ihr Barzahlungsprinzip wahrscheinlich gefördert. Auf die Warenhäuser wirken die Spezialfilialen im gleichen Sinne wie viele andere Momente [1]), nämlich im Sinne der Rückbildung zum Kaufhause für Bekleidungs- und Einrichtungsgegenstände.

Diese letzten und schwersten Kämpfe der neuen Betriebsformen untereinander liegen aber in Deutschland noch in fernerer Zukunft. Sie werden erst einsetzen, wenn auch auf dem Detailmarkte die Ausweitung der Nachfrage ein langsameres Tempo zeigen wird; wenn einmal wegen Verringerung des Bevölkerungszuwachses und langsamerer Wohlstandssteigerung die Eroberung wirtschaftlichen Neulandes abgelöst wird durch den verschärften Kampf um den begrenzten Absatz.

d) Abwehrbewegung und Gegenwirkung.

Daß es aber überhaupt nicht soweit komme, daß das Vordringen dieser Großbetriebe überhaupt unterbunden werde, mußte bewußt und unbewußt das Bestreben der Detaillisten sein, die ihre überkommene Existenzgrundlage bedroht sahen. Soweit die Abwehrbewegung wirtschaftlicher Natur blieb, zeigen ihre Mittel viele Ähnlichkeiten mit den Kampfmitteln der Kartelle; die von Kestner (Organisationszwang) eingeführten Bezeichnungen lassen sich auch hier anweden:

Mehrfach begegneten wir schon der „Materialsperre", d. h. der Zusicherung von Produzenten, an Filialbetriebe nicht mehr zu liefern. Durch „Abnahmesperre" erreichte man bei Fabrikdetaillisten wenigstens Aufhören der weiteren Ausbreitung von Filialbetrieben [2]). Die „systematische

1) Warenhaus S. 49 (Steigende Kosten des Raumes, der Ausstattung, des Personals, auch die plumpe Struktur der Warenhaussteuer, zwingen zur Konzentration der ganzen Verkaufskraft auf hochwertige Warenarten).

2) Eine „Reklameerschwerung" erzielten die Rabattsparvereine gegen alle Fabrikfilialen; sie erreichten nach dem Ges. über unlauteren Wett-

Preisunterbietung" als Kampfmittel sahen wir nur in Hannover mit Energie und Erfolg angewendet, dort ist übrigens — auf dem Umwege über den dem Mittelstande politisch nahestehenden Deutschnationalen Handlungsgehilfen-Verband — eine „Sperre der Arbeitskräfte" durch Verruf gelegentlich versucht worden [1]. Ob dagegen die Preiskonventionen, die neuerdings in den Fachabteilungen der Rabattsparvereine immer allgemeiner entstehen [2], wirksame Abwehrmaßnahmen sind, ist mehr als fraglich; sie werden den kapitalistischen Betrieben das Vordringen durch Preisdruck noch erleichtern.

Viel weitergehende Bedeutung gewann die politische Abwehrbewegung. So gewiß der Krämer der Zunftperiode im Geiste jener Zeit lebte, so gewiß hat bis gegen Ende des 19. Jahrhunderts der Handel, auch der Detailhandel, die Gewerbefreiheit als selbstverständliche Grundlage seines Daseins betrachtet. Mit der Veränderung seiner Zusammensetzung, vor allem aber unter dem Druck der neuen Konkurrenz — und hier auch besonders wieder der Filialbetriebe [3] —, ist in weiten Kreisen des Detailhandels eine entschiedene Schwenkung erfolgt. Mit den Handwerkern zusammen bildeten sie einen zweiten, starken Rückhalt der Mittelstandsbewegung und verlangten Staatshilfe gegen den Druck der überlegenen Konkurrenz [4]. Darüber im nächsten Abschnitt.

bewerb das Verbot der Ankündigung „Verkauf zu Fabrikpreisen" (Rabattsparvereins-Zeitung 1912 Nr. 1).

1) Ausführlicher Bericht über die Protestversammlung des D. H. V. gegen den „Warenverein" in der Konsumgenossensch. Rundschau 1912.

2) Vergl. Jahrbuch des Verbandes 1909, Anhang S. II.

3) Diese übersieht Biermer in seinen Ursachenschilderungen der Mittelstandsbewegung ganz (sowohl in „Mittelstandsbewegung und Warenhausproblem", wie im H. d. St.). Es bleibt aber doch immer charakteristisch, daß in der K. W. Z. schon 1893 ein Sondersteuervorschlag erscheint, der sich gerade gegen die Filialen richtet; dazu vergleiche man die schroffen Erdrosselungssteuerpläne, z. B. auch unten S. 271, Note 1.

4) Man nennt in diesen Kreisen Warenhäuser, Filialbetriebe und Konsumvereine die „hassenswerten Betriebe". So in der K. W. Z., zuerst in der Nr. vom 10. 2. 00, auch Schade u. Füllgrabe S. 13.

Von einer Aufzählung der Mittelstandsorganisationen muß abgesehen

Diese Tendenzen haben nun wieder zum Zusammenschluß der Filialbetriebe aller Branchen geführt. Zuerst veranlaßte die hessische Filialsteuerbewegung den Zusammenschluß von Kolonialwarenbetrieben mit insgesamt 600 Geschäften im „Verband süddeutscher Großdetaillisten der Lebensmittelbranche". Polizeiliche Eingriffe bezüglich der Mittagspause der Filialleiter führten im Juni 1910 zur Vereinigung von Berliner Filialbetrieben aller Branchen. Die Gesamtzahl der dort vertretenen Filialen betrug 1813 [1]).

Damals wurde dann mit Rücksicht auf die drohende Sonderbesteuerung in Hessen die Anregung zu allgemeinem Zusammenschluß der deutschen Filialbetriebe gegeben. Der „Verband deutscher Filialbetriebe e. V.", Sitz Berlin, in dem der Berliner Verband inzwischen aufgegangen ist, wurde Ende Oktober 1910 begründet. Eine Annäherung der Großfirmen der einzelnen Branchen ist damit eingeleitet, und Verständigungen innerhalb der einzelnen Branchen sind gelegentlich erfolgt [2]).

V. Die Bedeutung des Filialwesens für die Konsumenten.

Diese Zusammenschlußbewegung, sofern daraus später etwa Preisverabredungen hervorgehen sollten, könnte vielleicht einmal die zweifellos großen Vorteile, die das Filialsystem den Konsumenten bringt, herabmindern. Einer Überspannung wirkt hier freilich, noch mehr als in andern Provinzen der Volkswirtschaft, die leichte Möglichkeit der Entstehung neuer Konkurrenz entgegen.

Daß aber die Kartellierungsgefahr auch bei vorherrschendem Kleinbetriebe nicht gering ist, hat lange vor Ausbreitung der Filial-

---

werden; die beste neue Zusammenstellung gibt Lederer, Archiv für Spezialwissenschaft Bd. 31 S. 970 ff.

1) Die erste Versammlung vom 20. Juni 1910 faßte den folgenden Beschluß: „Die heute tagende Versammlung einer großen Zahl Berliner Filialinhaber findet die Art und Weise nicht zweckmäßig, in der die Polizeibehörde die §§ 139 und 146 R. G. O. zur Durchführung bringt und die geeignet ist, das bisherige gute Verhältnis zwischen den Geschäftsinhabern und den Filialleitern zu erschüttern." Die entsandte Kommission erreichte eine Verständigung.

2) In Frankreich bestehen seit 1911 zwei Vereinigungen, eine von den Pariser Großfilialbetrieben und eine zweite, welche die älteren Betriebe des Ostens umfaßt. Beide haben ihren Sitz in Paris und betreiben ihre Agitation gemeinsam.

systeme schon Voigt nachgewiesen, und seitdem bestätigt jeder Jahrgang der Kartell-Rundschau[1]) und fast jede Nummer der Rabattsparvereinszeitung den ununterbrochenen Fortgang dieser Bewegung.

Im übrigen dienen die Filialbetriebe dem Interesse des Konsumenten, dieses nach Ad. Smith wichtigsten Faktors der Volkswirtschaft, nahezu restlos; unsere Untersuchung ergab:

In wichtigen Artikeln und ganzen Geschäftszweigen haben sie die Preise zweifellos gedrückt. Durch Einführung neuer Warenarten, vor allem aber durch starke Konsumerweiterung der bisherigen, haben sie zur Verbesserung der Lebenshaltung, zumal auch der unteren und mittleren Volksschichten, ständig beigetragen. Durch das Prinzip der unbedingten Barzahlung, das den weitaus meisten dieser Unternehmungen durch ihre Organisation aufgezwungen wird, erziehen sie die Konsumenten wieder zu rationellerer Wirtschaftsführung als einst unter dem Borgsystem. Die elegantere Ausstattung, welche diese Geschäfte vor der kleineren Konkurrenz in der Regel auszeichnen, ist ein ästhetischer Vorteil für den Konsumenten, freilich, ebenso wie die Erhöhung der sonstigen Reklamekosten, wirtschaftlich sein Nachteil[2]).

Alle diese Wirkungen werden dann für den Konsumenten noch ins Vielfache gesteigert durch die Rückwirkungen bei den kleinen selbständigen Geschäften, vor allem auch durch die Nivellierung der Preise.

Weit wichtiger ist aber die Garantie der bekannten Großbetriebe: Was einst behördliche Taxen und Zunftvorschriften zu erreichen strebten, nämlich Sicherung der ge-

---

1) Vergl. z. B. über Kolonialwarenhändler Jahrg. 1907 S. 170 ff. Kurzwaren S. 568; Textilbranche seit 1901 (S. 125) jährlich mehrfach, Eisenhändler 1907 S. 445; Tapetenhändler S. 128 u. s. f.

2) Der enorme Luxus der Aufmachung bei manchen Warenhäusern, Schuhgeschäften etc. ist sicher geeignet, die volkswirtschaftliche Ersparnis, die durch die Filialorganisation gemacht worden ist, teilweise wieder aufzuheben. Hier dienen die Filialbetriebe der Verallgemeinerung einer Tendenz zum eleganteren Betriebe, zu der das deutsche Publikum — im Gegensatz z. B. zum französischen — offensichtlich immer mehr neigt.

wohnten Warenqualität, richtige Quantität, Schutz vor Qualitätsverschleierung und Übervorteilung, das findet der Konsument ohne weiteres im Laden des bekannten, großen Filialbetriebes [1].

Er findet es vor allem auch, wenn er eine fremde Stadt betritt. So werden, je mehr die großen Massen des deutschen Volkes fluktuieren, die oft versetzte Beamtenschaft, das Privatbeamtentum und die so vielfach wandernde Arbeiterschaft, die bekannten Massenfilialen immer größeren Zulauf haben, auch wenn nicht, wie z. B. in England, das Vorurteil hinzukommt, daß „es vornehmer sei, in den Niederlagen einzukaufen" [2]. Sie kehren überall ständig wieder, und eben darin liegt ein weiterer Grund ihres Erfolges bei den Konsumentenmassen.

* * *

Wenn trotz dieser offenbaren Vorteile, die das Filialsystem für die Konsumenten bedeutet, nicht nur die eigentlich Interessierten, also Detail- und Großhändler, sondern auch staatliche und kommunale Körperschaften eine Hemmung der Filialentwicklung gewünscht und sie stellenweise versucht haben, so sprachen dafür neben wenig diskutablen lokalen Motiven [3] vor allem soziale Erwägungen, in erster Linie solche der Mittelstandspolitik.

---

1) Aus dem Gründungsaufruf des Verbandes deutscher Filialbetriebe: „Gewährleisten doch gerade die Filialbetriebe der Allgemeinheit in hervorragendem Maße die Güte der verkauften Bedarfsartikel und eine den Grundsätzen von Treu und Glauben entsprechende einheitliche Preisstellung für Waren gleicher Beschaffenheit." Übrigens sagte schon Mataja im Jahre 1891 über die Großbetriebe im Detailhandel allgemein: „Ein großes Unternehmen muß sich auf Ordnung, Pünktlichkeit, gleicher Behandlung der einzelnen Personen, reellen Leistungen aufbauen; nur das kleine, welches in der Menge verschwindet, vermag zu hoffen, im Trüben fischen zu können, ohne seinen Ruf zu verlieren, weil es eben gar nicht bekannt ist."

2) Macrosty, Übers. S. 217.

3) Gegen den Görlitzer Wareneinkaufsverein argumentiert der „Görlitzer Anzeiger" vom 1. 3. 08 (nach Möhring, S. 40): Bestände der Verein nicht, so würden „80—100 Kolonialwarenhändlerfamilien mehr in Görlitz leben, Geschäftsreisende mehr nach G. kommen, die Gastwirte dann mehr verdienen" usw.

C. Sozialpolitische Bedeutung des Filialsystems.

Wie jede wirtschaftliche Neubildung, so hat auch das System der Massenfilialen Verschiebungen in der sozialen Gruppierung zur Folge. Offenbar berührt es vor allem zwei Gruppen: Es verändert die Zahl und Stellung der Selbständigen, zumal des kaufmännischen Mittelstandes; es vermehrt die Zahl der Angestellten und verändert zugleich Stellung und Struktur dieser so schnell zu einer wirtschaftspolitischen Macht gewordenen Zwischenschicht.

1. Mittelstandsproblem und Filialwesen.

a) Zur Prinzipienfrage.

Bei der Beurteilung solcher Erscheinungen muß man ihre sachlich-wirtschaftlichen Wirkungen trennen von den persönlichen, besser den soziologischen. Vom rein wirtschaftlichen Standpunkte gesehen, sind die höchsten Kriterien die Produktivität und Kontinuität der Volkswirtschaft; höchstes wirtschaftliches Ziel ist dann die Mehrung und Sicherung der Güter. Eine Mehrung tritt aber stets da ein, wo Arbeit gespart wird, ganz gleich ob durch Maschinenkraft in der Produktion, oder organisatorisch im Handel durch Überflüssigmachen von Zwischengliedern.

Manche Mittelstandspolitiker halten entgegen: Schon jetzt werde vielfach über Arbeitslosigkeit geklagt. Die Ausschaltung zahlreicher Zwischenglieder vermehre diesen Übelstand auf Kosten der Allgemeinheit dauernd [1]. Wird aber ein solches Zwischenglied

---

1) Am krassesten tritt die Auffassung wohl bei Suchsland zu Tage („Los von den Konsumvereinen und Warenhäusern", Halle 1903, S. 4). Er berechnet, daß der Konsumverein in Halle einen Jahresumsatz von 4 Millionen Mark mit 89 Personen bewältigt habe. Das bedeute den Warenumsatz von 100 Geschäften mit je 40 000 Mark. Und nun wörtlich weiter: „Schlecht gerechnet fänden in diesen 100 Geschäften außer den 100 Inhabern mit ihren Frauen mindestens 100 männliche und 100 weibliche Hilfen Beschäftigung als Markthelfer, Austräger, Scheuerhilfen, Lehrlinge, Kommis usw. So ergibt sich als Gegenüberstellung: Im Konsumverein sind 89 Personen gegenüber 400 im freien Verkehr. Wo stecken jetzt die 311 Verdrängten? Vielleicht haben sie Stellungen, aber eine Anzahl Mitglieder des Konsumvereins,

durch höhere Organisation überflüssig, so ist es, vom Standpunkt der Gesamtheit aus, ganz wertlos, es in dieser Tätigkeit zu erhalten; genau so gut könnte es dann auf Kosten der Gesamtheit müßig gehen.

Diese Zwischenglieder werden aber in aller Regel eine andere, volkswirtschaftlich produktive Tätigkeit aufsuchen; in ihrem bisherigen Tätigkeitsgebiet entsteht also eine Kostenersparnis. Bei freier Konkurrenz wird ein Sinken der Preise, bei gebundenem Wettbewerb ein Steigen der Gewinne die notwendige Folge sein. Gleichviel wie dieser Überschuß verwendet wird, ob zu neuer Konsumtion oder zur Kapitalbildung, in beiden Fällen muß neue Arbeitsgelegenheit entstehen (für die nun möglich gewordenen Ausgaben oder Kapitalanlagen). Die Allgemeinheit ist also dann in ihrem Gesamtbesitz an Gütern bereichert worden.

Ganz anders erscheint aber die sozialpolitische Seite dieser Entwicklung.

Daß die aus ihrer bisherigen Tätigkeit verdrängten Zwischenglieder sich aufs härteste getroffen fühlen, ist klar; könnte aber doch nur dann zu staatlichen Gegenmaßnahmen führen, wenn die Gesamtheit jedem einzelnen gerade diese eine Tätigkeit garantiert hätte. Diese Forderung, welche die alte Zunftverfassung einst durchzuführen strebte, wird, wie gleich zu zeigen, heute nur mehr indirekt wieder erhoben. Sie wird aber unterstützt durch die Tatsache, daß jede Großbetriebsentwicklung stets zur Trennung von Arbeit und Besitz der Arbeitsmittel führt, daß an die Stelle Selbständiger die abhängigen Angestellten und Arbeiter treten und so die sozialen Reibungsflächen vergrößert werden.

Inwieweit diese sozialpolitische Verschiebung Anlaß zur Hemmung oder Verlangsamung einer Entwicklung geben soll, die auf Grund volkswirtschaftlicher Ersparnis erfolgt, läßt sich wissenschaftlich nicht entscheiden. Das ist eine reine Frage des sozialen Ideals beim einzelnen und wird in der praktischen Politik nach diesen außerwirtschaftlichen Beweggründen entschieden. Aber schon Ad. Smith [1]) hat

---

der sie brotlos gemacht hat, ist selbst arbeitslos geworden". Unklar bleibt nur, warum Suchsland gerade mit 40 000 M. Umsatz rechnet. Bei der großen Masse der kleinen Geschäfte ist er sicher nicht so groß; mit Annahme von 20 000 M. Umsatz hätte man vielleicht die doppelte Zahl „Verdrängter" herausrechnen können, dazu fehlt auch noch der doch ebenfalls „verdrängte" Zwischenhandel.

1) Wealth of nations, Loewenthals Übers. II, 300, auch I, 445.

nachdrücklich darauf hingewiesen, daß solche wirtschaftlich begründeten Entwicklungen sich auf die Dauer gar nicht hemmen lassen. Vielmehr treten dann statt einer unterdrückten Ausnutzungsform solcher Möglichkeiten meist viele andere, in ihren Wirkungen noch weit weniger erwünschte auf.

b) Die Grundforderung der Mittelstandsbewegung.

Die Mittelstandsbewegung vertritt den Grundgedanken, daß der selbständige Klein- und Mittelbetrieb, als Grundlage für die Verbindung von Arbeit und Besitz der Arbeitsmittel, d. h. eben des Mittelstandes [1]), für den Bestand und die ruhige Entwicklung der Gesellschaft von ausschlaggebender Wichtigkeit sei. Dieser gesellschaftlichen Bedeutung wegen sei die Erhaltung dieser Besitz- und Betriebsformen auch dann zu erstreben, wenn der Großbetrieb wirtschaftlich Vorzüge habe. Deshalb erklärt z. B. Pesch [2]):

„Die öffentliche Gewalt wird ferner ganz besonders sich auch darüber klar werden müssen, wie weit sie es gestatten darf, daß der Mittelstand durch Einrichtungen oder Verbände ‚mit der Keule der Wohlfeilheit' [3]) niedergeworfen werde — ob für die allgemeine Wohlfahrt die Erhaltung der selbständigen Existenz großer Gruppen von Staatsbürgern, oder aber der in etwa und vielleicht nur vorübergehend billige Preis der Ware größere Bedeutung hat".

Und ferner:

„Ganz besonders ist auf die Erhaltung des Kleinbetriebes als die Grundlage des selbständigen Mittelstandes zu achten, wo immer eine solche Erhaltung volkswirtschaftlich möglich ist. Die hohe Bedeutung der wirtschaftlichen Selbständigkeit für den ganzen sozialen Aufbau der staatlichen Gesellschaft läßt die Erhaltung des Mittelstandes überall da notwendig erscheinen, wo auch der Kleinbetrieb dem steigenden Bedarf einer wachsenden Bevölkerung auf die Dauer gebührende Deckung zu verschaffen imstande bleibt, oder wo er einem mehr individualisierten Bedarf genügen kann".

---

1) Des Standes der „Vollarbeiter" nämlich, wie Ruhland die kleinen Selbständigen gerne nennt.

2) Pesch, Nationalökonomie, Bd. 2, S. 216.

3) Zitiert nach Ashley, Wirtschaftsgeschichte, 1896, Bd. 2, S. 175.

Diese, von Pesch gerade auch für den Kleinhandel geforderten Maßnahmen[1]) werden von der extremen Mittelstandsbewegung auch gegenüber den Filialbetrieben vorgeschlagen. So verlangte z. B. ein Antrag, der auf der Tagung des Zentralverbandes Deutscher Kaufleute und Gewerbetreibender 1906 gestellt wurde[2]): „Der Zentralverband wolle „bei den zuständigen Behörden dahin wirken, daß dem ver„heerenden Unwesen der Filialenwirtschaft nachdrücklich „Einhalt getan werde."

Die Begründung des hernach in etwas erweiterter Form angenommenen Antrags[3]) zeigte übrigens, wie auch in der heutigen Kleinkaufmannschaft der alte „Nahrungs"gedanke noch die Grundanschauungen beherrscht. Der Berichterstatter Muhl-Cochstedt erklärte:

„Ein Geschäft soll zu dem Zwecke gegründet werden, dem Inhaber des Geschäftes eine Existenz zu verschaffen. Der Errichtung von Filialen liegen meist andere Erwägungen oder Bewegungsgründe zu Grunde „ . . . dann ist nicht der Selbsterhaltungstrieb der Filialgründung, sondern die pure Gewinnsucht oder überflüssiges Kapital."

Nun hat gewiß mit Recht Lederer einmal betont[4]), daß das mittelständlerische Wirtschaftsideal genau so viel und so wenig „berechtigt" sei, wie jede andere Lehre über das Seinsollen. Aber ebenso gewiß behält gerade in unserem Falle Ad. Smith Recht, daß jedes System, das die Ausnutzung wirtschaftlicher Vorteile unterbinden will, auf die Dauer „dem angestrebten Zwecke zuwider wirkt".

Hält man die mittelstandspolitischen Gründe, die für Erhaltung des selbständigen Detailhandels sprechen, für so stark, daß man geradezu „der Filialenwirtschaft Einhalt tun" will, so wäre der gerade Weg dazu ein direktes Filialverbot. Statt dessen ist eine dem Verbote gleichkommende Steuer mehrfach verlangt worden[5]).

1) a. a. O. S. 265 des 2. Bandes.

2) Mitteilungen des Verbandes, jetzt „Mittelstand", 17. Jahrg. S. 7.

3) Die Resolution lautet: „Der Zentralverband wolle bei den zuständigen Behörden dahin wirken, daß dem verheerenden Unwesen der Filialenwirtschaft durch eine Beisteuerung jeder Zweigniederlassung nach ihrem Umsatze Einhalt getan werde."

4) Archiv für Sozialwissenschaft Bd. 31 S. 1024.

5) Zuerst wohl vom Schutzverein für Handel und Gewerbe zu München (Kolonialwarenzeitung vom 16. 2. 00). Dieser verlangt eine

c) Ist ein Filialverbot durchführbar?

Wie diese Schrift gezeigt hat, beruht die wirtschaftliche Überlegenheit der großen Filialbetriebe gegenüber den Einzelgeschäften nicht und auch nicht einmal hauptsächlich auf einem Momente, sondern auf dem Zusammenwirken vieler. Gerade die wichtigsten Merkmale können aber niemals Gegenstand eines Verbotes oder einer Hemmungssteuer sein. Die Läden der offenen Filialbetriebe unterscheiden sich von den selbständigen Einzelgeschäften etwa durch folgendes:

1. Gemeinschaftliche Firma und gleichmäßige Aufmachung (Reklamewirkung der einheitlichen Firma und Aufmachung).
2. Gemeinschaftliche Leitung der Filialen von einer über ihnen stehenden Zentrale aus; diese aber schon in sehr verschiedenem Maße: Bei den Vollfilialen ganz straff, bei den Halbfilialen weit loser, bei den Scheinfilialen kaum vorhanden, bei den Scheinselbständigen aber meist wieder recht straff.
3. Gemeinschaftlicher Einkauf und damit Ersetzung des Zwischenhandels und Angliederung der Produktion.
4. Meist Barzahlungszwang und
5. vielfach gemeinschaftliche Generalreklame.

Was ist nun von alledem für die Filialbetriebe unbedingt charakteristisch? Sicherlich nicht die gemeinsame Generalreklame; diese wird ja für jeden Markenartikel und auch für jede Einkaufsgenossenschaft gemacht. Ebensowenig die Barzahlung und auch nicht der gemeinschaftliche Einkauf; denn in diesem liegt ja zugleich die sicherste Hilfe der selbständigen Einzelgeschäfte gegen alle Arten von Großbetrieben. Die gemeinschaftliche Leitung der Filialen wäre an sich wohl das sicherste Zeichen für das Vorhandensein einer Filiale oder eines filialähnlichen Verhältnisses, wenn man irgend eine sichere Grenze zwischen Kreditgrossisten, direkten Kommanditverhältnissen und Treuhandverwaltun-

„progressive Besteuerung der Filialbetriebe und zwar in der Weise, daß eine oder die erste Filiale mit 200, die zweite mit 500, die dritte mit 1000 M. Zusatzsteuer veranlagt und für jede weitere Filiale jeweils der doppelte Betrag, also für die vierte 2000 M. usw. angesetzt wird". Die K. W. Z. bemerkt dazu, daß sonach schon bei der 7. Filiale 16 000 M. Steuer erreicht sei, „womit der unsinnige Filialenwut endlich ein Dämpfer aufgesetzt würde".

gen ziehen könnte. Aber die oben so ausführlich geschilderte Organisation der „Chasalla"-Gesellschaften ist ja wieder ein charakteristischer Beweis dafür, daß rechtlich unzweifelhaft selbständig dastehende Geschäfte doch im engsten inneren Zusammenhange stehen können [1]). Das vielgestaltige Mittel der Finanzierungs- und Beteiligungsgesellschaften [2]), das bisher in der viel weittragenderen Bekämpfung der Trusts sich im Wesen als ganz unangreifbar erweist, würde jedem Hemmungsversuch auch hier sicheren Widerstand leisten [3]).

Es bleibt also schließlich nur e i n Merkmal, den offenen Filialbetrieb sicher zu unterscheiden, die gemeinsame Firma; sie allein bietet ja praktisch der Steuerbehörde auch die einzig sichere Handhabe. Ein Verbot der Führung gemeinsamer Firmen oder eine dem gleichkommende Erdrosselungssteuer ist sehr wohl denkbar. Nur würde damit im Sinne der Mittelstandspolitik schwerlich viel erreicht werden. Man müßte dann auch Aufschriften wie „Mitglied der Hamburger Engroslager", „Alleinverkauf der Herz-Schuhwaren", „Mitglied des X. Einkaufsvereins" gleich mittreffen. Denn sonst könnten solche Bezeichnungen, womöglich durch gemeinsame Reklame unterstützt, genau das gleiche erreichen.

Bei allen solchen Verbots- oder Hemmungsversuchen würde man nur das System der Scheinselbständigen fördern. Die jetzt bestehenden offenen Filialbetriebe würden allerdings durch ein Filialverbot oder eine Erdrosselungssteuer eine lästige augenblickliche Hemmung erleiden. Die Ausnutzung der wirtschaftlichen Vorteile, die mit dem Filial-

---

1) Es braucht ja nicht einmal die Form der G. m. b. H. gewählt zu werden, die offene Handelsgesellschaft, stille Beteiligung und ähnl. würden genau dieselben Dienste leisten.

2) Vergl. Liefmann, Beteiligungs- und Finanzierungsgesellschaften, Jena 1909, bes. S. 90 ff.

3) Außer den von Jantzen berichteten Erfahrungen in Sachsen braucht heute nur auf die hessischen Erfahrungen verwiesen zu werden: Obwohl die dortige Steuer (Höhe der preuß. Warenhaussteuer) keineswegs als direkt hemmend angesehen werden kann, haben zahlreiche preußische Betriebe Zweigfirmen in Hessen selbst eintragen lassen, einzelne sogar für jedes Geschäft.

wesen verbunden sind, würde aber nur andere Formen annehmen, ohne daß der Sache nach das erstrebte Ziel, wirtschaftliche Selbständigkeit der in der Warenverteilung tätigen Personen, irgendwie erreicht werden würde.

Als der Tabaktrust in England sein Auftreten im Detailhandel verbergen wollte, kaufte er die Geschäfte auf und besetzte sie mit Scheinselbständigen, die als absolute Werkzeuge des Trusts nach Hobson [1]) eine prekäre Existenz fristen. Der Leiter der offenen Filiale kann, wenn nicht eine besondere Zweigniederlassung begründet ist, keine größeren bindenden Verpflichtungen eingehen. Der Scheinselbständige kann das, und schon deswegen muß der wirkliche Besitzer ihm weit schwerere Bedingungen und Sicherheitsleistungen auferlegen, als im offenen Filialbetriebe.

Es läge also dann nur die Gefahr besonders nahe, daß statt des offenen Filialbetriebes die bedenklicheren Mischformen des Filialwesens umso mehr zunehmen würden, das Einrichtungsgeschäft, dazu aber der direkte Filialwucher und der Kautionswucher, zwei besondere Auswüchse, die wir im letzten Abschnitte besprechen.

Eine Erhaltung der leistungsfähigsten Teile des Mittelstandes kann also gerade gegenüber dieser eigentümlichen Form des dezentralisierten, leicht zu verhüllenden Großbetriebes nur von den wirtschaftlichen Anpassungsbestrebungen erwartet werden, niemals aber, wenn nicht unsere ganze Wirtschafts- und Rechtsordnung grundsätzlich verändert werden soll, von hemmenden Eingriffen irgendwelcher obrigkeitlicher Instanzen. Anders als für den alten liegt das Problem für den neuen Mittelstand.

2. Filialwesen und Angestellte.

Vom Standpunkte der kaufmännischen Angestellten aus stimmt die Beurteilung des Filialwesens vollkommen mit derjenigen vom Standpunkt der Selbständigen überein, insoweit man die Angestellten, zumal die Ladenangestellten, noch als „Handlungsgehilfen im alten Sinne", d. h. als Selbständigkeits-Aspiranten ansieht [2]).

---

1) Hobson a. a. O. S. 8/9.

2) Den Unterschied zwischen dem „Handlungsgehilfen" im alten Sinne, dessen Ideal die Selbständigkeit ist, und dem „Handelsangestell-

Die Möglichkeiten der Selbständigkeit im Handel sind ja, wie hier doch gegenüber der neueren wissenschaftlichen und amtlichen [1]) Literatur einmal betont sei, durchaus nicht klein. Sehen wir einmal von den Alleinbetrieben ab (obwohl diese auch manchmal auskömmliche Existenzen bieten könnten) so finden wir 1907 im deutschen Warenhandel nach der Betriebszählung 327 970 Selbständige, denen an Ladenangestellten überhaupt 481 469, an männlichen nur 307 718, gegenüberstanden. Wenn der Nachwuchs des Detailhandels Selbständigkeit im Kleinbetriebe wirklich wollte, er könnte sie noch leichter erlangen als die weitaus meisten andern Volksschichten. Aber der Wille dazu fehlt; die Möglichkeiten gerade für tüchtige Ladenangestellte sind in Großbetrieben zu verlockend, und so bleibt der selbständige Detailhandel in seinem Erhaltungskampfe auf den irregulären Zuwachs angewiesen, mit dem die Großbetriebe, wenn sie ihn erst angreifen, umso leichteres Spiel haben.

Den Wunsch, dauernd „Handelsangestellter" im neuen Sinne einer besonderen Schicht der Unselbständigen zu bleiben, verstärken aber die Filialbetriebe sehr durch die Eigenart ihres Anstellungsverhältnisses.

a) Klasseninteresse der Angestellten.

Denn daß auch hier, rein materiell gesehen, der Großbetrieb, nach v. Schulze-Gävernitz' berühmter Formel, ein wirtschaftlicher und sozialer Fortschritt ist, das zeigten unsere Darlegungen wohl schon zur Genüge. Meist fanden wir es ja so, daß vorgebildetes Personal zwar sehr erwünscht, aber nicht in ausreichendem Maße zu gewinnen ist [2]). Deshalb sahen wir die Filialbetriebe oft vor der Notwendigkeit, branchefremde Personen heranzuziehen.

---

ten" mit reinem Arbeitnehmer-Interesse hat Calwer (Der Handel, Frankfurt a. M., 1907) zuerst treffend hervorgehoben. Irregeführt durch die Ideologie der Handlungsgehilfenverbände übersehen die neueren Arbeiten zur Angestelltenfrage die prinzipiellen Unterschiede in den Aussichten und Absichten beider Kategorien fast ganz; so stets Lange, ebenso Weigert, sogar Lederer (Die Privatangestellten, Tübingen 1912) spricht von „einheitlicher Klassenlage".

1) Die Begründung der Privatbeamtenversciherungs-Vorlage behauptete gar: „Die Aussicht für diese Personen, jemals selbständig zu werden, ist . . . gering." Die von ihr selbst für den Handel gebrachten Zahlen beweisen das Gegenteil.

2) Vergl. oben S. 58, 81, 143, 176, auch Warenhaus S. 61.

Dies wird freilich sehr erleichtert durch die weitgehende Arbeitsteilung, die der Filialbetrieb in den Detailhandel bringt, und deren soziale Doppelwirkung wir unten besprechen.

Stets ging in den einzelnen Branchen die Bezahlung der Angestellten in den Filialen über die sonst übliche wesentlich hinaus. Eine allgemeine Bestätigung dieser Beobachtungen lieferte die Umfrage des Deutschnationalen Handlungsgehilfenverbandes [1]) von 1908. Trotz der nur beschränkten Brauchbarkeit der Erhebung [2]) sei ihr eine Gegenüberstellung entnommen, in der 7664 Angestellte des Detailhandels verglichen werden mit 1910 Angestellten von Filialgeschäften [3]).

	Von den Befragten bezogen	
ein Gehalt von	im Detailhandel allgemein in %	in den Filialgeschäften in %
unter 720 ℳ	2,03	1,46
720—1200 „	38,84	25,55
1201—1500 „	23,00	21,88
1501—2000 „	21,65	28,48
2001—2700 „	10,42	16,03
über 2700 „	4,06	6,60
	100,00	100,00

Die günstigere wirtschaftliche Lage der männlichen Privatangestellten tritt also selbst bei diesem, den Detailhandelsgroßbetrieben sonst wenig günstig gesinnten Verbande in die Erscheinung, obwohl er von diesen Angestellten vielfach gemieden wird.

1) Die wirtschaftliche Lage der deutschen Handlungsgehilfen, Hamburg 1910.

2) In Conrads Jahrbüchern, Bd. 42 N. F. S. 268 habe ich nachgewiesen, daß es sich im wesentlichen nach Alter und Einkommen um eine Jugendschicht von Angestellten handelt.

3) In den Zahlen der ersten Rubrik sind diese 1910 Filialangestellten mit enthalten; wäre dies nicht der Fall, so würde der Unterschied zu Ungunsten der selbständigen Geschäfte etwas größer sein.

Nur ein kleiner Teil der männlichen Angestelltenschicht leidet schweren Schaden durch das Filialsystem. Die Geschäftsreisenden werden ja nicht nur aus dem eigenen Absatzkreise der Betriebe ausgeschieden, sondern die Einkaufsvereinigungen als Rückwirkungen der Großbetriebe schränken ihr Arbeitsfeld noch mehr ein. Freilich vervollständigen sie damit eine allgemeinere Tendenz, die z. B. auch durch das Agentenwesen stark gefördert wird.

Für die weiblichen Angestellten gaben wir oben (S. 60) schon Vergleichsmaterial; die Filialbetriebe erscheinen hier noch in viel günstigerem Lichte, wenn man damit die traurigen Verhältnisse vergleicht, die Käte Mende jüngst in München festgestellt hat [1]).

Auch hier wird die fortgesetzte starke Nachfrage der Filialbetriebe nach Arbeitskräften lohnsteigernd wirken müssen. Wir sahen daneben überall die soziale Fürsorge für die Angestellten entstehen, teilweise großen Umfang annehmen, und ein Chargensystem entstand, in dem man aufrücken konnte.

Aber freilich: die Differenzierung ging nach oben und nach unten. Anfangs schien es so, als solle sie nur abwärts gehen. Durch die Konzentration vieler Funktionen in der Zentrale wurde die Mechanisierung der kaufmännischen Arbeit auch in den Detailhandel eingeführt, damit wurde wieder die Frauenarbeit in wachsendem Maße verwendbar, und so wurde zunächst und wird teilweise heute noch der Angestellte „immer leichter auswechselbar und ersetzbar" [2]). Die „Proletarisierung der Geschäftsgehilfen", die Dehn [3]) vor 13 Jahren von den Massenzweiggeschäften erwartete, ist — soziologisch, nicht wirtschaftlich gesehen — bei einem Teil der Angestellten eingetreten.

Damit treten auch hier die Fragen des sozialen Kampfes auf. Für ihn gilt zunächst alles, was wir vorher für die Arbeiter sagten, nur daß vorerst mit einer Ausnahme die Ver-

---

1) K. Mende, Münchener jugendliche Ladnerinnen, Stuttgart und Berlin 1912, bes. S. 183.

2) Lange, Angestellte und Arbeiter im Wirtschaftsleben, Berlin 1912, S. 12.

3) Dehn, Großbazare und Massenzweiggeschäfte, Berlin 1899, S. 46 ff.

bände der kaufmännischen Angestellten den direkten Kampf ablehnen. Der freigewerkschaftliche „Zentralverband" dagegen hat bei den wenigen Lohnbewegungen gegen kapitalistische Handelsbetriebe gerade bei Massenfilialbetrieben Erfolge erzielt — einmal charakteristischer Weise durch Kampfdrohung weiblicher Filialleiter einer Kieler Brotfabrik [1] —, und Tarifverträge konnte er im Detailhandel nur mit Großbetrieben abschließen. Dabei sicherte den Erfolg wieder das wirksamere Mittel des Boykotts, und so rät Lange [2] den Angestellten allgemein, auf innigen Zusammenschluß mit der Arbeiterschaft zu halten, zumal die Proletarisierung unaufhaltsam sei. Dabei wird aber die starke Gegenbewegung übersehen, die sich aus unsern Untersuchungen ergibt und den Proletarisierungsprozeß durchkreuzt.

b) Die wachsende Differenzierung der Angestelltenschicht und die Stellung der Filialleiter.

Es gewinnt neuerdings den Anschein, als ob selbst bei großindustriellen Betrieben die Mechanisierung der Arbeit, zumal durch amerikanische Methoden (Taylor), wieder umschlagen wolle zur Entwicklung und Wertung der individuellen Leistung.

In viel höherem Grade tritt diese Erscheinung aber zweifellos bei den Filialbetrieben auf. Wie sie sachlich die besten Stellen gleichsam experimentell herausfinden, und wie sie so die Auslese, die sich bisher unbewußt-mechanisch durch langsames Eingehen der falsch gelegenen Betriebe vollzogen hat, nun bewußt und darum um so schneller erreichen, so auch bei den Arbeitskräften: Überall, wo nicht rein verwaltende Tätigkeit vorliegt, wo werbende Kraft die Konkurrenz schlagen, vor allem die Kauflust der Konsu-

---

1) Jahresbericht des Zentralverbandes der Handlungsgehilfen 1910/11 S. 11, S. 26.

2) Lange a. a. O. S. 35: . . . „auch der Boykott, besonders im Handelsgewerbe, ist ohne die Arbeiterschaft kaum durchführbar".

menten selber packen soll, da wirkt viel schärfer und schneller als das freie Walten der Konkurrenz das Eigeninteresse des kapitalistischen Unternehmers auf die Auslese der besten Kräfte hin. Diesem zeigt ja die Statistik binnen wenigen Monaten, was den kleinen Einzelunternehmer erst jahrelange Leiden und Verluste lehren, ob nämlich der Geschäftsleiter tauglich ist, und ob er dauernd das Höchste leistet. Die größte Sicherheit für die Höchstleistung gibt aber die Interessierung am Gesamterfolge, am besten wohl am Umsatze. Das belgisch-französische System wird sich aller Wahrscheinlichkeit nach auch in Deutschland immer weiter durchsetzen, zumal es die Kosten der Kontrolle auf ein Minimum herabdrückt. Die so ausgelesen besten Kräfte sind ja aber kaum mehr „abhängig". Der erfolgreiche Filialleiter oder Revisor (übrigens auch der Rayonchef) ist ein absatztechnisch so wertvolles Glied, er kann im Streitfalle so leicht wieder eine andere gleichwertige Stellung erlangen, daß hier eine höhere Existenzsicherung vorliegt, als bei vielen Inhabern von Klein- und Mittelbetrieben. Dieses System der Auslese, zuerst zur unbedingten Notwendigkeit geworden bei den höchsten Angestellten im Verkaufe, wirkt immer stärker zurück auch auf die unteren Angestellten des Verkaufes, vereinzelt auch schon auf die Innenverwaltung der Betriebe und bewirkt so Erhöhung der Leistung und Auslese der Besten.

Mit diesem Aufsteigen der besten Kräfte wird aber die von Bernstein [1]) schon früh feinsinnig beobachtete Tatsache wachsender Differenzierung in Einkommen und sozialer Stellung sich bei den Angestellten in immer weiterem Maße durchsetzen. Ist schon die Entwicklung zum Großbetriebe im Handel nicht aufzuhalten, so gibt doch die Tatsache einen neuen Ausblick, daß innerhalb dieser Betriebe der Weg dahin führt, die leistungsfähigsten Kräfte den wichtigsten Stellen zuzuführen und damit zugleich ihren Anteil am Ertrage und den Grad ihrer Selbständigkeit dauernd zu erhöhen.

---

1) **Bernstein, Die Voraussetzungen des Sozialismus, Stuttgart 1899 S. 52.**

Dieses Bewußtsein aber, die Hoffnung auf eine neue Form der Selbständigkeit, hat durch das Mittel der Kaution zu bedenklichen Ausbeutungsformen geführt, viel seltener allerdings im offenen Filialbetriebe als in den Mischformen der „Scheinselbständigen".

c) Der Filialwucher.

Der offene Filialbetrieb, der nicht von vornherein auf unsolider Grundlage ruht, muß auch dann auf Sicherheit der Existenz einer Filiale achten, wenn der Filialleiter am Geschäfte mit eigenem Kapital in irgend einer Form beteiligt ist. Reine Gewinn- und Verlustbeteiligung macht die neuere deutsche Rechtsprechung mit Recht unmöglich [1]). Selbst mit der Errichtung von Scheinfilialen muß sehr vorsichtig vorgegangen werden; denn der Zusammenbruch eines solchen Geschäftes zieht sofort für den Kredit der Mutterfirma und aller andern Scheinfilialen schwere Folgen nach sich.

Anders bei unsoliden Gründungen, seltener bei Scheinfilialen, sehr häufig bei Scheinselbständigen. Bei den in der Fachpresse als „Filialwucher" unter heftigen Klagen geschilderten Ausbeutungsformen kann man drei verschiedene Versionen unterscheiden:

---

1) Die Firma K..st. in Kiel hatte mit dem Geschäftsführer eine Filiale vereinbart, daß er an Gewinn oder Verlust des Geschäftes zur Hälfte beteiligt sein sollte; als Abschlag erhielt er monatlich 250 Mk. für seinen Unterhalt. Als nach Ablauf des Vertrages die Firma den Verlust (8082 Mk.) teilweise einklagte, entschied das Reichsgericht: Der Vertragsinhalt besage, daß der Entgelt des Beklagten für seine Dienste sich lediglich nach dem Ergebnis der Gewinn- und Verlustrechnung bestimme. Ergab sich ein Verlust, so müsse Beklagter „möglicherweise für seine Arbeit gar nichts erhalten, ja noch Schuldner der Klägerin werden. Es widerstreitet aber den guten Sitten, den Auffassungen, die der anständig und gerecht Denkende von der Entlohnung geleisteter Dienste hat, einen Handlungsgehilfen, der auf den Ertrag seiner Arbeit angewiesen ist, diesen Ertrag in der Art, wie es hier von der Klägerin geschehen ist, zu verkümmern". (Urteil des Reichsgerichts vom 26. 11. 09; ausführlich mit tatsächlichen Erläuterungen abgedruckt in der Dtsch. Rabattsparvereinszeitung 1912 Nr. 1).

1. Absichtliche Schaffung von Scheinfilialen. Von gewissen Großhändlern mit einzelnen Detailgeschäften — man nennt sie in der Herrenkonfektion, wo der Fall häufig sein soll, „Filialgeier" — werden Scheinfilialen gegründet. Sie sollen nach und nach in den Besitz des Filialleiters übergehen, und als Kaufpreis wird dann für Weiterführung der Firma oder auch einfach für Übernahme des Geschäftes ein Betrag vereinbart, der den wirklichen Wert weit übersteigt. Gewöhnlich wird auch hier schon auf baldige Verheiratung des jungen „Selbständigen" spekuliert [1]). Viel leichter und häufiger ist aber diese Handhabung offenbar

2. beim System der Scheinselbständigen. Die krassen Fälle, die Dehn [2]) zu Lasten der Filialsysteme zusammengestellt hat, ließen sich leicht ums Vielfache vermehren [3]), nur treffen diese „Gründungen" das offene Filialsystem überhaupt nicht mehr, — ebenso wenig übrigens auch Bernhards Ausführungen über den Filialwucher [4]), sondern sie gehen als Kommanditgeschäfte vor sich (der Kommanditär beteiligt sich mit Warenlieferungen), oder geradezu als Warenwucher.

Mit diesen Formen verwandt, aber nun direkt im Filialsystem auftretend, ist dagegen

3. die Kautionsgefährdung: Man läßt die Filialleiter mit ihren Kautionen das Risiko des Mißlingens des ganzen Unternehmens gemeinsam mittragen. Das klassische Beispiel dafür war in Deutschland die vorher öfter erwähnte „Norddeutsche Tabakmanufaktur". Ihr Vorgehen sei hier, nach den Berichten der Filialleiter [4]), in aller Deutlichkeit der Nachwelt überliefert:

---

1) Selbst der von Dehn (a. a. O. S. 45) schon 1899 geschilderte Fall, daß außer dem Geschäfte „auch die Frau nebst Mitgift gleich mitgeliefert wird", soll noch immer vorkommen (vergl. auch Plutus 1907, I, 134 ff., wo die Spekulation auf Mitgift als Regelfall erscheint).

2) a. a. O. S. 42 ff.

3) Plutus 1907, auch oben S. 151, oft auch in V. T. Z., Confectionair u. a. m.

4) Vergl. hierzu besonders V. T.-Z. 1910 Nr. 15—17, auch die in Nr. 26 veröffentlichte Liquidationsbilanz der Gesellschaft.

Die Anfang 1909 mit nominell 500 000 Mk. Kapital errichtete G. m. b. H. suchte durch Inserate kautionsfähige Filialleiter. Als Kaution verlangte sie durchweg 5—6000 Mk. Diese wurden nicht sichergestellt, sondern die Tabakmanufaktur lieferte dafür auf Rechnung des Filialleiters Waren, die, zum Verkaufspreise berechnet, ungefähr diesen Betrag darstellen mochten. Es wurde ein Gehalt ausgesetzt, das aber schon bald nicht regelmäßig gezahlt wurde, wenn der Umsatz nicht die vorgeschriebene Höhe erreichte. An vielen Stellen wurde der Filialleiter auch kontraktlich zur Zahlung der Miete verpflichtet. An der Einrichtung der Geschäfte behielt die Firma stets das Eigentumsrecht, und der Filialleiter wurde verpflichtet, seine Waren ständig von der N. T. M. zu beziehen. Im übrigen mochte, wenn das Geschäft einmal eingerichtet war, der Filialleiter sich selbst weiter helfen. Bei der Gründung neuer Filialen wurde auf die bestehenden wenig Rücksicht genommen; nach einer Mitteilung der Fachpresse sind in dem einen Jahre in Danzig 9 Geschäfte gegründet worden, wovon 5 noch vor der Liquidation der Gesellschaft wieder eingingen.

Mitte 1910 geriet die Gesellschaft in Zahlungsschwierigkeiten. Das Defizit ihrer provisorischen Liquidationsbilanz betrug über 240 000 Mark. Aus der sehr unübersichtlichen Bilanz, der wir einige charakteristische Teile entnehmen [1]), ist der wirkliche Verlust der Filialleiter nicht genau zu ersehen. Der direkt nachgewiesene Verlust dieser jungen Kaufleute beträgt 74 450 Mk., außerdem sind aber noch fast 47 000 Mk. „eingegangene Rechnungen und Zahlungen" auf der Passivseite verbucht, in der Hauptsache waren das also wohl ungedeckte Einzahlungen der Filialleiter.

Diese verlangten in der Gläubigerversammlung Anerkennung ihres Guthabens als bevorrechtigte Forderung; dafür bestand aber, außer bei den belanglosen Gehaltsforderungen, keine gesetzliche Handhabe, und so waren diese Beträge im wesentlichen als verloren zu betrachten. Im Oktober 1910 waren 70 Filialen in die Kontrolle der Akt.-Ges. Rexhausen übergegangen und wurden unter dem Namen der Filialleiter weitergeführt, die andern 70 waren eingegangen.

Die Gründer hatten in diesem Falle wahrscheinlich selbst Verluste; aber offenbar kann bei derartigen Manipulationen sehr wohl ein Gewinn der Spekulanten (durch hohe „Geschäftsführergehälter" etc.) erzielt werden.

Inhaber solider Großbetriebe traten damals dafür ein, daß eine gesetzliche Vorschrift zur Sicherung der Angestell-

1) Der Auszug ist als besonderer Anhang V beigegeben.

ten-Kautionen durch Anlage in mündelsicheren Werten und Depotzwang geschaffen werde. Dem wird man gewiß unbedingt zustimmen, zumal diese Praxis der Vermehrung unzureichender Betriebsmittel durch Kautionen sich auch sonst nur allzu häufig in kapitalschwachen Betrieben findet.

Nur darf man die Wirkung einer solchen Vorschrift für unser Problem wieder nicht überschätzen. Die Kaution würde sich dann eben in eine „Beteiligung" verwandeln, gleichviel in welcher Gesellschaftsform, und das Ergebnis würde für die „Filialleiter" nicht besser sein als vorher.

Der vorsichtig aufgebaute Filialbetrieb wird dagegen den fähigen Angestellten zweifellos immer günstigere Aussichten bieten — und eben damit den nun doch offenbar beginnenden Zersetzungsprozeß im selbständigen Detaillistenstande durch Wegnahme des geeignetsten Nachwuchses vielleicht sehr beschleunigen.

Schlußwort.

Als ich in der ersten Schrift, die vor allem das Filialsystem der Warenhäuser ins Auge faßte, das Fazit zog, da glaubte ich, für den selbständigen Mittelstand im Handel noch recht günstig urteilen zu dürfen; es schien ein Vergleich noch berechtigt zwischen dem Großbetrieb in Landwirtschaft und Handel.

„Hier wie dort" — so lautete die Meinung damals — „hat der Großbetrieb den Kleinbetrieb nicht verdrängen können und wird es in absehbarer Zeit nicht vermögen. Aber hier wie dort ist der Großbetrieb dem Kleinbetrieb ein Lehrmeister auf der Bahn wirtschaftlichen, verwaltungstechnischen und organisatorischen Fortschrittes gewesen".

Nach Beendigung der vorliegenden Untersuchungen hege ich nicht mehr so optimistische Erwartungen. Zu groß erscheint doch heute die Überlegenheit der Großbetriebe auch im Handel, zu energisch ist ihr plötzlicher, konzentrischer Angriff von allen Seiten, zu gewichtig sind vor allem die ökonomischen Tendenzen, die ihrer immer weiteren Ausbreitung den Boden bereiten.

Nicht als ob in Deutschland sichere Anzeichen eines Rückganges der selbständigen Kleinbetriebe schon vorlägen. Aber das Beispiel Frankreichs, die Nachrichten aus Belgien, England und Amerika und vor allem die wirtschaftlichen Überlegenheitsmomente zeigen doch unverkennbar, daß gerade den am weitesten durchgebildeten Formen eine Expansionskraft innewohnt, die auf die Dauer nur mit einem Überwiegen der Großbetriebsformen enden kann und zwar nicht nur in den Industrie- und Verkehrszentren, sondern bis weit aufs platte Land hinaus. Noch bietet die gewaltige Erweiterung des Marktes in Deutschland der neuen Entwicklung Spielraum genug auf neu erschlossenen Feldern. Läßt aber diese Erweiterung nach — und diese Zeit muß ja bei uns ebenso kommen wie in Frankreich und England —, dann wird der Kampf um den alten Markt auch anheben zwischen den Großbetriebsformen, zwischen Konsumverein, Filialbetrieb und Warenhaus. Möglich, wahrscheinlich sogar, daß er endet mit einer Arbeitsteilung zwischen diesen Möglichkeiten; wahrscheinlich aber auch, daß er sich abspielen wird auf dem Rücken des heutigen Mittelstandes. Wahrscheinlich endlich, zumal nach den Erscheinungen in Frankreich, daß der Kampf sich oft zugunsten der kapitalistischen Betriebe entscheiden wird; der alte Mittelstand wird auf jeden Fall die Zeche bezahlen.

Aber dennoch werden wir nicht die Bürokratisierung und Schematisierung in Kauf nehmen müssen als schlimme, dem Freund der freien wirtschaftlichen Initiative schier unerträgliche Erscheinung. Gewiß wird ein Teil der Angestellten noch hinabsinken aus traditionell-handwerksmäßiger Tätigkeit in die reine Mechanisierung. Aber dank der Eigenart der Aufgaben im Waren*absatz*, die Anregung verlangen und eigenste Initiative, wird bei dem eigentlich leitenden Angestellten der individuelle Wert nicht verringert, sondern vergrößert, vor allem durch Auslese gesteigert. Es steigen andere weit empor über die alte, handwerksmäßige Sphäre.

Je mehr so der anfängliche Zug zur Mechanisierung umschlägt in die Wertsteigerung der individuellen Leistungsfähigkeit bei allen dem Warenabsatz nahestehenden Personen, umsomehr wird auch die anfängliche Proletarisierung sich wieder in ihr Gegenteil umwandeln, in die Existenzsicherung des einzelnen nach dem Grade seiner Leistungsfähigkeit. Daß damit das individuelle, wirtschaftliche Streben nicht in kommunistischem Sinne unterbunden, sondern erst recht geweckt und gefördert wird; daß mit der Förderung der Gesamtproduktivität auch für den einzelnen wieder ein festerer Boden im volkswirtschaftlichen Arbeitsorganismus geschaffen wird, das ist es, was vielleicht wieder aussöhnen kann mit der Trennung von Kapital und Arbeit, die wir nun auch im Handel unaufhaltsam voranschreiten sehen.

Anhang I. Die Statistik der Filialbetriebe.

Tabelle I.

Der Anteil der Filialläden an den Läden überhaupt

(nach Gewerbegruppen vgl. S. 212.)

Gruppe der Betriebszählung	Offene Verkaufsstellen	Läden der Filialbetriebe	die Filialläden in % d. Gesamtzahl
1. Kunst- und Handelsgärtnerei	7 825	309	4,0
2. Tierzucht und Fischerei	715	11	1,6
3. Bergbau, Hütten- und Salinenwesen . . .	250	12	4,8
4. Industrie der Steine und Erden	3 886	155	4,0
5. Metallverarbeitung . .	23 662	222	1,0
6. Industrie d. Maschinen, Instrumente, Apparate	16 894	457	2,6
7. Chemische Industrie .	5 875	272	4,6
8. Industrie landw. Nebenprodukte, Leuchtstoffe, Seife, Fette etc. . .	1 687	171	10,1
9. Textil-Industrie . . .	5 820	430	7,4
10. Papier-Industrie . . .	5 840	114	2,0
11. Lederindustrie u. lederartige Stoffe	13 397	143	1,1
12. Industrie der Holz- und Schnitzstoffe	20 085	459	2,5
13. Industrie der Nahrungs- und Genußmittel . .	205 400	8 826	4,0
14. Bekleidungsgewerbe .	56 488	891	1,6
15. Reinigungsgewerbe .	22 894	1546	7,0
16. Baugewerbe	10 036	35	0,3
17. Polygraph. Gewerbe .	3 351	195	5,8
18. Künstlerische Gewerbe	461	11	2,4
19. Handelsgewerbe . . .	481 294	17 196	3,6
20. Versicherungsgewerbe.	20	3	15,0
21. Verkehrsgewerbe . .	1 484	5	0,3
22. Gast- und Schankwirtschaft	184 989	307	0,2
23. Musik und Theater .	259	29	11,2
	1 072 612	31 799	3,1

Tabelle II.

Der Anteil der Filialläden in den wichtigsten Gewerbeklassen.

(Vgl. vorher S. 213.)

Gewerbeklasse	Anzahl der offenen Verkaufsstellen	Anzahl der Filialläden	
		absolut	in % aller Verkaufsstellen
13. a Herstellung vegetabil. Nahrungsmittel	118 512	4 676	4,0
b animalische Nahrungsstoffe, Fleischerei	75 747	1 923	2,5
c Konserven (Herstellung) .	131	50	38,2
d Getränke . . „ . . .	7 468	1 540	20,6
e Tabakfabrikation	3 507	636	18,1
14. a Herstellung von Wäsche, Kleidung, Putz etc. . . .	26 629	390	1,5
b Schuhherstellung	29 859	301	1,0
15. a Barbier und Friseure . .	21 952	110	0,5
b Badeanstalten, Waschanstalten (ausgen. chemische), Wäscherinnen etc. . . .	383	155	40,5
c Reinigerei, Kleid- u. Lappenfärberei, chemische Waschanstalten etc.	559	1 281	? [1])
19. a Warenhandel	470 511	16 295	3,5
b Geld- und Kredithandel .	1 305	210	16,1
c Buchhandel und Zeitungsverlag	6 684	631	9,2
d Hausierhandel	1 108	1	0,1
e Handelsvermittlung . . .	1 001	16	1,6
f Stauer, Wäger, Packer . .	55	2	3,6
g Auskunftsbüros, Auktionatoren, Pfandleih-Anstalten etc.	630	41	6,5

1) Hier liegt offenbar eine Unstimmigkeit zwischen den beiden in Band 213 II S. 266 der Statistik des Deutschen Reiches ausdrücklich als vergleichbar bezeichneten Tabellenreihen vor. Sie ist wahrscheinlich dadurch entstanden, daß bei Tabelle 6 nach offenen Verkaufsstellen gefragt wurde, in Tabelle 7 nur nach der Zahl der Läden; zu den Verkaufsstellen sind die Annahmestellen der Färbereien etc. offenbar meist nicht gerechnet worden, wohl aber zu den Läden, nach denen bei Tabelle 7 Bd. 213 II lediglich gefragt wurde.

Tabelle III.
Die „Betriebe mit 3 und mehr offenen Verkaufsstellen" in den wichtigsten Handelszweigen.

(Nach Gewerbearten; vgl. vorher S. 215.)

Es entfielen auf:

Gewerbeart: Handel mit	offene Verkaufsstellen überhaupt	hiervon auf die Betriebe mit 3 und mehr offenen Verkaufsstellen
3. Getreide	6 947	117
4. landw. Produkten . . .	54 036	270
10. Eisen und Eisenwaren .	8 428	127
15. Kolonial-,Eß-u.Trinkwaren	172 069	2 630
18. Wein und Spirituosen .	4 480	121
19. Schokoladen, Naschwerk, Zuckerwerk	4 340	175
23. Tabak,Cigarren u. Cigarett.	20 056	386
27. Manufakt.-(Schnitt)Waren	34 155	391
31. Strümpfen und Trikotagen	12 952	125
47. Handel m. verschied. Waren	34 726	1 032

Tabelle IV. Hauptgeschäfte und Zweiggeschäfte.

(Vorher S. 216.)

Hauptgeschäfte, welche Zweiggeschäfte unterhielten, in den Gewerbeklassen:

	Warenhandel	Herstellung vegetabil. Nahrungsmittel	Tabakfabrikation	Schuhfabrikation	Reinigerei chem. Waschanstalt	Geld- und Kredithandel
Anzahl d. Hauptgeschäfte . .	5 499	995	601	186	196	244
Gesamtzahl der Filialen . .	12 498	3 860	1 594	349	1 344	1 737
Anzahl der Filialläden . . .	16 295	4 676	3 507	301	1 281	210
darunter Hauptgeschäfte mit						
1 Filiale .	4 011	739	317	145	62	109
2 Filialen .	728	128	123	18	32	35
3—5 „ . .	460	68	120	12	41	45
6—10 „ . .	158	23	25	6	30	26
11—20 „ . .	80	14	9	4	17	17
21—30 „ . .	26	11	3	1	6	4
31—50 „ . .	16	5	3	—	5	4
51—100 „ . .	17	4	1	—	3	2
mehr als 100 .	3	3	—	—	—	2

Tabelle VI.

Die Filialenquête der Stadt Dresden am Ende 1901.

Zum eigentlichen Detailhandel gehörig:

a) Kolonial-, Ess- und Trinkwaren

	Zweig-geschäfte 1901	Offene Ver-kaufsstellen 1907
Kaffeehandlungen und Röstereien	18	
Konditorei- und Bäckereiwaren	15	752 (20)[1]
Schokoladen- und Zuckerwaren	67	240
Kakao- und Margarinehandlungen	3	
Fische und Delikatessen	10	74
Drogen- und Farbenhandlung	7	136
Kolonialwarenhandlung	43	870
Milch-, Butter- und Eierhandlung	19	
Molkereiniederlagen	16	
Mineralwasserverkauf	24	
Spirituosen und Presshefe	1	109
Weinhandlungen	12	
Fleischereien	2	486
Flaschenbier Detailverkauf	3	5
	240	2672

b) Bekleidungs- und Einrichtungsgegenstände.

	Zweig-geschäfte 1901	Offene Ver-kaufsstellen 1907
Möbelhandlungen und Verleihmagazine	8	84
Fahrstuhl- und Krankenmöbelgeschäft	1	—
Bettstellenhandlung	1	—
Schnittwaren- und Bettfedernhandlung	2	18
Hutgeschäfte	9	76
Putzgeschäfte	1	46
Woll- und Manufakturwarenhandlungen	10	392
Modewarenhandlungen	1	—
Schirmhandlungen	2	37
Schuhwarenhandel	16	226
Handschuhgeschäfte	1	
Bazar	1	
Pelzwarenhandlung	1	
Damenmäntelgeschäfte	3	Hdl. mit Kleidern 85
Herrenkleidergeschäfte	4	
Uniform- und Militäreffekten	1	
Wäschegeschäfte	2	86
Korsettengeschäft	1	10
Abzahlungsgeschäft	1	
Lampenhandlung	1	
	67	1060

1) Lediglich Handel betrieben nur 20 Geschäfte.

c) Sonstiger Detailhandel einschl. Färbereiannahme.

	Zweig-geschäfte 1901	Offene Verkaufs-stellen 1907
Färberei und chemische Waschanstalt Annahmestellen	53	9
Dampfwäscherei (Annahme)	14	
Seifengeschäfte	15	
Korbwarenhandlung	1	
Postkartengeschäft	6	
Luxus- und Papiergeschäft	2	178
Zitherhandlung	1	
Buch- und Musikalienhandlung	4	156
Cigarren- und Cigarettengeschäfte	29	415
Gummiwarengeschäfte	4	
Kautschukstempel	1	
Kinderwagengeschäfte	2	
Hanf- und Drahtseilgeschäfte	2	
Trödelhandel	3	123
Blumenhandlung	5	186
Samenhandlung	2	
Bandagen	1	
Gold-, Silber- und Edelsteingeschäfte	2	46
Eisen-, Stahl- und Metallwarengeschäfte	4	98
Bürstenhandlung	1	26
Sarggeschäft	1	
Grabstein und Bildhauerei	2	
Schreibmaschinen	1	
Nähmaschinen	1	Maschinen u. Apparat 86
Fahrradhandlung	3	
Oefen, Porzellan und Tonwaren	5	
Tapeten- und Linoleumgeschäfte	1	32
	166	1355

Nicht zum Detailhandel gehörig, deshalb keine Verkaufsstellen mehr gegenübergestellt.

Filialen von	1907
Lack- und Farbwarenfabriken	2
Photographen	2
Kommissionsgeschäften	1
Bankgeschäften	3
Holz- und Kohlenhandlungen	14
Schuhwaren-Schnellreparatur	5
Produktengeschäften	9
Speditionsgeschaften	7
Biergroßhandlungen	8
Glasniederlagen	3
Barbiergeschäften	2
Elektrizitätsgesellschaften	2
Ferner je 1 von	
Baumaterialien - Handlung, Schlosserei, Sattlerei, Pferdeverkauf, Röhrenverkauf, Prägeanstalt, Drechslerei, Petroteumvertrieb, Maschinenfabrik, Holzbearbeitungsfabrik und Geschäftsstelle für Eisenbahnbedarf	11
	69

Die genaue Anzahl der damals ermittelten Zweiggeschäfte zu Dresden betrug 542; nach der obigen Einteilung waren darunter Filialen für

Eß-, Trink- und Kolonialwaren	240
Bekleidungs- und Einrichtungsgegenstände	67
sonstigen Detailhandel (einschl. Wäschereiannahme)	166
	473
Nicht zum Detailhandel gehörige Filialen	69
Insgesamt	542

Anhang II.

Auszug aus dem Kontrollbuch eines Massenfilialbetriebes.

Soll | Filiale (Stempel) } A . . . dorf | *Haben*

Jahr .... Jahr ....

Monat	Tag	Bezeichnung der Warengattung: Kaffee	Tee	Zusatz	Zucker	Schokolade	Biskuits	Diverse	Coffeeinfr. Kaffe	Emb.	Erhielt von Filiale	Betrag der Rechnung M.	Pf.	Unkosten (Papierwaren) M.	Pf.	Monat	Tag	Bezeichnung der Gutschrift: Kasse vom	Retoure (Emb. der Ware)	Sandte nach Filiale:	Retoure M.	Pf.	Bar M.	Pf.	Unkosten M.	Pf.	Minimum M.	Pf.	Rabatt M.	Pf.	Summe M.	Pf.
Aug.	20.										Warenbestand	2047	57			Aug.	20.	15/8					450	—							450	—
„	27.			„								499	40	13	60	„	„			O . . bach II			12	—							12	—
„	29.					„						317	96			„	23.	20/8					700	—	65	70	1	30	88	—	855	—
„	„						„					15	—			„	29.		„		53	25									53	25
„	„							„				20	—			„	30.	30/8					228	—	150	79	1	25	4	76	384	80
„	30.	„									Erhielt von B . . I	52	70																			

Anhang III.

Verrechnung einer Warenhausfiliale mit ihrer Zentrale.

Kassenbericht Nr. 10 vom 15. März bis 21. März.

Datum	Einnahme vom vorigen Jahr		Eineahme von diesem Jahr Détail		Engros		Total	
15.	6 255	42	10 536	79	1 625	76	12 162	55
16.	11 382	74	12 234	92	772	20	13 007	12
17.	11 864	60	12 522	62	2 946	55	14 469	17
18.	13 178	24	10 483	32	1 837	33	12 320	65
19.	10 979	15	10 081	93	1 183	04	10 264	97
20.	9 431	55	8 917	49	1 976	27	12 893	76
21.	12 542	06	6 912	02	680	41	7 592	43
	75 633	76	71 689	09	11 021	56	82 710	65
			Bestand v. vor. Bericht				35 217	13
							117 927	78

Zusammenstellung der Unkosten	M.	Pf.
Außerord. Unkosten	964	53
Gehälter	144	50
Löhne	876	20
Krankenk. u. Inval.	197	22
Fracht u. Porto	180	75
Annoncen	1 285	40
Miete	—	—
Heizung, Beleuchtg.	1 802	37
Emball. Cassabl.	1 021	05
Steuern	—	—
Reisespesen	231	—
Gespannkonto	611	20
Total	7 314	22

Zusammenstellung der Leistungen	M.	Pf.
Bankzahlungen	78 000	—
Diverse Zahlungen (Utensilien)	253	—
Privatentnahme	—	—
Comptantzahlung	4 392	54
Total	82 645	54

Total-Zusammenstellung		
Leistungen Total	82 645	54
Unkosten „	7 314	22
Kassenbestand	27 968	02
	117927	78

Anhang IV.

Graphische Darstellung der Organisation eines Warenhausfilialbetriebes.

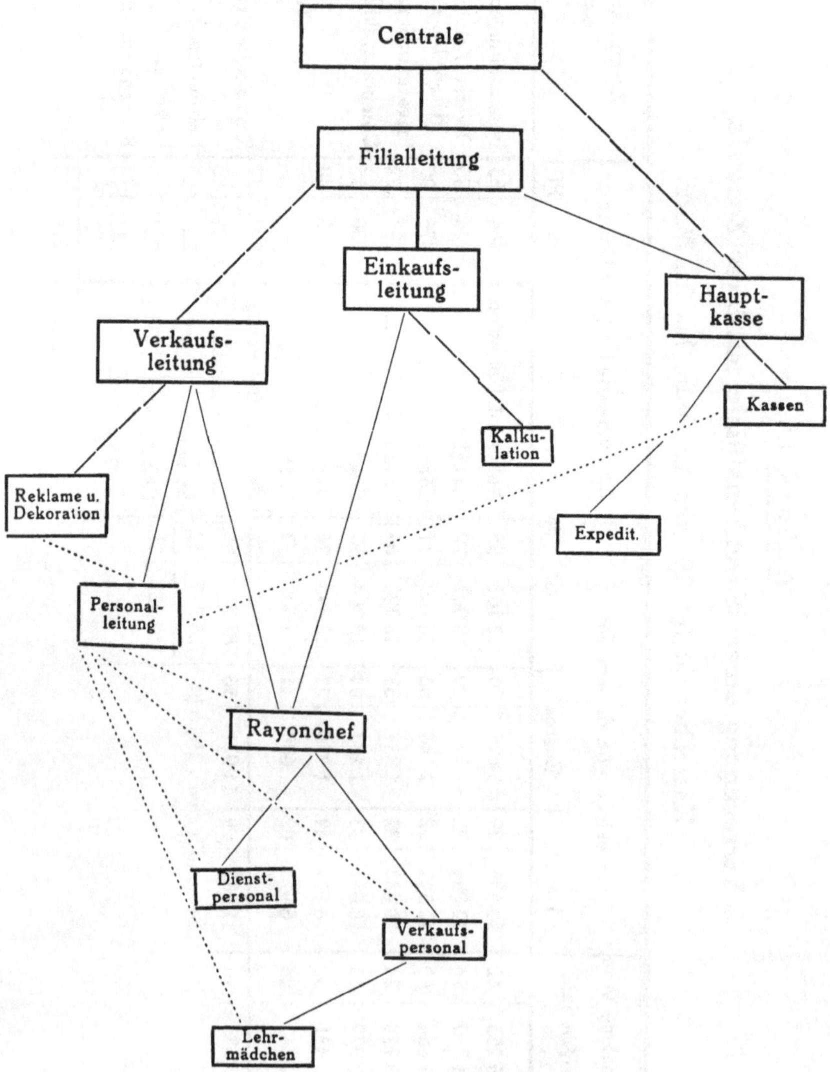

Anhang V.

Vgl. oben S. 282.

Aus der Liquidationsbilanz der „Norddeutschen Tabakmanufaktur", vorgelegt am 15. 6. 1910.

Von der Aktivseite:

Filialdebitoren am 31. 3. 10.	129 183.52	
und bis 10. 6. 10.	71 176.36	
	200 359.88	
Ab Zahlungen bis 10. 6.	113 458.67	86 901.21
Inventar-Konto:		
Einrichtungen bis 10. 6.	209 766.66	
Ab für 30 an Rexhausen verkaufte Filialen	53 562.98	
	156 203.68	
Ab Vergütung bei Übernahme Rexhausen 8%	12 503.68	
	143 700.—	
Extra-Abschreibung auf unverkäufliche Filialen	8 700.—	135 000.—

Von der Passivseite:

Kreditoren am 31. 3. 10.	335 766.22	
Eingegangene Rechnungen und Zahlungen	46 779.37	
	382 545.59	
Ab Zahlungen u. Umsatzbonifikation	163 184.23	
		219 361.36
Guthaben der Filialleiter auf Etablierungen vom 1. 4.—10. 6. . .	37 150.—	
ohne Gegenleistung	37 300.—	
		74 450.—

Druckfehler:

Außer den weniger störenden Fehlern hauptsächlich

S. 19 Z. 13 von oben: Fehlende Fußnote [1]) „Warenhaus in Westdschld." S. 7 ff.

„ 59 „ 11 von unten: Lies „Mehrarbeit" statt Mehrheit".

„ 66 „ 1 „ „ „ „Bürstenfabrik" statt Bürstenfirma.

„ 153 gehört Fußnote [4]) an die Stelle der Note [2]).

„ 198 Z. 8 von oben: hinzufügen: mit der bisher in der Schuhfabrikation in Deutschland noch nicht erreichten Nominal-Kapitalsumme.

„ 201 „ 9 von unten: Lies „Gesamtkonten" statt Gesamtkosten.

„ 225 „ 16 von oben: „ Tabelle „V" statt VI.

„ 255 am Schluß der Fußnote [1]) lies Archiv Bd. **31** statt Bd. I.

Kolibri 360 GmbH
Ferdinand-Jühlke-Straße 7
99095 Erfurt, Deutschland
produktsicherheit@kolibri360.de